权威·前沿·原创

皮书系列为
"十二五""十三五"国家重点图书出版规划项目

BLUE BOOK

智库成果出版与传播平台

广州市新型智库广州大学广州发展研究院、广州大学管理学院、广东省社科研究基地国家文化安全研究中心研究成果

广州蓝皮书
BLUE BOOK OF GUANGZHOU

丛书主持　涂成林

2021年中国广州社会形势分析与预测

ANALYSIS AND FORECAST ON SOCIAL SITUATION OF GUANGZHOU IN CHINA (2021)

主　编 / 涂成林　何镜清
副主编 / 谭苑芳　王福军

社会科学文献出版社
SOCIAL SCIENCES ACADEMIC PRESS (CHINA)

图书在版编目(CIP)数据

2021年中国广州社会形势分析与预测/涂成林,何镜清主编.--北京:社会科学文献出版社,2021.8
(广州蓝皮书)
ISBN 978-7-5201-8829-6

Ⅰ.①2… Ⅱ.①涂…②何… Ⅲ.①社会调查-研究报告-广州-2021 Ⅳ.①D668

中国版本图书馆CIP数据核字(2021)第161332号

广州蓝皮书
2021年中国广州社会形势分析与预测

主　　编／涂成林　何镜清
副 主 编／谭苑芳　王福军

出 版 人／王利民
组稿编辑／任文武
责任编辑／连凌云

出　　版／社会科学文献出版社·城市和绿色发展分社(010)59367143
　　　　　地址:北京市北三环中路甲29号院华龙大厦　邮编:100029
　　　　　网址:www.ssap.com.cn

发　　行／市场营销中心(010)59367081　59367083
印　　装／天津千鹤文化传播有限公司

规　　格／开　本:787mm×1092mm　1/16
　　　　　印　张:22.75　字　数:341千字
版　　次／2021年8月第1版　2021年8月第1次印刷
书　　号／ISBN 978-7-5201-8829-6
定　　价／128.00元

本书如有印装质量问题,请与读者服务中心(010-59367028)联系

▲ 版权所有 翻印必究

广州蓝皮书系列编辑委员会

丛书执行编委 （以姓氏笔画为序）

丁旭光　王宏伟　王桂林　王福军　邓佑满
邓建富　冯　俊　刘　梅　刘保春　刘瑜梅
孙　玥　孙延明　李文新　吴开俊　何镜清
汪茂铸　沈　奎　张　强　张其学　张跃国
陈　爽　陈浩钿　陈雄桥　屈哨兵　贺　忠
顾涧清　徐　柳　唐小平　涂成林　陶镇广
桑晓龙　彭诗升　彭高峰　曾进泽　蓝小环
赖天生　赖志鸿　谭苑芳　薛小龙　魏明海

《2021年中国广州社会形势分析与预测》编 辑 部

主　　　编　涂成林　何镜清
副　主　编　谭苑芳　王福军
本 书 编 委　（以姓氏笔画为序）
　　　　　　丁艳华　王国栋　王学通　王清明　邓尧伟
　　　　　　田　文　冯星树　刘　妍　刘　峰　汤　萱
　　　　　　孙晓莉　李　锐　李克伟　李盛祥　李毅强
　　　　　　杨新泉　何莉丽　何晓晴　陆财深　陈　敏
　　　　　　陈少华　陈玉元　陈忠文　陈穗雄　林海英
　　　　　　林清才　周后鲜　周利敏　周林生　胡　浩
　　　　　　钟丽英　聂衍刚　郭炳发　涂敏霞　黄远飞
　　　　　　彭小刚　温凌飞　谢大均　谢志斌　谢俊贵
　　　　　　潘应强
本书编辑部成员　周　雨　曾恒皋　粟华英　张　薇　梁华秀

主要编撰者简介

涂成林 现任广州大学二级研究员,博士生导师,广州市政协委员,广东省区域发展蓝皮书研究会会长,广州市政府第三、四届决策咨询专家。获国务院政府特殊津贴专家、国家"万人计划"领军人才、中宣部"文化名家暨四个一批"领军人才、广东省"特支计划"哲学社会科学领军人才、广州市杰出专家等称号。1985年起,先后在湖南省委理论研究室、广州市社会科学院、广州大学工作。目前主要从事城市综合发展、文化科技政策、国家文化安全及马克思主义哲学等方面研究。在《中国社会科学》《哲学研究》《中国社会科学内部文稿》《教育研究》等刊物发表论文100余篇;专著有《现象学的使命》《国家软实力和文化安全研究》等10余部;主持和承担国家社科基金重大项目、一般项目,省市社科规划项目,省市政府委托项目60余项。获得教育部及省、市哲学社会科学奖项和人才奖项20余项,获得多项"皮书奖"和"皮书报告奖",2017年获"皮书专业化20年致敬人物",2019年获"皮书年会20年致敬人物"。

何镜清 现任广州市民政局局长、党委书记。研究生学历,管理学博士。1991年10月至2006年9月在广州医学院工作,任第一附属医院团委书记,医学院团委书记、组织部副处级组织员兼校办公室主任,第二附属医院党委副书记兼纪委书记,医学院学生处处长、学工部部长;2006年9月任中共从化市委常委;2006年11月任中共从化市委常委、组织部部长、市编办主任、市委党校校长;2011年9月任从化市委副书记;2013年3月任广州市城管委党委副书记；2015年1月任广州市城管委副主任、党委副书记；2015年9月任广州市民政局局长、党委书记，兼任市政法委委员。

谭苑芳 现任广州大学广州发展研究院副院长、教授，博士，硕士生导师，广州市番禺区政协常委，兼任广东省区域发展蓝皮书研究会副会长、广州市粤港澳大湾区（南沙）改革创新研究院理事长、广州市政府重大行政决策论证专家等。主要从事宗教学、社会学、经济学和城市学等的理论与应用研究，主持国家社科基金项目、教育部人文社科规划项目、省市重大和一般社科规划项目10余项，在《宗教学研究》《光明日报》等报刊发表学术论文30多篇，获广东省哲学社会科学优秀成果奖二等奖及"全国优秀皮书报告成果奖"一等奖等多个奖项。

王福军 现任广州市民政局党委委员、广州市社会组织管理局局长。经济学硕士。1992年9月至1999年7月，在中山大学岭南（大学）学院国际商务系学习，硕士研究生毕业；1999年7月，在广州市国土资源和房屋管理局办公室工作；2002年11月，在广州市民政局办公室工作；2004年8月，任广州市市政园林局团委副书记；2006年8月，任共青团广州市委青工青农部副部长，组织部副部长、部长；2008年10月，任广州市民政局社会事务处处长、办公室主任、宣传和政策法规处处长；2014年4月至今，任广州市民政局党委委员、广州市社会组织管理局局长、中共广州市社会组织委员会党委书记。

摘 要

《2021年中国广州社会形势分析与预测》由广州大学、广东省区域发展蓝皮书研究会与广州市委宣传部、广州市人力资源和社会保障局、广州市民政局、广州市社会组织管理局联合编写。本书由总报告、社会治理篇、民生保障篇、医疗卫生篇、教育发展篇、法治建设篇、专题研究篇七部分组成。

2020年，广州市面对突如其来的新冠肺炎疫情和错综复杂的国内外形势，始终坚持以人民为中心的底线思维和为人民服务的根本宗旨，统筹疫情防控工作和经济社会发展，保障稳增长、促改革、调结构、惠民生、防风险工作的顺利进行，呈现"民生福祉显著增加、人民群众获得感幸福感安全感同步提升"的特征，在交通、教育、政务服务等民生领域进行了较大的资源投入、制度革新和政策探索。全面如期高质量完成住房、就业、养老等领域的十件民生实事，全力推进高水平、多元化、普惠性、兜底性的社会保障体系建设与体制创新。全市经济发展朝着老城市新活力、"四个出新出彩"迈上新台阶，助力全面建成小康社会和全面建设社会主义现代化新征程。

2020年广州市经济社会发展形势总体趋好，作为国家中心城市，广州一直保持旺盛的经济活力和超强的人口吸引力，体现出较高的多元性、包容性、国际化。同时，在目前疫情防控常态化趋势下，无论从外部发展环境还是从内部的结构和质量方面看，广州仍面临不少问题及挑战，尤其表现在有关居民日常生活的教育、医疗、住房、养老等领域。社会保障体系还有较大整合空间，公共服务发展还需激发更多的活力，同时也为社会治理带来了更

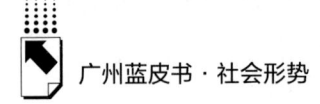

多挑战。

2021年是"十四五"规划开局之年，也是向第二个百年奋斗目标进军的起步之年。广州市政府工作总体要求仍然是坚持稳中求进工作总基调，立足全新的社会发展阶段，以满足人民日益增长的美好生活需要为根本目的，扎实做好普惠性、基础性、兜底性民生建设，做好基本民生保障，落实就业优先政策，加大住房问题解决力度，办好人民满意教育，推进健康广州建设。让市民获得感成色更足、幸福感更可持续、安全感更有保障。统筹发展与安全，巩固拓展疫情防控和经济社会发展成果，不断提高人民生活水平。

关键词： 广州　社会发展　公共服务　民生保障

目 录

Ⅰ 总报告

B.1 2020年广州社会发展形势分析与2021年展望
………………………… 广州大学广州发展研究院课题组 / 001
 一 2020年广州社会发展总体形势分析 ………………… / 002
 二 2020年广州社会发展面临的挑战和难题 …………… / 016
 三 2021年广州社会发展的趋势及其建议 ……………… / 020

Ⅱ 社会治理篇

B.2 广州青少年事务社工人才队伍建设路径研究
………………………………………… 谢素军 乔 宁 / 026
B.3 广州市"大镇、大村、大市场"流动人口社会治理与
服务的对策研究 …………………………………… 张 茜 / 040

Ⅲ 民生保障篇

B.4 广州生鲜电商消费现状调查报告
………………………………… 广州市消费者委员会课题组 / 052

B.5 广州智慧养老现状、发展困境及对策 …………………… 潘　旭 / 073

B.6 广州市企业环境满意度调查分析报告
　　………………………………… 徐健荣　王　进　李明光 / 080

B.7 广州"快递小哥"社会适应现状与问题研究 …………… 孙　慧 / 096

Ⅳ 医疗卫生篇

B.8 新冠肺炎疫情下广州居民卫生应急素养分析
　　……………………………………………… 潘　旭　李济泰 / 110

B.9 加快补齐广州农村公共卫生体系建设短板的对策研究
　　………………………… 广州市委党校第94期处级进修班课题组 / 126

B.10 加强广州疾病防控体系建设提升基层公共卫生
　　 服务水平的对策建议 ………………………………… 刘芳芳 / 134

Ⅴ 教育发展篇

B.11 国际青年人才在穗发展分析报告
　　 ………………… 广州留学人员和高层次人才服务中心课题组 / 146

B.12 后疫情时期构建广州民办基础教育风险防控机制的对策
　　 ……………… 广州市工商联、番禺区民办教育协会联合课题组 / 172

B.13 广州市基础教育依法治教调研报告
　　 ……………………………………… 广州市委依法治市办课题组 / 185

B.14 广州市成年智力残疾人职业转衔培训研究报告
　　 …………… 王炫力　张东航　丁红娟　罗廷贤　李　清 / 202

Ⅵ 法治建设篇

B.15 广州市正风肃纪反腐营造良好政治生态的调研报告
　　 ……………………………… 广州市纪委监委专题调研组 / 215

B.16　2020年广州市生态文明法治建设调研报告 …………… 谢　伟 / 225
B.17　广州市法治村居建设调研报告
　　　　………………………………… 广州市委依法治市办课题组 / 239

Ⅶ　专题研究篇

B.18　2020年来穗务工人员过年方式调研报告 ……………… 褚珊珊 / 254
B.19　2020年广州妇女发展状况公众评价调查报告
　　　　……………………………………………… 广州市妇女联合会 / 269
B.20　学校联结、生命意义感对学校危机干预的意义研究
　　　　…………………………………………………… 梁　艳　黄喜珊 / 303
B.21　广州市以城市体检推动"城市病"治理的探索与实践
　　　　………………………………… 广州市住房和城乡建设局课题组 / 315

Abstract …………………………………………………………………… / 327
Contents …………………………………………………………………… / 329

皮书数据库阅读使用指南

总 报 告
General Report

B.1
2020年广州社会发展形势分析与2021年展望

广州大学广州发展研究院课题组*

摘　要： 2020年广州以保障和改善民生为重点，统筹推进疫情防控和经济社会发展，不断健全社会保障体系和医疗卫生服务体系，在教育、医疗、住房、就业、平安广州建设等领域迈出了新步伐，社会总体发展符合市民期望。展望2021年，广州社会建设与发展的趋势是：大力发展家庭养老床位服务，促进城乡养老协同发展；提升学前教育发展水平，促进教育资源均衡分布；增强公共卫生医疗事件应急处理能力，健全基层医疗服务发展体系。

---

* 课题组组长：涂成林，国家"万人计划"领军人才，广州大学二级研究员，博士生导师，广州市新型智库广州大学广州发展研究院首席专家。课题组成员：周利敏，广州大学教授，博士生导师，广州市新型智库广州大学广州发展研究院研究员；谭苑芳，广州大学广州发展研究院副院长，教授；周雨，广州大学广州发展研究院院长助理，讲师，博士；谷玉萍，广州大学公共管理学院硕士研究生。执笔人：周利敏、谷玉萍。

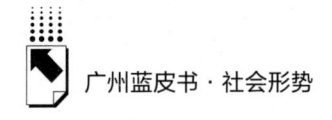

关键词： 民生建设　社会治理　社会组织　经济发展　广州

一　2020年广州社会发展总体形势分析

2020年，广州市面对突如其来的新冠肺炎疫情和错综复杂的国内外形势，坚持以人民为本的思想，保障稳增长、促改革、调结构、惠民生、防风险工作的顺利开展，统筹疫情防控工作和经济社会发展，全市经济发展朝着老城市新活力、"四个出新出彩"迈上新台阶，助力全面建成小康社会和全面建设社会主义现代化新征程。

在经济发展上，2020年全市经济在经受住疫情考验的同时实力大增，全市地区生产总值突破2.5万亿元，按可比价格计算，较上年增长2.7%，与全省同步，凸显较强韧性，其中第一产业增加值为288.08亿元，同比增长9.8%，创造了新的纪录；① 来源于广州地区的一般公共预算收入6155.8亿元，地方一般公共预算收入1721.6亿元，年均增长5.4%，经济发展势头稳中有进；城镇常住居民人均可支配收入68304元，增长5.0%，农村常住居民人均可支配收入31266元，增长8.3%，高于同期经济增速，人民生活水平不断提高且质量逐步改善。② 全市城市居民消费价格指数（CPI）同比上涨2.6%，涨幅低于上年0.4个百分点，仍控制在年度发展目标之内。③

在社会发展上，2020年广州市始终坚持以人民为中心的底线思维和为人民服务的根本宗旨，注重民生改善与保障，呈现"民生福祉显著增加、人民群众获得感幸福感安全感同步提升"的特征，在交通、教育、政务服

---

① 《2020年广州市经济运行简况》，2021-02-01，广东省人民政府网站，http://www.gd.gov.cn/zwgk/sjfb/dssj/content/post_3191492.html。
② 《2021年广州市政府工作报告》，2021-02-20，广州市人民政府网站，http://www.gz.gov.cn/zfjgzy/gzsrmzfyjs/sfyjs/zfxxgkml/bmwj/gfxwj/content/post_7100030.html。
③ 《关于广州市2020年国民经济和社会发展计划执行情况与2021年国民经济和社会发展计划草案的报告》，2021-03-01，广州市人民政府网站，http://www.gz.gov.cn/zwgk/ghjh/fzgh/content/post_7111810.html，本文数据如无特别说明均来自此处。

务等民生领域进行了较大的资源投入、制度革新和政策探索。全面如期高质量完成住房、就业、养老等领域的十件民生实事，全力推进高水平、多元化、普惠性、兜底性的社会保障体系建设与体制创新。

（一）推动实行民生财政，促进公共服务均等化、优质化

2020年广州市坚持多渠道发展民生事业，让人民群众公平共享改革发展成果。根据广州市2020年一般公共预算收支执行情况，全市一般公共预算总支出达2953.04亿元，市本级支出1000.8亿元，同比增长5.3%。[①]其中，交通运输、卫生健康、农林水、社会保障和就业、住房保障支出同比分别增长32.6%、22.2%、19.1%、17.5%和11.9%，民生得到有力保障。

1. 进一步完善学前教育公共服务体系，形成优质、均衡、公益、普惠的教育发展模式

满足学前教育学位需求，多途径汇聚公办幼儿园资源是2020年广州十件民生实事中的一项重要内容。继续实施广州市人民政府出台的《广州市促进学前教育普惠健康发展行动方案》，提前圆满完成学前教育"5080"工程攻坚任务。2020年全市在园幼儿数约58.44万人，其中公办幼儿园在园幼儿约29.87万人，占比为51.11%，普惠性幼儿园在园幼儿约50.86万人，占比为87.03%，较上年增加4.47个百分点，普惠性幼儿园供需困境得以突破。[②] 2020年，市对区教育转移支付24.37亿元、同比增长10.9%，全市财政性教育经费投入超600亿元，有力保障了广州市教育事业高质量发展。其中，投入3.75亿元用于资助符合条件的随迁子女接受义务教育，全年资助学生达25.1万人次。[③] 累计新增公办中小学学位16.54万个，新增31所示范性高中和86个教育集团，实现全市市属优质教育集团全覆盖，集团化

[①] 《广州市2020年一般公共预算收支执行情况》，2021-01-29，广州市人民政府网站，http://www.gz.gov.cn/zfjg/gzsczj/sjfb/tjsj/content/post_7057034.html。

[②] 《2020年广州市十件民生实事优质完成》，2021-01-30，广州市人民政府网站，http://www.gz.gov.cn/xw/jrgz/content/post_7059823.html。

[③] 《2020年广州教育工作总结和2021年工作要点》，2021-01-25，广州市教育局网站，http://jyj.gz.gov.cn/gk/zfxxgkml/qt/ghjh/content/post_7106273.html。

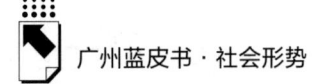

办学事业稳步发展。与此同时，累计建成10.32万套保障性安居工程，发放5.98亿元租赁补贴，为随迁子女的教育增添生活保障，促进优质教育资源的共享。①

2. 创新完善医疗救助服务制度，形成科学、便捷、稳固的医疗保障体系，注重对特殊群体的健康服务

2020年，广州市紧紧围绕医疗保障高质量发展目标，为人民群众办实事、解难题。共计投入5.83亿元用于医疗救助，开展了119.09万人次困难群众医疗救助服务，充分发挥了医疗救助在医疗保障体系中的兜底保障作用。大力发展医疗卫生基础设施建设，国家呼吸医学中心、儿童区域医疗中心落户广州，商业补充健康保险"穗岁康"参保人数超300万人，推动广州市医疗保障体系的多层次发展；2020年2月广州市人民政府出台《广州市推进3岁以下婴幼儿照护服务工作实施方案》，持续重点关注儿童这一特殊群体的健康服务，落细落实国家和省托育行业的各项标准，进一步提高婴幼儿健康服务水平和质量。

2020年新冠肺炎疫情暴发的背景下，医疗救助体系承载了巨大压力。为了保障医疗救助工作的有序进行，广州市积极指引困难群众尽量在定点医疗机构通过"一站式"的结算方式办理救助业务，对于需要现场办理的事项，通过将办理时限由原来结算后6个月调整为疫情结束后1年内，以减少疫情对救助对象的医疗报销所带来的影响；自2020年1月起，所有医疗救助业务实行全市通办，深入贯彻"马上办、网上办、就近办、一次办"的医疗救助服务理念，极大提高了救助业务办理效率和群众办事的便捷性。②广州社情民意研究中心调查结果显示，"医疗服务"的满意度为59%，较2018年上升了13个百分点，健康广州建设取得较大进步。③

---

① 《2021年广州市政府工作报告》，2021-02-20，广州市人民政府网站，http://www.gz.gov.cn/zfjgzy/gzsrmzfyjs/sfyjs/zfxxgkml/bmwj/gfxwj/content/post_7100030.html。
② 《广州市扎实做好困难群众医疗救助织密织牢医疗保障兜底网》，2021-03-05，广州市人民政府网站，http://www.gz.gov.cn/zfjg/gzsylbzj/bmdt/content/post_7124805.html。
③ 广州社情民意研究中心：《2020年民调盘点民意透析》，2021-02-10，http://www.c-por.org/index.php?c=news&a=baogaodetail&id=4503&pid=5。

（二）社会保障水平稳步提高，居民获得感明显增强

近年来，广州市始终坚持以人为本，大量财政资金持续向民生领域倾斜，住房保障体系建设不断推进，社会保障体系不断完善，各项保障水平大幅度提高，居民获得感、幸福感明显增强。

1. 职工医保、城乡居民医保、大病医保年度报销最高支付限额大幅提高，医疗保险和救助水平持续提升

根据广州市医疗保障局、广州市财政局的相关政策调整，2020年继续实施将用人单位的职工社会医疗保险缴费率降低为5.5%，灵活就业人员、退休延缴人员、失业人员的职工社会医疗保险缴费率降低为7.5%这一政策。[①] 在大病医疗保险政策方面，全年累计3.6万元以上、城乡居民医保统筹基金最高支付限额及以下部分，由大病保险资金支付，比例由调整前的60%提高到75%。更加注重困难群体的医保政策改进与实施，将其大病保险起付标准降低至3500元的同时，将报销比例提高至80%，实现对困难群体"应保尽保"，提高了享受医保待遇的普惠性，促进了经济社会发展成果共享。[②]

2. 城乡社会保障水平持续提高，加大困难群体社会保障政策倾斜力度，居民获得感进一步增强

在广州市经济社会发展水平不断提高的背景下，根据广州市医疗保障局、广州市财政局于2019年12月31日联合印发实施的《关于调整广州市城乡居民社会医疗保险和城乡居民大病医疗保险有关规定的通知》，2020年广州市进一步提高各项社会救助标准。加大困难群体社会保障政策倾斜力度，即将本市困难群众大病保险起付标准降低至3500

[①] 《广州市医疗保障局 广州市财政局关于印发阶段性降低职工社会医疗保险缴费率的通知》，2019 - 05 - 21，广州市人民政府网站，http：//www.gz.gov.cn/ysgz/tzzc/ns/content/post_ 6844292.html。

[②] 《广州市医疗保障局 广州市财政局关于调整广州市城乡居民社会医疗保险和城乡居民大病医疗保险有关规定的通知》，2019 - 12 - 31，广州市人民政府网站，http：//www.gz.gov.cn/gfxwj/sbmgfxwj/gzsylbzj/content/post_ 5567173.html。

元，并将报销比例由原来的60%提高至80%①，为困难群众的基本生活提供有力的保障。自2020年1月1日起，广州市总工会通过广州市职工济难基金会，对建档立卡、困难边缘、临时困难三类职工家庭按季度实施救助（简称"季度救助"），调整符合条件的困难职工季度生活救助标准，由每户每次救助800元提高至每户每次救助1000元。②孤儿养育标准和事实无人抚养儿童基本生活补贴标准从2019年的每人每月2406元提高到每人每月2570元，成年流浪乞讨受助人员基本饮食标准也从2019年的每人每月606元提高到每人每月648元。③农村特困人员基本生活供养标准从2019年的平均每人每月1978元提高到每人每月2008元。④2020年全市城乡居民养老保险基础养老金标准由原来的每人每月221元提高至每人每月237元，月人均增加16元⑤，全市城乡最低生活保障标准从上一年的每人每月1010元提高至每人每月1080元⑥，低收入困难家庭的认定标准也按低保标准的1.5倍从2019年的每人每月1515元同步提高到每人每月1620元，困难残疾人生活补贴从2019年的每人每月165元提高到每人每月175元，重度残疾人护理补贴从每人每月220元提高到235元，切实改善了残疾人的生活保障。⑦全年累计为居民发放价格临时补贴2.6

---

① 《我市城乡居民大病医疗保险待遇水平再提高》，2020-01-02，广州市人民政府网站，http://www.gz.gov.cn/xw/zwlb/bmdt/sylbzj/content/post_5642701.html。
② 《广州市总工会办公室关于规范做好困难职工季度救助申报工作的通知》，2020-04-03，天一网，http://www.gzgh.org.cn/Home/ArticleDetail?articleId=aab5ded37ccb4cc4ab0ffade68da1d4c。
③ 《广州市民政局 广州市财政局关于提高我市2020年最低生活保障及相关社会救助标准的通知》，2020-03-10，广州市民政局网站，http://mzj.gz.gov.cn/gkmlpt/content/5/5727/post_5727541.html#345。
④ 《2020年广州市社会救助标准一览表》，2020-03-17，广州市民政局网站，http://mzj.gz.gov.cn/gk/wgkzl/fwgk/content/post_5745204.html。
⑤ 《广州城乡居民基础养老金涨到每月237元》，2020-12-29，广东新闻网，http://www.gd.chinanews.com/2020/2020-12-29/411934.shtml。
⑥ 《广州市民政局 广州市财政局关于提高我市2020年最低生活保障及相关社会救助标准的通知》，2020-03-10，广州市民政局网站，http://mzj.gz.gov.cn/gkmlpt/content/5/5727/post_5727541.html#345。
⑦ 《广州市财政累计发放价格临时补贴4600万元》，2020-04-13，新快网，https://epaper.xkb.com.cn/view/1160743。

亿元，惠及 143.8 万人次。

此外，广州市财政还安排 2.8 亿元救助金用于新冠肺炎患者及受影响家庭，在基本医疗、大病保险、医疗救助等方面给予及时的救助服务，让居民生活更有安全感。

3. 切实完善住房保障体系，维护城市住房困难群体"安居梦"

2020 年，广州市继续加大财政支出用于住房保障体系的健全，以多元主体供给、多方渠道保障、租购并举住房制度为主题，维护城市住房困难群体"安居梦"。全年全市共计投入 57.51 亿元用于保障性安居工程建设，投入力度创近年来新高。其中，支出 11.93 亿元用于棚户区改造，基本建成棚户区改造房 8857 套；支出 17.27 亿元用于公租房建设，基本建成公租房 3805 套，发放租赁补贴 15791 户；支出 10.96 亿元改造城镇老旧小区，惠及 32.7 万户家庭 104.6 万居民；支出 15.67 亿元用于住房租赁市场发展，促进 58 个企事业单位 74 个项目的有效开展，推动疫情之下住房租赁市场由波动走向平稳恢复。[1] 此外，广州市还面向特定群体出台了房屋租赁政策，提供以家庭或个人名义申请、单位整体租赁两种方式让广州新就业无房职工有家可安，推动实施人才强市战略。[2]

2020 年广州社会保障水平大幅度提高，居民幸福感、获得感明显增强。相关统计显示，2020 年广州市民对"社会保障"满意度为 66%[3]，较上年增长 6 个百分点，自 2015 年开始调查以来连续六年稳步提升（见图 1）。

---

[1]《2020 年广州投入 57 亿多元用于保障性安居工程》，2021-03-13，新华网，http://www.gd.xinhuanet.com/newscenter/2021-03/13/c_1127206766.htm。

[2]《广州市住房和城乡建设局关于印发广州市新就业无房职工公共租赁住房保障办法的通知》，2020-02-21，广州市人民政府网站，http://www.gz.gov.cn/gfxwj/sbmgfxwj/gzszfhcxjsj/content/post_5676901.html。

[3] 广州社情民意研究中心：《2020 年民调盘点 民意透析》，2021-02-10，http://www.c-por.org/index.php?c=news&a=baogaodetail&id=4503&pid=5。

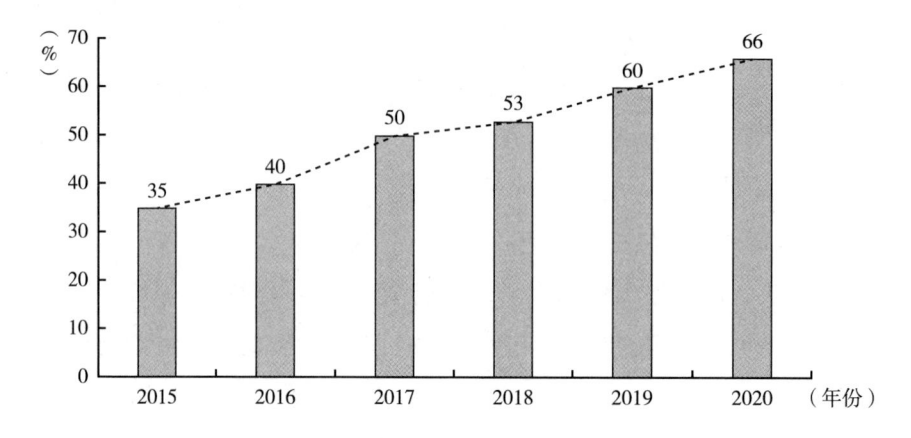

图1 2015～2020年广州市民对社会保障满意度评价

资料来源：广州社情民意研究中心。

（三）经济发展趋势稳中趋好，就业形势持续稳定

就业是最大的民生，实施好就业优先政策是统筹推进新冠肺炎疫情防控和经济发展的必要举措。2020年，广州市织密织牢联防联控、群防群控防线，全力投入疫情防控工作，扎实推进"六稳""六保"各项工作，纵深推进"四个出新出彩"，促进人民生产生活的全面恢复和企业复工复产。与此同时，通过加快重点领域改革步伐，进一步调整优化经济结构，激发市场新活力，通过深入推进营商环境改革、加快聚集科技因素，增强新能源产业、新型显示产业、集成电路产业、生物医药与健康产业等新兴产业的发展动力，加快发展"数字经济"，一系列经济发展举措为2020年广州市就业质量数量同步提升提供了保障。2020年广州市三次产业都实现了不同程度的增长，第一产业增加值为288.08亿元，同比增长9.8%；第二产业增加值为6590.39亿元，同比增长3.3%；第三产业增加值为18140.64亿元，同比增长2.3%；全市规模以上工业行业增加值同比增长2.5%，其中汽车制造业欣欣向荣，全年汽车产量超295万辆，居全国城市首位。医疗卫生防护物资连续快速增长，全年口罩产量较上年增长9.1倍，医疗器械产量增长12.8%。此外，新兴产业增加值占GDP比重达30%。在新消费观念、新营

商环境改善过程中，广州继续发挥传统商业贸易中心的优势，2020年全市实现社会消费品零售总额9218.66亿元，在疫情的影响下虽同比下降3.5%，但降幅比一季度收窄11.5个百分点，消费市场逐渐回暖。[①] 在进出口贸易和吸引外资上，全力稳住外贸外资基本盘，全市外贸进出口总值9530.1亿元，虽同比下降4.8%，但出口总值达5427.7亿元，同比增长3.2%，实际利用外资增长7.5%，共建"一带一路"国家和地区在穗实际投资5.48亿美元，增长67.6%；在跨境电子商务方面，广州市出台了全国首个《广州市直播电商发展行动方案（2020—2022年）》、《广州市推动跨境电子商务高质量发展若干措施》等系列政策文件，创新发展"云上经济"，推动直播电商与专业批发市场、传统商贸深度融合，2020年全市限额以上批发零售业实现商品网上零售额较上年增长32.5%，对共建"一带一路"国家和地区进出口年均增长4.1%，跨境电商进口连续5年排名全国城市第一。[②] 拉动经济增长的"三驾马车"发展稳中有进，为广州市民提供了井然有序的就业环境。将保市场主体作为"六稳""六保"的关键，据统计，2020年全市新登记各类市场主体55.27万户，较上年增长24.9%，实有市场主体269.67万户，增长15.8%。扩大失业保险保障范围，阶段性提高价格临时补贴，简化失业保险金申领流程，就业形势总体稳定，全年城镇新增就业29.5万人，虽在疫情影响下比上年减少4.2万人，但总体呈增长趋势，城镇登记失业率稳定在3.5%以下。

2020年广州市经济运行保持平稳态势，城镇从业人员就业状况总体向好，保障了市民工资收入。中国南方人才市场等机构发布的《南方人才年度广东地区薪酬调查报告》显示，2020年广州月平均薪酬水平为9366元，同比增长4.38%，在所调查城市中同比增幅最大，位居全省地区薪酬平均

[①] 《增2.7%！2020年广州经济稳步向好》，2021-01-29，广州市统计局网站，http://tjj.gz.gov.cn/ztlm/lhzl/sjjd/content/post_7058457.html。
[②] 《2021年广州市政府工作报告》，2021-02-20，广州市人民政府网站，http://www.gz.gov.cn/zfjgzy/gzsrmzfyjs/sfyjs/zfxxgkml/bmwj/gfxwj/content/post_7100030.html。

月薪第二。① 在新冠肺炎疫情影响的严峻形势之下，收入的稳定增长使市民消费信心与消费意愿同步提升，消费水平显著提高，"宅经济"形成，与居民生活消费密切相关的行业实现了回暖升级，如全市限额以上日用品类、粮油食品类、中西药品类、饮料类等商品零售额分别增长18.1%、18.6%、40.1%、22.6%；与居民追求品质化消费相关的通信器材类、家电音像器材类、金银珠宝类、体育娱乐用品类等商品零售额分别增长13.1%、11.6%、13.0%、8.1%。②

（四）全力探索"大城市大养老"服务模式，具有广州特色的养老服务体系不断完善，"家政＋养老"实现街镇全覆盖

据统计，2020年广州市常住人口1530.59万人，最新户籍人口953.72万人，60周岁及以上老年人口约180.6万，占户籍人口比例达18.94%，广州老龄人口不断增加，社会呈现出"五化叠加"③的特征，由此产生了较大的养老需求。2020年广州市继续推进"9064"养老服务体系构建，促进形成精细化的养老服务模式，大力推进社区居家养老服务"3＋X"改革创新，深入实施"养老大配餐"提升工程，积极探索"大城市大养老"广州模式，努力在养老服务改革工作上出新出彩。2020年广州市顺势推出家庭养老床位服务，为有需要的老人提供"三合一"入户服务，即适老化改造入户、智能监测设备入户、养老服务入户，让老人居家生活更舒适、更安全；④ 连续10年将养老纳入市十件民生实事，自2019年在越秀区、海珠区、荔湾区开展建设家庭养老床位试点工作以来，共建成690张床位，为不需入住养老机构但有照料需求的60周岁及以上户籍居家老年人提供服务；⑤ 为缓解市

---

① 《广州平均薪酬9366元 同比增长4.38%》，2020-12-18，广州日报，https：//gzdaily.dayoo.com/pc/html/2020-12/18/content_873_737707.htm。
② 《2020年广州市经济运行简况》，2021-02-01，广东省人民政府网站，http：//www.gd.gov.cn/zwgk/sjfb/dssj/content/post_3191492.html。
③ "五化叠加"具体指"老龄化、高龄化、空巢化、失能化、家庭小型化"。
④ 《将养老床位"搬"进家 广州推进实现老年人"养老不离家"》，2020-12-29，新华网。
⑤ 《广州开展家庭养老床位试点，养老床位建家，专业服务送上门》，2019-08-22，南方日报。

区"一床难求"难题，大力推动新建、改建或扩建46家嵌入式养老机构，打造融合机构、社区、居家"三位一体"的"一站式"综合型养老服务[1]，全市229家养老机构建有养老床位7.2万张，每千名老年人床位数40张。[2]因应疫情防控的需要，长者饭堂自疫情出现后一直停止堂食服务，于2020年3月15日恢复，让老人的子女奔赴返岗复工大潮的同时无后顾之忧；制定出台了《广州市社区居家养老服务管理办法》[3]，丰富社区居家养老服务内涵与领域；继续实施2019～2021年"南粤家政"养老服务培训计划，"家政+养老"服务实现街镇全覆盖；[4] 在全国率先推广高龄老人照护保险，实现80周岁及以上参加医疗保险的重度失能人员照护保险全覆盖，基本形成全覆盖、多层次、多支撑、多主体的"大城市大养老"服务模式。[5]

此外，2020年为了保障疫情期间老年人特殊群体的基本生活，广州市政府组织开展"长者平安防疫行动"，统筹政府与社会多方力量对空巢、独居、孤寡等特殊群体老年人提供服务，向老年人及其家属推送疫情防控短信116.9万条，电话问候22.9万人次，摸排各类特殊老年人6.2万人次，处理紧急呼援、咨询转介服务1.7万人次，为特殊困难老年人提供上门生活照料、助餐配餐等服务5万多人次。[6] 广州市人大常委会委托开展的第三方民调显示，受访人员中超过93.15%的人对广州养老服务的发展现状表示满意。[7]

---

[1] 《为了百万长者的晚年幸福——广州市探索"大城市大养老"模式点亮老年人幸福生活》，2020-03-18，广州市政府网站，http://www.gz.gov.cn/hdjl/zxft/content/post_5884039.html。
[2] 《智慧养老院护老"花样"多》，2020-11-07，羊城晚报，http://ep.ycwb.com/epaper/ycwb/html/2020-11/07/content_112_327930.htm。
[3] 参见《广州市人民政府办公厅关于印发广州市社区居家养老服务管理办法的通知》（穗府办规〔2020〕24号）。
[4] 《2021年广州市政府工作报告》，2021-02-20，广州市人民政府网站，http://www.gz.gov.cn/zfjgzy/gzsrmzfyjs/sfyjs/zfxxgkml/bmwj/gfxwj/content/post_7100030.html。
[5] 《2020年广州市十件民生实事优质完成》，2021-01-30，广州市人民政府网站，http://www.gz.gov.cn/xw/jrgz/content/post_7059823.html。
[6] 《为了百万长者的晚年幸福——广州市探索"大城市大养老"模式点亮老年人幸福生活》，2020-03-18，广州市人民政府网站，http://www.gz.gov.cn/hdjl/zxft/content/post_5884039.html。
[7] 《超九成受访者满意广州养老》，2020-08-14，广州日报，https://gzdaily.dayoo.com/pc/html/2020-08/14/content_133205_715810.htm。

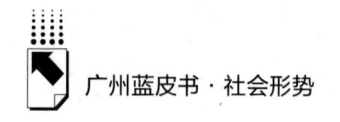

（五）社会治理体制不断创新，社会组织活力持续增强

2020年广州市深入贯彻落实习近平总书记提出的社会治理创新理念，推进社会治理体制改革和建设，各类社会组织继续呈现持续性、科学化发展态势。社会组织是我国进行社会主义现代化建设的重要力量，目前广州市社会组织在国家政策扶持下竞相发展，为促进广州社会治理形成共建、共治、共享格局发挥了重要作用。2020年广州以"加快形成结构合理、功能完善、竞争有序、诚信自律、充满活力的社会组织发展格局"为发展目标，通过一系列政府购买服务、公益创投项目建设、社会组织政务服务改善等措施，积极创造社会组织效能发挥的有利环境，不断推动社会组织在基层社会治理方面发挥作用。截至2020年底，登记注册的社会组织发展到8095家，其中社会团体3440家、社会服务机构4551家、基金会104家；登记认定慈善组织185家，较上年增加32家；[1] 社区社会组织联合会数量也有所增加，基本实现每个城市社区平均拥有10个社区社会组织、每个农村社区平均拥有5个社区社会组织、每个街镇拥有1个社区社会组织联合会的发展目标。[2] 2020年广州资助了97个社会组织公益创投项目，促进了社会服务的多样化发展。[3] 其次，加强社会组织发展支持力度，深入实施"社工+"战略，进一步巩固社工站服务在全市街道（乡镇）全覆盖的建设成果，截至2020年底，实现了村居议事厅全覆盖，据不完全统计，2020广州市注册志愿者人数达380万，约占广州常住人口总数的25%，累计志愿服务时长达1.2亿小时，在社会组织的参与下疫情期间居民生活物资缺乏问题得到有效缓解，凸显了社会组织在增强基层社会治理效力上不可或缺的作用。此外，2020年广州市社会工作协会首次发布了

---

[1] 《2020年12月广东省社会组织统计数据》，2021-01-04，广东省民政厅网站，https://main.gdnpo.gov.cn/home/index/indexStatistics/2020-12-01。

[2] 《广州社会组织5年增加895家》，2021-01-17，信息时报，https://www.xxsb.com/content/2021-01/17/content_134650.html。

[3] 《广州97个公益创投项目获资助》，2020-06-15，新华网，http://www.gd.xinhuanet.com/newscenter/2020-06/15/c_1126117022.htm。

《广州市社会工作发展报告》，其中提到广州市创新实施"社工+慈善+志愿服务"的融合发展机制，拓展社会工作在社会治理中的服务领域与潜能；"红棉守护热线"适时开通，为有紧急需要的特殊群体提供服务，2020年全市共计以182个社工服务站为基点、发动6000多名社工、开设了235条"广州社工红棉守护热线"，从线上线下双渠道为居民提供疫情防控咨询、心理辅导、困难救助等服务超350万人次，服务各类困境群体超60万人次。[1]

（六）"平安广州"建设稳步推进，群众安全感、治安满意度持续提高

2020年是疫情之下极不平凡的一年，广州市围绕"经济特区建立40周年庆祝活动"等活动，继续强化科技在治安管理中的应用，根据国内外疫情形势的变化创新社会治安防控体系建设，通过"扫黑除恶"、"飓风2020"、打击"电信诈骗"等专项治理维持社会秩序稳定，其中，地铁辖区治安环境呈现"三升三降"，即联勤见警率、破案率、地铁公交安全系数上升和案件类警情数、刑事警情数、刑事立案数下降，为下一阶段平安广州创建工作目标的如期实现打下了稳固的基础。[2]

1. 开展专项整治，社会环境持续稳定

2020年广州市坚持疫情防控与社会治安两大事项并举，以坚决战胜疫情的决心来防范化解社会风险，切实保障了人民安全与社会稳定。根据广州市公安局统计，2020年全市案件类警情数同比下降20.4%，刑事立案数也持续下降；"两抢"案件立案率较上年下降36.7%，零发案天数较上年上升67.6%，取得了196天"两抢"零发案与破案率100%的双重历史之最；新发命案破案率达到100%，并通过技术创新与大数据应用，取得了90宗命

---

[1] 《2020年度广州市社会工作行业十件大事出炉，"红棉守护热线"居榜首》，2021-01-08，金羊网，http://news.ycwb.com/2021-01/08/content_1400980.htm。
[2] 《广州公交分局辖区案件类警情连续4年实现"双位数"下降》，2021-01-04，信息时报，https://www.xxsb.com/content/2021-01/04/content_133019.html。

案积案顺利破获的历史性突破；① 公交分局辖区案件类警情数自2017年以来连续4年呈"双位数"下降趋势。② 广州市紧抓重点补齐短板，从"城中村"治理、出租屋流动人员管理、校园安保等方面开展专项治理活动。通过门楼号牌编列、详情地址采集推动"城中村"融入城市整体发展，其案件类警情数比上年下降24.6%；推行房屋门禁系统安装和流动人口信息更新管理，安装门禁的房屋新增了166.4万套，出租屋安全隐患排查与整改5.68万处；推动建立"五统一"工作机制和落细落实"三见警"安保措施，实现了校园"一键式紧急报警"全市覆盖，校园安全得到切实保障；③ 织密织牢禁毒预防与风险管控体系，共计侦破毒品案件1042宗，强制隔离戒毒2899人次，全市主要打击战果总量和比重继续保持全省第一，禁毒执法考核连续3年保持全省第一，禁毒工作开展成效走向全国前列。④ 此外，汇集人民群众力量参与"共建共治共享"社会治理格局的创建，不断加强"广州街坊"群防共治队伍建设。截至2020年5月，广州全市已实名注册"广州街坊"超144万人，相比2019年同期增长30%，已入驻品牌队伍342支，相比2019年同期增加227支。2020年"广州街坊"共参与社会治安防控76.66万人次（线上渠道），全市累计超过250万人次的"广州街坊"志愿者投入到疫情防控工作中，平均每天8万余人次，为满足抗击疫情需要，"广州街坊"的功能从"四员"（即社情民意信息员、邻里守望巡防员、矛盾纠纷调解员、平安法治宣传员）发展为"六员"（即增加了应急处置支援员、公共文明引导员功能），为滞穗人员提供心理调节、物资提供、信息传达等服务，促进了疫情防控工作的有效进行。2018年5月，广州市发布的

---

① 《广州日报：广州2020年"平安成绩单"出炉》，2021-01-05，广州市人民政府网站，http://www.gz.gov.cn/xw/jrgz/content/post_7011496.html。
② 《广州公交分局辖区案件类警情连续4年实现"双位数"下降》，2021-01-04，信息时报，https://www.xxsb.com/content/2021-01/04/content_133019.html。
③ 《让人民群众共享更高水平"平安广州"建设成果——2020年广州公安工作执行情况》，2021-02-02，广州市公安局网站，http://gaj.gz.gov.cn/gaxw/gzdt/content/post_7064593.html。
④ 《广州市禁毒执法工作呈现十大亮点，2020年侦破毒品案件过千宗》，2020-12-29，广州市公安局网站，http://gaj.gz.gov.cn/gaxw/gzdt/content/post_7002243.html。

《广州市深化新时代群防共治工作三年建设方案》中提出要全力打造以"广州街坊"为品牌的群防共治队伍，2021年作为这一方案的收官之年，"广州街坊"已在广州市全面铺开，截至2020年5月，在构成"广州街坊"群防共治队伍的四方面力量（即志愿力量、行业性社会力量、专业力量、半专业力量）中，志愿力量共有1295881人，占总力量的90.28%[①]，为广州市基层治理体制创新注入了新活力，实现了"守护街坊"的初心，助力广州市共建共治共享社会治理格局的形成，为"平安广州"建设贡献了巨大的力量。2020年"平安广州"建设工作稳步推进，为广州市民营造了平安稳定的生活环境，相关部门最新调查数据显示，2020年群众对于广州治安的满意度保持在86%的高水平。

2. 食品药品常态化监管，市民消费安心感提升

"民以食为天"，为了让市民"食在广州"更安心，2020年广州市始终坚持以民为本的中心思想，以疫情防控中的食品药品风险防控为重点，加强源头治理与监督，以社会反映最为强烈的问题作为主攻方向。深入贯彻落实习近平总书记提出的关于食品药品安全监管的"四个最严"要求，开展"问题凉茶"、"问题豆芽"、"骤雨"等一系列专项活动，对日常餐饮、食品、药品、化妆品、医疗器械等重点领域的经营场所进行监管和抽检，综合整治突出问题、全面排查风险隐患、推进食品销售风险分级管理，其中，累计检查了8.91万家次食品经营主体；食品销售风险分级动态管理率高达82%（广东省年度任务指标为70%）；针对农贸市场、大型超市的食用农产品开展了224万批次的快检；"互联网＋明厨亮灶"项目入驻全市3686家学校食堂，学校食品安全监管更加趋于常态化、可视化；[②]全市共计开展了18174批次的药品抽检，其合格率高达99.30%，同比增加2个百分点；[③]

[①] 《数描144万"广州街坊"：一年增227支队伍，逾250万人次助力战疫》，2020-07-27，南方都市报，http://epaper.oeeee.com/epaper/G/html/2020-07/27/content_21677.htm。

[②] 《2020年广州市十件民生实事优质完成》，2021-01-30，广州市人民政府网站，http://www.gz.gov.cn/xw/jrgz/content/post_7059823.html。

[③] 《广东2020年疫情防控用药抽检合格率为99.73%》，2021-02-05，广州日报，https://gzdaily.dayoo.com/pc/html/2021-02/05/content_873_744601.htm。

2020年广州市公安局共侦破有关食品药品类的刑事案件达743宗，其中侦破有关口罩、防护服等刑事案件105宗①，既维护了广州市民"舌尖上的安全"，也保障了全市疫情防控的大局。食品安全状况总体稳定向好，食品生产企业的食品与食品相关产品的抽检合格率分别保持在98.5%、97.2%的高水平。②

二 2020年广州社会发展面临的挑战和难题

整体来看，2020年广州市经济社会发展形势总体趋好，市民总体满意度较高，但是无论从外部发展环境还是从内部的结构和质量方面看，仍面临不少问题及挑战，主要体现在居民日益增长的多样化公共服务需求与略微滞后的社会供给结构之间的矛盾，尤其表现在有关居民日常生活的教育、医疗、住房、养老等领域。在广东省内，作为经济发展仅次于深圳的超大城市，广州经济社会发展始终体现出较高的多元性、包容性、国际化，为国内外不同个体提供了更多就业和发展机会，具有超强的人口聚集力和容纳度。"十三五"时期，广州市人口增长量在23个万亿GDP城市中位居第三③，2020年末，广州的人口吸引力指数以9.228位列全国第二，仅低于深圳0.192。④尽管遭受疫情的影响，广州依然拥有较大的人口吸引力，相关研究数据显示，2020年末广州户籍人口985.11万人，比2019年增加了31.39万人，城镇化率为80.49%。其中户籍迁入人口26.67万人，机械增长人口22.61万人。人口的持续快速增长为广州增加了更多优秀人才，同时也为社

---

① 《广州市公安局：严厉打击涉食品药品违法犯罪，保障消费者饮食用药安全》，2021-03-19，广州市人民政府网站，http://www.gz.gov.cn/xw/zwlb/bmdt/sgaj/content/post_7144158.html。
② 《去年广州实现食品生产企业监督检查全覆盖》，2021-3-26，广州日报，https://kd.youth.cn/a/LbPoDZRyzGdDRY3。
③ 《21世纪经济报道：万亿GDP城市"十三五"人口版图来了》，2021-03-24，广州乐居网，https://gz.leju.com/news/2021-03-24/07006780147673384403843.shtml。
④ 《2020年度中国城市活力研究报告》，百度慧眼，https://huiyan.baidu.com/reports/landing?id=85。

会治理带来了更多挑战，使广州在公共服务领域面临更大压力，这些压力主要集中于养老、教育、医疗等方面。

（一）老龄化程度不断加深与养老服务体系滞后之间的矛盾

根据广州市老龄委发布的《2019年广州老龄事业发展报告和老年人口数据手册》，在统计分析2019年相关数据的同时，还与2015~2019年的同类数据进行对比，可以看出，广州老龄人口与老年事业的发展趋势如下。

一是各区老龄化结构分布较稳定，老年人口总量不断增大。截至2019年底，广州户籍老年人口数达175.51万人，占户籍人口的18.40%。越秀区、海珠区和荔湾区老年人口总数同比皆呈增长趋势，稳居广州市前三，其中，越秀区总数突破30万，为37.34万人，海珠区与荔湾区分别为27.48万人和21.51万人，占全市60周岁及以上老年人口数量的比例分别为17.50%、15.66%和12.26%。此外，从化区、南沙区和黄埔区三个区的老年人口总数均突破7万人[1]，老年人口总数的增长意味着老龄化程度不断加深，与此同时，市民对养老服务的发展要求、服务需求也相应提高，对政府养老政策的适应性也提出了挑战。尽管广州市2020年不断完善养老服务体系，在原有机构养老、居家养老和社区养老的基础养老模式上创新家庭养老床位服务和嵌入式机构养老，仍面临着家庭养老床位服务入户率低、嵌入式养老机构床位供不应求和各区发展不平衡的问题。

二是养老机构入住率分布不均，新老城区差距较大。相关调查数据显示，2020年全市共有229家养老机构，主要分布在老年人口密集的越秀区、海珠区、荔湾区和白云区，其中181家机构的平均入住率为52.6%，入住率最高的是经济较发达的中心城区，即荔湾区、海珠区和花都区，分别为69.7%、59.9%、56.6%，入住率最低的是天河区，仅为27.6%。[2] 在公办

---

[1] 《广州市卫生健康委员会：广州市发布2019年老年人口和老龄事业数据》，广州市人民政府网站，2020-11-12，http://www.gz.gov.cn/xw/zwlb/content/mpost_6908839.html。

[2] 《中国网医疗频道：广州市养老机构市场研究报告2020》，中国医疗网，2020-10-19，http://med.china.com.cn/content/pid/210003/tid/1026。

机构、公建民营机构、民办机构三种经营模式的养老机构中，前两者入住率明显居高，且民办机构的月均收费最高，约为公办机构的两倍，因此在这方面政府应加大对民办养老机构的扶持力度，使其收费标准趋于市民可接受的程度，提高经济欠发达市区的养老机构入住率，推动广州市总体养老服务水平的提高。

虽然广州持续推进养老服务体系建设，但与不断加深的老龄化程度相比，养老服务发展仍稍显滞后。目前广州市养老服务主要有机构养老、居家养老和社区养老三种形式，在对这三种形式进行创新完善的过程中也各自面临许多问题。机构养老方面，广州已有229家养老机构，其中民办养老机构居多，占总机构数的72.4%。2020年在改善机构养老服务的过程中，除了遭受新冠肺炎疫情影响，由于广州市的养老机构多建设于近10年，个别机构设备更新不及时、服务系统智能化程度不高、养老机构数量分布不均、价格高低不一、质量参差不齐等问题也成为阻碍因素，老年人养老需求增加而入住养老机构的成本却居高不下，对于农村地区的家庭而言则养老负担更重，机构养老的意愿也随之下降。传统意义上的居家养老服务门槛较高，普及范围小，新环境下推出的家庭养老床位服务，在为有需要的老人提供"三合一"入户服务时也面临制度化规定不成熟、人员配备不足的问题。

（二）学前教育资源配置均衡性有待加强

2020年是《广东省促进学前教育普惠健康发展行动方案》计划的收官之年，全市公办幼儿园在园幼儿占比为51.11%，普惠性幼儿园在园幼儿占比为87.04%，学前教育"5080"任务圆满顺利完成。在这一阶段性成就之下，仍然存在的"公办幼儿园学位紧张、优质民办幼儿园收费高"的问题也不容忽视，造成这一现象的原因有二。

一是二孩入学。我国开放二孩的政策于2016年1月1日开始实施，相关数据显示，广州市2016年与2017年户籍人口出生数分别为13.73万人和17.23万人，二孩出生占比大幅上升，按照3~5岁为入园年龄，2016年和2017年出生的幼儿入园时间多集中在2019年和2020年。2019年全市公办幼儿园共1966所，民办幼儿园1354所①，在户籍人口出生数与非户籍人口出生数不断增加的情况下，学生人数逐年攀升，很明显幼儿园学位还将处于紧张的局面。

二是人口流入。截至2019年底，广州净流入人口576.87万，净流入占比为37.69%，其中在园幼儿52.76万人中有18.15万非广州市户籍，这意味着随着来穗人员的增加，随迁子女数量也随之增加，进一步加剧了学位紧张的局面。在庞大的生源下民办幼儿园顺势而建，民办幼儿园办学质量较好，其就读费用就会越高，这导致市民对公办幼儿园需求的增加。政府在这一方面应继续推进民办幼儿园转为公办幼儿园、普惠性幼儿园，通过集团化办学普及优质教育资源。

随着外来就业人员来穗工作，无论是中心城区还是周边市区，随迁子女人数与就学需求都会有所增加，而往往优质幼儿园多汇集在中心城区，外围城区主要是人口增长，这就促使教育资源分布出现"人少学位多，人多学位少"的结构不均衡状况。

（三）基层医疗发展人员保障性不足

近年来，广州不断深化基层医疗卫生服务体系建设与完善，解决了人民群众"看病难"的问题。然而，"人少事多"、"人多号少难预约"也成为近年来基层医疗卫生服务机构患者口中的高频词，这也从侧面反映出基层医疗机构人员配备不足的问题。相关研究数据显示，2019年社区医院医师日均担负诊疗人次为21.4人次②，为超负荷工作状态，2020年全市基层医疗卫生机构人员缺编近6000人，全市基层医疗卫生机构入编率仅为81%，这意味着有两成基层医疗机构人员配备处于空缺状态。工作内容多、患者数量多、工作繁琐导致医务人员到基层医疗机构工作意愿不强，即使机构人员配备数量达标也难以长期性留住人才。

---

① 数据来源：《2019年广州市教育统计手册》。
② 《广州有望年底解决基层医疗机构人员缺编问题》，《潇湘晨报》2020年9月1日。

另外，基层治理中的"信息烟囱"问题同样存在于医疗健康卫生领域。要想在提高医务人员工作效率的同时快速、准确、科学地解决患者问题，就势必要推动中心城区的大型医院与基层医疗机构之间的就诊信息传达与平台共享，追踪患者的就医数据，尤其是来穗人员或跨市区就诊人员，在减少医生重复诊疗的同时也避免患者重复检查，在满足市民紧急就医需求的同时保障其在有需要时能够享受更高水平的就诊服务。为了让老百姓实现"足不出户就能看病就医"，自2016年6月我国开始推行家庭医生签约服务，而这一理想的医疗模式在实施过程中却遇到了挑战。家庭签约的医生实际上就是在医院诊室里的医生，而医生有自己的日常工作，平时就诊人数也不在少数，医生只能在非自身岗位工作时间为社区居民提供"上门就诊服务"，当医疗机构医生数量不足时，就会出现"无法上门"的问题。此外，有市民表示，因为家里老人身体状况不便，希望家庭医生能走进家门看诊，然而目前家庭医生最多也只能在居委会开展体检和咨询活动。一些社区卫生服务中心、乡村卫生站早期规划不当，建筑面积不达标，未安装电梯，导致老年患者就医不便、多类患者"扎堆"同一空间的现象。医务人员数量不足技能缺乏、年轻医生不愿意下基层锻炼、在岗资深医生面临退休等因素使得基层医疗发展困难重重。随着社会发展水平的不断提高，市民对维持健康的需求也越来越大，然而基层医务人员数量并没有相应递增，特别是在2020年新冠肺炎疫情下基层防控医务人员明显不足。

三 2021年广州社会发展的趋势及其建议

2021年是"十四五"开局之年，是向第二个百年奋斗目标进军的起步期，也是我国现代化建设进程中具有特殊重要性的一年。回顾2020年，广州始终坚持经济社会发展稳中求进的工作总基调，坚持以人民利益为根本，以保障和改善民生为重点，解决人民群众反映最强烈的问题，圆满完成了十件民生实事。尤其是在国内外严峻的形势下，严防死守，有效控制了广州的新冠肺炎疫情传播，并动员社会志愿力量助力防控工作，维持了社会秩序稳定。虽然广州民生事业发展总体稳中向好，但在疫情防控常态化趋势下，仍面临不少挑战。主要表现在社会保障体系还有较大整合空间，公共服务发展还需激发更多的活力，尤其是就业、医疗、教育等民生工作离群众期望存在一定的差距。2021年广州市政府工作总体要求仍然是坚持稳中求进工作总基调，立足全新的社会发展阶段，以满足人民日益增长的美好生活需要为根本目的，统筹发展与安全，巩固拓展疫情防控和经济社会发展成果，不断提高人民生活水平。

（一）广州社会建设和社会发展趋势

基于广州市政府的工作安排，本报告认为，2021年广州市的社会建设和社会发展将呈现以下态势。

1. 紧抓疫情常态化防控，推动医疗卫生体系改革

首先，毫不放松抓好疫情防控，以"外防输入、内防反弹"为目标，严格加强进口冷冻食品、水产品的检测与监管，实行外来入境人员全流程跟踪监测、闭环管理；充分利用财政拨付的医疗经费，加强高水平医院的建设，完善现有医院的医疗器械、设备、制度，统筹推进国家呼吸医学中心、儿童区域医疗中心的建设，创新落户老年医学，进一步保障儿童与老年人的健康水平。其次，加强医疗领域技术创新，这既体现在药物和疫苗研发、新的医疗器械设备研发、医务人员专业性技能的提升培训，也体现在社会疾病监测预警系统、反馈机制、修复机制的完善；适当适时进行疫情成果的回顾与巩固，关爱医务人员，落实坚守防疫一线医务人员的激励及关爱其家属的若干措施，在临时补贴、表彰奖励、卫生防疫津贴、评定职称等方面给予保障；加大节假日期间的疫情防控力度，促进新冠肺炎疫苗接种全覆盖。此外，继续推进医疗卫生机构建设与体制改革，推动医疗资源的均衡分布，通过中心城区医疗卫生事业的进步辐射周边城区、基层医疗卫生服务能力的提升，实施基层医疗卫生服务"三个一"工程，深化医联体建设，推行基层转诊和双向转诊，支持民间社会资本投入医疗机构的建设，加强传染性疾病防控知识普及与宣传。

2. 促进教育均衡发展，关注来穗人员子女教育问题

继续实施学前教育三年行动计划和特殊教育提升计划，加大普惠性幼儿园扶持力度，推动教育高质量发展，以中心城区的教育进步辐射周边城区的教育发展。面对日益增加的婴幼儿数量、来穗学生数量，继续扩大优质教育机构的建设，大力扶持普惠性幼儿园建设，提供更多学位，着重提高公办幼儿入园率；鼓励支持民办幼儿园规范性发展，深入推进集团化办学与多元化办学。关注来穗人员子女的教育问题，一方面，要加大扶持力度，扩大教育补贴范围，放宽积分落户政策实施门槛，完善来穗人员子女的招生制度，让"新广州人"合理共享广州社会发展成果；另一方面，重点关注来穗人员子女中的困境儿童，为其链接就读资源，关注其心理健康发展，促进其更好地融入新的生活、学习环境。推动构建现代化职业教育体系，实行职业教育"双高计划"，同时办好特殊教育、专门教育和老年教育，形成综合性高水平教育体系。

3. 提高社会保障水平，加强社会治理创新

构建房地产市场平稳健康发展的长效机制，加大来穗人员公租房补贴力度，保障失业人口、就业困难人口、低收入家庭等群体的基本生活。始终坚持就业这一民生工作的主体地位，继续实施"南粤家政"、"广东技工"、"粤菜师傅"三项就业人员技能提升计划，通过开展职业技能培训增强待就业人员的竞争力；推动"穗岁康"类商业补充健康保险的落实，完善社会救助与医疗救治的机制，重点关注残疾人、困境儿童、困境妇女等特殊群体的福利服务保障；推动"穗智管"平台的科学运行管理，推动"穗好办"政务服务的完善，促进新型智慧城市的建设。此外，创新发展养老服务事业，丰富养老模式与服务内涵，继续推广社区嵌入式机构养老和家庭养老床位服务，让人民群众生活安心舒心；合理规划社区综合服务设施，完善社区治理"线上线下"综合性平台，以中心城区社区治理发展带动基层社区治理的进步，深入实施"社工+"战略，激发社会组织参与社区治理的活力。

4. 巩固拓展脱贫攻坚成果，改善人民生活品质

2020年广州全面投入打赢脱贫攻坚战收官之战，取得了梅州、清远建档立卡贫困户中80810人顺利脱贫，疏附、波密、甘孜等西部协作扶贫县全部脱贫摘帽的好成绩。① 2021年广州市应当做好脱贫攻坚工作的后续动力提升工作，以深化穗港澳合作和"双区"建设、"双城"联动带动对口帮扶地区的人才交流、产业合作，加强对优势特色产业的支持力度，并对脱贫后帮扶对象的生活进行弹性动态监测，保持帮扶政策的实施稳定性，防止返贫情况的出现。严格落实国家"两保持、三加强"②的要求，确保财政援助资金的相继落实，加强扶贫干部人才队伍建设，加强重点地区、重点人群的扶贫工作力度，通过拓展结对帮扶领域来巩固脱贫攻坚成果，助力乡村振兴。

（二）广州社会发展建议

针对2020年广州社会建设和发展中存在的若干问题，我们提出如下三个方面的建议。

1. 大力推动家庭养老床位服务，合理布局城乡养老体系

坚持以政府政策为导向、以人民需求为根本、以全民共享为目标的原则，深入开展养老服务体系改革，全面推动养老服务市场开放，全力构建具有广州特色的"大城市大养老"服务模式。养老服务是近年来广州市十件民生实事中的重要内容。面对老龄化日趋严重的现状，丰富养老服务模式、满足不同处境家庭的养老服务需求势在必行。根据我国主要推行的"9073"养老模式，期望90%的老年人由家庭自我照顾，7%的老年人享受社区居家养老服务，3%的老年人享受机构养老服务。而在当下经济飞速发展背景下，家庭中其他成员忙于工作往往会疏忽对老年人的照顾，加上养老观念的改变，对机构养老的需求就会增加，然而机构养老存在"僧多粥少"、收费高等问题，一些经济状况较差的家庭就会望而却步，进而导致"老年人居家却无照顾—机构床位供不应求"的恶性循环。截至2020年底，广州共有

---

① 《广州市脱贫攻坚工作情况》，2021-03-25，广州市人民政府网站，http://www.gz.gov.cn/zwgk/zdly/fpgj/fpgzdt/content/post_7155966.html。
② "两保持、三加强"指保持资金投入力度和干部选派交流力度，加强劳务协作、产业协作和消费协作。

229家养老机构，养老床位7.2万张，每千名老年人床位数仅有40张。① 鉴于此，应当大力推动家庭养老床位服务，把养老服务搬进家门，以社区养老服务和社区资源网络为载体，将家庭养老和社会养老相结合，对老旧城区的老年人家庭环境进行适老化改造，同时将家庭养老床位服务与智慧养老服务相衔接，通过"互联网+养老"的模式提供居家养老的监测预警服务、应急处理服务、日常照料服务；加强家庭养老床位服务机构建设和人才队伍建设，充分利用"社工+养老"的模式和社工"双百计划"，打通城乡养老服务信息沟通壁垒，构建覆盖全市的老年人信息服务平台，促进养老政策普及、养老观念改变、养老方案实施，全力构建以居家照顾为基础、以社区资源为依托、以机构服务为补充的多层次养老服务体系。

2. 多渠道提高公办园学位数量，关注幼儿教育均衡发展

坚持教育资源供给普惠性、公益性、均衡性的原则，严密整合政府财政扶持、社会力量参与，构建基础教育优质均衡发展、集团化办学辐射乡镇的教育公共服务体系。切实巩固学前教育"5080"计划成果；加强师风师德建设，提高各区教师持证上岗率，实施新一轮保教队伍100%全员培训。大力扶持发展普惠性幼儿园，进一步完善幼儿园学生平均定额补助机制，加大财政补贴以降低民办幼儿园的建设成本，并建立民办幼儿园与公办幼儿园信息共享平台，促进二者信息共享。制定《广州市幼儿园课程指南（试行）》，坚决克服和纠正幼儿园"小学化"倾向，提升保教质量。② 政府财政应向招收适龄残疾儿童和提供特殊教育的幼儿园倾斜，降低这类人员的辍学率，通过开展特殊教育学校教学质量监测评估来确保教育质量；鼓励特殊教育学校在满足自身发展的前提下附设幼儿园或者增设幼儿班。

3. 提高医疗卫生服务水平，关注基层医疗优质发展

把保障人民健康放在首要战略位置，深化医疗卫生体制改革，构建以预

---

① 《智慧养老院护老"花样"多》，2020-11-07，羊城晚报，http://ep.ycwb.com/epaper/ycwb/html/2020-11/07/content_112_327930.htm。
② 《广州市教育局：广州市教育局关于印发2020年广州教育工作总结和2021年工作要点的通知》，2021-02-25，广州市人民政府网站，http://www.gz.gov.cn/zfjg/gzsjyj/zjgb/content/post_7106544.html。

防为主、应急处理为辅、持续恢复为纽带的现代化公共卫生服务体系。2020年我国经历了新冠肺炎疫情，其具有全球性覆盖、暴发突然、传播迅猛、破坏力大、极不稳定等特点，广州市在疫情防控过程中根据"坚定信心、同舟共济、科学防治、精准施策"的总要求，依据"平安广州"建设平台，落实联防联控、群防群控一系列措施，切实保障了在穗人员的安全。同时，在抗击疫情的过程中，也折射出了医疗卫生服务领域的不足。事实证明，公立医院在重大疫情防控、突发公共卫生事件应急救援、保障人民身体健康中发挥了不可小觑的作用，而在疫情初期就医需求呈"爆发式"增长，公立医院的资源严重不足。因此，一方面，应大力提高医疗服务水平，以健全疾病监测预警机制、风险评估机制、信息传达机制、物资保障机制为基础，加强医疗卫生人才队伍建设和科研经费的投入，推动社区乡镇医院与公立医院进行联体建设，提高应对突发公共卫生事件的综合能力。另一方面，科学布局医疗优质资源适当向基层倾斜，加快优质医疗资源的扩容，加强基层医疗机构的建设，持续提升县域医疗机构的服务能力；完善基层医务人员人才激励机制，使具备新型医疗知识与技能的年轻人"为了基层、留在基层、发展基层"；合理布局基层医疗机构建设，让"智慧医疗"服务逐渐向市区公立医院看齐；提升分诊、转诊体系的衔接性，支持鼓励民间资本规范化办医。深入实施健康广州行动，织牢为民服务的公共卫生防护网。

社会治理篇
Social Governance

B.2 广州青少年事务社工人才队伍建设路径研究

谢素军 乔宁*

摘　要： 青少年事务社工是优化城市社会治理体系的重要力量。近年来，广州大力推动青少年社工事务工作，并取得了较好的成效，但仍然存在一系列发展瓶颈问题。本文通过对广州市青少年事务社工开展实证调研，发现该群体呈现年轻化、专业化和两极化的生态特征，行业环境和职业环境亟须优化，并存在青少年事务社工人才队伍与社会需求不平衡，人才队伍能力不能满足社会需求，以及培训不足等问题。建议党政部门在资源投入、培训及资格认证等方面向青少年事务社工人才倾斜。

关键词： 青少年事务社工　人才队伍　共青团　广州

---

* 谢素军，广州市穗港澳青少年研究所研究中心主任、副研究员，广东财经大学特约研究员；乔宁，中国南航集团资本控股有限公司党群工作部经理。本课题的研究获得华南农业大学公共管理学院研究团队的大力支持。

广州作为沿海开放城市，社会各界对公益事业发展尤为关注，特别是伴随粤港澳大湾区建设的不断深入，受港澳地区社工治理模式影响，广州青少年事务社工发展呈蓬勃之势，但在实际运营过程中，也频频凸显青少年事务社工才人匮乏的问题，社工队伍建设远远跟不上广州城市发展的需求。基于此，本文尝试通过实证调研的方法了解广州市青少年事务社工人才队伍发展现状与环境，发现社工人才队伍遇到的问题并提出对策建议，为相关党政部门推动青少年事务社工工作提供决策参考。

本研究于2020年6月开展的广州青少年事务社工发展现状调查，以广州市从事青少年事务的社会工作者为调查的总体，采用分层抽样方法进行抽样。调查抽样样本涵盖广州市白云、从化、增城、越秀、天河、南沙、番禺、海珠、荔湾、花都、黄埔11个区，共发放问卷1520份，回收有效问卷1470份，有效率达到96.7%。研究采用SPSS20.0进行统计分析。本研究提出的青少年事务社工是指以社会工作的价值观念和专业伦理为指导，以专业的理论知识为基础，用专业的方法和技巧帮助青少年身心健康发展的社会工作者。从广义而言，凡是在企事业单位、社会组织等单位从事青少年事务的工作人员，都属于青少年事务社工；狭义而言，主要指取得社会工作资格证书并从事青少年事务的社工。本调查报告采取广义的青少年事务社工。其主要职责是：及时准确了解青少年动态，定期接触并了解青少年，鼓励青少年自立和自我发展，服务青少年成长发展；通过心理治疗、定期访谈、组织活动等方式，预防青少年违法犯罪；依托社区、学校和就业服务机构等载体，逐步解决青少年失业、失学和维权等方面问题，维护青少年合法权益。

一 广州青少年事务社工人才队伍生态特征

（一）青少年事务社工队伍呈年轻化

调查发现，广州青少年事务社工性别上女性居多，占69%，男性仅占31%，性别结构不对称。年龄主要集中在20~30岁，占总人数的83%；其中20～25岁占46%，30岁以上只占17%，人才队伍非常年轻。在工龄方面，从事工作2年以下的占53.2%，5年以下的占84.8%，而5年以上的只占15.2%。同样，专门从事青少年事务社工的从业时间也较短，2年以下的占69.7%，3年以下的占86.8%。

此外，只在一个机构从事青少年事务社工的人数占61%，两个的占27%，三个及以上的占12%。总体而言，从业人员工龄短，专门从事青少年事务时间不长，相比工作流动性较大。

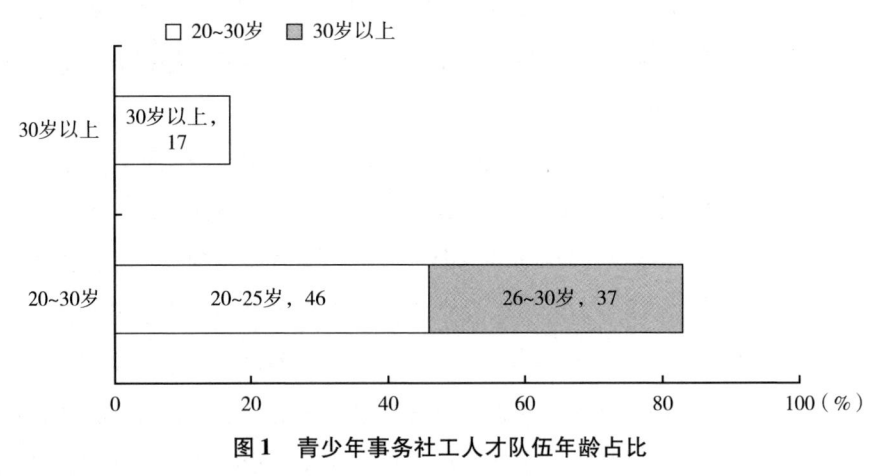

图1　青少年事务社工人才队伍年龄占比

资料来源：根据相关调查报告资料整理，下同。

（二）青少年事务社工队伍呈专业化

调查发现，从事青少年事务社工本科学历最多，占总人数的49%，其次为大专学历，占35%，大专以下占11%，硕士以上只占4%。专业背景为社会工作专业的占46.5%，与社会工作专业相关的专业背景（心理学、社会学）的占36.4%，两者总占比为82.9%，只有17.1%为其他相关专业。从业人员中，取得助理社会工作师资格证的占43.7%，取得中级社会工作师资格证的占7.8%，取得心理咨询师资格证的占6.8%，取得社工监督资格的没有，其他情况的占41.7%，也即最少过半持有专业资格证书，专业化水平较高。从语言服务能力来说，样本反映，青少年事务社工能听说粤语的占80%，会听不会说的占12%，能听懂部分的占7%，完全不会听说的只占1%。大部分工作人员可能是本地或周边地区人，也可能在粤语地区上学或工作过一段时间，基本能开展方言服务。此外，专职青少年事务社工占53%，兼职占24%，志愿者占23%。青少年事务社会参与性较强。值得关注的是，调查统计认为自己擅长青少年成长发展工作的占75.8%，其他领域占15.2%，青少年合法权益维护、青少年社区矫正工作、预防青少年违法犯罪领域分别只占4%、3%和2%。

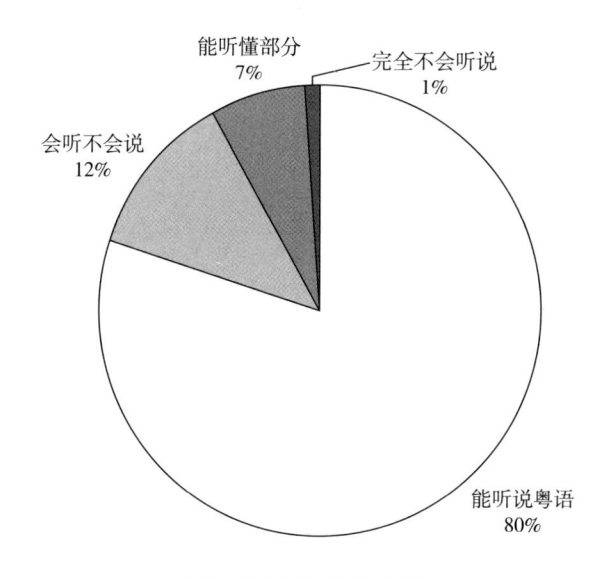

图2　粤语语言服务能力

（三）青少年事务社工服务呈两极化

调查发现，51.6%的受访人最擅长服务农民工子女，其次分别为不良行为青少年（35.5%）、留守儿童（31.2%）、闲散青少年（25.8%）。最不擅长服务流浪未成年人（4.3%）、服刑在教人员未成年子女（7.5%）、刑释解教青少年（9.7%）、失学青年（11.8%）和失业青年（11.8%）。但是，调查同样发现，广州特殊青少年和青少年特殊需求的社工人才极度缺乏。譬如流浪乞讨青少年服务、涉罪青少年观护服务。在一些青少年在人生的转折点需要寻求意见的领域:婚恋服务和职业就业指导,擅长的社会工作者也是十分少。以广州市从事青少年事务社工总体比较擅长的项目(人数占比超过35%)来说,擅长项目仅占青少年所需要的服务领域的27.8%,亟须提升与法律权益以及关怀弱势群体的相关项目质量。

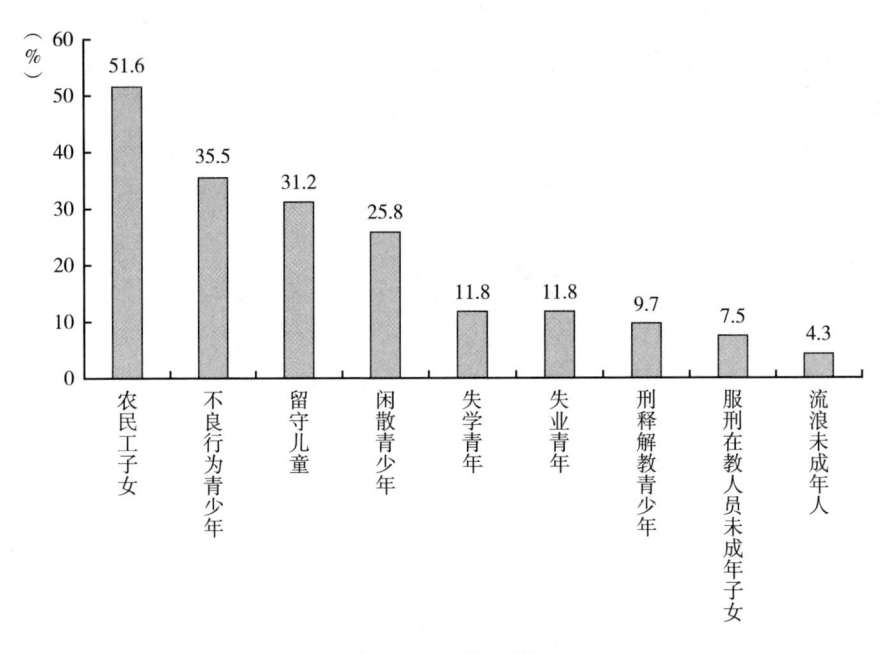

图3 青少年社工服务擅长对象

二 广州青少年事务社工人才队伍建设生态环境

(一)青少年事务社工经费有限

调查发现,专业社工服务社会组织的收入来源渠道方面,选择占收入比最多的一项全部为政府购买社会服务,选择该项的占百分比加权平均值达95.7%;当问到这项收入占其总收入比重时,加权平均值达91.2%。来自政府其他形式的直接补贴或奖励、税收减免或实物支持的资金、单位自筹的社会捐赠、服务收费所获收入皆非常少，大约占总收入的2.2%。在经费方面，社会组织平均能获得青少年服务经费29.35万元，在除去最大值修正标准差的情况下，最少的只有1万元，最多能获得202万元经费，各社会组织之间的经费获得存在较大差异。各社会组织获得政府购买青少年社工服务专项项目均值为1.6个，各项目经费平均为17.3万元，占平均获得青少年服务经费的59.0%；而获得其他基金会、企业捐赠等青少年社工服务项目1.82个，项目经费平均为6.94万元。青少年服务中，依然以政府购买服务为主。此外，专业社工服务社会组织的成本支出中，有7个选项，选择占成本比最多的一项全部为工资支出，所占百分比加权平均值为62.4%，这些支出约占总支出的57.1%；其他用于工作人员培训、服务项目、行政管理、宣传的费用有限，用于交流接待的费用最少。

（二）青少年事务社工收入有限

数据表明，63.9%的社工过去一年收入（含基本工资、津贴补贴、绩效工资、养老保险、住房公积金等，税前收入）处于5万~7万元的水平，27%的社工收入在5万元以下，在10万元以上的只占9.1%。可见当前社工薪酬总体还是处于偏低的状态。尽管收入偏低，但从事青少年事务工作社工大多对当前工作满意度高，这一比例达到87.9%。同时对职业有较好的认同和成就感，超过94%的社工享受青少年专业服务过程。虽然73.8%的社工认为青少年事务社工职业前景良好，82%的社工认为所在机构的发展前景乐观，80%的社工满意当前工作环境，仍然有15%上下的社工处于说不清的迷惘阶段，这一定程度是受到当前工作薪酬的影响，在对薪酬与其他命题进行相关性分析后发现，薪酬的满意度与其他命题一定程度上成正相关关系，从薪酬满意度与职业前景认可度的交叉分析可以发现，对现有薪酬不满意的社工，对职业的认可度处于不满意与说不清的态度。另外，社工对所在机构总体满意，92.9%的社工认为机构同事之间的关系融洽，87%的社工认为机构负责人对自己很关心。此外，社工认同从事青少年事务工作有助于自己的工作规划，83.9%的社工认为所在机构能发挥专业特征，88%的社工认为当前工作能提升自己的职业能力。

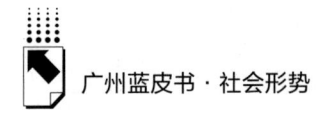

（三）青少年事务社工职业培训滞后

调查发现，有78%的机构为入职青少年事务社工进行了岗前培训，入职之后有7%的总是开展职业培训，有35%的经常开展职业培训，有49%的有时开展培训，只有9%的从来没有开过培训，也就是说91%的机构都有培训。还有提升的空间，譬如可以增大开培训的频率，提高培训的效率，注意培训内容，如针对社工不擅长的环节加大培训。而且应进一步普及岗前培训，争取90%的岗前培训率。总体而言，有52.6%的青少年事务组织认为培训经费预算不足，其次是40.8%和38.2%的组织认为专业培训单位少和缺乏实训培训，而针对培训内容针对性和实效性不强、大多培训机构缺乏青少年事务社工培训咨询、缺乏示范单位、单位机构组织缺乏培训员工的压力和动力、其他的占比分别为27.6%、19.7%、17.1%、7.9%、6.6%。数据表明，开展青少年事务社工培训的困难主要是培训经费预算不足。

三　广州青少年事务社工人才队伍建设的主要问题

（一）人才队伍结构与社会需求不平衡

青少年事务社工性别结构不对称，女多男少；年轻化；大多从业时间短，从事青少年事务时间更短；学历层次较高，专业化水平高；在服务对象、服务项目、服务领域中不擅长环节较多，其单位组织负责人评价并不高，需要加强相关领域知识技能培训。青少年事务社工队伍男性女性比约为3∶7，83%的人员年龄在30岁以下，3/4的没有结婚，队伍非常年轻。由于新手较多，42.1%的社会组织负责人认为工作人员工作理念、知识和技能掌握不熟练，在社会组织存在问题选项中占比最高。从数据分析，性别、年龄和婚姻状况与职业稳定性不相关，但从访谈了解到，男性和年纪大的人员承担家庭经济压力较大，离开社工服务领域较为普遍；女性因婚姻原因离开原单位工作的可能性较大。另外，薪酬低也是影响这支人才队伍稳定性的重要因素，尤其对于男性社工从业人员，养家糊口压力促使他们离开青少年事务社工领域，转行到薪酬高的职业。

总之，广州市青少年事务社工是一支专业化水平高、从业经验尚浅的充满活力的年轻队伍。稳定这支队伍要提高待遇，尤其是男社工；要解决婚姻问题，尤其是女社工。提升这支队伍不能只停留在专业资格证书上，广州不缺社工专业人才，关键缺乏对应社会需求，能得到社会组织负责人认可的人才。比如，男性社工人数不足，对于开展流浪青少年等特殊群体服务则不利。需要想办法促进这支队伍与社会的契合度，与组织意志的契合度，使其成为一支结构合理、用人单位满意的队伍。

（二）人才队伍能力与社会需求不对称

调查发现，将近30%的社会组织认为经常或总是招募不到专业的青少年事务社工，30.9%的社会组织会经常或总是选择招募非专业社工人员接手青少年事务工作。一方面是因为青少年事务社工工作能力和经验单一。在对象方面，这支队伍最擅长农民工子女服务，服务对象单一化、趋同化，如流浪未成年人、服刑在教人员未成年子女、刑释解教青少年、失学青年和失业青年等群体服务能力不足。在内容方面，所调查对象比较擅长于青少年思维养成、习惯养成、心理疏导、社交指导和学业辅导，其次为留守、流动和残疾儿童领域以及困难帮扶，擅长从事其他项目的在10%以下。在需要相关法律知识才能完成的领域，如权益保护、法律保护、青少年违法犯罪等，擅长的人数占比极少。在一些关护弱势群体的领域，擅长的人非常少，譬如流浪乞讨青少年服务、涉罪青少年观护服务。在一些青少年在人生的转折点需要寻求意见的领域如婚恋服务和职业就业指导，擅长的社会工作者也是非常少。以人数占比超过35%的广州市从事青少年事务社工总体比较擅长的项目来说，其仅占青年所需要的服务领域的27.8%，亟须提升与法律权益以及关怀弱势群体相关的项目质量。这也同时意味着专业化程度的不足。

另一方面则是由于青少年事务社工缺乏足够的工作技能。7.9%的青少年事务社工认为自己不知道怎么与青少年沟通，22.8%的找不到好的青少年社工服务方式，12.2%的对青少年事务缺乏正确认识。说明社工在自身能力方面有待提高，而针对社工群体的职业培训的需求也非常迫切。青少年事务社工对青少年工作政策了解不足。所调查对象对青少年事务工作政策和共青团青少年事务工作了解不深。对政策和共青团青少年事务工作非常了解的分别仅占1%和2.1%，比较了解的则占30.3%和20.6%，有超过50%的调查对象则处于一般及以下的了解程度。可见总体了解程度并不高。社工对共青团青少年事务工作的了解程度比对青少年事务工作政策的了解程度要低，更需要普及学习相关内容。在另一道题中，25.9%的青少年事务社工认为自己不了解青少年法律政策。

此外，青少年事务社工专业素质有待改善。青少年事务社会组织负责人对在职青少年事务工作人员存在的问题进行评价时认为，知识和技能掌握不熟练、工作专业化水平不高，工作领域拓展乏力，工作基础薄弱，人员缺乏，工作思路创新不足占比分别达到22.1%、19.3%、17.2%、15.9%、14.5%。在高级专业水平方面，人才队伍结构和社会需求同样存在一定程度的偏差。青少年事务从业者中有高级专业水平（取得社会工作师、心理咨询师或社工督导的职业资格）的人数比例为15%，需要高级专业水平的青少年事务社工的单位/机构/组织的比例则是36.8%，因此，高级专业水平的青少年事务从业者供不应求。

最后，职业提升空间不足，缺乏培训及培训能力。虽然各单位青少年事务社工培训次数不少，但是反映专业化不足的声音仍有，说明培训的实效不尽如人意。另一方面，培训经费不足、专业培训机构少、实训培训缺乏等问题也非常明显。大部分青少年事务组织认为培训经费预算不足，专业培训单位少和缺乏实训培训，而培训内容针对性和实效性不强，大多数培训机构缺乏青少年事务社工培训咨询、缺乏示范单位、单位机构组织缺乏培训员工的压力和动力。数据表明，开展青少年事务培训的困难主要是培训经费预算不足，有必要加强培训经费的投入。

（三）青少年事务社工行业环境不乐观

当前，从事青少年事务的单位组织大多处于初创期，发展规模差异较大；收入、支出途径及内容单一，经费不足，专门用于青少年事务的经费占比较少，对专业社工人员开展培训的能力与资金配置不足；专职青少年事务社工数量不足，青少年事务工作服务领域集中于主流领域，某些边缘性、特殊性领域缺乏服务；职业制度化建设有待加强。

同时，从事青少年事务的单位组织大多处于成长期，服务领域主要集中于主流领域（青少年成长发展领域占60%），对边缘、特殊青少年服务及青少年特殊需求服务领域关注不够。这些领域专项经费不足，人员专业化水平不高，专职人员短缺，限制了进一步的发展。从事青少年事务的民间社会组织规模小，其承接政府转移出来的青少年社会事务的能力自然有限，因此以前由政府承担的这些社会事务不能如政府期望的那样完全由专业组织来承担。

另一方面，青少年事务社会工作人才评价认定标准尚未出台，以实绩论人才的氛围和机制尚未形成。相关执业资格制度及专业社会工作人才职称发展序列还没有建立，其相关待遇难以落实。没有形成职业化的岗位体系，青少年事务社会工作岗位开发与设置政策还没有制定出台，专业岗位十分有限。青少年事务志愿者服务机构中，大部分机构都没有建立相关制度。32.4%的机构没有建立社工引领志愿者服务开展青少年事务服务的机制；12.9%的机构没有建立青少年事务志愿者服务记录机制。在回收的70份有效问卷中，两种制度都建立的机构只占总量的65.7%。

最后，全市青少年事务社工服务领域比较集中，专职人才趋同性较强；加大政府投入，开展付费服务，为特殊青少年和青少年特殊需求供给社工服务，是加强广州市青少年事务组织建设的重要方向。社会组织自身要加强职业制度建设，以便提高从业人员的职业保障和职业预期水平，同时要大力开发和探索新服务领域，迈出步伐搞付费服务。

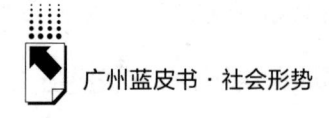

（四）青少年事务社工职业环境不优越

一方面，开展青少年事务工作量不大，对职业总体满意认同；薪酬、福利较低，影响职业认同；期望年薪为12万元；大多数青少年事务社工将继续从事该项工作，并规划了自身职业能力提升；限制青少年事务专业社工发展原因复杂。另一方面，各从事青少年事务的组织开展青少年个案服务数量不多，可能是受组织人员、资金与能力的限制。总体而言，青少年事务社工对所从事职业有很强的认同感和满足感，对薪酬与职业福利满意度低，越年轻、学历越高的社工对薪酬的期望值越高。由此可见，青少年事务社工的职业问题，主要集中在薪酬待遇问题；收入提高、福利改善能提高当前职业满意度，能降低职业的流动性；职业的稳定反过来影响未来职业规划与职业能力提升。

此外，超过半数的青少年事务从业者认为缺乏必要的管理机制和职业晋升机制，比例达59%。在岗位和服务标准方面，46%的受访者认为缺乏统一的岗位和服务标准。对于共青团是否应牵头制定统一的岗位和服务标准，绝大部分持同意或基本同意态度，占比达到91.7%。

四　广州青少年事务社工人才队伍建设路径

当前，广州正在着手推动"十四五"规划建设，如何培育、发展和建设好一支满足广州市青少年事务需要，有力承接政府职能、有影响力、有梯次、富有战斗力的社会组织人才队伍，需要在顶层设计和具体实施上进行全面的规划。

（一）强化青少年事务社工人才队伍建设的制度与组织保障

青少年事务社会工作专业人才队伍建设是一个系统工程，需要完善顶层制度设计。政府的主要工作是定制度、定规则，先培育扶持，"扶上马，送一程"，直到青少年事务组织自身能够规范有序发展。出台一系列青少年事务人才队伍建设制度，比如《广州市关于加强青少年事务社会工作专业人才队伍建设的意见》《广州市社会工作专业人才中长期规划（2014—2020年）》《广州市青少年事务社会工作专业人才奖励办法》《广州市青少年事务社会工作专业人才任职资格体系》《广州市青少年事务社会工作专业人才素质模型》《广州市青少年事务社会工作专业人才队伍建设指引》等配套制度，为青少年事务社会工作人才队伍建设提供制度支持。

同时，要尽快建立由市社工委、市民政局、团市委、市社会工作协会、青少年社工服务机构、高校社工系等多元主体参与的青少年事务社会工作专业委员会，负责开展青少年事务社会工作专题调查研究，为制定广州市青少年事务社工系列政策提供决策参考和业务支持，配合做好全市青少年事务社工专业人才的培育、评估和考核等具体工作落实，推动全市青少年社会工作事务向专业化、职业化、规范化方向发展。

（二）优化青少年事务社工行业职业环境

一方面要加强行业对非社会工作专业优秀人才的吸引力，形成人才队伍的蓄水池效应。同时，各青少年事务组织机构拥有较大规模的志愿者队伍，加强制度建设，让部分志愿者沉淀下来，进入青少年事务职业队伍中。各行各业都会对人才展开争夺和竞争，没有一定的物质待遇，难以吸引优秀人才。要增强青少年事务社工专业吸引力，首先要改善从业环境与待遇，数据反映，提高收入、改善福利、增加培训机会能提高青少年事务社工的满意度；职业晋升和领导认可也相当重要。提高广州市青少年事务社工人才的薪酬待遇，实行倾斜性社会福利，提高对优秀人才的吸引力，如在户籍落户、子女就学、住房、职称等方面实行政策倾斜，实实在在地解决社会优秀人才的实际问题，解除其后顾之忧。

另一方面要依托全市现有的社会组织孵化基地，建设青少年事务社工机构培育孵化基地。以政府购买青少年社会服务项目带动青少年事务社工机构的孵化、培育，通过落实税收优惠政策、拓展政府购买服务项目等方式，鼓励民办社会工作服务机构介入青少年事务领域工作，培育青少年事务社工服务机构。加强"青年地带"服务站建设，拓展青少年事务社工服务阵地。加强家庭综合服务中心、青年地带与其他青少年事务组织机构之间的合作，建立服务转介机制和联动机制，建立多层次青少年事务社工服务体系。

（三）构建青少年事务社工职业培训和资格认证体系

青少年事务社工培训需要从资金保障、培训机构、师资、教材、课程建设等方面入手，打造系统的培训体系。数据反映，提供培训机会在提高职业满意度因素中成为第三重要因素；在阻碍青少年社工发展因素的调查中，被调查者普遍认为缺乏统一的专业培训课程，国家和政府不够重视和支持；在希望共青团提供的支持当中，认为共青团应该开发专业培训课程的人是最多的。职业培训受到青少年事务社工及其所在组织的普遍重视。虽然机构提供了相关培训，但从业人员仍然有较大的培训需求，这说明机构的培训效果并不理想。而在对机构开展培训遇到的困难调查中，机构反映开展青少年事务培训的困难主要在于经费不足、专业的培训单位少和缺乏实体培训。建议充分利用高校培训资源，以财政资金为杠杆，带动多渠道资金投入，以培训项目为抓手，打造针对性、实践性强的青少年事务社工职业能力课程体系，帮助从业人员快速成长。构建青少年事务社工从业人员的胜任素质模型并进行资格认证，并以此为基础完善相关政策与制度措施，通过胜任素质模型来招募和管理从业人员。

此外，调查发现青少年事务社工组织负责人对认证青少年事务社工资格、统一岗位设置和服务标准、制定薪酬和晋升机制等方面没有普通青少年事务社工强烈，组织机构对从业人员保障制度建设的重视程度不高，很多机构没有统一的标准，这样对于从业人员的公平和机构的效率都是不利的。建议民政局、共青团等相关机构牵头建立统一的薪酬制度和晋升机制，制定统一的岗位和服务标准，建立青少年事务社工职业认证体系；探索职业晋阶和考核制度，开展青少年事务社工考核，把考核的结果作为职业晋级和评定优秀社工的重要依据，并与职业晋阶制度挂钩；创新薪酬福利制度，不断完善社工薪酬福利制度，增加各项辅助津贴，兑现职业资质补贴，推进青少年事务社会工作者队伍的职业化进程。

参考文献

潘保军、张会杰：《深圳：打造党建社工"五线谱"工作法》，《中国民政》2013年第12期。

广州市委组织部：《社工机构党建的广州经验》，《中国社会工作》2020年第3期。

共青团北京市委：《健全机制，加强协同 形成政府购买青少年社会工作服务的基本框架》，《中国共青团》2018年第9期。

舒绍福、盛炜：《共青团组织参与政府购买服务：实践探索与未来推进》，《中国青年研究》2016年第5期。

米银俊、林惜文、李进民：《社会工作专业人才队伍建设的现状、问题与对策——以广东省为例》，《社会工作与管理》2014年第4期。

B.3
广州市"大镇、大村、大市场"流动人口社会治理与服务的对策研究

张 茜*

摘 要: 聚焦广州流动人口的现状,以"大镇、大村、大市场"流动人口社会治理与服务为切入口,识别现存的问题:一是治理意识和能力有待提升,二是公共服务的机制、全力尚未形成,三是社会服务投入、供给不足。并从完善治理网络、提升治理能力、创新治理手段、加强制度保障、拓宽组织渠道、加大宣传表彰6个方面提出相应的解决方案及政策建议,为广州进一步提升城市治理能力,完善社会治理体系,精准有序做好疫情防控工作提供参考。

关键词: 流动人口 社会治理 广州市

相关数据显示,2019年我国流动人口总量为2.36亿人,占全国总人口的17%,相当于"每6个人就有1个流动人口"。在流动人口中,70%以上是农民工[1],劳动年龄阶段就业人口占绝大多数,他们主要从事批发零售、制造、居民服务、住宿餐饮、建筑等行业。[2]

---

* 张茜,全国妇联执委、广州市妇联兼职副主席、广州市黄埔区优势力社会工作发展中心执行总监。
[1] 国家卫生健康委流动人口服务中心课题组:《新冠肺炎防控要重点关注流动人口的聚集与流动》,http://ldrk.org.cn/rsf/site/nmpw/zonghexinxi/info/2020/76733.html,2020-2-18。
[2] 国家卫生健康委流动人口服务中心课题组:《以流动人口为重点加强新冠肺炎疫情防控》,http://ldrk.org.cn/rsf/site/nmpw/zonghexinxi/info/2020/76734.html,2020-2-18。

根据国家卫生健康委流动人口服务中心课题组针对疫情进行的连续追踪分析，新冠肺炎疫情的暴发和大范围传播与人口流动密切相关。流动人口已经成为疫情防控的重点和难点。一方面，流动人口主要从事行业的人群集聚度高，防护条件差，这使得他们容易成为传染病的易感人群。另一方面，流动人口的工作不稳定、流动性高，特别是重大节日期间的集中返乡，也往往使他们成为疫情跨区域传播的高风险人群。

在疫情防控与后疫情时代的流动人口社会治理中，城市与城乡接合部的"大镇、大村、大市场"是重中之重。不管是疫情防控还是今后的社会治理，都要有重点意识，聚焦流动人口聚集的核心区域，实现重点突破。

一 现状介绍

（一）广州流动人口的增量和流量领跑全国

在人口增量方面，2019年末，广州市常住人口1530.59万人，较上年末增加40.15万人（见图1），同期上海增加4.36万人，北京则是减少0.6万人。2015~2019年，广州已连续五年保持40万人/年以上的常住人口增量，累计涌入222.54万人。[①] 总体而言，广州人口数量保持了相对稳定的增长态势，位居一线城市前列。

在人口流量方面，2020年广州市政府工作报告中说，目前广州是"实际管理服务人口超过2200万、流动人口超过1000万的超大城市"[②]，这是官方首次公布广州的实际管理服务人口。并且通过比较可以发现，目前广州实际管理服务人口比常住人口1530.59万多出670万。可见，作为我国重要的门户城市，广州对流动人口具有强大的吸引力，是当之无愧的"流量大城"。

[①] 陈杰、黄玉、张跃国等：《广州社会发展报告（2020）》，社会科学文献出版社，2020。
[②] 温国辉：《2020年广州市政府工作报告》，2020。

041

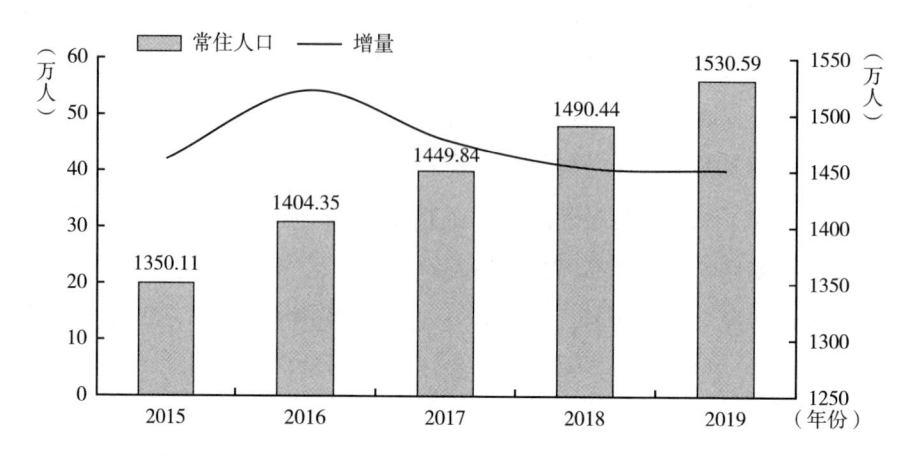

图 1　2015～2019 年广州常住人口统计

资料来源：中商产业研究院大数据库，2020 年 3 月 18 日，下同。

（二）大镇、大村是流动人口聚集的生活区域

广州流动人口的分布特点可归纳为"两少一多"，即越秀、荔湾等中心城区流动人口较少，从化偏远城区流动人口数量较少，白云、天河、番禺、海珠、花都（部分镇街）、增城（部分镇街）等城乡接合部、大镇、大村的流动人口数量很多。作为流动人口聚集的重点区域，大镇、大村呈现出严重的"人口倒挂"现象，在疫情期间承受着巨大的治理与服务压力。

在大镇方面，以特大镇——花都区的狮岭镇为例，全镇面积约 136 平方公里[1]，比越秀区、海珠区、荔湾区、天河区的面积都要大。全镇常住总人口 30 多万，其中 2019 年登记在册的流动人口约 23 万。[2]

在大村方面，以"广州最大的城中村"——白云区的大源村为例，全

---

[1] 广州市花都区人民政府：《狮岭镇》，https：//www.huadu.gov.cn/zjhd/hdgs/zjfm/content/post_7091081.html，2020-2-22。

[2] 中国长安网：《抗疫大片：狮岭镇保卫战！独创战法，守住 30 万人安康！》，https：//baijiahao.baidu.com/s?id=1662210507505532793&wfr=spider&for=pc，2020-3-26。

村占地面积约25平方公里，村内有房屋建筑6800多幢，其中出租屋达3400多幢。全村户籍人口9000多人，常住人口超过20万人。①

（三）大市场是流动人口聚集的工作场所

根据广州市来穗人员信息系统2017年7月统计数据，全市流动人口聚居密度最大的区域有8个，均为劳动密集型行业聚集地区。

具体包括：（1）越秀区矿泉地区，流动人口约12万，主要从事皮具、皮革饰品加工销售；（2）海珠区中大布匹市场及其周边地区，包括凤阳街、新港街、瑞宝街、江海街、南洲街、华洲街、官洲街等城乡接合部地区，流动人口约70万，主要从事服装面料、辅料、家纺、制衣设备加工销售；（3）荔湾区桥中地区，流动人口约6万，主要从事鞋业、服装、印刷行业；（4）天河区棠下地区，流动人口约15万，主要从事出租车、电脑及周边产品销售；（5）白云区近郊地区，包括景泰街、三元里街、新市街、棠景街、同德街、松洲街、黄石街、永平街、同和街、京溪街等地区，流动人口约100万，主要从事皮具、鞋类、服装、化妆品生产加工；（6）番禺区大龙地区，流动人口约25万，主要从事布料加工等家庭式作坊、劳动聚集型企业；（7）花都区狮岭地区，流动人口约25万，主要从事皮具行业；（8）增城区新塘地区，流动人口约55万，主要从事牛仔服加工、汽修及零部件销售。②

上述地区的流动人口主要是在大市场工作的人员，累计人数已达到308万之多。

（四）流动人口以青壮年居多且学历文化偏低

从年龄结构来看，流动人口中青壮年占绝大多数，"80后""90后"成

---

① 中共广州市白云区太和镇委员会：《"五治"联动"五力"融合引领大源治理现代化》，http://www.gzszfw.gov.cn/article/document.do?shId=17256，2020-5-15。
② 曾嵘：《社会融合导向下广州流动人员服务管理的问题与对策研究》，兰州大学硕士学位论文，2017。

为广州流动人口的主体。据统计，30岁以下的流动人口占比达到42.1%，31~40岁的流动人口占比达到28.43%（见图2）。①

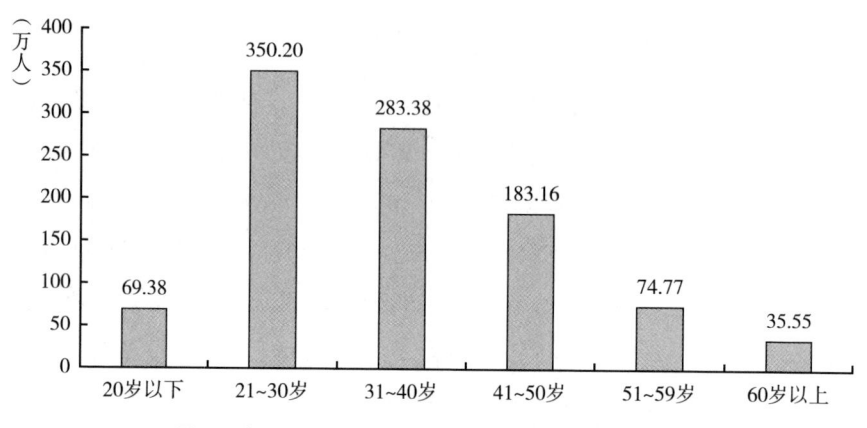

图2 广州流动人口年龄结构（截至2019年7月）

从学历结构来看，广州流动人口的文化层次呈现出"中间大、两头小"的橄榄型结构，即初高中学历的人多，小学及以下、大学及以上学历的人少（见图3）。②

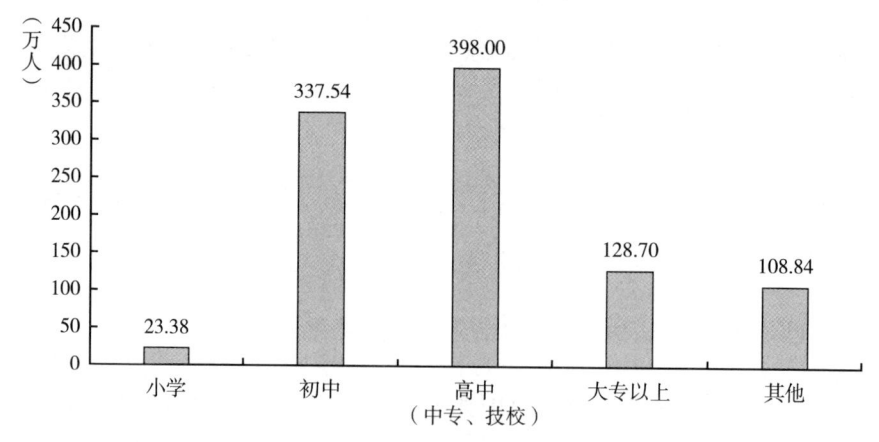

图3 广州流动人口学历结构（截至2019年7月）

---

① 陈杰、黄玉、张跃国等：《广州社会发展报告（2020）》，社会科学文献出版社，2020。
② 陈杰、黄玉、张跃国等：《广州社会发展报告（2020）》，社会科学文献出版社，2020。

总的来说,广州流动人口的特点概括起来有三点:

(1) 数量庞大且逐年递增。流动人口持续增加成为广州市域治理现代化中不可回避的大问题,同时也是广州城市吸引力提升与高质量发展的大机遇。

(2) 集中分布在"大镇、大村、大市场"。广州的流动人口特别是打工群体主要集中在"三大地带",因此这也是市域治理的重点与难点所在。

(3) 中低阶层的流动人口占绝大多数。虽然广州不断优化人才环境,频频出招吸引人才,但对于主要以低层次人力为主的流动人口构成的现状,仍然难以在短时间内达到实质性的改变。

二 问题分析

关于流动人口的社会治理与服务,主要包括三个问题。

(一)流动人口重点治理意识和能力有待提升

对流动人口治理,必须要有重点意识,始终聚焦流动人口聚集的核心区域,着力实现重点突破。然而,在流动人口集中分布的"大镇、大村、大市场"区域,目前"以数量换取质量"的思想仍然普遍存在,各级政府往往一味地投入人手,而对于基层干部的治理意识和能力的提升,缺乏足够的投入和支持,许多"大镇、大村、大市场"基层干部的调查研究、项目设计、经验总结等能力仍然亟待提升。

(二)流动人口公共服务的机制、合力尚未形成

1000万以上的流动人口,是广州城市建设不可缺少的力量。但就目前而言,针对流动人口的公共服务,主要依靠零星的制度"发放",尚未上升到社会公共服务的综合改革层次,也尚未建立流动人口公共服务的长效机制。

另外,在当前各级政府的管理中,存在部门各自为政、部门之间工作机制不顺畅的问题。广州市、区两级虽然都成立了来穗人员服务管理局,但

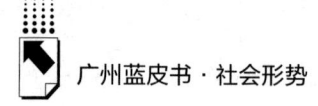

"九龙治水"现象仍然没有彻底清除。各部门在履行服务管理职责时，往往各自为政，尚未形成齐抓共管的合力，造成"大镇、大村、大市场"流动人口服务管理工作职责范围界定不够明晰，存在缺位现象。

（三）针对流动人口的社会服务投入、供给不足

虽然广州在服务流动人口上做了很多努力，但面对超过1000万且持续增加的流动人口，相应的社会服务投入和供给仍然是杯水车薪，多年来几乎没有增长。在新冠肺炎疫情影响之下，部分专门服务流动人口的社会服务项目更受制于财政资金压缩而缩小规模，甚至被迫取消。

经了解，广州以政府购买社工机构服务的方式，在全市推出15个社工专项服务项目，其中只有1个项目专门面向"大镇、大村、大市场"流动人口（花都区特大镇外来人员社会工作专项服务项目）。从2012年到2020年，历经约7年半时间，这个专项服务项目终究因财政资金的短缺，在2020年上半年遗憾终止。至此，广州面向"大镇、大村、大市场"流动人口的社会工作专项服务项目的数量已接近于零。

而通过查阅《2020年广州市社会工作服务项目目录》可以发现，在65个社会工作服务需求项目中，只有3个项目直接面向流动人口（分别是朗读者大赛、融合服务周、融合大学堂），且都以搞活动的形式为主，难以拓展服务的成效和深度，难以切实回应到"大镇、大村、大市场"流动人口的多元需求，为他们提供可持续化的服务。

总体而言，广州目前购买流动人口的社会服务比重，与流动人口比重相比是极不相称的。面向流动人口的政府购买社会服务机制尚未实现制度化、规范化、常态化和长效化，公共服务的供给也远远未能适应流动人口日益增多的现实。

三 对策建议

基于现状、问题剖析，通过对标上海、浙江和深圳等地流动人口治理工

作经验，广州后续推进流动人口社会治理与服务过程中，要树立"服务为先，善治为道"的理念，从"管理"思维向"治理"思维转变。建议广州以"大镇、大村、大市场"为重点区域，从完善治理网络、提升治理能力、创新治理手段、纳入制度保障、拓宽组织渠道、加大宣传表彰等方面优化流动人口治理机制，循序渐进地推动市域社会治理现代化。具体对策建议如下。

（一）完善治理网络，明确流动人口的分层治理体系

首先，广州市来穗局、人社局、民政局、教育局等职能部门在流动人口治理中应发挥顶层设计、统筹协调、制度建设、资金保障等方面的作用，推动流动人口治理工作的体系化。

其次，"大镇、大村、大市场"等流动人口密集区域所在党委、政府的治理应作为该辖区流动人口治理的第一责任主体，在基层治理中发挥计划、执行、服务、反馈等方面的作用。

再次，村（居）委会、出租屋房东、市场管理员等作为联络流动人口的责任人，应以网格为单位进行划分，利用QQ、微信等群众普遍使用的社交网络进行建群管理。

最后，通过委托经营、购买服务等方式，由村（居）"两委"、社会组织来引导流动人口参与社区居民议事、社区志愿服务、社区公共事务等，将流动人口管理纳入网格管理体系。

（二）提升治理能力，针对基层干部开展系统性培训

"基层不牢，地动山摇"，市域治理现代化不仅需要市级政府部门自上而下进行统筹设计，更需要基层干部起到实践落地的作用。基层干部是党和人民群众之间的桥梁，是社会治理的"守门人"。如果基层干部的治理意识缺失、治理能力薄弱，不能及时做好风险的防范、预警和化解，那么所造成的负面影响和不良后果将不可估量。基于此，课题组建议，必须采取措施，进一步提升"大镇、大村、大市场"基层干部的治理意识和能力。

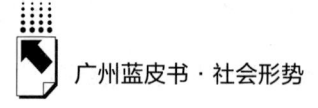

首先，广州可面向"大镇、大村、大市场"的村居干部开展系统性、针对性、持续性的培训，提升他们的治理意识与能力，在系统培训中培养一支精于流动人口治理工作的基层干部队伍。

其次，要注重在系统性培训体系中挖掘本土治理经验，通过3~5年的常态化培训培养一批从事"大镇、大村、大市场"流动人口工作的本土讲师，以形成"传、帮、带"的良性培训循环。

最后，统一流动人口服务与治理的服装标识、服务logo、形象代言等内容，以治理符号宣示为辅助，增强流动人口治理品牌的辨识度，发展出党委、政府部门与流动人口的互动范式与文化符号。

（三）创新治理手段，建立更便捷的流动人口支持途径

在新冠肺炎疫情中，互联网、大数据等信息化手段充分体现了快速、便捷、科学、精准等优点，对联防联控、群防群治发挥着重要的支撑作用。随着复工复产，"大镇、大村、大市场"是流动人口流入的密集地区，应重点在这些区域为流动人口提供政策指引、资源对接、心理疏导、就业支持等服务，具体包括如下内容。

首先，搭建专门的信息整合服务平台，消除流动人口尤其是农民工的"信息孤岛"现象，让他们能够顺畅、便捷地获取信息和对接资源。当他们不必来回奔波，而是可以通过简单刷二维码，就了解到在本地生活的注意事项和政策指引的时候，城市对流动人口的友善温暖，自然也就体现出来了。

其次，注重全过程、分层分类地对流动人口提供支持和帮助。从流动人口抵达广州，到他们扎根广州，需要因应不同发展阶段的不同情况，提供经济、社会、心理、文化等层面的支持。另外，考虑到流动人口的群体内部差异性，针对不同层次、不同类别的流动人口，需要主动地、有针对性地对他们的需求作出回应。比如，针对打工群体，可以提供技术技能、法律维权培训等支持；针对创业群体，可以提供启动资金、孵化场地等支持。政府多走一步，让政策找到人、让支持送上门，将有利于加速流动人口的社会融入进程，让他们感受到被关照和被接纳，产生获得感和幸福感。

（四）纳入制度保障，促进服务的专业化和规模化发展

首先，建议政府将流动人口的社会服务纳入制度保障，建立一套常态化的运作机制。比如，在财政层面，可以加大为流动人口提供社会服务的财政支出比例，使财政支出适当向"大镇、大村、大市场"流动人口的基本公共服务供给倾斜；在法律层面，可以积极推进"大镇、大村、大市场"所在辖区党委政府购买流动人口服务的立法工作。

其次，建议政府加大向社会组织购买社会工作服务的力度和规模，促进流动人口服务的社会化、市场化、多元化和合作化，使"大镇、大村、大市场"流动人口的各种需求能够得到密切跟进和及时回应、各种矛盾能够得到充分缓冲和及时化解。

（五）拓宽组织渠道，构建与制度相融合的基层自治模式

社会参与尤其是流动人口自身参与的不足，是流动人口管理与服务陷入"以本管外"困境的症结所在。基层政府部门应主动转变思维，从"无限管控"向"有限治理"过渡，积极引导构建"协商议事、矛盾调解与人群自律相结合"的基层自治新模式。

首先，鼓励在"大镇、大村、大市场"辖区的商会、协会、商圈建流动党支部、流动妇联，在企业、社区、村庄等成立协会、工会、社区社会组织、兴趣团体等，以组织化推动流动人口利益表达的通畅。

其次，要更多地吸纳流动人口参与居住地的社会事务管理，尤其是要注重吸收流动人口中的优秀代表。可以让这些优秀代表成为村（居）委会的列席委员，在研究与流动人口利益关系密切的社区事务问题时，请他们列席会议，发表意见建议，参与决策监督。

最后，对于"大镇、大村、大市场"现有的流动人口社会团体和组织，政府要加强对他们的指导，帮助他们规范组织建设和培养骨干力量，促使这些团体和组织能够成为政府的治理伙伴、得力助手，在流动人口的协商议事、矛盾调解等方面发挥积极作用。

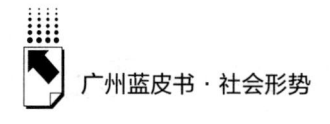

（六）加大宣传表彰，充分肯定流动人口所做出的贡献

目前，对于流动人口为广州发展所做出的贡献，以及流动人口所代表的正面形象和象征精神，宣传和显示力度仍然不够强。课题组认为，只有为流动人口提供发出声音、充分展现风采的舞台，才能够切实提高他们的社会地位和政治责任感，因此要从以下两方面着手。

首先，建议增加流动人口在各级党代表、人大代表、政协委员中的份额，让更多流动人口能够参与地方事务的决策和监督，进一步畅通流动人口诉求表达和沟通的渠道。

其次，建议在评选"广州好人""优秀党员""青年五四奖章""三八红旗手"等荣誉称号时，评选名额适当向流动人口倾斜。另外，可以通过在"大镇、大村、大市场"开展"寻找最美新广州人"等活动，发掘、宣传更多的流动人口优秀代表。

参考文献

陈杰、黄玉、张跃国等：《广州社会发展报告（2020）》，社会科学文献出版社，2020。

匡贞胜：《职能转变、资源配置与特大镇行政体制改革》，《中国行政管理》2020年第6期，第19~24页。

吕程平：《线性治理、参与性治理与发展性治理：沿海特大镇的社会治理考察》，《中共中央党校学报》2018年第22期，第94~102页。

吕程平：《沿海特大镇的线形治理体系：基于广东省L镇的考察》，《湖北行政学院学报》2017年第5期，第45~51页。

刘佳媛：《"强镇扩权"背景下特大镇的镇村关系研究》，苏州大学硕士学位论文，2018。

南综傅：《以小制大，村级管理起实效——上海南汇县治理流动人口的新策略》，《社会》2000年第4期，第42~43页。

温国辉：《2020年广州市政府工作报告》，2020。

魏后凯、李玏、年猛：《"十四五"时期中国城镇化战略与政策》，《中共中央党校（国家行政学院）学报》2020年第24期，第5~21页。

万玲：《外来人口社会服务供给的经验与问题研究——以广州市 S 镇和 F 街为例》，《探求》2015 年第 6 期，第 38~43 页。

曾嵘：《社会融合导向下广州流动人员服务管理的问题与对策研究》，兰州大学硕士学位论文，2017。

国家卫生健康委流动人口服务中心课题组：《新冠肺炎防控要重点关注流动人口的聚集与流动》，http：//ldrk. org. cn/rsf/site/nmpw/zonghexinxi/info/2020/76733. html，2020 - 2 - 18。

国家卫生健康委流动人口服务中心课题组：《以流动人口为重点加强新冠肺炎疫情防控》，http：//ldrk. org. cn/rsf/site/nmpw/zonghexinxi/info/2020/76734. html，2020 - 2 - 18。

广州市花都区人民政府：《狮岭镇》，https：//www. huadu. gov. cn/zjhd/hdgs/zjfm/content/post_ 7091081. html，2020 - 2 - 22。

广州市民政局：《广州市民政局关于 2020 年广州市社会工作服务项目目录的公告》，http：//mzj. gz. gov. cn/dt/gggs/content/post_ 6493394. html？from = singlemessage，2020 - 8 - 12。

李波、汤南：《最多一天 129 人，湖北籍返村人员将爆发式增长！广州淘宝第一村紧急呼吁》，https：//baijiahao. baidu. com/s？id = 1660218389307917601&wfr = spider&for = pc，2020 - 3 - 4。

林想：《中国工程院院士李兰娟：AI 可以推动医疗健康新变革》，https：//baijiahao. baidu. com/s？id = 1674991999853562102&wfr = spider&for = pc，2020 - 8 - 14。

刘正旭、黄轩：《实现流动人口》，http：//news. ifeng. com/c/7fa6JbF7NiJ，2011 - 8 - 3。

中共广州市白云区太和镇委员会：《"五治"联动"五力"融合引领大源治理现代化》，http：//www. gzszfw. gov. cn/article/document. do？shId = 17256，2020 - 5 - 15。

中国长安网：《抗疫大片：狮岭镇保卫战！独创战法，守住 30 万人安康！》，https：//baijiahao. baidu. com/s？id = 1662210507505532793&wfr = spider&for = pc，2020 - 3 - 26。

民生保障篇
People's Livelihood Guarantee

B.4 广州生鲜电商消费现状调查报告

广州市消费者委员会课题组[*]

摘　要： 调研发现，消费者对广州市内生鲜电商商品和服务水平总体评价良好，消费者使用生鲜电商较频繁，且疫情推动作用显著，但在品控及运营方面仍有待提升。基于调研，广州市消委会提出如下建议：一是生鲜电商平台及商家进一步提高品控及运营能力；二是有关部门加强政策研究，引导与规范行业发展；三是消费者提高维权意识，推动提升商品服务质量等。

关键词： 生鲜电商　品控　政策研究　广州

---

[*] 课题组组长：张开仕，广州市消费者委员会副主任。成员：罗瑞云，广州市消费者委员会商品服务监督部部长；李琼，广州市消费者委员会工作人员；谭琛铧，广州市消费者委员会工作人员；黄慧珊，深圳深略智慧信息服务有限公司广州分公司研究员。

一 广州生鲜电商消费现状调查概况

（一）广州生鲜电商消费现状调查背景

生鲜电商是指用电子商务的手段在互联网上直接销售生鲜类产品，如新鲜水果、蔬菜、生鲜肉类等。从2005年易果网上线以来，生鲜电商已发展了15年。近年来，随着B2C、O2O等模式的发展，生鲜电商也随之进入多元繁荣、高速发展的阶段。2020年初新冠肺炎疫情期间，"线上下单、生鲜到家"的安全性和便利性，有效满足并保障了广大消费者生鲜消费、配送到家业务的需求。传统电商产品需要依靠物流企业进行跨省跨市运送，而生鲜产品更多的是依靠本地物流服务，进行市内配送服务，时效性更加突出。易观数据显示，2020年一季度生鲜电商行业日均活跃人数为658.1万，较2019年同期增长104.8%。

但在生鲜电商快速发展的同时，产品质量把控和售后服务等滞后甚至缺位，使消费者合法权益难以得到充分的维护和保障。目前主要有以下问题：一是质量管理把关不严格，食品安全难保障。生鲜电商平台在商品质量的管理上进行严格的把关，不仅是对消费者食品安全的保障，更是对平台声誉的维护。二是商家发货缺漏，物流配送保护差。货品齐全是保证消费者收到新鲜食材的原则，配送保护差是影响购物体验以及消费需求的重要因素。三是平台售后服务差，客服不作为。在处理平台售后问题上，客服在面对消费者投诉问题时时常表现出"不作为"的态度。

（二）调研目的

为促进、鼓励广州新经济、新零售发展及模式创新，服务"六稳""六保"大局，围绕高质量发展、构建新发展格局，广州市消委会于2020年8月开展了"广州生鲜电商消费现状调查"活动。

一是系统了解广州市消费者生鲜电商消费现状、整体水平、消费特点，以及相关消费维权问题等综合情况，获取消费者对生鲜电商消费需求，反映消费体验与感受，分析广州地区生鲜电商品牌、口碑的评价等相关信息。

二是立足调查结果，从生鲜电商行业发展、消费需求和消费维权等方面向经营者、消费者及监管部门提供参考建议，为政府制定生鲜电商规范，推动生鲜电商行业健康良性发展形成鼓励、支持与监督、引导生鲜电商行业规范化发展的综合性建议。

（三）调查方式方法

1. 调研总体情况

表1　调研总体情况

调研方式	调研对象及样本量	调研目的
文案研究（2020年7月）	收集并整理各级政府及行业协会关于生鲜电商的相关政策、法规信息，以及各级调研机构、媒体、专家学者等对生鲜电商及消费者调研成果等。	指导调研设计与问卷设计，并作为研究成果的参考。
网络问卷调查（2020年8月）	调查对象：在广州有生鲜电商平台消费经历的消费者，生鲜电商消费主要决策者。男女比例约为1:1，覆盖主要年龄段。 总样本量（有效问卷）：2003份。	获取生鲜电商现状概况、产品品质、消费者感受、运营规范性等相关信息，监测与评估生鲜电商服务现状总体水平与消费环境。
体察调查/体验式调查（2020年9月至10月）	调查对象：广州市内生鲜电商平台。配送范围广州市中心城区（越秀、荔湾、海珠、天河、白云、黄埔、番禺等）均覆盖。 样本量：60个。其中体察调查生鲜电商平台10家，且每家调查次数6次，分不同时段调查，确保取样的科学性与合理性。	真实反映生鲜电商目前的服务水平、配送效率与产品质量水平的情况。
报告撰写阶段（2020年11月至12月）	在对相关数据信息进行扎实调研和严谨分析的基础上，结合收集的数据和实际情况，撰写调研分析报告；通过征集相关专家的意见和建议，对调研报告初稿进行研讨、修改和完善，形成最终报告稿。	适时地向社会进行发布报告并向有关政府部门提供参考建议。

资料来源：根据相关调研报告整理，下同。

2. 数据计算方法

（1）数据汇总。建立统计线性模型，将所采集的评价数据进行清洗、核实、校对，并最终整理确认。

（2）数据量化。处理规则：①对绝对数指标进行相对值转化处理。②逆向指标正向化。③问卷满意度评分项目直接按比例进行转换；将三级对应指标项目进行归一化处理、加权平均处理。最终把各项指标转成按100分制计算分数。

二 广州生鲜电商消费现状网络调查情况

（一）广州生鲜电商服务商品和服务水平总体评价良好

1. 大型生鲜电商平台最受广州消费者青睐

本次网络调查共收集2003份样本问卷。调查结果显示，被访者使用最多的生鲜电商平台主要是盒马鲜生、每日优鲜、京东生鲜等，分别占55.3%、52.7%和51.4%（见图1），表明具有大型电商平台或互联网巨头投资背景的生鲜电商平台最受消费者青睐。

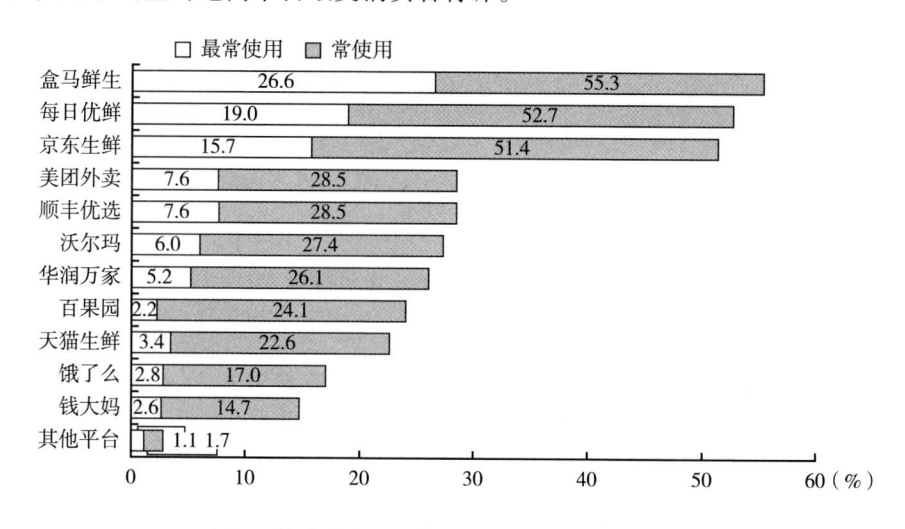

图1 被访者常使用与最常使用的生鲜电商平台

2. 广州生鲜电商服务商品和服务水平总体评价较高

被访者对广州生鲜电商的总体满意度评价为83.0分。其中物流配送服务评价为83.1分，商品质量评价为82.1分（见图2）。

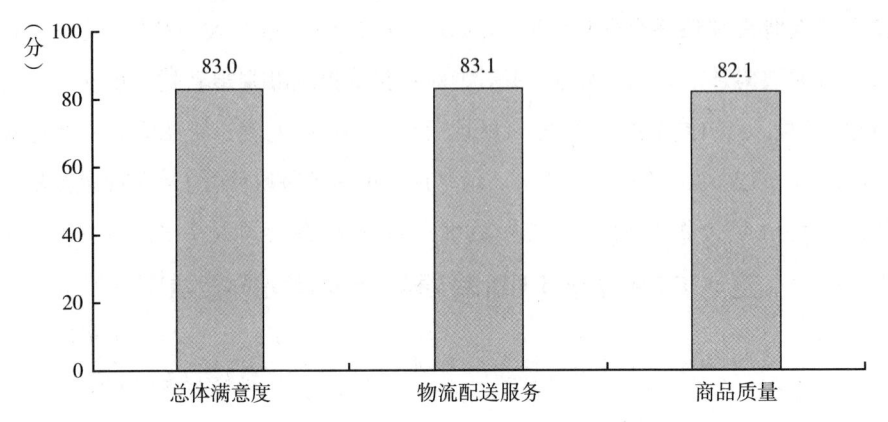

图2　被访者对广州生鲜电商总体满意度评价情况

依托成熟的移动互联网技术应用以及物流配送体系等，生鲜电商在物流配送服务方面优势较为突出，因此消费评价良好。部分生鲜电商平台也做出快速配送承诺，以此来吸引消费者购买，例如，盒马鲜生是阿里巴巴旗下以数据和技术驱动的新零售平台，服务承诺全温层配送，最快30分钟送达；每日优鲜线上平台上架商品超2000种，服务承诺最快30分钟送达等。

3.生鲜电商平台功能整体较为完善、易用

根据调查数据，被访者对常用生鲜电商平台功能设计如"功能分区清晰，易操作"、"物流配送实时查询"等评价较高，表明生鲜电商平台的功能设计基本完善，消费者使用体验总体良好（见图3）。

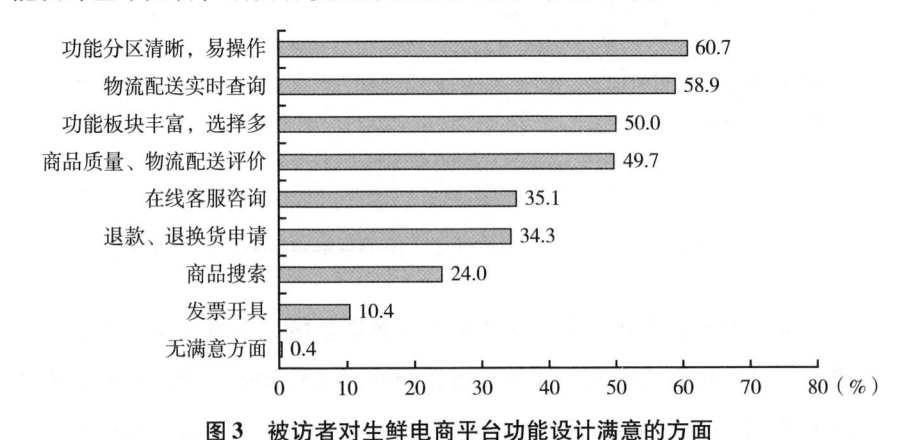

图3　被访者对生鲜电商平台功能设计满意的方面

被访者对生鲜电商平台功能设计不满意的方面主要有:"商品消费评价不真实,刷好评"、"支付方式单一"、"商品种类分区不清晰"等,分别占31.2%、28.4%、22.8%(见图4)。

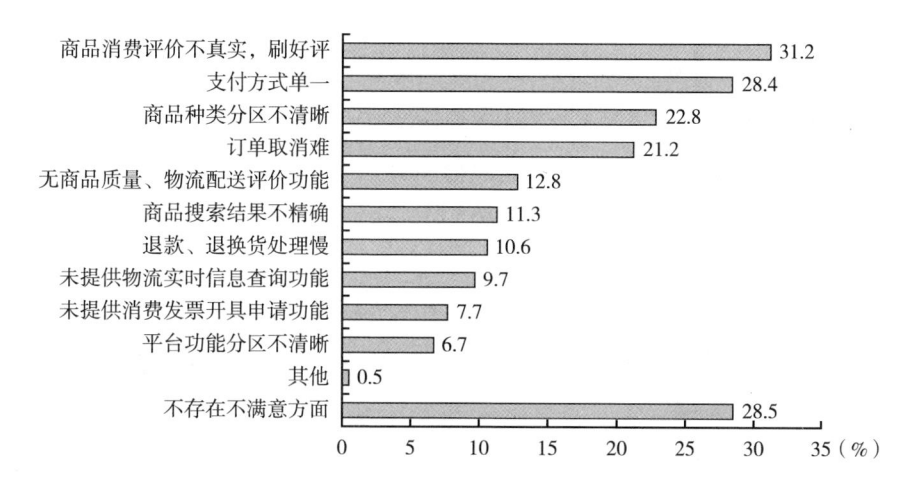

项目	百分比(%)
商品消费评价不真实,刷好评	31.2
支付方式单一	28.4
商品种类分区不清晰	22.8
订单取消难	21.2
无商品质量、物流配送评价功能	12.8
商品搜索结果不精确	11.3
退款、退换货处理慢	10.6
未提供物流实时信息查询功能	9.7
未提供消费发票开具申请功能	7.7
平台功能分区不清晰	6.7
其他	0.5
不存在不满意方面	28.5

图4 被访者对生鲜电商平台功能设计不满意的方面

4. 生鲜电商平台消费体验整体较好

根据调查数据,被访者对常用生鲜电商平台商品和服务评价较高,认为生鲜电商平台商品与服务不存在不满意方面的占比是30.7%,表明消费者在生鲜电商平台的购物体验总体良好(见图5)。

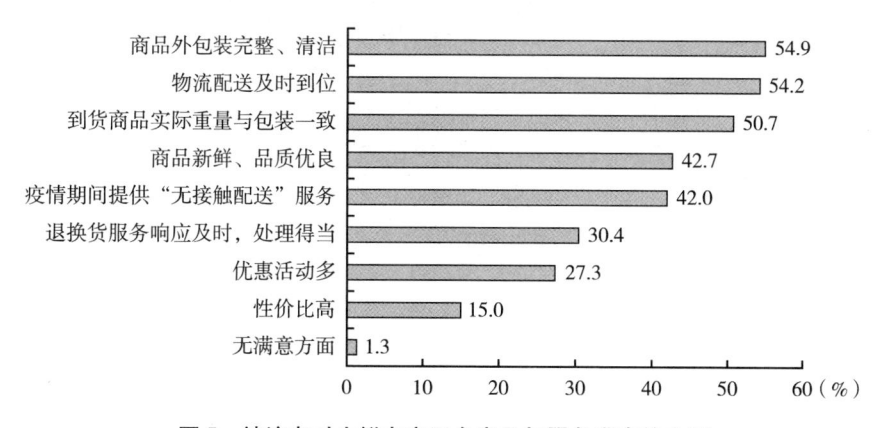

项目	百分比(%)
商品外包装完整、清洁	54.9
物流配送及时到位	54.2
到货商品实际重量与包装一致	50.7
商品新鲜、品质优良	42.7
疫情期间提供"无接触配送"服务	42.0
退换货服务响应及时,处理得当	30.4
优惠活动多	27.3
性价比高	15.0
无满意方面	1.3

图5 被访者对生鲜电商平台商品与服务满意的方面

被访者对生鲜电商平台商品与服务不满意的方面主要有"货品遗漏"、"消费信息疑似泄露"、"存在夸大或虚假宣传",分别占27.3%、25.0%、23.4%(见图6)。

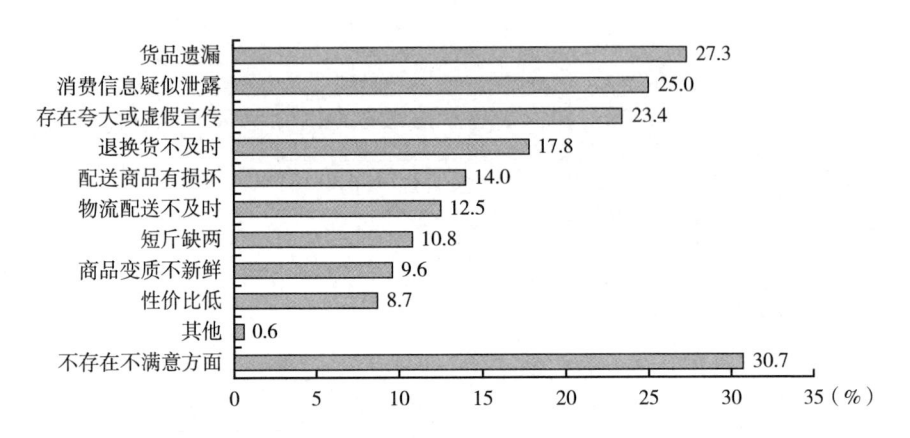

项目	百分比
货品遗漏	27.3
消费信息疑似泄露	25.0
存在夸大或虚假宣传	23.4
退换货不及时	17.8
配送商品有损坏	14.0
物流配送不及时	12.5
短斤缺两	10.8
商品变质不新鲜	9.6
性价比低	8.7
其他	0.6
不存在不满意方面	30.7

图6 被访者对生鲜电商平台商品与服务不满意的方面

5. 逾3成的被访者在生鲜电商消费时会遇到纠纷

调查数据表明,生鲜电商平台消费纠纷问题较为显著,有30.9%的被访者反映曾在生鲜电商平台消费时遇到过消费纠纷。

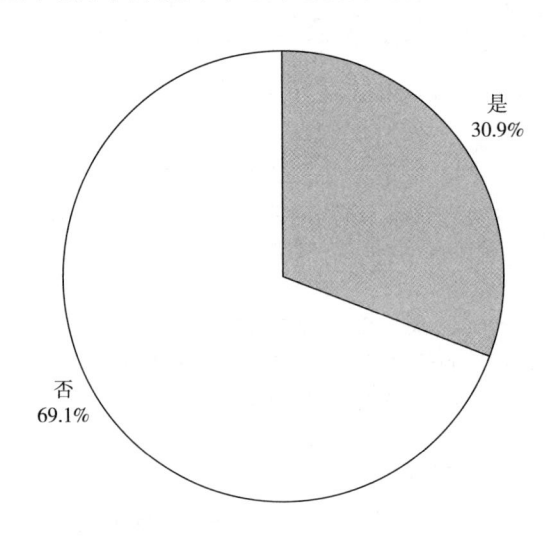

是 30.9%
否 69.1%

图7 被访者使用生鲜电商平台时是否遇到消费纠纷情况

在被访者遇到的消费纠纷中，商品质量遇到问题的情况较多，"商品损坏"、"商品遗漏"、"商品短斤缺两"较常见，分别占50.1%、39.1%、38.1%；客服态度及商品新鲜度等也是引起消费纠纷的原因（见图8）。

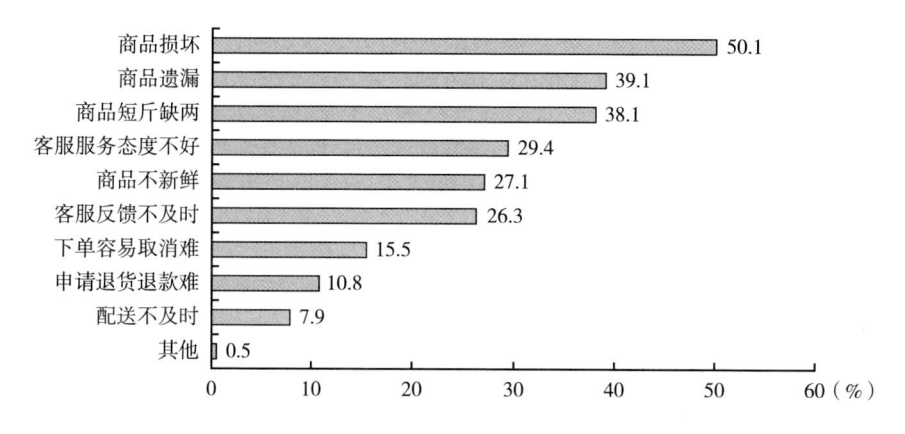

类别	百分比(%)
商品损坏	50.1
商品遗漏	39.1
商品短斤缺两	38.1
客服服务态度不好	29.4
商品不新鲜	27.1
客服反馈不及时	26.3
下单容易取消难	15.5
申请退货退款难	10.8
配送不及时	7.9
其他	0.5

图8 被访者在使用生鲜电商平台时遇到的纠纷情况

被访者在遇到消费问题时，普遍具有维权意识，大部分会采取相应措施去维护自身权益，如"直接与平台协商解决"、"拨打政府投诉热线（12345/12315）进行投诉"、"向消费者组织寻求帮助"等；只有3.3%的被访者未采取维权措施（见图9）。

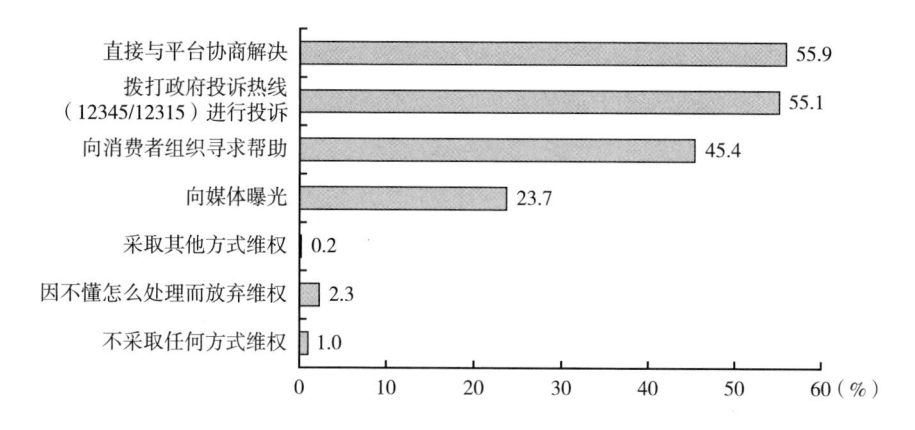

类别	百分比(%)
直接与平台协商解决	55.9
拨打政府投诉热线（12345/12315）进行投诉	55.1
向消费者组织寻求帮助	45.4
向媒体曝光	23.7
采取其他方式维权	0.2
因不懂怎么处理而放弃维权	2.3
不采取任何方式维权	1.0

图9 被访者在使用生鲜电商平台遇到消费问题时进行维权的情况

（二）消费者对生鲜电商使用频繁，因疫情推动作用显著

1. 生鲜电商消费习惯已逐渐形成，且每月消费支出可观

根据调查数据，生鲜电商消费习惯已较为稳固。接近7成被访者每月在其最常用的生鲜电商平台上消费3~10次，其中每月消费3~4次的占31.4%，消费5~10次的占37.9%，说明消费者已初步形成每周在生鲜电商平台上至少消费1次的习惯。每月在生鲜电商平台上消费10次以上的占17.5%，说明此部分被访者已逐渐形成使用生鲜电商购物的消费模式，对于生鲜电商平台的依赖程度较高（见图10）。目前，消费者不断更新个人的消费模式和生活方式，并开始逐步形成从线下转移至线上的消费方式。

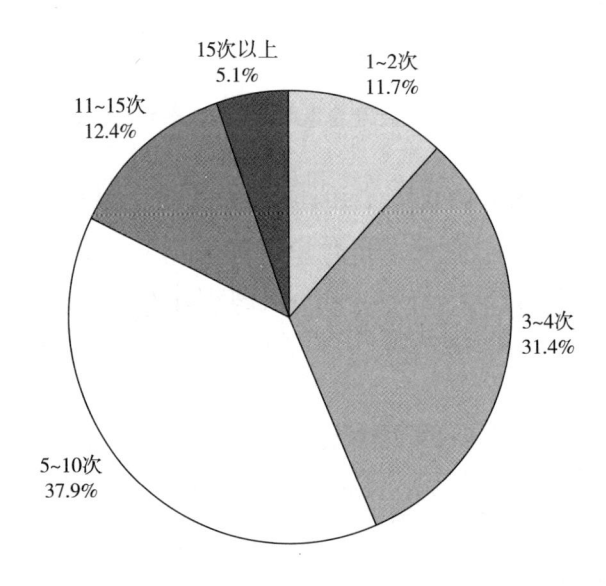

图10 被访者在最常用的生鲜电商平台每月消费次数及所占比例

根据调查数据，每月在最常用的生鲜电商平台上消费金额在301~500元的比例最高，为26.0%，其次是消费额度为每月501~1000元的，占比为24.4%（见图11）。从总体上来看，7成被访者每月在最常用的生鲜电商平台上消费支出超过300元，说明消费者已比较认可在生鲜电商平台上进行购物，生鲜电商平台具有巨大的消费潜力。

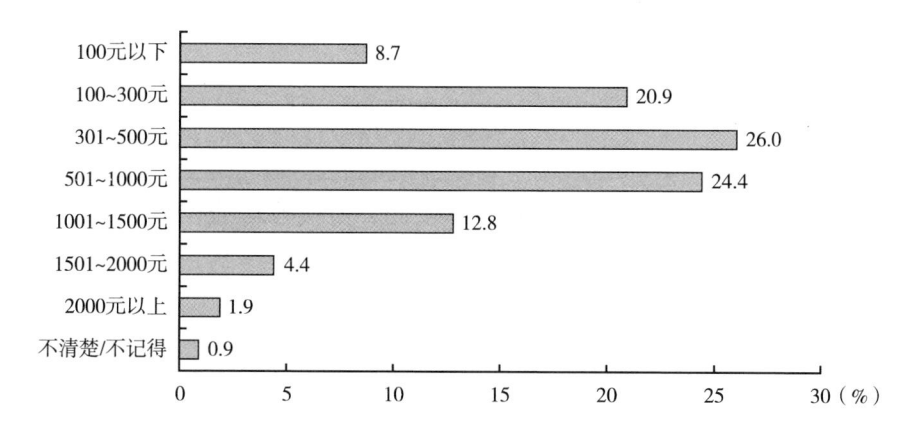

图 11 被访者每月在最常用生鲜电商平台的消费总支出

消费者在生鲜电商平台上比较倾向于购买日常食品,其中最常购买的商品种类分别为水果,蔬菜,海鲜、水产等,分别占 66.8%、64.6% 和 59.1%(见图12)。从商品种类来看,各类食品的购买率相差不大,说明消费者在生鲜电商平台购买商品呈现多样化的形态。

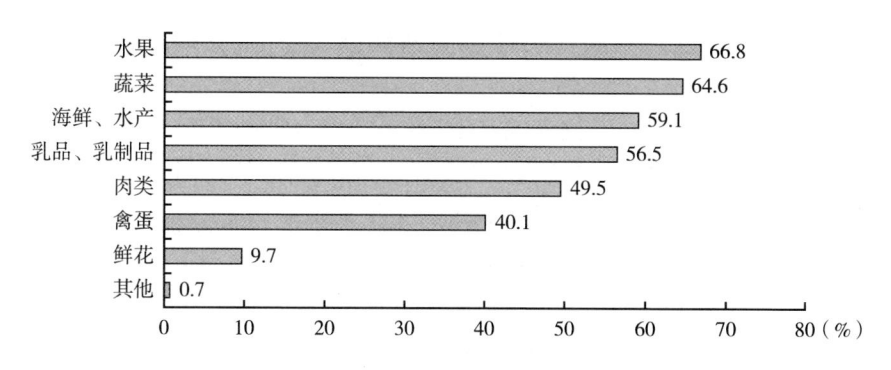

图 12 被访者最常购买的商品种类

2. 生鲜电商在配送及时到位和商品丰富等方面最为吸引消费者

消费者使用生鲜电商平台消费更看重其便利性、商品丰富性,同时生鲜电商在现阶段促销多、具有价格优势等,使消费者足不出户即可买到自己心仪且性价比高的商品。

被访者选择生鲜电商平台消费的原因主要有"物流配送服务及时到

位"、"商品丰富,选择多"、"收到平台打折、优惠信息",分别占64.8%、58.5%、53.9%（见图13）。

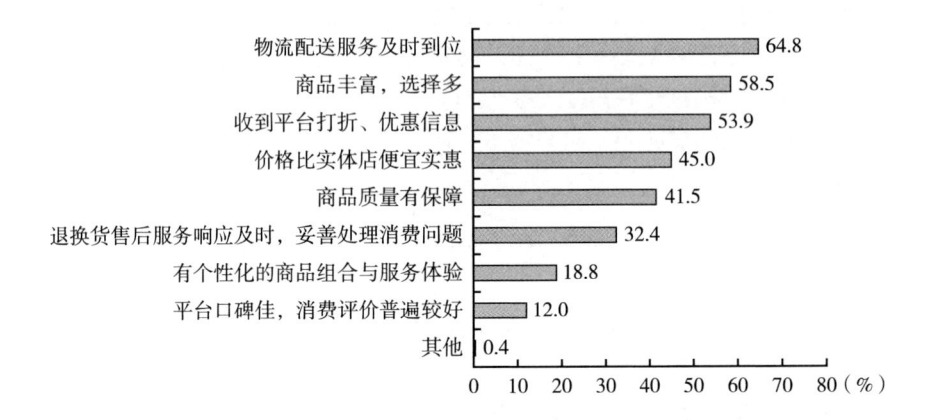

选项	百分比(%)
物流配送服务及时到位	64.8
商品丰富,选择多	58.5
收到平台打折、优惠信息	53.9
价格比实体店便宜实惠	45.0
商品质量有保障	41.5
退换货售后服务响应及时,妥善处理消费问题	32.4
有个性化的商品组合与服务体验	18.8
平台口碑佳,消费评价普遍较好	12.0
其他	0.4

图13 被访者选择生鲜平台购买生鲜商品的原因

生鲜电商平台的活动促销对消费者吸引效果显著,过半数被访者参加过生鲜电商平台的"满减优惠"活动和"购买优惠券/代金券",44.1%的被访者参加过"指定金额免运费"活动（见图14）。

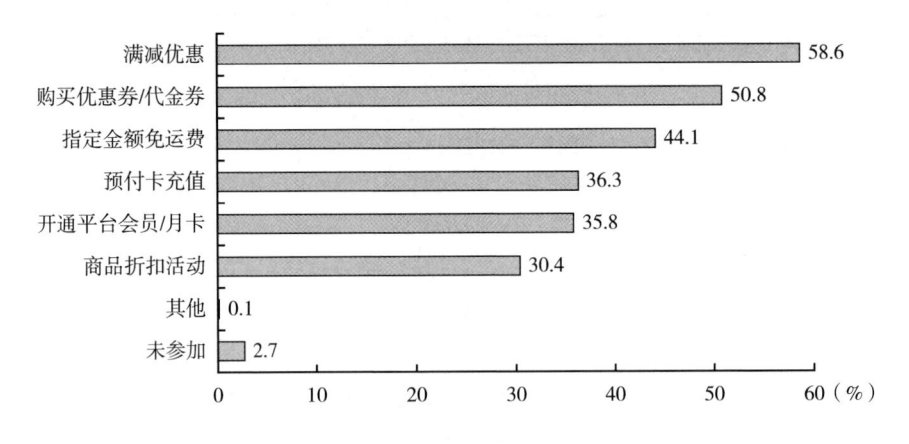

选项	百分比(%)
满减优惠	58.6
购买优惠券/代金券	50.8
指定金额免运费	44.1
预付卡充值	36.3
开通平台会员/月卡	35.8
商品折扣活动	30.4
其他	0.1
未参加	2.7

图14 被访者在生鲜电商平台参加过的活动

3. 逾6成的被访者在疫情期间增加了使用生鲜电商消费的频率

2020年伊始,受新冠肺炎疫情的影响,市民普遍采取居家隔离的措施,逾6成的被访者在此期间增加了生鲜电商的使用频率，这也进一步促进了生鲜电商的发展。

65.9%的被访者在疫情严重期间使用生鲜电商平台的频率比平时有不同程度增长，其中，较平时增加1倍以内的占28.1%（见图15）。

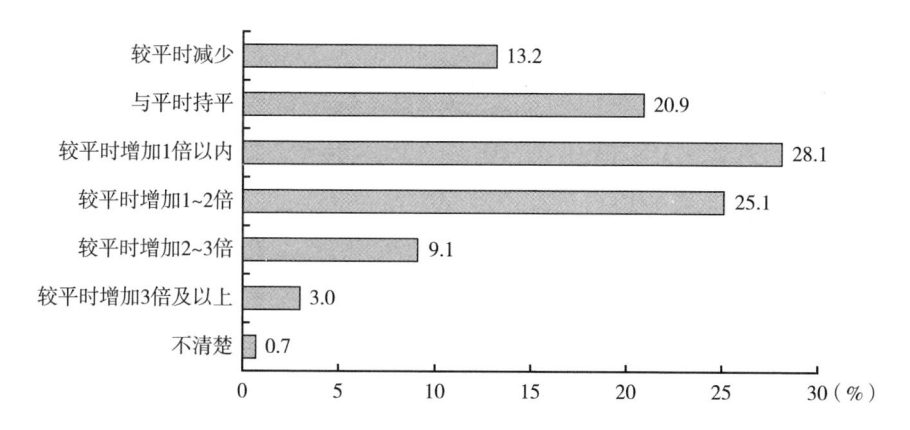

图15 在疫情严重期间使用生鲜电商平台的频率与平时对比

三 广州生鲜电商消费现状体察调查情况

（一）生鲜电商平台消费体验总体良好

结合网络调查的结果，在消费者进行过购物的生鲜电商平台中，选取消费者最常用的不同类型的部分生鲜电商平台和最常购买的商品种类进行体验式消费调查，根据体验者的主观感受，对产品丰富性、产品质量、配送服务等方面进行评分（满分为100分）。结合商品属性，本次选取对保质保鲜要求较高的商品进行监测，如海鲜水产品、蔬菜、水果等，考察平台在商品品质把控方面的表现。商品的新鲜度是衡量商品质量的重要组成部分；商品外包装整洁度可以衡量商品的卫生程度；商品的丰富度及口感则会影响消费者的购买欲望。通过对比以上指标，消费者可根据自身需求择优在不同平台上购买生鲜商品。

本次体验的平台中，百果园的总体表现最好，在商品"丰富度"、"新鲜度"、"食用口感"、"外包装整洁度"、"配送服务"、"平台功能"等六大考察点中，有4项均达到90分以上，其次是盒马鲜生、美团买菜、每日优鲜、饿了么，总体表现均达到85分以上。而传统大型连锁商超如华润万家、沃尔玛在线上平台的购物体验则未如理想，总体表现不足80分，尤其在平台功能方面得分最低（见表1），传统商超在开拓线上平台消费模式时，需优化平台的功能及布局设计。

表1 部分生鲜电商平台的体验评分

平台	丰富度	新鲜度	食用口感	外包装整洁度	配送服务	平台功能	总体评分
百果园	85.0	91.7	91.7	95.0	93.3	83.3	★★★★★
盒马鲜生	85.9	89.2	86.6	90.8	88.3	86.7	★★★★☆
美团买菜	81.9	90.0	88.8	90.0	93.9	76.7	★★★★☆
每日优鲜	83.0	81.3	82.1	90.8	90.0	86.7	★★★★☆
饿了么	80.8	83.3	84.2	86.3	92.2	81.7	★★★★☆
京东到家	86.7	79.2	80.4	79.2	83.9	78.3	★★★★
天猫超市-半日达	81.5	81.9	82.1	82.9	76.7	73.3	★★★★
华润万家	77.1	82.7	80.6	73.3	81.7	66.7	★★★☆
钱大妈	68.3	81.7	80.0	80.4	81.7	68.3	★★★☆
沃尔玛	60.4	66.5	65.6	70.2	78.3	68.3	★★★
总体	78.6	82.0	81.4	83.0	86.0	77.0	★★★★

备注：根据体验者的各项指标评分，得出总体评分（满分为100分），将总体评分转化为评价等级，其中90分及以上评价等级为★★★★★，85分及以上、90分以下为★★★★☆，80分及以上、85分以下为★★★★，75分及以上、80分以下为★★★☆，70分及以上、75分以下为★★★，60分及以上、70分以下为★★☆，60分以下为★★。

（二）生鲜电商平台商品新鲜、丰富

为评价生鲜电商平台主要商品的情况，体验者从商品丰富度、新鲜度、口感、外包装4项常见的主观感受进行体验，对各项指标进行评分。调查发现，在品类丰富度方面，海鲜水产商品在饿了么平台上最丰富，选择最多；

鲜肉禽蛋商品在京东到家平台上最丰富，蔬菜和水果商品则在每日优鲜平台上选择最多。在商品新鲜度方面，在盒马鲜生平台上的海鲜水产品及蔬菜最新鲜，在钱大妈平台上的鲜肉禽蛋最新鲜，在百果园平台上的水果最新鲜。同时，传统商超在品类丰富度及新鲜度方面表现较差，华润万家得分在中下水平，沃尔玛的多个品类在商品丰富度及新鲜度上得分最低（见表2）。

表2 生鲜电商平台体察调查主要商品评价评分表

丰富度：	海鲜水产	鲜肉禽蛋	蔬菜	水果	合计
京东到家	87.5	87.5	85.0	86.7	86.7
盒马鲜生	88.0	82.5	88.0	85.0	85.9
百果园	—	—	—	85.0	85.0
每日优鲜	70.0	82.0	90.0	90.0	83.0
美团买菜	80.0	82.5	80.0	85.0	81.9
天猫超市-半日达	90.0	76.0	81.7	78.3	81.5
饿了么	90.0	73.3	81.7	78.3	80.8
华润万家	73.3	78.3	78.3	78.3	77.1
钱大妈	57.5	74.0	78.3	63.3	68.3
沃尔玛	55.0	53.3	68.3	65.0	60.4

新鲜度：	海鲜水产	鲜肉禽蛋	蔬菜	水果	合计
百果园	—	—	—	91.7	91.7
美团买菜	96.7	90.0	88.3	85.0	90.0
盒马鲜生	96.7	80.0	90.0	90.0	89.2
饿了么	93.3	76.7	83.3	80.0	83.3
华润万家	90.0	77.5	81.7	81.7	82.7
天猫超市-半日达	90.0	77.5	80.0	80.0	81.9
钱大妈	70.0	93.3	81.7	81.7	81.7
每日优鲜	76.7	83.3	85.0	80.0	81.3
京东到家	83.3	66.7	81.7	85.0	79.2
沃尔玛	72.5	55.0	70.0	68.3	66.5

口感：	海鲜水产	鲜肉禽蛋	蔬菜	水果	合计
百果园	—	—	—	91.7	91.7
美团买菜	96.7	90.0	85.0	83.3	88.8

续表

	海鲜水产	鲜肉禽蛋	蔬菜	水果	合计
盒马鲜生	90.0	80.0	88.0	88.3	86.6
饿了么	93.3	80.0	83.3	80.0	84.2
每日优鲜	83.3	83.3	81.7	80.0	82.1
天猫超市-半日达	90.0	75.0	83.3	80.0	82.1
华润万家	85.0	77.5	80.0	80.0	80.6
京东到家	83.3	66.7	85.0	86.7	80.4
钱大妈	66.7	90.0	80.0	83.3	80.0
沃尔玛	72.5	60.0	68.3	61.7	65.6

外包装：

	海鲜水产	鲜肉禽蛋	蔬菜	水果	合计
百果园	—	—	—	95.0	95.0
盒马鲜生	93.3	86.7	90.0	93.3	90.8
每日优鲜	93.3	96.7	88.3	85.0	90.8
美团买菜	76.7	93.3	95.0	95.0	90.0
饿了么	93.3	76.7	86.7	88.3	86.3
天猫超市-半日达	90.0	75.0	85.0	81.7	82.9
钱大妈	76.7	90.0	81.7	73.3	80.4
京东到家	80.0	73.3	81.7	81.7	79.2
华润万家	70.0	75.0	71.7	76.7	73.3
沃尔玛	77.5	45.0	80.0	78.3	70.2

注：评分为"—"表示该平台无对应商品出售或服务。

根据各平台的综合表现，在海鲜水产品类中，饿了么的表现最好；在鲜肉禽蛋品类中，美团买菜的表现最好；在蔬菜品类中，盒马鲜生的表现最好；在水果品类中，百果园的表现最好。综合以上4个品类的总体表现，盒马鲜生表现最好（百果园仅考察水果品类商品，不计入总体表现排名）。（见表3）

表3 生鲜电商平台体察调查商品综合评价评分表

平台	海鲜水产	蔬菜	水果	鲜肉禽蛋	总体评分
总体	84.5	82.8	82.9	78.3	82.9
百果园	—	—	92.8	—	92.8
美团买菜	90.0	89.4	87.8	91.1	89.6

续表

平台	海鲜水产	蔬菜	水果	鲜肉禽蛋	总体评分
盒马鲜生	93.3	89.3	90.6	82.2	88.9
每日优鲜	84.4	85.0	81.7	87.8	84.7
饿了么	93.3	84.4	82.8	77.8	84.6
天猫超市－半日达	90.0	82.8	80.6	75.8	82.3
钱大妈	71.1	81.1	79.4	91.1	80.7
京东到家	82.2	82.8	84.4	68.9	79.6
华润万家	81.7	77.8	79.4	76.7	78.9
沃尔玛	74.2	72.8	69.4	53.3	67.4

注：评分为"—"表示该平台无对应商品出售或服务。

（三）生鲜电商配送效率高，服务态度好

从生鲜电商平台配送时效性来看，本次体验调查中，有53个订单是准时或提前送达，其中63%的订单比平台预测送达时间提前10分钟送达。

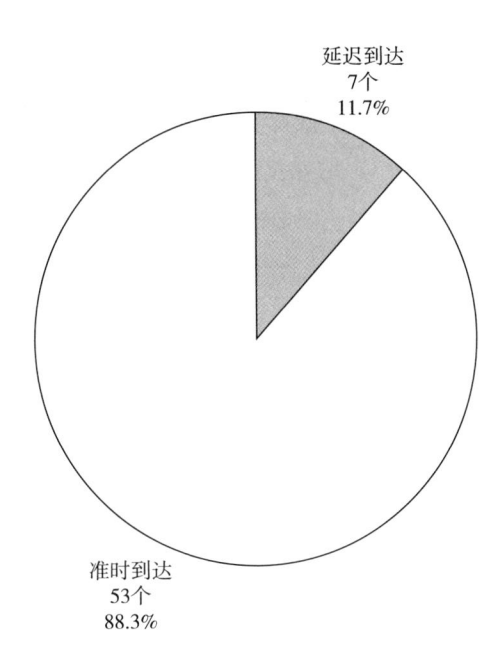

图16 物流配送时效性

067

从配送服务的规范性来看,大部分平台的物流配送服务表现良好,在60个消费体验订单中,超过95%能做到"货品齐全无遗漏"和"送货上门";28.3%的订单能做到"疫情期间提供无接触配送",一半订单能做到"商品分类分区存放配送"(见图17)。目前我国已进入疫情防控常态化阶段,仍需时刻保持警惕,生鲜电商平台在配送服务方面要加强疫情防控措施,加强配送人员关于无接触配送服务的培训,配送箱增加分类存放区域,避免不同种类食品间的交叉感染,增加消毒频率。

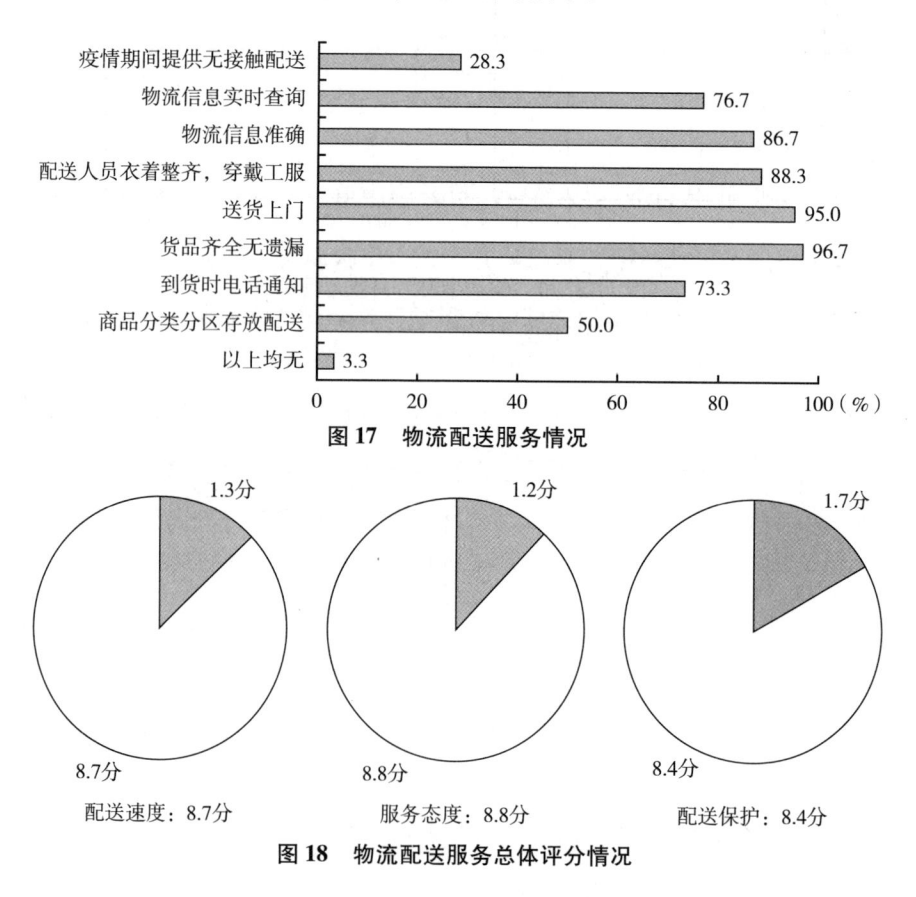

项目	百分比(%)
疫情期间提供无接触配送	28.3
物流信息实时查询	76.7
物流信息准确	86.7
配送人员衣着整齐,穿戴工服	88.3
送货上门	95.0
货品齐全无遗漏	96.7
到货时电话通知	73.3
商品分类分区存放配送	50.0
以上均无	3.3

图17 物流配送服务情况

配送速度:8.7分 | 服务态度:8.8分 | 配送保护:8.4分

图18 物流配送服务总体评分情况

结合以上数据,在本次体验调查中,配送速度、服务态度、配送保护总体评分分别为8.7分、8.8分、8.4分(见图18),消费者对生鲜电商平台的配送服务总体评价良好。

（四）生鲜电商平台资质信息不足，平台功能有待完善

在本次体验消费的 60 个订单中，大部分订单都能从平台上找到相关店铺的营业执照、经营地址、食品经营许可证等证件资质资料信息，但仅 5% 的订单能在平台上看到店铺营业环境照片，另外仍有 10% 的订单在平台上未公示商家资质信息，均来自天猫超市－半日达（见图19）。

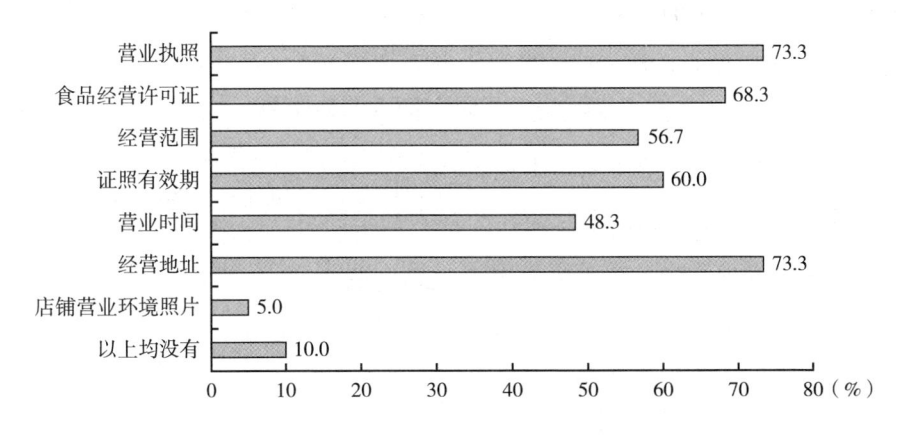

项目	百分比(%)
营业执照	73.3
食品经营许可证	68.3
经营范围	56.7
证照有效期	60.0
营业时间	48.3
经营地址	73.3
店铺营业环境照片	5.0
以上均没有	10.0

图19 体验消费订单的生鲜电商平台资质信息公开情况

从平台功能上来看，大部分平台的功能设计让消费者使用时感到操作便捷、功能齐全，但仅一半平台在商品评价方面能让消费者感受到"商品评价真实有效"，在发票开具方面仅 53.3% 的平台能做到"发票开具迅速、无误"（见图20）。在本次调查中，钱大妈和饿了么无法在线上开具消费发票，需要消费者与平台客服沟通或自行联系具体购物门店才能开具发票，发票开具过程耗时长且不方便。而盒马鲜生、每日优鲜及传统商超沃尔玛、华润万家等生鲜平台则可以在确认收货后，立即在平台上申请电子发票，发票开具迅速、准确无误。

在线客服服务方面，本次体验的平台中，售前客服响应的及时性和专业性分别是 8.7 分和 8.6 分，售后客服得分比售前客服得分低，售后客服响应的及时性和专业性均是 8.5 分（见图21）。现在大部分生鲜电商平台均设置

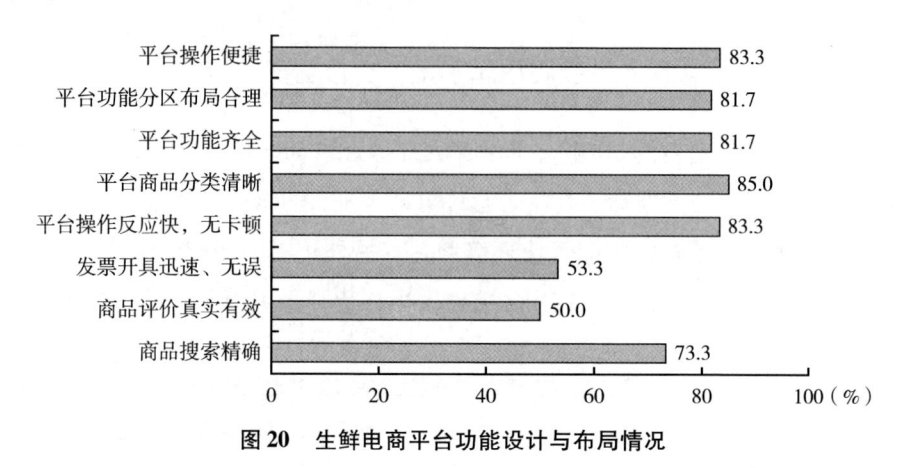

图 20 生鲜电商平台功能设计与布局情况

- 平台操作便捷 83.3
- 平台功能分区布局合理 81.7
- 平台功能齐全 81.7
- 平台商品分类清晰 85.0
- 平台操作反应快，无卡顿 83.3
- 发票开具迅速、无误 53.3
- 商品评价真实有效 50.0
- 商品搜索精确 73.3

在线客服，但客服的水平不一，为了能及时回答消费者的问题，平台也设置了机器人客服进行自动回复，只要输入关键词即有相关答案进行回复，机器人客服无法回答的问题，消费者可以转为人工客服咨询，人工客服解答的准确性比机器人客服相对更专业、有效。

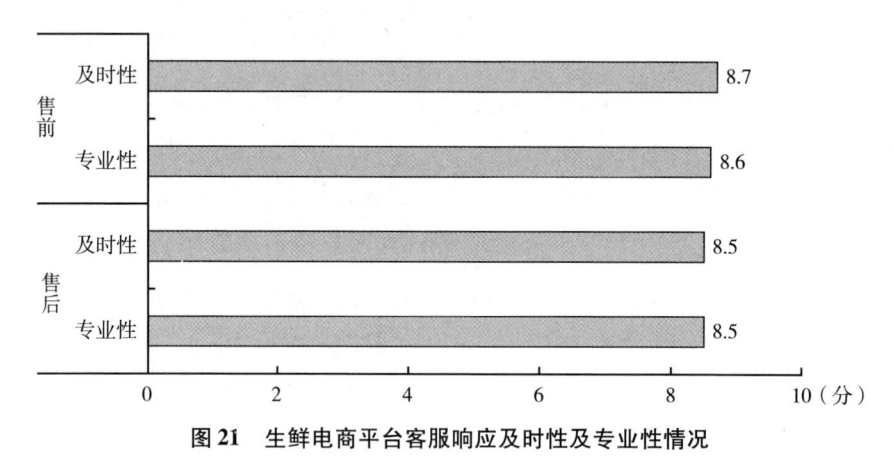

图 21 生鲜电商平台客服响应及时性及专业性情况

售前
- 及时性 8.7
- 专业性 8.6

售后
- 及时性 8.5
- 专业性 8.5

四 广州市消委会关于广州生鲜电商的意见建议

基于广州生鲜电商平台网络问卷调查与体察调查两种调查的结果、发现问题，市消委会对生鲜电商的意见与建议如下。

（一）生鲜电商平台及商家进一步提高商品质控能力

企业应当更多地将重心放在落实经营责任上，生鲜电商企业要想长期、稳定地吸纳和维持更多的用户，则需通过智能化、大数据、云技术的支撑，推动形成专业化、规范化、品牌化、规模化的品牌形象，自我探索出适合自身发展的模式。同时，生鲜电商平台应追求"鲜"字至上，生鲜电商企业可以通过引入产地品质优良品种，并利用高新技术，自建冷链仓，延长食品保鲜时效，提高生鲜商品品质。另外，在前端物流及冷链等环节进一步提高自身监督抽查力度；对于采购商品要进行多批次复核，加强对包装食品重量及规格的把控等。

（二）生鲜电商平台建立准入制度，保障消费者合法权益

平台应建立商家准入制度，核准后在平台上公示商家资质信息，以便消费者查阅，保障消费者合法权益。消费发票是保障消费者权益的重要票证，但在本次调研中，仍有生鲜平台或商家无法提供消费发票，平台在建立商家准入制度时，除了核实营业执照、食品经营许可证等资质资料，还需核实商家是否具备发票开具资质。

（三）生鲜电商进一步提升运营与服务能力

客服是商家与消费者沟通的桥梁，影响着消费者对平台的整体印象和评价。平台在面对消费纠纷与问题时，积极找寻解决问题方案，提高投诉处理的一次性解决率；通过大数据等技术支撑打造"聪明"智慧客服，提高智能识别用户问题的能力，不断更新和完善知识库中的关键词，帮助人工客服更准确解答消费者的问题。

（四）有关部门加强政策研究，引导与规范行业发展

目前，广州市针对生鲜电商领域的相关政策扶持仍较缺乏，生鲜电商的快速发展，作为新业态，在方便百姓生鲜食品采购方面提供了有益补充，出

台相关政策，可以鼓励、支持、拥抱和服务相关企业创新发展，力争在扶持新业态方面形成普惠性政策，让消费者买到放心菜，满足百姓的高质量生活需求。根据本次调研的结果，有关部门要重视受访者提到的"生鲜商品不新鲜"等问题，需加大巡查频率和执法力度，针对问题商品监督其落实下架处理的情况，依法严厉查处质量违法行为。

（五）消费者提高维权意识，推动提升商品服务质量

对消费商品和服务进行监督是消费者的权利。在生鲜电商平台消费中，目前仍存在诸多不同类型的消费纠纷问题，如商品不新鲜、短斤缺两、商品损坏等，消费者在遇到消费纠纷问题时需具有维权意识，通过与平台协商、寻求消费者组织帮助等途径，维护自身合法权益。消费者维权意识的增强，也有利于推动生鲜电商企业提升其商品及服务质量，共同营造良好的消费环境。

五 广州市消委会关于生鲜电商购物的消费提示

1. 生鲜商品的新鲜度是会随着时间而流逝的，所以生鲜商品的配送速度也是非常重要的，消费者可以选择一些有配送优势的食材生鲜配送平台，这样能够比较好地保证生鲜商品的新鲜度。

2. 消费者在生鲜电商平台消费前，可根据其他消费者的评价及口碑看一下该平台的生鲜商品质量如何，也可通过"货比三家"的方式，对比不同平台上商品的质量，这样买的生鲜商品也会比较新鲜。

3. 消费者在选择生鲜配送平台时，除了考虑商品的价格和质量外，还要注意自己的位置是否在平台的配送范围内。

4. 消费者在生鲜电商平台消费后，可要求平台或商家开具消费发票和保留消费小票，如发生消费纠纷问题需进行维权时，可作为消费凭证进行举证。

5. 消费者使用生鲜电商产生消费问题时，可先与平台进行协商解决，如无法达成共识，可通过拨打政府投诉热线（12345/12315）或向消费者组织寻求帮助。

B.5
广州智慧养老现状、发展困境及对策

潘 旭[*]

摘 要： 智慧养老作为现代技术和传统养老服务深度融合的新型养老模式，是推进我国养老服务供给侧改革的有效途径。本报告通过调研广州智慧养老现状，调查市民对智慧养老服务的感受和看法，分析广州智慧养老发展存在的问题和困境，并提出促进广州智慧养老发展的政策建议。

关键词： 智慧养老 信息平台 广州

为落实党中央、国务院关于促进智慧养老产业发展的意见，及时了解广州当前智慧养老发展现状和存在的问题，2020年6月，国家统计局广州调查队开展了广州市智慧养老产业发展的专题调研，调研单位包括市民政局、卫计委等相关部门，以及部分智慧养老项目试点街道（4家）、智慧养老平台企业（5家）和养老机构（2家），并在养老机构抽选了88位老人开展了问卷调查。

调研结果显示：近年来，广州出台了一系列政策助力智慧养老发展，打造了广州统一的智慧养老信息平台，积极开展智慧健康养老街道社区示范工作，主动探索智慧养老新模式的推广和应用，取得了一定成效。但当前广州智慧养老服务应用还处于起步阶段，智慧养老产业发展还面临着许多困难，

---

[*] 潘旭，统计学硕士，现供职于国家统计局广州调查队，中级统计师，主要研究方向为经济发展和社会调查研究等。

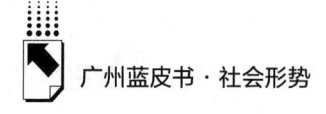

需要政府在政策、资金、市场培育、安全监管等方面给予进一步的鼓励和扶持。

一 广州智慧养老发展及应用现状

（一）出台多项养老政策，助力智慧养老发展

近年来，为促进智慧养老产业发展，国家出台了一系列促进智慧健康及养老服务产业发展的相关文件，广州快速响应，在多份推进养老服务发展政策文件中，提出要以保障和改善民生为宗旨，以政府主导、社会参与为原则，大胆先试先行，加强养老行业信息化的建设，推动医养结合健康管理信息化建设，强调要创新推行"互联网＋养老"运行模式，以智慧养老助推广州养老服务业的发展，用新模式着力提升养老服务质量，全力打造养老服务的"广州模式"。

（二）打造广州市级智慧养老信息平台，为全市智慧养老布局奠定基础

智慧养老信息平台的建设是推进智慧养老发展的基础，调研显示，广州在养老信息化发展方面布局较早，当前无论是政府还是企业，在智慧养老信息平台构建方面都已经取得了一定成效，平台功能日趋完善。市民政局已基本建成为老服务综合信息管理平台系统，整合了全市涉及老年人服务的各类信息资源，通过平台进行养老服务监督管理和为老服务的资源网络化管理，初步实现了"平台＋服务＋终端＋老人"的智慧养老服务模式，提升养老管理效率，并为老年人提供紧急援助、家政、医疗保健等一站式便捷服务。

（三）智慧养老服务内容多样化，基本能满足老人养老需求

调研显示，当前智慧养老服务多样化发展，本次走访的5家智慧养老平台开发企业构建的平台都能够实现医疗护理服务、家政服务、生活照料服

务、精神慰藉服务、安全管理服务、老人教育等功能，另外2家养老机构的智慧平台还能提供出行预约服务。在实际应用方面，6家养老单位都能提供智慧生活照料服务，有5家单位（占83.3%）提供智慧医疗护理服务和精神慰藉服务，有4家单位（占66.7%）提供安全管理和老人教育服务。从调查结果看，智慧养老服务供给几乎覆盖到了老人日常生活的方方面面。

对于目前智慧养老服务是否能满足个人养老需求，享受过智慧养老服务的受访老人中，有27.6%的老人表示能满足，有69.0%的老人表示基本能满足，只有3.4%的老人表示不能满足。

（四）智慧养老产业发展前景被一致看好

智慧养老作为一种新的养老模式，既能提高老年人的养老生活质量，又能解决养老资源供给不足的问题，从养老市场长远看，发展智慧养老是大势所趋。调查显示，6家养老单位均对智慧养老模式高度肯定，认为其不但方便了老人生活，还能够降低单位运行成本、提高管理效率。对智慧养老产业发展前景，无论是养老单位还是平台企业都表示看好。在6家受访养老单位中，有3家（占50.0%）认为智慧养老行业发展前景较好，有3家（占50.0%）认为有一定发展前景。5家智慧养老平台开发企业全都认为智慧养老行业发展前景较好。

二 广州智慧养老存在的问题

（一）缺乏顶层设计和行业标准

当前，广州智慧养老行业发展标准、服务规范等方面的工作都处于试行探索阶段。调研显示，各养老单位都是各自开展平台和终端的研发和应用，产品形式多种多样，应用方式各自不同，没有形成一个规范的标准作为日后复制和推广的模板。由于缺乏相关标准及规范文件，市场上智能化产品质量差异大，服务水平参差不齐，智慧养老发展缺乏制约和监督，市民享受智慧养老服务时也缺乏保障。另外，智慧养老涉及政府部门、平台企业、服务供应企业、医院、社区等众多主体，各主体在沟通协调等方面尚未形成有效机制，也掣肘了智慧养老信息共享。全市统一的养老综合服务管理信息平台因现行制度无法进行医疗信息共享，目前为老年人提供健康管理、疾病预防等服务无法真正实现数据的有效分析和利用，难以提供更精准、高效的服务。

（二）推进资金成本高，制约产业健康发展

调查显示，资金问题是智慧养老行业发展面临的普遍问题，受访的5家养老平台企业和6家养老单位均面临不同程度的资金问题。如平台企业百家医道公司表示，虽进入行业近10年，但仍处于资金投入期，希望有资本注入促进企业发展。养老单位方面，因需借助第三方平台企业开展智慧养老服务，同时还需购买智能化终端产品，其面临的资金问题更为突出，如白云区新市街因资金问题暂时中止与平台企业的合作；颐寿养老院因资金问题已终止与平台企业合作，采取自建团队开发平台降低成本，但仍面临资金压力。调研了解到，智慧养老服务功能几乎基于信息平台发生，对现代信息技术要求较高，受访养老单位及平台均表示，平台研发周期长，在实际应用中还需要不断更新和完善，完全靠企业投资研发，所需资金成本和时间成本都较高，一方面导致已经进入市场的企业面临生存发展困境，另一方面具有优秀信息技术的企业进入市场的意愿也较低，不利于整个智慧养老产业的健康发展。

（三）市场培育不足，老人对智慧养老付费使用意愿低

智慧养老产品的服务对象是老年人，而老年人接受新技术新事物需要一定的过程。调研发现，目前多数老年人对智慧养老了解不足，在接受智慧养老试点服务的老人中，多数老年人不了解智慧养老，对智慧养老服务应用感知不明显；对未接受过智慧养老服务的老人（共30人）问卷调查显示，有21人（占70.0%）表示不知道智慧养老，表示了解一点的只有9人（占30.0%），没有老人表示比较了解智慧养老，反映了智慧养老宣传力度不

够。受访养老单位和智慧养老平台企业均表示,政府对智慧养老宣传活动开展较少,一定程度影响了智慧养老的普及和推广。调查显示,受普及率、知晓度、医保无法报销等多重因素影响,老人付费使用智慧养老服务的意愿较低。6家受访养老单位均表示当前老人普遍只愿意接受免费智慧养老服务,尝试推广付费使用收效甚微。问卷调查显示,有84.3%的受访老人希望政府部门增加投入,减少个人智慧养老支出。在未接受过智慧养老服务的老人中,近60.0%的受访老人表示免费才会考虑使用。

(四)担忧信息安全风险,部分老人对此心存顾虑

当前,智慧养老服务基于互联网平台和大数据,需要搜集、存储和开发利用老人身体健康监测数据、日常生活状态监控等大量个人隐私数据信息,这些数据的有效利用在为老人提供更精准高效的服务的同时,客观上确实存在一定的数据安全风险。再加上老人对互联网信息技术不太熟悉和了解,接受程度远低于年轻人,不少老人对网络安全问题表示担忧,调查显示,已接受智慧养老服务的老人中,有56.0%的受访老人对此表示有顾虑,未接受过智慧养老服务的受访老人中,这一比例也达到了43.3%。

三 广州发展智慧养老的意见建议

(一)尽快建立并完善智慧养老机制,加强行业规范化建设

为保障智慧养老行业的健康发展,亟须在当前的养老机制体系基础上,尽快建立并完善关于智慧养老的相关机制,改变当前各个部门、机构"各自为政"的现象。在试点工作开展的基础上,总结经验、吸取教训,制定科学合理的具体标准,注重顶层设计,完善信息资源共享互通机制,完善广州养老综合服务平台,为全市智慧养老发展奠定硬件基础。尽快建立与智慧养老发展相匹配的社会保障体系、服务规范标准、监督评估机制、法律保障

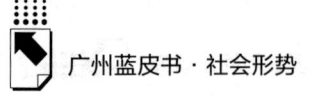

体系等机制和制度规范,在实践中不断修订完善,逐步实现智慧养老制度体系和行业标准规范的有效性和统一性。

(二)加大对智慧养老服务资金投入,鼓励企业进入智慧养老市场

智慧养老产业关系到社会公共养老服务发展,目前仍处于产业培育期,亟须政府给予资金支持。调研显示,智慧养老服务仅在少数养老单位开展,大部分街道社区因资金问题还无法开展智慧养老业务。因此,在智慧养老服务发展初期,政府应加大对智慧养老行业资金扶持力度,为开展智慧养老服务的单位购进智能养老产品提供补贴,对提供的智慧养老服务按服务内容、服务人次提供补助;加大对平台企业的政策倾斜力度,在资金、税费、技术、人才等方面给予优惠政策,吸引社会资本、优质企业和人才的加入,促进智慧养老产业的长期健康发展。

(三)加强智慧养老的宣传和推广,逐步推进智慧养老市场化发展

当前,智慧养老仍处于发展初级阶段,市民尤其是老年人对其认知相对不足,对智慧养老服务的接受程度亟待提高。对此,政府要加大对智慧养老的宣传和推广的投入,多举办宣传活动,让群众尤其是老人能够逐步接受智慧养老产品和服务,更多地了解智慧养老模式,为全市循序渐进推进智慧养老的应用普及营造良好氛围。鼓励智慧养老相关养老单位、企业开展智慧养老服务和产品的体验活动,让群众切身感受到智慧养老模式的高效、快捷和精准,逐渐改变传统养老观念,真正从心理上接受并享受智慧养老服务,为智慧养老产业市场化发展铺好前路。智慧养老服务付费使用是产业发展大势所趋,只有让更多人了解、接受、愿意使用智慧养老,转变原有的观念,才能真正实现智慧养老的推广和普及,才能从根本上解决当前老人付费意愿不足的问题,最终实现智慧养老市场化发展。

(四)加强个人隐私保护,解除使用者后顾之忧

智慧养老的核心是信息技术,信息技术的应用为我们带来高效便利的同

时，也使我们面临着个人信息安全的巨大挑战。在推进智慧养老服务应用的过程中，一方面要加强对数据搜集、存储和使用流程的管理，另一方面需尽快制定相关的规章制度，从制度上避免对老人隐私数据的滥用和泄露。与此同时，还应该在社区中开展关于智慧养老服务应用的相关讲座，帮助老人学习并且安全使用智慧养老服务，既能打消老人对智慧养老信息安全的顾虑，又能提前防范可能出现的网络安全问题。

B.6
广州市企业环境满意度调查分析报告

徐健荣　王进　李明光*

摘　要： 为了解广州市企业对生态环境公共服务的满意度情况，识别广州市在企业生态环境公共服务领域的不足，促进企业生态环境公共服务质量和环境竞争力提升工作，课题组开展了广州市企业环境满意度调查工作。结果表明：（1）企业环境满意度总体较高，花都区和越秀区的满意度相对较低；（2）企业对环境形象、绿色发展的满意度相对较高，对环境设施的满意度较低；（3）企业的环境意识较强，继续投资意愿强烈，环境形象和公共服务是吸引其投资的主要因素，但面临较大的环境保护压力，期待政府出台环境治理相关政策；（4）应加快完善环保基础设施，加强对外资企业、小微企业等的环境管理，提高环境公共服务水平。

关键词： 广州企业　环境满意度调查　环境公共服务

广州持续深化生态环境领域"放管服"改革，协同推动经济高质量发展和生态环境高水平保护，为企业和公众提供更好的环境公共服务。服务对象的满意度是衡量公共服务绩效的重要标准。目前，关于满意度的调查对象较多是公众，缺乏环境资源、环境设施、环境管理与形象等方面的调查，以

---

* 徐健荣，硕士，广州市环境保护科学研究院工程师，主要研究方向为生态环境；王进，硕士，广州市环境保护科学研究院工程师，主要研究方向为环境科学；李明光，博士，广州市环境保护科学研究院高级工程师，主要研究方向为环境政策、环境规划与评价。

企业为主要调查对象且比较全面的环境公共服务满意度调查还很少。为了解广州市企业对环境公共服务的满意度，本研究从企业对总体环境、环境资源、环境质量、环境基础设施、环境管理、绿色发展支持和环境形象等方面的满意度进行问卷调查并分析结果，提出提升企业环境满意度的初步对策建议，初步分析企业环境满意度与企业投资行为、环境行为的关系，为研究建立环境满意度理论模型以及完善环境竞争力模型等提供参考。

一 调查方法和内容

（一）调查方法

采用问卷调查法。于2019年2月至3月和2020年3月至4月通过广州市科技局、广州市总部经济协会、广州市环保产业协会、广州市生态环境局及各分局等渠道给其管理的企业发放问卷，由企业指定人员填写，通过问卷星系统以网络化方式回收问卷。

本次调查共收集到有效问卷1773份。

（二）调查内容

调查内容主要包括总体环境满意度和分项满意度以及企业环境意识行为三部分，总体满意度是企业对环境的总体满意程度；分项满意度是企业对各分项的满意程度，包括环境资源、环境质量、环境设施、环境管理、绿色发展支持与环境形象等6方面；企业环境意识行为包括企业的投资行为、环境意识与环境行为等若干相关问题。问题由选择题和填空题组成，主体部分共20个问题。

二 结果与分析

（一）总体满意度

总体满意度是指企业对总体生态环境状况的满意程度。本调查将企业满意度分为5档（"很满意""较满意""一般""不太满意""很不满意"）。根据满意度模型，企业感知超出期望以及感知与期望相符即可归为满意，因此把企业对环境的评价为"很满意""较满意"这两类的企业占本次总调查企业数的比例加和归为"满意"。本次调查结果显示广州市企业对总体环境的满意度为93.3%（见表1），表明企业总体环境满意度较高。

本次调查中各区企业总体环境满意度从高到低依次是：天河、增城、荔湾、海珠、番禺、南沙、黄埔、白云、从化、越秀和花都。高于广州水平的有5个区：天河、海珠、增城、荔湾和番禺，花都和越秀区的企业总体环境满意度相对较低。

表1 广州及各区企业生态环境公共满意度调查结果

单位：%

地区	总体满意度	环境资源满意度	环境质量满意度	环境设施满意度	环境管理满意度	绿色发展支持满意度	环境形象满意度
广州	93.3	93.3	90.1	88.8	93.0	94.5	95.6
天河	96.1	97.4	93.5	92.2	94.8	97.4	98.7
增城	95.7	95.7	94.4	88.3	92.2	94.8	96.1
荔湾	94.9	96.2	88.5	92.3	96.2	94.9	97.4
海珠	94.1	94.1	92.2	88.2	94.1	94.1	92.2
番禺	94.1	92.2	91.1	88.9	92.2	94.4	94.4
南沙	93.3	94.1	89.5	86.8	93.4	94.1	96.1
黄埔	93.2	91.5	85.5	82.9	94.0	93.2	95.7
白云	92.6	92.6	87.5	89.9	92.3	93.7	94.9
从化	91.9	93.1	93.5	89.2	92.3	95.8	95.8
越秀	91.7	83.3	83.3	75.0	91.7	91.7	91.7
花都	91.1	92.2	90.8	88.3	92.2	94.4	94.4

资料来源：根据相关调查报告资料整理，下同。

（二）分项满意度

各分项满意度评价均得分较高，按满意度排名从高到低依次为环境形象（95.6%）、绿色发展支持（94.5%）、环境资源（93.3%）、环境管理

(93.0%)、环境质量（90.1%）和环境设施（88.8%）（见表1）。可见环境设施满意度是各分项满意度中的短板。

1. 环境资源满意度

环境资源满意度是企业对本地环境资源供给数量与质量的满意程度，主要环境资源包括土地资源及用地、水资源及用水以及生态资源（如湿地公园、自然保护区、森林公园等）。本次调查结果显示广州市企业对环境资源的满意度为93.3%，表明企业环境资源满意度较高，在六个分项满意度中位居第三。

从各分项上看，广州市企业对生态资源、水资源及用水和土地资源及用地的满意度分别是89.8%、89.6%和86.7%（见表2）。其中，土地资源及用地满意度最低，说明广州需加强土地资源及用地管理。

本次调查中各区企业环境资源满意度从高到低依次是：天河、荔湾、增城、海珠、番禺、从化、白云、花都、南沙、黄埔和越秀。高于广州水平的有5个区：天河、荔湾、增城、海珠和番禺，而越秀最低。

表2 广州及各区企业环境资源满意度调查结果

单位：%

地区	总体满意度	土地资源及用地	水资源及用水	生态资源
广州	93.3	86.7	89.6	89.8
越秀	83.3	58.3	75.0	75.0
海珠	94.1	88.2	86.3	94.1
荔湾	96.2	91.0	92.3	92.3
天河	97.4	90.9	93.5	92.2
白云	92.6	85.3	87.5	85.5
黄埔	91.5	86.3	83.8	91.5
花都	92.2	86.7	86.7	91.1
番禺	94.1	85.5	88.8	95.4
南沙	92.2	84.2	88.3	86.7
从化	93.1	87.7	93.1	90.8
增城	95.7	89.6	95.2	94.4

2. 环境质量满意度

环境质量满意度是企业对本地环境质量的满意程度，环境质量主要包括空气质量、水环境质量、声环境质量、绿化环境以及环境安全保障等要素。本次调查结果显示广州市企业对环境质量的满意度为90.1%，表明企业环境质量满意度较高，但在六个分项满意度中位居第五。

从各分项上看，企业对绿化环境、环境安全保障、水环境质量、声环境质量和空气质量的满意度分别是91.9%、91.4%、85.6%、85.3%和84%（见表3）。其中，绿化环境满意度最高，其次是环境安全保障，表明广州的绿色建设和环境安全保障得到公众肯定，而水环境质量、声环境质量和空气质量满意度排名后三，可见广州的水环境、声环境和空气环境质量亟须改善。

本次调查中各区企业环境质量满意度从高到低依次是：增城、天河、从化、海珠、花都、南沙、番禺、荔湾、白云、黄埔和越秀。总体来看，外围城区高于中心城区。

表3 广州及各区企业环境质量满意度调查结果

单位：%

地区	总体满意度	绿化环境	环境安全保障	水环境质量	声环境质量	空气质量
广州	90.1	91.9	91.4	85.6	85.3	84
越秀	83.3	58.3	66.7	58.3	75.0	75.0
海珠	92.2	84.3	86.3	88.2	92.2	94.1
荔湾	88.5	82.1	85.9	82.1	89.7	88.5
天河	93.5	88.3	89.6	92.2	94.8	97.4
白云	87.5	76.2	82.1	80.3	87.4	89.9
黄埔	85.5	79.5	79.5	80.3	91.5	92.3
花都	91.1	86.7	86.7	88.9	93.3	93.3
番禺	89.5	84.9	84.2	81.6	94.1	92.8
南沙	90.2	90.8	87.5	89.2	92.5	92.5
从化	93.5	92.3	90.0	90.4	93.5	93.1
增城	94.4	92.2	91.3	93.1	96.1	93.9

3.环境设施满意度

环境设施满意度是企业对本地环境基础设施的满意程度，环境基础设施主要包括清洁能源（供电、集中供热、燃气等）、工业废水收集与处理、生活污水收集与处理、工业固体废物收集与处理、生活垃圾收集与处理以及其他环保基础设施或服务等。本次调查结果显示广州市企业对环境设施的满意度为88.8%（见表4），表明企业环境设施满意度一般，在六个分项满意度中位居最后。

从各分项上看，广州市企业对清洁能源、生活污水收集与处理、其他环保基础设施或服务、生活垃圾收集与处理、工业废水收集与处理和工业固体废物收集与处理的满意度分别为90.2%、88.6%、88.4%、88.0%、87.6%和86.7%。排名后两位的是工业废水和工业固体废物的收集与处理，可见广州亟须加强工业废水和工业固体废物的收集处理管理工作。

本次调查中各区企业环境设施满意度从高到低依次是：荔湾、天河、白云、从化、花都、南沙、增城、海珠、番禺、黄埔和越秀。高于广州水平的有5个区，分别是荔湾、天河、白云、从化和花都。

表4　广州及各区企业环境设施满意度调查结果

单位：%

地区	总体满意度	清洁能源	生活污水收集与处理	其他环保基础设施或服务	生活垃圾收集与处理	工业废水收集与处理	工业固体废物收集与处理
广州	88.8	90.2	88.6	88.4	88.0	87.6	86.7
越秀	75.0	100.0	66.7	66.7	75.0	75.0	91.7
海珠	88.2	92.2	92.2	88.2	90.2	92.2	92.2
荔湾	92.3	92.3	87.2	91.0	85.9	88.5	85.9
天河	92.2	97.4	93.5	97.4	96.1	96.1	96.1
白云	89.9	87.9	87.0	87.9	85.8	87.4	87.5
黄埔	82.9	91.5	82.9	84.6	80.3	79.5	83.8
花都	88.9	88.9	91.1	92.2	92.2	90.0	91.1
番禺	86.8	90.8	84.9	84.9	83.6	86.8	87.5
南沙	88.3	90.8	85.0	86.7	85.8	83.3	87.5
从化	89.2	90.8	90.8	91.9	88.8	91.9	89.2
增城	88.3	90.9	88.3	88.3	87.4	89.2	89.6

4. 环境管理满意度

环境管理满意度是企业对本地政府提供的环境管理公共服务的满意程

度，主要考察政府依法办事、政府办事效率、政府环境信息公开、政府环境法规政策服务、政府环境监测与检查、政府环境技术服务、政府环境宣传教育以及环保投诉反映与解决等方面。本次调查结果显示广州市企业对环境管理的满意度为93.0%（见表5），表明企业环境管理满意度较高，在六个分项满意度中位居中间。

表5 广州及各区企业环境管理满意度调查结果

单位：%

地区	总体满意度	政府依法办事	政府办事效率	政府环境信息公开	政府环境法规政策服务	政府环境监测与检查	政府环境技术服务	政府环境宣传教育	环保投诉反映与解决
广州	93.0	93.9	91.5	92.3	92.3	92.8	90.5	92.3	91.1
越秀	91.7	83.3	83.3	83.3	91.7	83.3	91.7	83.3	75.0
海珠	94.1	96.1	88.2	92.2	92.2	94.1	90.2	92.2	90.2
荔湾	96.2	94.9	92.3	93.6	94.9	92.3	91.0	92.3	92.3
天河	94.8	98.7	98.7	98.7	98.7	98.7	97.4	97.4	97.4
白云	92.3	93.3	90.3	91.1	90.8	92.0	90.3	93.0	91.5
黄埔	94.0	94.9	93.2	91.5	89.7	90.6	87.2	89.7	82.9
花都	92.2	92.2	87.8	91.1	91.1	91.1	87.8	88.9	86.7
番禺	93.4	96.7	96.1	95.4	98.0	96.1	93.4	94.1	96.1
南沙	92.2	96.7	95.8	95.8	93.3	93.3	91.7	93.3	93.3
从化	92.3	91.2	88.1	90.4	90.8	92.7	89.6	90.0	89.6
增城	92.2	93.5	92.6	92.6	92.2	92.6	90.0	93.1	92.2

从各分项上看，广州市企业对政府依法办事、政府办事效率、政府环境信息公开、政府环境法规政策服务、政府环境监测与检查、政府环境技术服务、政府环境宣传教育和环保投诉反映与解决的满意度分别是93.9%、91.5%、92.3%、92.3%、92.8%、90.5%、92.3%和91.1%。其中，政府依法办事的满意度最高，其次是政府环境监测与检查，表明企业对政府在环境领域中的依法依规办事较为认可；排名后两位的是环保投诉反映与解决和政府环境技术服务，可见政府应加强环境技术服务，协助企业解决污染治理的技术问题并努力提高环保投诉问题解决的满意度。

本次调查中各区企业环境管理满意度从高到低依次是：荔湾、天河、海珠、黄埔、番禺、白云、从化、花都、南沙、增城和越秀。

5.绿色发展支持满意度

绿色发展支持满意度是企业对本地政府与其他机构支持企业绿色发展的满意程度，主要考察污染治理补助、绿色金融（如绿色贷款、绿色债券）支持、节能环保科技研发与推广、清洁生产与循环经济、企业环境管理体系、绿色供应链管理、环境信用与污染责任保险以及绿色企业评选与支持等方面。本次调查结果显示广州市企业对绿色发展支持的满意度为94.5%（见表6），表明企业绿色发展支持满意度高，是六个分项满意度中最高的。

表6 广州及各区企业对绿色发展支持满意度调查结果

单位：%

地区	总体满意度	污染治理补助	绿色金融支持	节能环保科技研发与推广	清洁生产与循环经济	企业环境管理体系	绿色供应链管理	环境信用与污染责任保险	绿色企业评选与支持
广州	94.5	83.2	83.8	86.6	88.4	91.1	88.8	88.3	89.7
越秀	91.7	58.3	75.0	83.3	66.7	75.0	75.0	75.0	100.0
海珠	94.1	84.3	82.4	90.2	88.2	88.2	86.3	86.3	88.2
荔湾	94.9	83.3	85.9	87.2	91.0	91.0	89.7	89.7	89.7
天河	97.4	89.6	88.3	93.5	93.5	94.8	92.2	90.9	90.9
白云	93.7	82.7	83.1	85.8	87.7	92.0	89.1	89.2	89.6
黄埔	93.2	82.1	82.9	86.3	87.2	84.6	84.6	82.1	86.3
花都	94.4	81.1	82.2	85.6	88.9	93.3	90.0	86.7	91.1
番禺	94.1	84.2	86.2	87.2	88.3	91.4	88.3	90.8	90.8
南沙	94.4	83.2	83.3	82.5	86.7	92.5	88.3	92.5	90.0
从化	95.8	82.7	83.1	85.8	88.8	90.0	88.1	85.8	89.6
增城	94.8	84.4	84.8	88.3	90.0	91.8	90.9	88.3	90.0

从各分项上看，广州市企业对污染治理补助、绿色金融支持、节能环保科技研发与推广、清洁生产与循环经济、企业环境管理体系、绿色供应链管理、环境信用与污染责任保险和绿色企业评选与支持的满意度分别是

83.2%、83.8%、86.6%、88.4%、91.1%、88.8%、88.3%和89.7%。其中，企业环境管理体系满意度最高，其次是绿色企业评选与支持；排名后两位的是绿色金融支持和污染治理补助，可见与资金直接相关的污染治理补助和绿色金融支持是相对薄弱方面。

本次调查中各区企业绿色发展支持满意度从高到低依次是：天河、从化、荔湾、增城、花都、南沙、海珠、番禺、白云、黄埔和越秀，各区均低于广州市水平。

6. 环境形象满意度

环境形象满意度是企业对本地环境形象的满意程度。本次调查结果显示广州市企业对绿色发展支持的满意度为95.6%，表明企业环境形象满意度高，在六个分项满意度中排位第二。本次调查中各区企业环境形象满意度从高到低依次是：天河、荔湾、增城、番禺、从化、黄埔、白云、花都、南沙、海珠和越秀。高于广州市水平的有5个区，分别是天河、荔湾、增城、番禺和从化。

（三）不同类型企业环境满意度差别

1. 企业运营时间越长环境满意度越低

根据企业投资运营的情况，分为投资前考察阶段、投资中建设阶段和投资运营阶段。统计发现，运营时间越长的企业对广州的环境满意度越低。处于考察阶段的企业满意度为85%，处于建设阶段的企业组为96.1%，处于运营阶段的企业组为93.3%。将运营阶段分为小于10年、11~20年、20~30年和大于30年四组，其中运营小于10年的满意度为93%，运营11~20年的为94%，运营20~30年的为93.9%，运营30年以上的企业满意度仅为91.3%。

2. 企业规模较大环境满意度越高

根据企业的规模，将其分为大、中、小、微型四类。统计发现，大中型企业的分组环境总体满意度较高。大型企业环境满意度为94%，中型企业组为95.8%，小型企业组为91.7%，微型企业组仅为90.8%。

3. 国有企业环境满意度高于外资企业

根据企业的性质，将其分为国有企业、集体企业、股份合作企业、有限责任公司、股份有限公司、私营企业、联营企业、港澳台商投资企业、外商投资企业和其他企业。统计发现，剔除样本数较少的企业类型，国有企业的环境满意度最高，为97.2%，外商投资企业的环境满意度最低，为91.8%。

4. 获得资历认证的企业环境满意度高于未获得的

根据企业的资历认定情况，将其分为有资历认定和未获资料认定企业组。统计发现，有资历认定的企业环境满意度高于未获得资历认定的企业。有资历认定的企业环境满意度为94.7%，未获得资历认定的为93%。

5. 现代服务业的环境满意度普遍高于制造业

根据国民经济行业分类，本次调查涉及15门类共59大类行业。统计发现，现代服务业（电力、热力、燃气及水生产和供应业，批发和零售业，交通运输、仓储和邮政业，信息传输、软件和信息技术服务业，租赁和商务服务业，科学研究和技术服务业等）的环境满意度普遍高于制造业。现代服务业的环境满意度为97.7%，制造业的环境满意度为95.8%，其中有色金属冶炼和压延加工业对广州环境的总体满意度最低，为77.8%。

（四）企业环境意识和行为

1. 投资行为中的环境因素及环境满意度

（1）投资行为中的环境因素

本次调查表明，广州市企业在投资时多数考虑并重视环境因素，投资行为中的环境意识较高。如表7所示，40.9%的企业认为环境因素在其投资行为中所占比重超过30%（很大），22.1%的认为比重在15%~30%（较大），比重在5%~15%（较小）、0~5%（很小）的分别占19.3%和12.0%，仅有5.7%的企业完全没有考虑环境因素。

吸引企业投资的具体环境因素中，吸引力最高的是"良好的城市环境形象"，选择比例达到64.2%；其次是"高效优质的环境公共服务"，选择比例为61.2%；再次是"完备的环境设施服务"和"活跃的社会环境文化"，分别为53.6%和50.0%；选择"良好的环境质量"、"绿色发展支持与服务"以及"丰富的资源环境"的分别为49.6%、38.6%和36.7%。可见环境形象、环境公共服务和环境设施是吸引广州市企业投资较为重要的环境因素，而环境质量、环境资源、绿色发展支持等传统认为的重要因素反而是次要因素。

表7　广州市企业投资环境意识及具体环境因素影响调查结果

环境因素比重(%)	数量	比例(%)	具体环境因素	数量	比例(%)
0	101	5.7	良好的城市环境形象	1139	64.2
0~5%	212	12.0	高效优质的环境公共服务	1085	61.2
5%~15%	343	19.3	完备的环境设施服务	951	53.6
15%~30%	391	22.1	活跃的社会环境文化	886	50.0
30%以上	726	40.9	良好的环境质量	880	49.6
			绿色发展支持与服务	684	38.6
			丰富的资源环境	651	36.7

（2）未来因环境保护外迁的意向

本次调查表明，63.8%的企业表示没有外迁的计划，但24.4%的表示难说，11.8%的表示有计划（见表8）。虽多数企业没有因广州的环境或环境保护外迁的计划，但有超过1成的企业表示有计划，应引起高度重视。

表8　广州市企业环境政策严格程度认识及后续投资意愿调查结果

政策严格程度认识	数量	比例(%)	后续投资意愿	数量	比例(%)	因环境或环保外迁意向	数量	比例(%)
过于严厉	199	11.2	非常愿意	749	42.2	有	209	11.8
比较严厉	1331	75.1	愿意	776	43.8	没有	1132	63.8
一般	226	12.7	基本愿意	222	12.5	难说	432	24.4
比较宽松	11	0.6	不愿意	23	1.3			
很宽松	6	0.3	非常不愿意	3	0.2			

（3）后续投资意愿

本次调查表明，广州市企业后续继续扩大投资的意愿强烈。对于"未来企业是否会继续扩大在广州（本区）的投资"的问题，42.2%的企业表示"非常愿意"，43.8%的企业表示"愿意"，12.5%表示"基本愿意"，仅有1.5%的企业（主要是仪器仪表制造业，金属制品业，橡胶和塑料制品业）表示"不愿意"或"非常不愿意"（见表8）。

2. 对本市环境政策严格程度的认识

本次调查表明，广州市企业大多认为本市环境政策比较严厉。75.1%的企业认为环境政策"比较严厉"，11.2%的认为"过于严厉"，12.7%的认为"一般"，认为"比较宽松"和"很宽松"的分别仅为0.6%和0.3%（见表8）。

3. 对本企业环境形象满意度

调查企业对本企业的环境形象满意度评价较高，满意度达95.9%以上，"一般"和"很不满意"分别占4%和0.1%，其中评价"一般"占比较大的行业如有色金属冶炼和压延加工业，黑色金属冶炼和压延加工业，建筑安装业，仪器仪表制造业，住宿业，造纸和纸制品业。只有1家属于金属制品业的企业对本企业环境形象的满意度评为"很不满意"，其他企业均为"一般"及以上。

4. 对本企业最担心或存在的环境问题

本题为开放题。本次调查表明，广州市约一半企业不担心本企业的环境问题，45.7%的直接回答"无"或"不担心"，4.5%的反映非环境方面问题，合计50.2%。近二成（18.1%）的企业担心本企业的环境问题，主要是废水、废气、噪声、固体废物处理（生活垃圾分类收集处理）等方面。反映政府或企业环境管理问题的占6.4%，主要是环评、排污许可证等办理难，政府的整治力度过大，指导、支持力度太小，环保成本增加；危险废物处置成本过高等。2.9%的被调查者反映本企业受周边环境影响，主要是废气、噪声、排水、绿化等方面问题。

表9　本企业最担心或存在的问题

本企业担心或存在的 环境问题类型	数量	比例 （%）	企业对广州（本区）最担心或 存在的环境问题	数量	比例 （%）
水环境、水污染等	147	8.3	大气环境	457	25.8
大气环境、空气污染等	147	8.3	水环境	356	20.1
噪声污染	27	1.5	固体废物	89	5.0
固体废物、垃圾等	93	5.2	企业环境管理	80	4.5
交通	7	0.4	噪声	34	1.9
			城市绿化	19	1.1

5. 对本区域最担心或存在的环境问题

本题为开放题。本次调查结果表明，有19.6%的被调查者不担心或认为不存在环境问题，而提及最多的环境问题是空气和水污染。大气环境问题提及率为25.8%，包括扬尘、灰霾及工业废气等；水环境问题提及率达到20.1%，主要是饮用水源、河涌水质、工业废水、生活污水排放等；企业环境管理则有4.5%的提及率，主要是担心目前的环境治理不能坚持下去以及环保治理"一刀切"关闭企业；固体废物提及率为5.0%，主要是生活垃圾方面，也有少量对工业固体废物、危险废物处置的关注；噪声提及率为1.9%，主要是交通噪声。城市绿化提及率为1.1%，气候提及率为0.2%；土地、土壤提及率很小，仅为0.3%。

6. 企业已采取及准备采取的环境行动

本次调查结果表明，多数企业已经采取或准备采取多样化的环境行动。83.4%的企业选择"强化管理，满足法规要求"，其次是"加大投入，加强废水、废气、固体废物或噪声治理"和"清洁生产，改进生产工艺"，分别有75.0%和72.3%的企业选择；随后各项与前3项相差较大，52.5%选择"社区合作，改善与周边关系"，50.3%选择"绿色采购，建设绿色供应链"，50.0%选择"其他"，46.0%选择"加强管理，实施ISO14001或类似环境管理体系"，45.9%选择"生态设计，提升产品环境友好性"，39.3%选择"志愿行动，参与更广范围环境行动"（见表10）。

表10　企业采取的环境行动调查结果

选项	数量	比例(%)
强化管理,满足法规要求	1479	83.4
加大投入,加强废水、废气、固体废物或噪声治理	1329	75.0
清洁生产,改进生产工艺	1281	72.3
社区合作,改善与周边关系	930	52.5
绿色采购,建设绿色供应链	892	50.3
其他	887	50.0
加强管理,实施ISO14001或类似环境管理体系	815	46.0
生态设计,提升产品环境友好性	813	45.9
志愿行动,参与更广范围环境行动	697	39.3

7. 最期待政府制定的环境政策及改善环境的建议

此两题为开放题。调查表明,广州市多数企业具有环境政策意识。

对于最期待的环境政策,有近7成（67.7%）的企业提出了具体诉求,其中关于环境治理类的最多,占比为11.9；其次是环境管理类,占比为7.2%；扶持奖励类的有5.3%,绿化建设类和合理指导类的分别占2.7%和2.4%（见表11）。

对于环境改善的意见或建议,有近一半（46.1%）的企业提出了意见或建议,其中环境质量治理类的占比最大,为8%；其次是环境监管类,占4.3%；加强宣传类的为2.8%,合理引导类的为2.5%。

表11　企业最期待的环境政策和建议或意见

企业最期待的环境政策	关键词	数量	比例(%)	企业建议或意见	关键词	数量	比例(%)
环境治理	治理、整治、防治	211	11.9	环境质量	治理、整治、防治	144	8
绿化建设	绿化	47	2.7	加强监管	监管、管理	76	4.3
强化管理	管理	127	7.2	加强宣传	宣传	49	2.8
扶持奖励	奖励、扶持	94	5.3	合理引导	指导、引导	44	2.5
合理指导	指引、指导	43	2.4	做好规划	规划、计划	15	0.8
加大投入	投入	21	1.2				

广州蓝皮书·社会形势

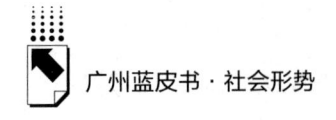

四 结论与建议

(一)广州企业环境满意度总体较高,投资环境意识较强

广州企业对本地环境总体满意度较高,超过了一般满意度80%评估标准,其中对绿色发展支持、环境形象满意度较高,对环境质量(大气和声环境)和环境设施(工业固体废弃物和废水收集处理)的满意度较低。广州市企业在投资时多数考虑并重视环境因素,投资行为中的环境意识较高,环境形象、环境公共服务是吸引企业投资的主要环境因素,而环境质量、环境资源等传统重要因素反而成为次要因素。尽管存在环境或环境保护压力,但多数企业没有因为环境或环境保护外迁的计划,后续扩大投资的意愿仍然十分强烈,表明企业总体上认同广州市的生态环境、信任生态环境保护管理工作,这是广州市经济社会持续发展的重要保障。

(二)广州多数企业认为环境政策严格,采取以守法为主要目标的环境行动

广州有八成以上的企业认为广州市环境政策较为严厉,主要采取或准备采取"强化管理,满足法规要求"等以守法为主要目标的加强环境管理、实施污染治理等环境行动。有近7成的企业具有政策意识,提出了最期待政府制定的政策及对改善区域环境的建议,主要是提供更多优美生态环境需求的环境治理政策;强化环境管理也较为关注,有超过1成的企业提及。同时,企业对奖励、扶持的环境政策也较为期待,有5.3%的企业提及。

(三)广州应加快完善环保基础设施,提高环境公共服务水平

环境设施满意度是广州市企业环境满意度的短板,工业废水和固体废弃物的收集与处理是其薄弱环节,严重影响广州市的环境形象。广州市应加快完善工业废物处理等环境设施建设,完善工业废水、工业固体废物收集与处

理系统，加强工业固体废物和废水管理。

环境满意度较低的行政区为越秀区和花都区，其中越秀区需加强对环境设施、环境资源、环境质量满意度的关注，花都区需加强对环境质量、环境设施满意度的关注，从而加强满意度短板的补充，提升企业满意度。

从企业类型来看，环境满意度较低的行业主要是有色金属冶炼和压延加工业。从企业性质来看，外资企业的满意度较低；从企业规模来看，小微型企业满意度相对较低。表明广州需加强对外资企业、小微企业、金属制品业等重工业的环境管理，以提升其环境满意度。

土地资源和用地是环境资源满意度中的短板，表明广州市需要优化城市发展空间，加大土地资源整合供应力度，调整优化企业结构和布局。声环境和空气环境质量是环境质量满意度中的短板，表明广州应加强对声和空气环境质量的改善，提供优美生态环境。尽管环境管理和本地绿色发展支持满意度较高，但企业对政府加强环境技术服务，进一步提高办事效率（如环境影响评价、环保投诉）等仍有期待，也需要政府加强绿色金融支持和污染治理补助。

参考文献

陈晓玲：《投资者满意度指数——一种新的投资环境评价方法》，《浙江统计》2003年第9期。

段亚男：《企业家投资环境满意度评价指标体系研究》，《商业会计》2016年第10期。

覃建芹：《基于投资者满意的我国经济技术开发区投资环境评价体系研究》，华中科技大学硕士学位论文，2005。

吴旭：《上饶市投资环境评估及其改善对策研究》，西安理工大学硕士学位论文，2011。

李明光、关阳：《广州市区县环境竞争力评价研究》，《环境科学与管理》2016年第41期，第77~81页。

黄怡茵：《政府环保绩效与公众生态环境满意度：偏离与诠释》，华南理工大学硕士学位论文，2018。

张跃国、尹涛等编《广州蓝皮书：广州社会发展报告（2020）》，社会科学文献出版社，2020。

B.7 广州"快递小哥"社会适应现状与问题研究[*]

孙 慧[**]

摘 要： "快递小哥"社会适应问题与新型业态的蓬勃发展同频共振。研究发现，在职业适应上"快递小哥"虽然收入相对较高，但建立在高强度的工作之上，且其劳动权益保障不足；在生活适应上，居住条件较差且闲暇生活单调贫乏；人际交往适应方面，"快递小哥"交际圈狭窄，主观上希望与本地人交朋友，但感觉被本地人排斥；社会参与适应方面，"快递小哥"的社区活动参与度低，对社区管理缺乏关注；在心理适应上，"快递小哥"的自我认可度低，心理归属感不强。基于研究发现，本报告对"快递小哥"社会适应存在问题的原因进行了分析，并提出了促进其社会适应的对策建议。

关键词： "快递小哥" 社会适应 人力资本 社会资本 理性选择

一 研究背景

随着互联网和信息技术的高速发展，平台经济在全球迅速兴起。作为新

---

[*] 本课题为中国青少年研究会2020年度立项课题阶段性成果，课题编号：2020B12。
[**] 孙慧，硕士研究生，广州市穗港澳青少年研究所助理研究员，主要研究方向为青年就业创业、青年社会融入。

型业态的平台经济的蓬勃发展，为劳动力就业市场带来了一系列新职业、新工种和新岗位，形成一支数量庞大的新兴就业群体和新时代产业工人。"快递小哥"群体正是其中重要的组成部分。2019年2月1日，习近平总书记看望春节期间仍然坚守岗位的"快递小哥"，并称赞他们像"勤劳的小蜜蜂"。2020年新冠肺炎疫情期间，"快递小哥"再次向社会展示了其时代担当，坚守一线保障大家的生活物资供应。

然而，与"快递小哥"迅速增长的规模以及社会大众对快递从业人员与日俱增的需求相比，"快递小哥"的社会适应状况却不容乐观。相较于传统农民工，以"80后""90后"甚至"00"后为代表的新一代农民工对城市生活有更为直观的感受与向往，他们希望能够全方位地融入城市、适应城市，他们希望在城市中能够获得情感的交流，注重社会交往与自我实现。然而实际中，工作压力大、工作时间长、社会参与少、社会认可度低等问题不断凸显，给"快递小哥"的社会适应带来了挑战。

二 课题研究基本情况

（一）研究对象与研究内容

本课题于2020年4~6月开展调研，调查以广州市35岁以下"快递小哥"为研究对象，主要从职业、生活、人际交往、社会参与、心理等五个方面深入调研快递从业青年的社会适应状况，了解他们的价值观及生活方式，并对如何凝聚快递从业青年、促进快递从业青年社会适应提出针对性的对策建议，为更好地服务与引领快递从业青年提供决策参考。

（二）研究方法

1. 问卷调查法

在全市快递行业青年群体中派发调查问卷，并对问卷进行汇总分析，全面了解快递行业青年社会适应状况。本次调查共发放问卷500份，回收有效

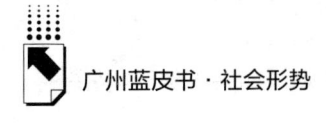

问卷423份。

2. 个案访谈法

拟定访谈提纲，进行一对一个案访谈，深入了解快递青年真实想法，搜集丰富的第一手素材。共访谈10名一线"快递小哥"与2名快递企业管理人员。

3. 座谈会

召开2场快递行业的相关部门、平台、企业座谈会，通过他们了解快递行业发展的总体图景。召开2场快递青年群体座谈会，了解这一群体的具体诉求以及行为态度。

（三）样本情况

本次调查共获得有效样本423份，被调查者的平均年龄为27.85岁；性别方面以男性青年为主，占比90.7%。受教育程度方面，以高中学历为主，占比44.7%；其次为初中及以下学历，占比29.1%；大专学历占比18.5%；本科以上学历只占7.7%。户籍方面多为外地农村户籍，占比78.1%；外地城市户籍占比16%；广州城市户籍占比5.9%。婚姻状况方面，未婚且无对象者占比54.8%；未婚有对象者占比19.4%；已婚且夫妻居住在一起的占比10.3%；已婚但夫妻两地分居的占比15.5%。政治面貌方面，中共党员占比9.3%，共青团员占比17.9%，群众占比72.2%，民主党派占比0.7%。

三 调查结果与分析

（一）职业适应

1. "快递小哥"的收入水平相对较高，但工作强度亦较大

调查发现，"快递小哥"月平均收入为6316元，高于广州市私营单位就业人员平均工资水平[①]，属于中等收入人群。从收入等级来看，31.5%的

---

① 根据广州市统计局公布数据，2019年广州市私营单位就业人员年平均工资为68878元。

人每月收入在5000元以下，收入在5000~8000元的占比为41.1%，收入在8001~10000元的占比为11.3%，收入10000元以上的占比为16.1%（见图1）。可知，广州"快递小哥"的月收入水平相对较高。

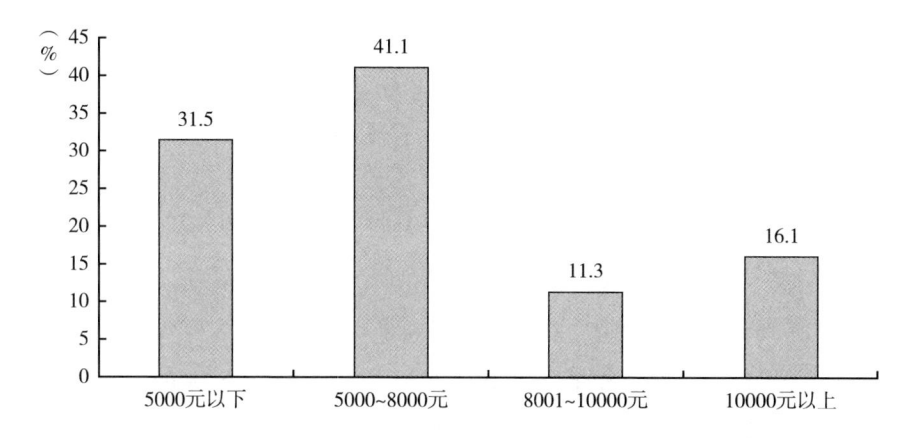

图1 广州"快递小哥"月收入情况

资料来源：根据相关调研报告整理，下同。

值得注意的是，"快递小哥"的收入水平与其工作时长有很大程度的相关，"多干多得，少干少得，不干不得"在这一行业体现得淋漓尽致。"快递小哥"根据自己的派单量来获得收入，他们所获得的感官经验就是"派单越多，钱也就赚得越多"。在这种"提成制"收入模式的刺激下，他们埋头于派单工作中，以期获得尽可能高的收入，由此带来的就是"快递小哥"的高强度工作。分析发现，"快递小哥"平均每周工作6.2天，96.3%的人每周工作6天及以上，有"双休日"的比例不足3%。在每天工作时长方面，"快递小哥"平均每天工作10.6个小时，78.2%人每天工作10个小时以上，30.7%的人每天工作12个小时以上，还有2.8%的人每天工作16个小时以上。

2. 劳动权益保障有待加强

调查显示，七成左右的"快递小哥"与用工单位签署了劳动合同，但值得注意的是，其中61.5%是与加盟网点公司签署的，其权益保护的力度和有效性大打折扣。在"五险一金"的购买率方面，35.7%的"快递小哥"完全没有购买；"五险一金"全部购买了的只占19.6%。可知，"快递小哥"基本劳动权益保障不足。此外，在与快递行业关联较大的其他劳动权益方面，"快递小哥"的保障情况亦不容乐观，例如，享受高温补贴的只占52.3%，并且超一半的"快递小哥"在台风、暴雨等恶劣条件下仍需送件，生命安全受到威胁。

（二）生活适应

1. 以租房居住为主，居住环境较差

调查发现，67.7%的"快递小哥"租房居住，19.4%的人住在单位宿舍，只有9.7%的"快递小哥"住在自家购买房（见图2）。将居住情况与"快递小哥"的户籍进行交叉分析后发现，住在自家购买房的均为广州本地户籍的青年；租房居住的"快递小哥"中19%的人为本地户籍，81%的人为外地户籍；住在单位宿舍的"快递小哥"均为外地户籍，其中33.3%的为外地城市户籍，66.7%的为外地农村户籍。访谈中，不少"快递小哥"表示，为了减少住房开支，租住的房屋基本位于城中村，居住条件较差。"我们对于住要求不高的，每天工作那么长时间，也就是晚上回来睡一下而已""太贵太好的房子我们也租不起，也没必要租，把这个钱省下来回老家盖房子""城中村就是环境差了一点，生活还是挺便利的"。可知，广州"快递小哥"，尤其是外地户籍的"快递小哥"居住条件较差，但他们对居住环境的要求较低，能够较快适应。

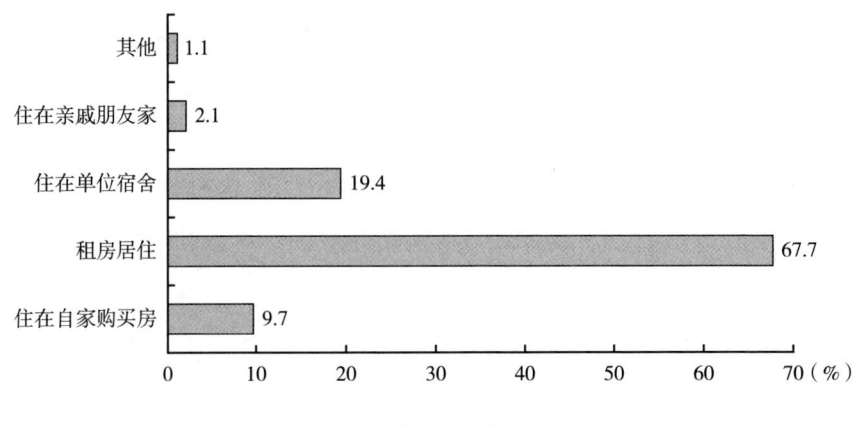

图2 广州"快递小哥"居住情况

2. 闲暇生活单调贫乏，玩手机、睡觉为主要休闲方式

调查数据显示，"快递小哥"的闲暇生活以玩手机为主，70.9%的"快递小哥"闲暇时选择玩手机作为消遣方式；其次为睡觉，所占比例为67.7%；排第三的休闲方式为跟朋友聚餐，占比29.1%（见表2）。可知，广州"快递小哥"的闲暇生活较为单一，并且基本是自己单独进行，很少与其他人一起开展娱乐活动。访谈中，"快递小哥"表示，"我们工作很忙，基本下班回到家都晚上十点多了，洗漱一下，刷下手机就要睡觉了，第二天还要早起的""我们一周最多就休息一天，有时候还不休息，周末就想补补觉，陪一下家人"。值得关注的是，有接近20%的"快递小哥"闲暇会看书、学习，访谈中不少人表示"还是要多读书，多学习，不然都跟不上社会发展了""现在快递员不是可以评职称了吗？我也要多看点书，能评上职称就好了"。

表1 广州"快递小哥"闲暇活动

闲暇活动	频数	所占比例(%)
玩手机	300	70.9
玩电脑	41	9.7
看书、学习	43	10.2
逛街	55	13
打牌打麻将	19	4.6
体育运动	40	9.6
睡觉	286	67.7
唱K、蹦迪、去酒吧	35	8.3
参加志愿服务等公益活动	9	2.1
去电影院看电影	25	5.9
在家听音乐、看电视电影	53	12.5
去图书馆、博物馆、文化馆	7	1.7
去公园、广场等	83	19.6
跟朋友聚餐	123	29.1
其他（请注明）_____	4	0.9

（三）人际交往适应

1. 交际圈窄，交往对象主要为同事、老乡

调查数据显示，广州"快递小哥"交际圈子局限于同事与老乡，缺乏

结识朋友的时间与途径。上文分析发现，广州"快递小哥"平均每天工作10.6个小时，每天派件量平均107件，每周工作6.2天，几乎满负荷甚至超负荷工作。这种工作模式与工作强度使得"快递小哥"很少有时间和机会去参与常规的社交活动，他们的交际圈子主要是同事与老乡。在了解他们的人际交往对象时，82.3%的受访者表示自己主要的交往对象为同事；73.2%的人表示主要与老乡来往；23.6%的人主要交往对象是亲戚；以本地人为主要交往对象的只占15.7%。此外，除了工作上的接触，55.3%的人表示与本地人来往很少，更有12.9%的人表示跟本地人没有来往；20.6%的"快递小哥"表示与本地人有一些来往；与本地人来往很多的只占11.2%，这与部分调查对象是本地人有关。（见表2）访谈中，一名来自外地的受访者表示，"我们平时交往的基本都是同事，同事里面也有很多老乡的。平时很少联络，都忙嘛，空下来就一起聚一下，吃个饭"。还有受访者表示"我们快递员有自己的微信群的，平时也会在里面聊聊天，在这边遇到困难也主要是找同事，家里人太远了也帮不上"。

表2 广州"快递小哥"人际交往情况

主要人际交往对象	有效百分比(%)	与本地人的交往情况	有效百分比(%)
同事	82.3	来往很多	11.2
老乡	73.2	有一些来往	20.6
亲戚	23.6	来往很少	55.3
本地人	15.7	没有来往	12.9
不与任何人来往	2.1		

2. 期待与本地人交朋友，但感觉被本地人排斥

从"快递小哥"的交友意愿来看，38.7%的人非常愿意与本地居民交朋友，29.1%的人比较愿意和本地人交朋友，二者合计67.8%；26.3%的人与本地居民交往意愿一般；不愿意与本地人交朋友的占比为5.9%（见图3）。可知，广州"快递小哥"与本地人交往的意愿较强，期待融入"本地圈"。

但从他们的自我感知来看，33.5%的人非常认同"本地人不愿意与我

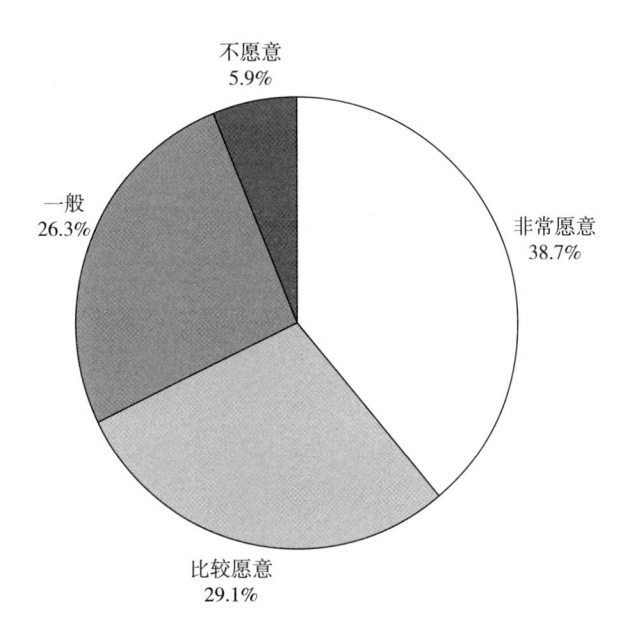

图 3 广州"快递小哥"与本地人交往的意愿

做朋友"的观点,18.1%的人比较认同,也就是说超过一半的"快递小哥"认为广州本地人不愿意与其做朋友;37.2%的人认为本地人与其交友意愿一般;只有11.2%的人感觉本地人愿意与其做朋友。与此同时,接近四成的"快递小哥"感觉本地人很排斥外来打工者,只有不到20%的人没有感受到本地人对外来打工者的排斥。可知,广州"快递小哥"虽然主观上希望与本地人来往,期待融入本地社会,但客观上存在诸多阻碍。

(四)社会参与适应:社区活动参与度低,对社区管理缺乏关注

研究发现,"快递小哥"很少参加社区组织的活动,社会参与情况不容乐观。数据显示,77.4%的受访者没有参加过社区组织的任何活动。究其原因,近四成的受访者表示是因为没有时间参加,25.7%的人不知道社区有什么活动,22.6%的人知道社区有活动但没有被邀请参加,还有12.9%的人表示没兴趣参加社区组织的活动。在参与的社区活动方面,技能培训类活动和文体娱乐活动占大多数,还有少部分受访者参加过亲子活动和志愿服务活动。

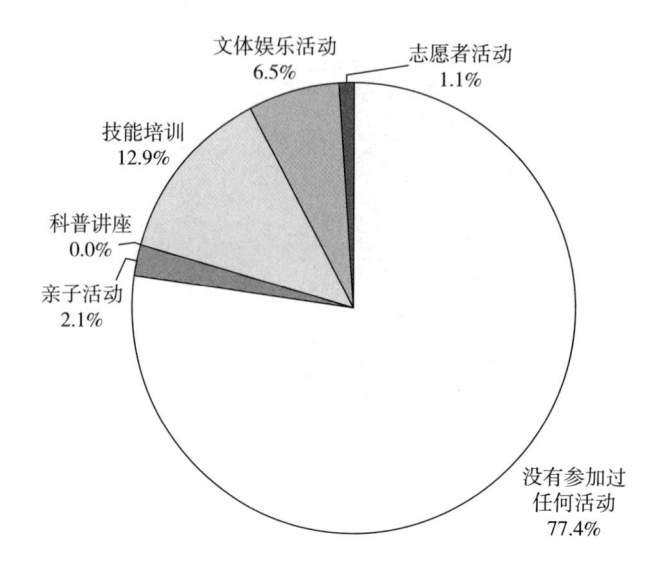

图 4 广州"快递小哥"社区活动参与情况

在对社区管理工作的关注度方面，近一半的受访者表示自己不关注，只做自己的事；35.5%的人表示会关注，但没有提过建议；9.3%的人表示比较关注，有时会提建议；只有5.7%的表示非常关注并经常提合理化的建议（见表3）。访谈中，有"快递小哥"表示"我们也很想参与社区活动，但每天工作根本没有时间去参加，另外就是我们住在城中村里面，也很少知道社区举办什么活动，节假日的时候会有晚会，有空就去看一下当个观众"。可知，"快递小哥"主观上有参与社区活动的意愿，但受限于时间、信息渠道等各种主客观因素，他们的社区活动参与率很低，进一步阻碍了其社会适应。

表 3 广州"快递小哥"对社区管理工作的关注情况

对社区管理工作的关注情况	频数	有效百分比(%)
非常关注并经常提合理化的建议	24	5.7
比较关注,有时会提建议	39	9.3
关注,但不提建议	150	35.5
不关注,只做自己的事	209	49.5

（五）心理适应：自我认可度低，心理归属感不强

调查数据显示，18.4%的受访"快递小哥"表示非常同意"我觉得在打工地低人一等"的观点，36.3%的人表示比较同意，表示不同意或非常不同意的只占16.8%。访谈中亦有"快递小哥"表示，"我们这个行业外地农村青年比较多，也没读什么书，城市里的那些白领青年本来就比我们优秀，看不起我们也是正常的"。由此可知广州"快递小哥"缺乏自我认可，自我评价较低。在心理归属感方面，43.8%的人认为自己只是城市过客，不属于打工城市；41.7%的人感觉自己与当地人之间有心理上的距离感。"他们（城里人）都有车有房，工作又好，跟我们根本不是一路人，也玩不到一起"；"我们也想认识些城里人，跟他们做朋友，但感觉他们不是很愿意理我们"。在未来归属方面，"快递小哥"在本地定居的意愿中等偏下，非常愿意或比较愿意在本地定居的比例只占27.4%；在户口迁移意愿方面，只有19.5%的"快递小哥"想将户口迁入本地。可知，广州"快递小哥""外地人"意识明显，心理融入感较低。（见表4）

表4 广州"快递小哥"对以下观点的看法

单位：%

	非常同意	比较同意	一般	不同意	非常不同意
我不属于这里（打工的地方）	19.7	24.1	35.3	12.4	8.5
我觉得在打工地低人一等	18.4	36.3	28.5	10.7	6.1
我与当地人之间有心理上的距离感	26.3	15.4	25.7	22.5	10.1
我打算在本地定居	13.1	14.3	37.2	19.8	15.6
我想将户口迁入本地	9.2	10.3	30.4	38.6	20.7

四 讨论与总结

（一）理性选择下的职业进入

理性选择是指个体在权衡各种利弊后所做出的最优选择，这种选择遵循

最大限度获取效益原则。对于"快递小哥"来说，他们进入快递行业是在综合考虑各种因素后做出的使自己利益最大化的选择。研究发现，广州"快递小哥"多来自外地农村，且其受教育程度较低，高中及以下学历占比七成以上。一方面，受限于人力资本的不足，这部分群体在就业市场中竞争力不足，处于就业场域的底层，他们很难进入中高端就业市场；另一方面，与传统农民工不同，以"90后"甚至"00后"为主力的新一代外来务工人员更在乎工作过程中的个人感受，他们向往自由，不愿意被束缚。访谈中一位曾经在传统企业工作过的"快递小哥"谈道，"跟以前相比，我更喜欢现在的工作，因为自由。在工厂工作太枯燥了，每天都要打卡，在流水线上跟个机器一样，并且领导会一直盯着你，一点都不自在"。快递行业刚好满足了这两方面的需求。一方面，快递行业的准入门槛很低，对于学历、技能基本没有要求，只需掌握"开三轮车"这一基本技能。访谈中问及进入快递行业的原因时，"不需要高学历""技能要求不高""容易上手"等观点频频出现。可见低准入门槛是青年进入快递行业的主要拉力之一。另一方面，快递行业实行"订单制"工作模式，工作自主性比较大，快递员可以灵活安排自己的工作时间和工作强度，不需要像传统企业一样实行严格的打卡制度，符合现代青年的工作需求。"快递行业比较自由，我每天送完件就可以了，状态好就多送一些，状态不好就请假休息，一个月下来收入也不错，比以前在工厂高"。可知"时间自由""收入高"也成为"快递小哥"行业进入的助推器。由以上分析可知，广州青年选择进入快递行业是在综合考虑自身人力资本以及工作性质后做出的最优职业选择，是理性选择下的职业进入。

（二）资本匮乏下的适应困境

1. 人力资本与职业适应和生活适应

人力资本是指体现在个体身上的资本，包括个体所具有的文化知识、技能、健康状况等。"快递小哥"文化水平低，所具备的职业技能有限，个体人力资本不足。人力资本的匮乏直接影响"快递小哥"的职业适应和生活适应。由于人力资本的不足，"快递小哥"在就业市场中的话语权严重缺乏，主要表现为缺乏维权意识与维权能力。数据显示，接近三成的"快递小哥"没有签订劳动合同，访谈中也有部分"快递小哥"表示"签不签合同都无所谓，签了合同还要交社会保险，这样收入反而减少了，不硬性要求的话我就不签合同了"；此外"快递小哥"劳动权益受到侵害时往往因为"嫌麻烦""没有维权途径""多一事不如少一事"等而"自认倒霉"。可见，"快递小哥"的维权意识与维权能力均凸显不足。同时，"快递小哥"的"高收入"建立在延长工作时间、多派件的基础上，"高劳动强度"挤压了快递小哥的闲暇；在"以赚钱为目的"的外出动机的驱动下，"快递小哥""开源节流"，在用高劳动强度换取高收入的同时尽可能地降低生活成本。"我们出来是为了赚钱，又不是为了享受，吃饱穿暖，有个地方住就行了"。可见，"快递小哥"虽然能适应城市的生活，但这种适应仅指"生存"层面的适应，他们很难在真正意义上融入城市生活。

2.社会资本与人际交往适应和社会参与适应

社会资本是指个体在社会结构中所处的位置给其带来的资源。社会资本又分为初级社会资本和次级社会资本。初级社会资本是基于地缘、血缘、亲缘等建立的社会关系网络，次级社会资本则指个体在后天努力中基于同学、同事、朋友等关系建立的社会网络。从调查情况来看，"快递小哥"的初级社会资本和次级社会资本重合度较高，他们的亲人、老乡等往往发展为他们的朋友、同事。访谈中不少快递青年表示自己是在老乡或亲戚的介绍下加入快递行业的，交往圈子也以该群体为主；在工作地虽然也结交了一些朋友、同事，但数量有限，并且多为外来务工者，很少有本地人。因此，"快递小哥"在打工城市的交际圈实质上只是老家交际圈的"地域迁移"或"有限扩展"，扩展的次级社会资本与初级社会资本同质性较强，以此为依托的信息渠道与资源均有限。这种社会资本对"快递小哥"在打工城市的早期社会适应起到明显促进作用，能满足其基本的人际交往需求，但对于满足"快递小哥"在城市的发展性需求助益不大。"快递小哥"想要获得在城市的长远发展，需进一步拓展在本地的交往圈，畅通社区信息渠道，提高社会参与度。

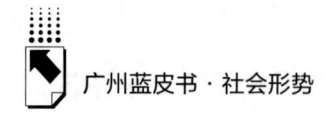

3.人力资本与社会资本双重影响下的心理适应

受教育程度低、职业技能不足、社会地位低等是社会大众对外来务工人员的固化印象，作为其中一员的"快递小哥"亦处处给自己贴上"低人一等"的标签。在"快递小哥"眼中，"城里人"与自己不一样，并且觉得城里人对外来务工人员有一种心理上的蔑视。这种心理上的距离感与排斥感将"快递小哥"与城市青年区隔成界限分明的"他群"与"自群"，如此，"快递小哥"很难融入本地居民，难以与本地人建立情感连接，心理上的融入明显不足。与此同时，社会资本的不足带来信息渠道的闭塞，影响"快递小哥"信息资源的获取和运用。他们被隔绝在社会参与和社区活动之外，在社区管理和社区活动中缺乏话语权与主动权，成为城市参与的"边际人"。"他群"与"自群"的区隔、"边际人"的心理感知等导致"快递小哥"在城市的参与感有限，很难对本地社会产生情感上的依托，普遍抱有"城市过客"的心态，心理上缺乏对所在城市的归属感。

五 促进"快递小哥"社会适应的对策建议

（一）切实维护快递小哥合法权益

快递行业工作性质有别于传统行业，"快递小哥"的工作状态基本处于"在路上"，意外伤害是其在职场中最常遇到的问题，但调查中很多"快递小哥"反映没有购买意外保险，发生意外事故后其权益难以得到保障。因此，建议硬性规定各家快递企业为"快递小哥"购买人身安全意外险和工伤保险，实现快递小哥工伤、意外保险的全覆盖，提高其抗社会风险的能力。

（二）依托社区平台，促进快递小哥人际交往与社会参与

针对快递小哥交际圈窄的问题，"快递小哥"所在社区应该主动作为，将"快递小哥"纳入社区服务计划中，及时摸查辖区内"快递小哥"特点和需求。开展社区活动时充分考虑"快递小哥"的工作特点，选择有利于

"快递小哥"参加的活动形式与活动时间,增强"快递小哥"社区参与的积极性;同时通过社区活动搭建起"快递小哥"与本地居民交流的桥梁,促进相互了解,建立"快递小哥"对本地居民与本地社区的情感连接,使其更快更好地融入本地社区,适应所在城市的社区生活。

（三）加强心理辅导,提升"快递小哥"自我认同

"快递小哥"所具有的人力资本和社会资本都比较贫弱,这种贫弱在身处农村社区时表现并不明显;但当他们进入城市社区,与城市居民之间形成鲜明对比时,这种资本上的贫弱便显露无遗,使"快递小哥"产生心理上的落差感与自卑感,觉得自己处处"低人一等"。共青团、工会、行业协会等相关组织应适时开展心理辅导,从"优势视角"出发引导"快递小哥"增强自我认同,减少与本地居民心理上的距离感与排斥感,增强对所在城市的归属感。

参考文献

方奕、王静、周占杰:《城市快递行业青年员工工作及生活情境实证调查》,《中国青年研究》2017年4月。

廉思、周宇香:《城市快递小哥群体的风险压力及疏解对策研究——基于北京市的实证分析》,《青年探索》2019年第6期。

陈昕苗、程德兴:《浙江省"快递小哥"调研报告》,《中国共青团》2019年3月。

褚宸舸:《快递从业青年生存发展权益研究报告——以陕西省为例》,《国家治理》2019年2月。

耿国先、张群:《"快递小哥"权益保障情况的调查与思考》,《工会信息》2019年5月。

王艺璇:《城市快递小哥的职业流动及其影响因素——基于劳动力市场分割理论的实证研究》,《中国青年研究》2019年8月。

医疗卫生篇

Medical and Health

B.8
新冠肺炎疫情下广州居民卫生应急素养分析

潘旭 李济泰[*]

摘 要: 本报告就广州居民对新冠肺炎疫情的认知以及卫生应急素养水平进行了调查,通过对居民此次疫情防护行为以及卫生应急素养水平现状的影响因素进行分析,研究如何提高居民卫生应急素养。报告认为,广州居民对新冠肺炎疫情认知水平大幅提升,具有较好的卫生应急观念,但卫生素养水平仍显不足。建议进一步加强卫生应急知识教育,加强卫生应急技能培训,加大卫生应急宣传力度,开展居民卫生应急素养水平监测评估。

关键词: 新冠肺炎疫情 卫生应急素养 广州

---

[*] 潘旭,硕士,任职于国家统计局广州调查队,中级统计师,主要研究方向为专项调查;李济泰,硕士,任职于国家统计局广州调查队,中级统计师,主要研究方向为企业调查。

广州作为我国重要的中心城市、省会城市,在2020年的疫情防控战中,面对人口总量大、流动人口多的严峻疫情防控形势,迎难而上,成绩亮眼,一定程度上反映了城市应急能力和公众卫生应急素养水平较高;但在疫情初期,仍然出现了应急物资准备不足、部分公众恐慌等问题,城市公共卫生服务应急体系有待完善,部分居民卫生应急素养水平有待提高。本报告就广州居民对新冠肺炎疫情的认知以及卫生应急素养水平进行了调查,通过对居民此次疫情防护行为以及卫生应急素养水平现状的影响因素进行分析,研究如何提高居民卫生应急素养,逐步实现未来突发公共事件的"常态化"防控。

一 广州居民新冠肺炎疫情认知及卫生应急素养水平现状

为了解居民卫生应急素养水平现状,课题组对广州市居民进行了问卷调查(回收有效问卷330份),调查内容包括两个部分,第一部分内容围绕居民对本次新冠肺炎疫情的认知、防护以及对政府应对本次疫情工作的评价;第二部分内容是居民个人卫生应急素养水平情况,具体分为3个维度,即知识、行为、技能。居民卫生应急知识包括对突发事件及卫生应急经验与规律的了解和理解;应急行为包括养成与卫生应急相关的预防、避险和减灾习惯及其他卫生应急行为;应急技能包括对传染病、意外伤害、中毒、水电灾难等突发事件的防控技能和急救技能。题型设置为对问卷测评的应急知识、行为及技能掌握情况的自我认同度评价。

(一)居民对新冠肺炎疫情认知水平大幅提升

1. 新冠肺炎疫情初期,居民卫生应急素养较为缺乏

我国公众卫生应急素养教育起步较晚,公民在面对突发公共卫生事件时,容易因缺乏科学判断、疫情扩散、信息谣言等因素叠加的影响,在突发公共卫生事件初期出现群体性恐慌、抢购物资、医疗资源过度挤兑等负面问题。在新冠肺炎疫情初期,在广州乃至全国多地出现的错误佩戴口罩、抢购

"双黄连""板蓝根"、发生聚集病例等问题，充分反映了居民卫生应急素养水平亟待提高的事实。

2. 常态化防控时期，居民对新冠肺炎疫情认知水平大幅提升

突如其来的新冠肺炎疫情，给公众带来了非常大的冲击，公众对疫情的关注也达到了前所未有的高度，对新冠肺炎防护知识的学习积极主动。同时，在新冠肺炎疫情防控部署方面，从中央到地方都多次强调要加强"健康理念和传染病防控知识的宣传教育"，各级政府及卫生机构对新冠肺炎防护知识开展了全方位的深入报道和宣传。调查结果显示，在经历了近一年的常态化防控时期后，居民目前对新冠肺炎疫情的认知已经较为全面：在疫情信息获取渠道方面，有95.7%的受访者表示自己从官方渠道获取信息，不信谣不传谣；在对病毒的认知方面，有97.9%的被访者了解病毒的主要传播途径，有94.85%的被访者知道无症状感染者也具有感染性，有94.2%的被访者了解病毒的潜伏期；居民对感染的主要症状也显示出很好的认知，超九成被访者知道感染的主要症状。对于有效灭活病毒的途径，受访者至少了解其中一种方法，超半数受访者了解两种以上的方法。在新冠肺炎自我防护行为方面，95.5%的被访者能做到戴口罩、勤洗手，保持良好的卫生习惯，95.8%的被访者能做好个人防护，尽量避免前往人群聚集场合。

（二）居民具有较好的卫生应急观念，但卫生素养水平仍显不足

1. 居民具有较好的卫生应急意识

当前，新冠肺炎疫情已经进入了常态化防控阶段，公众对新冠肺炎的防控意识普遍较强，多数公众已经具备较好的卫生应急意识。调查结果显示，近六成（57.3%）受访者表示参加过所在单位或居住社区组织的卫生应急知识、技能等方面的讲座和培训；有87.5%的受访者表示关注灾害预警信息，其中54.2%表示非常关注，33.3%表示比较关注。在卫生应急知识和技能学习方面，有五成受访者表示自己会主动学习卫生应急知识和技能，超三成（33.3%）受访者表示自己有一定的卫生应急知识和技能学习意识。此外，绝大多数受访者表示通过电视、手机等媒介看到过相关知识和技能的

宣传。

2. 居民依法应急观念很强，对政府管控措施支持度高

在面对重大突发公共卫生事件时，各级政府有可能会根据需要依法采取限制集会和人员活动、进行隔离消毒等卫生应急处置甚至封锁疫区等强制性措施，对于依法应急行为，超九成受访者表示支持，其中，有70.3%的受访者表示会积极配合政府，有25.5%的受访者表示会比较配合。从调查结果看，公众面对突发公共卫生事件时依法应急观念很强，能够支持配合政府管控措施，这是我国此次能够取得新冠肺炎疫情抗击战役重大胜利的重要保障。

3. 居民卫生应急知识水平仍待提高

此次疫情虽然大幅提升了居民对新冠肺炎疫情应急知识的认知水平，但调查结果显示，居民对于其他公共卫生突发事件及卫生应急知识的了解和理解水平仍然偏低。2018年，国家卫生健康委员会卫生应急办公室发布了《公民卫生应急素养条目》，但宣传工作尚未形成常态化机制，从调查结果看，受访者对该条目的了解程度偏低，只有20.0%的受访者表示了解过该条目。调查显示，大多数居民对于常见传染病以及突发公共卫生事件等应急知识概念均处于模糊认知状态，对以上概念表示了解的受访者均只有33.0%；超四成（40.1%）受访者不清楚传染病存在人畜传播可能性。

4. 居民卫生应急行为习惯尚须养成

卫生应急行为习惯是在知道、理解卫生应急知识，进而改变个人行为的过程，是一项长期的、系统的从理念到行为、从量变到质变的过程。从居民新冠肺炎防护行为调查结果看，得益于疫情期间日常的坚持，当前居民已经养成了疫情常态化防控习惯，如戴口罩、勤洗手等。但对于居民其他应急行为习惯的调查显示，多数居民尚未形成卫生应急预防、避险和减灾习惯及其他卫生应急行为。比如，在广州，春、冬季属于流感高发期，夏、秋季属于登革热高发期，历年如此，但调查显示，有半数以上受访者（54.9%）对于流感、登革热等常见传染病的传播途径表示不甚了解，不了解病毒传播途径，则无法提前进行科学有效的预防，这充分反映了多数居民在主动预防常

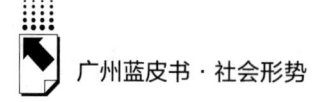

见传染病方面还未形成良好的行为习惯。调查还表明，对于生活中可能会发生的自然灾害和卫生突发事件，近七成（69.4%）受访者表示不了解和没有采取防控措施，居民卫生应急行为习惯尚须养成。

5. 居民卫生应急救援技能明显欠缺

公众在面对常见急症、意外伤害、中毒、水电灾难等突发事件的时候能够在有限的时间内，及时开展有效的自救互救，无疑能够提高突发性病患的救治成功率。有研究显示，我国公众在急救素养和技能方面普及率还处于较低水平，与发达国家相比存在较大差距。本次调查结果也显示，从居民对基础急救知识的掌握情况看，居民在急救技能方面明显欠缺，对于骨折、异物堵塞、呼吸心跳骤停等意外急症的急救技能表示了解的仅占二成（20.3%）；对于夏季发生率较高的溺水，表示了解急救方法的只有24.0%；对于生活中可能会遇到的食物中毒、烧烫伤、煤气中毒等意外的急救措施，表示了解的也不足三成（27.5%）。

二　广州居民卫生应急素养水平影响因素分析

考虑到居民对政府公共卫生应急管理的满意度会影响到居民对政府相关措施的配合程度，本报告在上述知识、技能、行为3个维度的基础上，增加了对政府公共卫生应急管理的评价维度，形成居民卫生应急素养水平影响因素的4个维度，并应用结构方程模型将这4个维度及其各自的观测变量呈现在同一个模型当中，更加清晰地表明各维度之间的因果关联及关联程度大小，为提高居民卫生应急素养水平提供科学的参考依据。

（一）结构方程模型建立

本报告将4个维度的影响因素，即知识、技能、行为、政府评价作为结构方程模型中的潜变量。每个潜变量均通过3~4个观测变量来衡量，每个观测变量由问卷中若干条目（见附件）的平均得分来赋值（见表1）。

表 1 变量设置

潜变量	测量变量	条目
Knw(知识)	K_1(公共卫生)	A1,A2,A4
	K_2(传染病)	A3,A7,A8,A16,A17
	K_3(常见伤害)	A5,A6,A10,A11,A13
	K_4(常识)	A9,A12,A14,A15
Bhv(行为)	B_1(日常生活)	B2－B5,B11
	B_2(膳食行为)	B1,B10,B17
	B_3(卫生习惯)	B6－B9
	B_4(就医用药)	B12－B16
Skl(技能)	S_1(应急处置)	C1－C3,C6－C12,C14
	S_2(常规能力)	C4,C5,C13
	S_3(沟通能力)	C15,C16
Sts(政府评价)	Bfr(卫生应急事前)	D1－D7
	Ing(卫生应急事中)	D8－D12
	Aft(卫生应急事后)	D13－D16

4 个维度的影响因素之间存在密不可分的关系，先假定潜变量之间存在这样的结构关系：知识直接影响行为；知识通过影响技能间接影响行为；知识直接影响对政府的满意度；对政府的满意度直接影响行为。据此得到如图 1 所示的结构方程模型路径图。

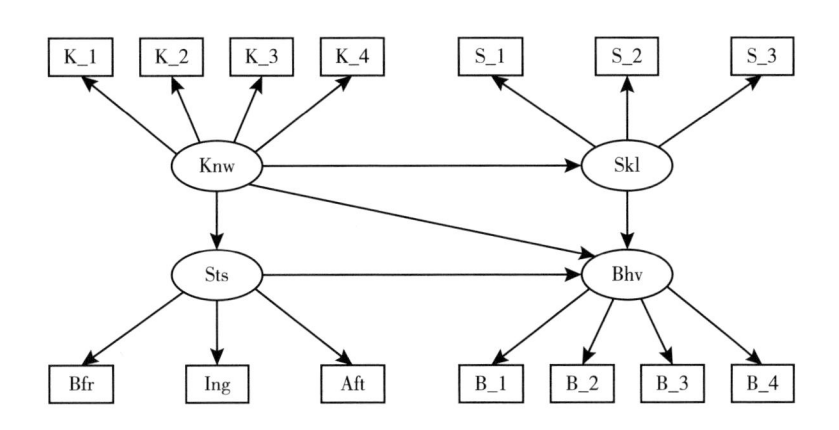

图 1 结构方程模型路径图

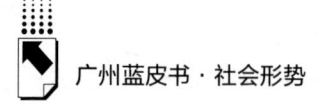

（二）结构方程模型验证

本报告使用 R 语言进行结构方程模型分析，首先通过验证性因子分析确定数据集中的潜变量是否合适。

#安装 lavaan 程序包

install. packages（"lavaan"）

#加载 lavaan 程序包

library（lavaan）

#读取测量变量数据

health1 < - read. table（"D：/data/Health1. csv"，sep = "，"，header = T）

#验证性因子分析（CFA）模型

cfa_ model < - 'Knowledge = ~ Knowledge_ 1 + Knowledge_ 2 + Knowledge_ 3 + Knowledge_ 4

　　　+ Behavior = ~ Behavior_ 1 + Behavior_ 2 + Behavior_ 3 + Behavior_ 4

　　　+ Skill = ~ Skill_ 1 + Skill_ 2 + Skill_ 3

　　　+ Satisfaction = ~ Before + Ing + Aft

　　　+ Knowledge ~ ~ Skill

　　　+ Knowledge ~ ~ Behavior

　　　+ Knowledge ~ ~ Satisfaction

　　　+ Skill ~ ~ Behavior

　　　+ Satisfaction ~ ~ Behavior'

#验证性因子分析

cfa_ fit < - cfa（model = cfa_ model，data = health1）

#拟合度评估指标

fitMeasures［cfa_ fit，c（"chisq","df","pvalue","cfi","nfi","ifi","rmsea"）］

chisq	df	pvalue	cfi	nfi	ifi	rmsea
254. 931	65. 000	0. 000	0. 948	0. 931	0. 948	0. 091

从上图几种常见评估拟合度的指标可以看出，除近似值的均方根误差

（Root Mean Square Error of Approximation，RMSEA）值不太理想以外，其余指标均反映出模型拟合度良好。总体来说，模型拟合度可接受，可进行进一步分析。

（三）结构方程模型评价

#结构方程模型（SEM）

sem_ model < -' Knowledge = ~ Knowledge_ 1 + Knowledge_ 2 + Knowledge_ 3 + Knowledge_ 4

+ Behavior = ~ Behavior_ 1 + Behavior_ 2 + Behavior_ 3 + Behavior_ 4

+ Skill = ~ Skill_ 1 + Skill_ 2 + Skill_ 3

+ Satisfaction = ~ Before + Ing + Aft

+ Skill ~ Knowledge

+ Behavior ~ Knowledge + Skill

+ Behavior ~ Satisfaction

+ Satisfaction ~ Knowledge'

#SEM 建模

sem_ fit < - sem（model = sem_ model, data = health1）

#模型拟合度

fitMeasures［sem_ fit, c（"chisq","df","pvalue","cfi","nfi","ifi","rmsea"）］

chisq	df	pvalue	cfi	nfi	ifi	rmsea
452.891	72.000	0.000	0.895	0.878	0.895	0.123

从上图来看，模型拟合度指标均未达到良好，需进行修正。

（四）结构方程模型修正

#生成修正建议

mf < - modificationindices（sem_ fit）

#按 MI 值排序

mf < - mf［order（mf $ mi, decreasing = TRUE）,］

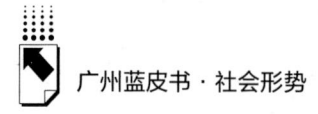

#显示前几条修正建议

head（mf）

	lhs op	rhs	mi	epc	sepc.lv	sepc.all	sepc.nox
135	Behaviour_2 ~ ~	Behaviour_3	51.666	0.037	0.037	0.522	0.522
87	Knowledge_1 ~ ~	Skill_1	51.264	0.151	0.151	0.411	0.411
129	Behaviour_1 ~ ~	Skill_1	50.471	0.070	0.070	0.496	0.496
110	Knowledge_3 ~ ~	Skill_1	45.820	-0.072	-0.072	-0.414	-0.414
137	Behaviour_2 ~ ~	Skill_1	36.072	-0.055	-0.055	-0.369	-0.369
144	Behaviour_3 ~ ~	Skill_1	35.464	-0.061	-0.061	-0.374	-0.374

lhs、op、rhs 三个参数指示了建议添加的潜变量路径。MI 值越高，代表这种路径的添加更有利于改善现有模型。按照建议修正模型。

#修正的结构方程模型（SEM）

sem_model < -'Knowledge = ~ Knowledge_1 + Knowledge_2 + Knowledge_3 + Knowledge_4

+ Behavior = ~ Behavior_1 + Behavior_2 + Behavior_3 + Behavior_4

+ Skill = ~ Skill_1 + Skill_2 + Skill_3

+ Satisfaction = ~ Before + Ing + Aft

+ Skill ~ Knowledge

+ Behavior ~ Knowledge + Skill

+ Behavior ~ Satisfaction

+ Satisfaction ~ Knowledge

+ Behavior_2 ~ ~ Behavior_3

+ Knowledge_1 ~ ~ Skill_1

+ Behavior_1 ~ ~ Skill_1

+ Knowledge_3 ~ ~ Skill_1

+ Behavior_2 ~ ~ Skill_1

+ Behavior_3 ~ ~ Skill_1'

#SEM 建模

sem_fit < - sem（model = sem_model，data = health1）

#模型拟合度

fitMeasures［sem_fit, c（"chisq","df","pvalue","cfi","nfi","ifi","rmsea"）］

chisq	df	pvalue	cfi	nfi	ifi	rmsea
275.602	66.000	0.000	0.942	0.926	0.942	0.095

从上图几种常见评估拟合度的指标可以看出，除 RMSEA 值一般以外，其余指标均反映出模型拟合度良好。总体来说，模型拟合度可接受。接下来绘制结构方程模型路径图，展示模型结果。

#安装 semPlot 程序包

install.packages（"semPlot"）

#加载 semPlot 程序包

library（semPlot）

#结构方程模型路径图

semPaths（sem_fit, what ='std', layout ='tree', residuals = FALSE, edge.label.cex =0.8, edge.color ='red', sizeMan =7, sizeLat =10, curvature =3）

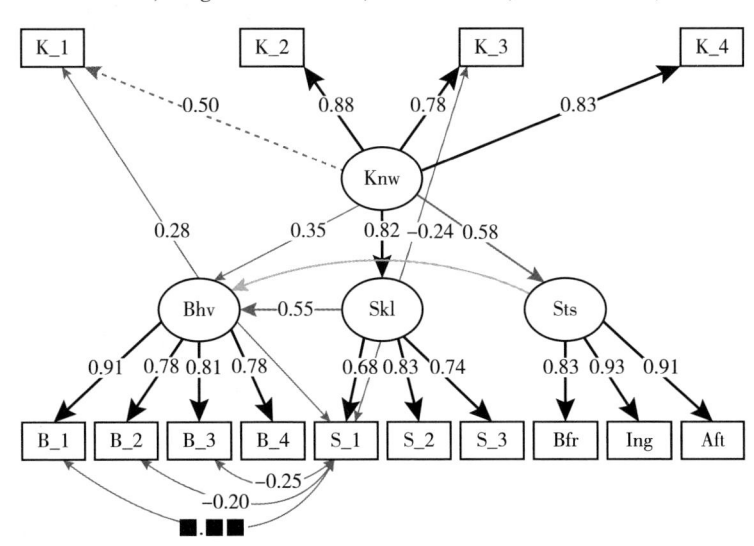

（五）结构方程模型结论

从上图可以得知，知识（Knw）和技能（Skl）对行为（Bhv）有着较为明显的因果关系。知识对行为的直接效应为0.35，技能对行为的直接效应为0.55，知识对行为的间接效应为0.45（知识对技能的直接效应0.82乘以技能对行为的直接效应0.55），知识对行为的总体效应为0.80（0.35+0.45）。知识对政府评价（Sts）有着较为明显的因果关系，知识对政府评价的直接效应为0.58。也就是说，知识提高1个标准单位，会使行为提高0.80个标准单位、政府评价提高0.58个标准单位；技能提高1个标准单位，会使行为提高0.55个标准单位。

综上所述，广州居民的卫生应急知识及技能对其行为的影响程度较高，同时居民的卫生应急知识水平又直接影响到居民对政府在公共卫生应急管理方面的满意度。因此，提高居民卫生应急知识和技能水平对居民行为及政府满意度都有显著的正向作用，提高居民整体卫生应急素养水平的关键在于提高居民卫生应急知识和技能水平。

三 提高居民卫生应急素养水平意见建议

（一）进一步加强卫生应急知识教育

通过上文的结构方程模型结论得知，知识是影响居民整体卫生应急素养水平的首要因素。当前，我国已经编制和发布了《公民卫生应急素养条目》，为提升公民有效防范应对各类突发事件的意识和能力发挥了重要作用，但还缺乏与之配套的详细规范、防护措施、细则标准、操作流程等具体指引。要在《公民卫生应急素养条目》基础上，对相关条目的内容进行深化，在常识性知识的基础上，增加关于国际重大传染病、流行病和公共场所食品卫生事件等紧密结合时事的、与人民群众生活贴近的教育材料。要有规划、有组织地开展社区、企事业单位、社会组织等群体的应急卫生知识教育培训，最大限度做到全员覆盖、全员应知。要增加教育频次，丰富教育形式，培养专业的公民卫生应急素养教育工作队伍，将提升公民卫生应急素养作为长期的重要任务来完成。

（二）进一步加强卫生应急技能培训

上文的结构方程模型结论表明，技能是影响居民整体卫生应急素养水平十分重要的因素。因此，必须强化卫生应急技能掌握。要以实践为导向，将卫生应急技能纳入政府职业技能培训体系，科学规划公民卫生应急知识技能的开发与培训，定期进行以实战为基础的公共卫生突发应急情景演练。强化各领域高危岗位人员、公共服务行业人员等重点人群，以及乡村、社区的卫生应急人员的卫生应急技能培训。鼓励居民积极参与分层次、分专业、分类别的卫生应急模拟等实践应用，在实践应用中提升公民卫生应急素养，强化应急卫生知识应用及其技能水平。

（三）进一步加大卫生应急宣传力度

在宣传方式上，创新宣传方式，综合运用各种方式和手段，加强对卫生健康知识的普及。例如，通过开展卫生应急知识"进企业、进社区、进学校、进农村、进家庭"等活动，构建覆盖面广、立体式、信息化的传播渠道，注重结合公民生活实际，采取群众喜闻乐见的形式，提高社会参与的广度和深度，传播健康知识，提升预防意识和能力。在宣传媒介上，充分运用各种媒体和传播手段，强化主流媒体的引导作用。重大突发公共卫生事件来临之际，人们往往在恐慌中接受纷繁复杂的海量信息，真假难辨，严重影响科学信息的传播和疫情防控。因此，要突出主流渠道和权威信息在卫生知识宣传过程中，特别是突发疫情防控应对中的作用，用科学知识占领卫生健康宣传阵地，切实引导公众养成良好的卫生习惯，形成科学的生活方式，帮助公众科学规范地自我防护和自救互救，夯实公民疫情防控的基础。

（四）开展居民卫生应急素养水平监测评估

进行全民卫生应急素养水平监测评估，是卫生应急素养建设事业的重要一环。在此次疫情防控的现实背景下，更为精确地掌握、监测和评估居民卫生应急素养水平，显得更加必要和紧迫。探索将公民卫生应急素养水平能力

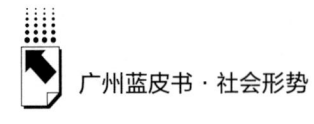

监测纳入法定公共卫生监测报告系统,全面完善卫生应急培训信息统计收集和需求反馈机制,加强对公民卫生应急素养实施工作的动态跟踪和监测评估,努力实现监测主体多元化,形成政府监测、社会预测、群众评测等多种监测评价机制,及时发现和修正卫生应急素养教育培训、宣传普及、保障推进等过程中的薄弱环节,实现公民卫生应急素养动态跟踪—监测评估—成果发布—反馈提升的"系统循环"。实施定期发布监测评估报告制度,依法依规向社会发布公民卫生应急素养监测评估结果,适时发布应急卫生提示,充分发挥卫生应急素养监测评估的预测引导、激励监督和辅助决策等功能,为政府卫生健康、疾病预防控制等决策工作提供依据。

参考文献

国家卫生健康委员会卫生应急办公室:《公民卫生应急素养条目》,国家卫生健康委员会网站。

国家卫生健康委员会办公厅:《中国公民健康素养——基本知识与技能》,国家卫生健康委员会网站。

别如娥:《基于突发公共卫生事件的居民健康素养评价指标体系研究》,南京中医药大学硕士学位论文,2012。

王晓康:《结构方程模型在居民健康素养分析中的应用》,东南大学硕士学位论文,2016。

高立伟:《全面提升公民卫生应急素养》,人民网。

附件

结构方程模型所使用的条目

一、卫生应急知识条目

编号	条目
A1	我了解什么是突发公共卫生事件
A2	我了解国家卫生健康委员会发布的《公民卫生应急素养条目》
A3	我知道家畜、家禽和野生动物可能传播突发急性传染病,应尽量避免接触
A4	我了解广州市可能会发生的常见自然灾害
A5	我知道不随意进入有警告标志的地方,不触碰有放射警告标志的物品
A6	我知道沾染有毒有害物质后,应尽快脱除污染衣物,用大量清水冲洗污染部位,积极寻求专业帮助
A7	我知道应按旅游部门健康提示,慎重前往传染病正在流行的国家或地区旅行;从境外返回后,如出现发热、腹泻等症状,应及时就诊,并主动报告旅行史
A8	我知道周围出现多例症状相似的传染病或中毒患者时,应及时向当地医疗卫生机构报告
A9	我知道人体的正常体温
A10	我了解过期霉变食品对健康的危害
A11	我了解核辐射对人体的危害
A12	我知道处方药必须由医生开处方才能购买
A13	我知道药物使用不当或过量会中毒
A14	我知道一些有毒化学品的毒性
A15	有毒有害化学品泄漏时,我知道按照正确的方向逃生
A16	我知道常见传染病的传播途径
A17	我知道常见传染病的主要症状

二、卫生应急行为条目

编号	条目
B1	我从不吃病死的鸡、鸭、猪、牛等禽畜
B2	我从官方渠道获取突发事件信息,不信谣、不传谣,科学理性应对
B3	我主动学习卫生应急知识和技能,家庭常备应急用品
B4	我关注自然灾害预警信息,发生灾害时,能有序避险逃生,积极开展自救互救

续表

编号	条目
B5	遭遇火灾、爆炸、泄露等事故灾难时,我能立即撤离危险环境,拨打急救电话
B6	传染病疫情高发期间,我能做到戴口罩、勤洗手,保持良好的卫生习惯有效预防
B7	突发事件卫生应急处置时,我能积极配合医疗卫生人员采取的调查、隔离、消毒、接种等卫生应急处置措施
B8	突发事件卫生应急处置时,我能积极配合政府根据需要依法采取的限制集会和人员活动、封锁疫区等强制性措施
B9	发生重大传染病疫情时,我能做好个人防护,尽量避免前往人群聚集场所
B10	我避免食用可能有毒的动植物或假酒
B11	我进入密闭或半密闭空间时,会注意避免发生缺氧或气体中毒的情况
B12	流感高发季节,我会做好家中患病高危人员的预防应对
B13	我在流感季节注重室内开窗通风
B14	我生病时能及时去看医生
B15	我一直去正规的门诊或医院看病
B16	我只会在医生的指导下服用抗生素(消炎药)
B17	我不喝生水、井水、河水等可能有污染的水

三、卫生应急技能条目

编号	条目
C1	我掌握误食误用有毒有害物质的有效急救措施
C2	毒物沾染皮肤或眼睛时,我掌握简单有效的处理要点
C3	对于割伤、刺伤等,我能够正确地进行压迫止血
C4	我能够正确地使用口罩等防护用具
C5	我能够正确掌握"七步洗手法"
C6	呼吸心跳骤停时,我掌握常用的心肺复苏方法
C7	我能进行简单的骨折固定
C8	异物堵塞呼吸道时,我能采取"海姆立克急救法"或其他方法正确清除异物,保持气道畅通
C9	我掌握冻伤时的急救措施
C10	我掌握皮肤烧伤或烫伤时的急救措施
C11	我掌握溺水时的急救措施
C12	我掌握煤气中毒的急救措施
C13	我掌握用玻璃体温计测腋温的方法
C14	我掌握火灾时的正确逃生方法
C15	我能准确地向医护人员说明情况
C16	我能准确理解医护人员传达的信息

四、对政府公共卫生突发事件管理能力评价条目

编号	条目
D1	应急机构设置
D2	应急人员配备
D3	应急物资储备
D4	应急预案制定
D5	卫生安全隐患排查
D6	卫生安全宣传教育
D7	事前监测及预警
D8	对重大突发卫生事件足够重视
D9	应急处理反应迅速
D10	能有效处理突发卫生事件
D11	处理方式方法合理科学
D12	信息公开透明
D13	突发事件后的善后保障到位
D14	依法开展责任追究
D15	社会秩序、经济秩序能够尽快恢复
D16	公众对政府有信任感、安全感

B.9 加快补齐广州农村公共卫生体系建设短板的对策研究

广州市委党校第94期处级进修班课题组*

摘　要： 加快补齐城郊农村地区公共卫生体系建设短板，既是完善广州重大疫情防控体制机制、健全公共卫生应急管理体系的当务之急，也是如期实现全面建成小康社会目标、推进乡村振兴向更高水平发展的客观需要。课题组针对广州城郊农村地区公共卫生应急体系不健全、基层网底薄弱、疾控力量不足等现实问题，提出落实责任，多措并举，着力完善公共卫生管理体制机制；补足基层医疗和疾病预防控制基础建设短板；优化公共卫生应急处置能力体系流程，进而提升城市重大疫情防控的整体应对能力等对策建议。

关键词： 城郊农村　公共卫生　广州

广州作为综合交通枢纽城市和人口流入大市，始终面临较大的公共卫生安全压力，其中农村公共卫生体系存在的短板和不足尤其值得关注。课题组通过对花都、从化、番禺等涉农区实地调研，深入剖析存在问题，结合实际提出加强城郊农村公共卫生体系建设的针对性措施建议，供决策参考。

---

* 执笔人：牛战力，广州市政府研究室二级调研员；刘妍，中共广州市委政研室二级调研员。

一 广州城郊农村公共卫生体系建设概况

新一轮医疗制度改革以来，特别是党的十八大以来，广州市按照"保基本、强基层、建机制"原则，坚持医疗医保医药"三医"联动，全面深化基层卫生综合改革，推动优质医疗资源下沉，着力构建分级诊疗制度，积极探索广州特色的改革路径，取得明显成效。2018年，广州市基本公共卫生服务获省级绩效评估第一名。根据2019年广州市统计年鉴，广州全市有涉农镇政府35个、村（居）民委员会1249个，乡镇人口604万人，设置有镇卫生院31所，村卫生室928个，"区、镇（街）、村"三级农村医疗卫生服务体系较为完善。

在农村公共卫生体系运行管理方面，一是公办基层医疗卫生机构全面推行"公益一类财政保障，公益二类绩效管理"运行机制改革，人员实行区招区管；二是推进以紧密型镇村卫生服务一体化管理为主的村卫生室和乡村医生管理体制改革，将村卫生室纳入镇卫生院的分支机构管理；三是基层医疗机构全面实施新版国家基本药物目录，有力有序推动分级诊疗制度建设；四是开展医联体试点，以花都区人民医院医疗集团、从化区医共体为试点，探索建立责任、利益、管理和服务一体的紧密型医联体。

二 广州城郊农村公共卫生体系建设当前存在的主要问题

广州市农村公共卫生体系在抗击新冠肺炎疫情这场大考中充分展现了抗压韧性和建设成效，但也暴露出应急体系、疾控能力以及基层公共卫生服务等方面存在的现实矛盾和问题。

（一）在公共卫生应急体系上，基础设施缺项、应急力量不强、组织指挥不畅

一是应急救治基础设施短板突出，传染病隔离病房等基本设施面积不

足、建设不规范。如花都区常住人口110.5万，按照国家卫健委《公共卫生防控救治能力建设方案》（国发改社〔2020〕0735号）有关标准，传染病收治隔离病房床位设置不少于110张，现该区实际只有36张。隔离观察室、发热门诊等重点场所的规范化建设也存在很大差距。

二是卫生应急队伍建设管理有待加强，人员、装备、物资配备不足的问题亟待解决。如从化区可24小时值班调度的急救车组仅11组（每组5人），与实际需求25组相差甚远。据从化区测算，该区需增加8名司机、31名担架工才能达到《广州市社会急救医疗管理条例》相关标准要求。

三是应急组织指挥机构不健全。从化、花都、番禺3个涉农区卫生行政机关和疾控中心均未设置卫生应急科，所属镇、村也没有专门的卫生应急指挥专业岗位，组织力量欠缺导致平时难以开展卫生应急演练，应急物资储备也无法落实。

（二）在疾病预防控制上，专业队伍偏弱、设施设备欠缺、特殊重点疾病监测预防能力不足

一是专业队伍不强。根据中央编办发〔2014〕2号文件《关于印发疾病预防控制机构编制标准指导意见的通知》，疾控机构人员编制按照常住人口1.2/10000~1.4/10000的比例核定。实际上，调研各区均未达到这个标准。如花都区当前常住人口约110.5万人，该区疾控中心编制仅70人，缺口近一半。番禺区疾控中心编制仅65人，缺口更大。人员编制少导致对应的高、中级专业技术职称岗位设置也少，人员晋升受限，再加上公共卫生体制改革后疾控机构福利待遇大幅下降，远低于同级医疗机构福利待遇，导致疾控队伍人才吸引力不强，只能大量聘用编外人员补充人手，造成队伍普遍学历层次偏低、年龄结构偏大。

二是设施设备不足。主要是用于检验检疫的实验室、化验室、留样室等设施场所和相关设备缺乏。如从化区疾控中心由于实验用房面积不足，无法建设规范的病毒、细菌PCR检测分区实验室。仪器设备配备也有很多缺项，检验能力严重不足，很多重要的检验检疫项目无法开展。据市卫健委资料，

全市各区疾控机构检验项目开展率仅1家达标，仪器设备配置率仅2家达标，检验检测能力严重滞后。

三是特殊重点疾病人群隔离监测和收治设施不足，力量薄弱。如花都区反映，抗疫期间心理健康问题和精神疾病患者大幅增加，由于没有专门的诊断鉴定、集中收治等场所和专业力量，对这些人群缺乏有效的服务和管理措施，给防疫抗疫工作和社会稳定都带来一定压力。

（三）在基层卫生网底上，组织管理机构不全、乡村医生素质偏低、健康理念普及教育不够

一是网底组织机构设置不全。镇、村层面作为农村公共卫生基层网底，没有设置专门的公共卫生服务管理机构，主要由镇卫生院（卫生服务中心）和村卫生室落实基本公共卫生服务项目，职能任务涵盖传染病防治、健康档案建立与分析、预防接种、院前急救、医养结合等14项内容，随着形势发展被赋予的任务不断增加，但是机构、人员编制不足，能力与责任不匹配的矛盾越来越突出。

二是村医队伍综合素质不高。以从化区为例，目前农村卫生室在岗在册乡村医生共256人，其中学历达到本科（含）的仅5人，占比仅为2%；年龄在40岁以下的仅79人，占比仅为31%；60岁以上的93人，占比达36%。从来源上看基本上都是本地人，大部分没有经过系统培训，在开展工作时普遍存在能力不足、传染病报告和处理的法律意识不强等问题。队伍素质不高的背后原因之一是村医待遇低，职业吸引力比较弱（据了解，当前村医的财政补贴补助主要包括：村卫生室补贴每村每年2万元，村民就医减免补贴每村每年8000元，农村基本药物零差率销售补贴每人每年4000元发放。以常住人口1000的行政村为例，每年全额落实到村卫生室的财政补贴仅3.2万元）。从化区近两年招聘的145名基层医务人员中，医科大学应届毕业生仅有21人。

三是镇村居民健康素养和公共卫生理念不强。与中心城区居民相比城郊农村居民健康素养水平总体不高，健康行为形成率较低，在推动健康理念形

成上还有待加强。一方面是健康知识普及行动力度不够，免费教育和公益宣传不足；另一方面是上年机构改革后区级爱国卫生运动主管部门有所弱化，且镇街以下没有相应机构和人员编制，爱国卫生工作难以有效深入开展，全社会参与度不足，未普遍形成公共卫生共建共享共治局面。

四是镇村公共卫生信息化建设严重滞后。多数镇卫生院和村卫生室没有接入市、区卫生信息化平台，如从化区221个村卫生站无一开通网络，居民健康档案和抗疫期间的各种疫情信息上报全靠手工填表，不仅消耗了基层大量的时间和精力，而且使医疗卫生系统内部"医"、"防"数据难以互通共享，制约疾病防控工作有效开展，难以实现传染病监测和预警精准高效。另外，基层卫生监督员配备不足，缺乏镇、村卫生监督网底，据市卫健委提供数据，广州每万人卫生监督员编制配备比例为0.34，与广东省明确的配置标准（1~1.5）相差较大，农村公共卫生监督工作难以落实。

三 加快完善广州城郊农村公共卫生体系的几点建议

加快补齐城郊农村地区公共卫生体系建设短板，既是完善广州重大疫情防控体制机制、健全公共卫生应急管理体系的当务之急，也是如期实现全面建成小康社会目标、推进乡村振兴向更高水平发展的客观需要。针对存在的不足与问题，应提高重视度，多措并举，从完善城郊农村公共卫生管理体制机制、补足基层医疗和疾病预防控制基础建设短板、优化公共卫生应急处置能力体系流程等方面，全面提升城市重大疫情防控的整体应对能力。

（一）引起重视、落实责任，加强农村公共卫生体系建设规划设计和组织领导

一是统一思想，明确责任。按照市深改委《关于完善重大疫情防控体制机制健全公共卫生应急管理体系的实施意见》，进一步明确各级党委政府推进农村公共卫生体系建设的职责，形成权责清晰、分工明确、奖惩分明的工作机制。着眼国际一流的健康城市和最具安全感的城市目标，加快提升城

市整体公共卫生应急管理软硬件建设，使广州应对重大突发公共卫生事件的能力达到国际先进水平。二是加强顶层设计和规划。建议将农村公共卫生体系建设纳入市经济社会"十四五"规划编制内容，结合市完善重大疫情防控体制机制健全公共卫生应急管理体系有关措施安排，进一步细化明确农村公共卫生优化运行机制、提升基础设施、建强人才队伍等方面具体目标和措施办法，列出时间表，明确路线图，扎实推进农村公共卫生体系健全完善。三是健全机构，加强组织。完善市—区—镇（街）三级卫生健康服务管理体系，强化属地管理责任，夯实基层网格化健康服务基础。在城郊农村每个镇（街）建立卫生健康服务管理办公室（兼具卫生监督站职能），负责组织开展辖内传染病防控、精神病防治、流行病调查、卫生监督、卫生应急处置、爱国卫生运动、老年健康与医养结合服务、人口监测和职业病监管、妇幼健康服务等公共卫生行政管理职能，根据镇（街）人口比例设置行政编制，并组建若干精干编外协管队伍。该办公室可统一由镇政府负责行政管理，区卫生健康部门负责业务指导。

（二）加大投入、软硬兼顾，尽快补齐农村公共卫生设施设备和人才队伍短板

一是抓紧补足医疗卫生基础设施设备短板。做优做强区级医疗机构，加快推进医疗救治和疾病预防重点项目建设，实现二级以上医院发热门诊、负压病房及镇（街）卫生院发热诊室（门诊）规范化建设全覆盖。加强镇（街）卫生院和村卫生站相关设施设备建设，增强其传染病监测、防控知识普及、流行病学调查、传染病预防控制等方面的能力。针对心理健康及精神疾病等特殊重点人群增多实际情况，加大区级医疗机构相应收治能力建设，减轻社会治理压力。二是着力建强农村公共卫生专业队伍。优化基层医疗卫生机构岗位人员聘用管理制度，适当增加专业技术人员岗位编制，提升中、高级职称比例，调整学历、职称等招聘条件，加快补齐配强农村公共卫生专业队伍。特别要研究提高疾控中心公共卫生人员待遇，探索增加绩效工资总量和职称评聘政策限制，注重兜底和激励结合，出台政策加大优秀人才引进力度，解决专业技术人员不足、人才流失严重等问题。强化农村全科医生培训，提高镇、村医疗救治水平，实现村民常见病、多发病不出村的目标。三是大力营造全民健康的农村公共卫生环境。建立健全区、镇（街）、村三级爱国卫生队伍，加大对农村地区传染病防治法和防控知识的宣传教育，帮助村民实现由"要我健康"向"我要健康"的观念转变。提升农村环境消杀能力，推行网格化管理模式，强化病媒生物防治力量。定期安排卫生专家到农村开展讲座和坐诊，增加村民的医疗知识，实现大病、重病早发现、早治疗，让农民生活得更踏实。

（三）健全机制、创新手段，着力提升农村公共卫生应急处置和重大疫情防控能力

一是健全完善城乡一体的医疗救治和重大疫情联防联控机制。进一步理顺公共卫生服务体制，落实分级诊疗制度。以番禺区公共卫生机构集团化和居民医疗医保一体化改革试点为契机，探索构建城乡整合型医疗服务体系，以紧密型医联体建设和家庭医生签约服务工作为双翼，推动医疗资源整合向纵深发展。高标准建设各区统一的重大突发公共卫生事件应急指挥决策信息系统，把公共卫生应急管理纳入城市"一网统管"运行体系，建立政府应对突发公共卫生事件涵盖卫生健康、人口、医保、出入境、公安、交通等多部门的信息共享机制，整合统一完整的数据统计、报送模块，快速、准确提供信息。二是抓紧补齐农村应急救治和重大疫情处置能力短板。加大对院前急救体系建设投入，针对实际需要加大救护车、担架工及急救人员配备，强化急救站、点的规范化建设和管理，全面落实社会急救医疗管理条例有关标准要求。加强重大疫情应对处置演练和培训，完善相关基础设施和设备条件，建立常态化演练制度机制。强化区级疾控机构能力建设，配足配强实验室相关设施设备，全面覆盖食品、公共场所、水、空气、消毒产品、涉水产品等健康因素相关检测指标，进一步适应新形势疾病预防控制和公共卫生服务需求，提高风险评估、风险识别，主动预防、控制和应对突发公共卫生事件科学依据的质量水平。三是探索建设"互联网+公共卫生应急+农村公

共卫生服务"信息平台。充分运用大数据、云计算、区块链、人工智能等技术，构建村民健康信息数据库、信息传输平台，落实村民健康申报要求，扩大穗康码关联社会服务和政务服务范围，推行手机挂号、网络问诊、无现金结算等新型"互联网+"就医模式，整合城乡医疗卫生、疾控、慢性病防治、职业病防治等信息，建立覆盖全人群的传染病综合监测系统和预警响应机制。

B.10 加强广州疾病防控体系建设提升基层公共卫生服务水平的对策建议

刘芳芳[*]

摘 要： 广州市基层疾病防控体系面临的问题：多部门联防联控、高效协同的公共卫生应急机制相对薄弱；区级疾控中心普遍存在运行不畅、人员不足、检验能力差、激励机制不完善等问题；基层医疗卫生机构普遍存在人员短缺、激励机制不健全、功能拓展有限等问题；协同高效的工作机制和纵横交错的基层疾病防控信息管理系统有待完善；应对重大公共卫生事件的保障能力不足；社区治理体系尚不完善。建议加快推进公共卫生工作的体制机制改革创新；加快完善区级疾控机构能力建设；加强完善基层卫生服务标准化建设；提升公共卫生应急快速响应能力；建立完备的公共卫生应急保障体系；完善公共卫生应急处置的监督管理机制。

关键词： 疾病防控 公共卫生 基层

2020年，面对突如其来的新冠肺炎疫情，广州市表现出了国家中心城市应有的治理能力和责任担当，有序有力统筹推进疫情防控和经济社会发展，积累了很多宝贵的处置经验。但也应该清醒地认识到，新型病毒正在对

---

[*] 刘芳芳，医学硕士，副主任医师，广州市海珠区人大常委会财经工委副主任。

人类社会形成严峻的挑战，埃博拉病毒、艾滋病病毒、乙肝病毒自发现以来一直与人类共存，这次新冠病毒也可能成为一个长期存在的病毒。这就更加要求我们要针对在这次新冠肺炎疫情中暴露出来的不足，抓紧补短板、堵漏洞、强弱项，扬长避短以从容应对未来日益复杂的健康领域重大公共卫生风险。

事实上，在此次抗击新冠肺炎疫情过程中，广州市除了在钟南山院士等专家指导、医疗救治等方面表现出色外，疾病预防控制体系尤其是基层疾病防控体系始终在站前哨、守一线、织网底等方面发挥着至关重要的作用，区级疾控中心以及基层医疗卫生机构等基层疾病防控体系已成为筑牢广州市疾控体系的基础，在流行病学调查、检测检验、社区排查、居家或集中医学观察指导、社区网格化健康管理、健康教育等方面共同织密织牢社区防控第一道防线。

一 广州市基层公共卫生服务现状

（一）公共卫生三级网络管理体系较为完善

广州市已建立市—区—街（镇）公共卫生三级网络管理体系，市疾控中心、区疾控中心、基层医疗卫生机构（包括社区卫生服务中心、镇卫生院，社区卫生站、村卫生站）分别承担各级的管理和业务职责，同时健康教育、慢病防治、皮肤病防治、结核病防治等机构作为有益的补充，网络覆盖全市城乡范围。其中，区疾控中心主要负责履行传染病与慢性病预防控制、健康相关因素监测评价、公共卫生检验检测等基本职责，基层医疗卫生服务机构主要负责实施国家基本公共卫生服务项目。广州市基层公共卫生服务能力不断提升，服务人口由1186.97万人增加到1490.44万人，服务内容从9大类扩增至29大类，人均补助标准由25元提高至65元，覆盖面不断扩展。

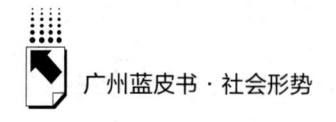

（二）急慢融合的公共卫生服务体系逐步建立

登革热、结核、艾滋病等传染病防控保持平稳可控，数字化预防接种门诊已广泛建立，医疗卫生机构100%实现传染病和突发公共卫生事件网络直报。心脑血管疾病、高血压、糖尿病等慢病人群管理率逐年提升。居民健康档案从无到有，从纸质到电子化，使用率日渐增长。第三方调查显示，近几年来，居民对基本公共卫生服务知晓率维持在80%以上，对基层医疗卫生机构提供的基本公共卫生服务工作的满意度维持在90%以上。

（三）在新冠肺炎疫情中体现责任担当

广州市在新冠肺炎疫情防控攻坚战中，区级疾控中心以及基层医疗卫生机构在流行病学调查、检测检验、社区排查、居家或集中医学观察指导、社区网格化健康管理、健康教育等方面织密织牢疫情防控网，并依托"三人小组"（街道干部、社区医生、民警）构筑起疫情群防群控的"最后一公里"，取得了疫情防控工作的阶段性成果。

二 广州市基层疾病防控体系面临的问题

（一）多部门联防联控、高效协同的公共卫生应急机制相对薄弱

政府和社会仍普遍认为疾控工作是卫计部门一家的事，其他部门落实防控措施配合程度不够。各区虽设置了应急管理局，但统筹能力明显不足，尤其是在应对相对专业性强的突发公共卫生事件方面更加明显。各区域在新冠肺炎疫情的初期应急响应过程中，存在多头管理现象，一定程度上降低了疫情防控效率。比如抗疫初期，卫健、公安、街道、旅游、交通等多部门协同开展流调，社区网格化健康管理机制不完善，曾造成防控工作的迟缓。又比如街道和社区居委会的法定职能、资源调度、人才配置等与各自承担的抗疫责任不够匹配。

（二）区级疾控中心普遍存在运行不畅、人员不足、检验能力差、激励机制不完善等问题

1. 工作运行不畅

疾控机构在政府履行公共卫生职责中的功能定位有待进一步明确：既是承担风险监测预警、制定技术指引、提出防控工作建议方案的独立的权威专业机构，又是政府落实公共卫生政策、处理公共卫生事务、开展突发应急处置的技术支持机构。另外，区级疾控机构发展不平衡，没有形成基本能力各区必备、优势能力区域互补、应急能力整体统筹的全市一盘棋疾控工作模式，市、区疾控核心能力存在"上下一般粗"的情况，既不利于应急处置，也不利于长远发展。

2. 人员不足、能力有待提升

整体上与中央编办《关于印发疾病预防控制中心机构编制标准指导意见的通知》（中央编办发〔2014〕2号）中按照常住人口1.75/10000比例核定疾控人员编制的标准有较大差距。截至2019年底，广州市11个区级疾控中心共有编制899名（公益一类），实际在岗编内人员807人，编制到位率89.8%。11个区级疾控中心平均服务人口由2013年的1.06万人上升至1.31万人，有的区甚至达到2.05万人，远超国家规定的服务人口数0.57万人的指标要求。从这次抗击新冠肺炎疫情中可见一斑，广州在疫情最高峰时，曾一天之内调查处置新发病例、疑似病例、密切接触者1200余人，尽管广州尚不属于疫情的中心区域，但工作量已经让一线专业人员"捉襟见肘"了。另外，流行病学调查力量不足，市、区疾控中心流行病学调查力量加上省、市其他公共卫生医疗机构加强的力量，以及部门医学院师生，从数量上还达不到深圳市的一半。

3. 检验能力差

按照《卫生部关于印发疾病预防控制工作绩效评估标准（2012年版）的通知》规定，区级疾控中心检验A类项目要求为118项（达标率大于85%），B类项目为61项。广州市各区疾控中心均不能全部开展清单中的

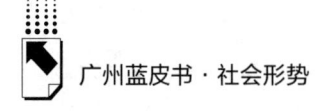

A、B类项目，有5个区A类检验能力尚未达到85%的考核要求，B类项目检测能力更为欠缺。在这次新冠肺炎疫情防控战中，一个明显的缺陷就是新冠病毒的核酸筛查跟不上疫情处置的要求。除省、市级外，在疫情初期，区级疾控中心基本不开展新冠病毒的核酸检测，造成大量的标本上送市和省级疾控机构，而市、省级疾控机构实验室也无力应付海量的标本，在一定程度上影响了疫情处置效率。深圳市的区级疾控机构，基本都建立了分子生物学实验室，并常规开展了新冠病毒的核酸检测。

4. 缺乏创新激励机制

近年来，政府对疾控系统的重视和支持力度逐渐加大，保障机制逐步完善，但公共卫生医师的收入仍是医疗卫生系统的"收入洼地"，一定程度上滋长了部分疾控机构的保守、不思进取、但求无过的消极态度，表现为平战结合、专业化、复合型、高水平公共卫生人才缺乏或流失严重；传染病监测预警和应对能力、流行病学调查和疫情分析研判能力不足等；对新发、突发公共卫生事件的应对缺乏技术储备，信息化建设滞后；平时开展的"突发公共卫生事件应急演练"容易沦为"套路"，很少针对潜在的公共卫生风险开展创新性的实践操作，一旦发生像新冠病毒引发的呼吸道传染病疫情，就暴露出采样不到位、流调不过关、消毒不科学等诸多此次疫情处置中暴露出的问题。

（三）基层医疗卫生机构普遍存在人员短缺、激励机制不健全、功能拓展有限等问题

1. 人员短缺问题仍然突出

根据有关规定，政府办基层医疗卫生服务机构核编人数全国平均应为11.6人/万服务人口（常住人口），实际在编人数8.9人。广州市目前按8人/万服务人口（常住人口）核编，低于全国实际在编人数均值，更不及上海（18~20人/万常住人口）和杭州（16人/万常住人口）等城市的一半。这次抗击新冠肺炎疫情中反映出来最突出的问题，就是当大疫情发生时，处于现场一线开展处置的基层医疗卫生机构专业人员严重不足，大量人

力对重点地区来穗人员开展上门排查、健康监测、健康教育、信息报送等各项工作，工作量巨大，即使是到目前疫情相对平稳阶段，"社区三人小组"仍需要陆续处理大量的社区排查以及社区健康管理服务工作，很大程度上影响了日常诊疗活动的开展，诊疗量同比下降较明显，各基层医疗卫生机构也暂缓安排老年人、慢性病患者的基本公共卫生服务年度体检。

2. 激励机制仍有待完善

为解决"新医改"后财政兜底的基层医疗卫生机构经常性收支核定带来的吃大锅饭问题，2018年广东省委省政府出台了"一类性质、二类管理"的一揽子改革措施，要求各地在保证基层医疗卫生机构一类单位事业性质的前提下，给予基层医疗卫生机构二类事业单位管理权限，充分调动机构和医务人员积极性，更好地为城乡居民提供基本医疗和基本公共卫生服务。但从目前运行情况看，部分区在政策执行上并不彻底，激励作用不明显，人员队伍不稳定，积极性不高，健康守门人的作用没有得到充分发挥。

3. 基层卫生服务网络扩展功能有限，医防融合机制未得到有效发挥

在这次新冠肺炎疫情防控的"人民战争"中，凸显了基层医疗卫生机构在控制疫情在社区扩散中的重要作用，特别是在医防融合开展传染病监测预警和社区健康管理、依托家庭医生对签约服务对象健康状况及其危险因素的动态掌握等方面。但从目前运行看，基层医疗卫生机构在基本医疗和基本公共卫生融合发展的方式、手段上仍比较单一，融合效果仍不明显，一定程度上影响了对急性传染病以及慢性疾病的有效预防和干预。另外，广州市技术能力强和群众信得过的家庭医生还比较缺乏，群众对签约服务的获得感还有待提升。

（四）协同高效的工作机制和纵横交错的基层疾病防控信息管理系统有待完善

卫健、公安、民政、旅游、交通、市场监管等部门之间以及卫健系统内部的信息共享机制不够畅顺，例如广州市卫生信息网络缺乏共享平台，大量

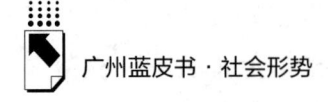

疾控信息资源得不到有效利用，社区居民健康档案利用率低，影响了信息收集、报告、汇总、分析、预警、处置的快速运作和高标准要求；医疗部门对患者掌握的信息与疾控部门掌握的信息不一致，造成发病人数、疑似病例数的统计出现差异；对相关人员进行流行病学调查时，由于卫生部门缺乏流动人员的信息，需要公安部门提供才能掌握，影响了工作效率；基层仍存在"表格抗疫"的做法，消耗了基层干部的时间、精力；多维度汇总分析信息数据，及时为决策提供辅助参考的能力不足。这些都提示，在应对疫情中，建立完善综合性、共享性的信息化管理系统非常重要。

（五）应对重大公共卫生事件的保障能力不足

应急物资的生产、储备、调配和运输等保障体系存在不足，此次新冠肺炎疫情初期，不论是医疗机构还是社会层面均存在口罩、防护服、酒精等个人防护物品严重匮乏现象，对疫情防控工作带来一定的负面影响。另外，社会团体、群众组织参与疫情处置的空间有待提升。

（六）社区治理体系尚不完善

社会疾病防控队伍乏力，按照国家法律法规和属地管理的要求，相关部门和各街道虽然有疾病防控相关工作任务，但一般都没有公共卫生方面的专职人员，各项防控措施的落实往往依赖政府部门的行政压力。社区管理人员不足、小区物业管理缺失、流动人员管控难等问题比较突出。

三 对策建议

（一）加快推进公共卫生工作的体制机制改革创新

1. 提高政府各部门对公共卫生安全的认识

充分发挥政府对疾控工作的指挥作用，参照艾滋病知识培训的做法，将新冠肺炎、鼠疫、霍乱、登革热、心脑血管疾病等急慢性疾病基本知识纳入公务员学习培训体系，提高政府工作人员对公共卫生的管理和处置能力。

2. 加大推进《广州市公共卫生管理规定》立法力度

制定分餐制与无接触供餐市级标准，从人居环境、饮食习惯、社会心理健康、公共卫生设施等多个方面着手，不断提高全市公共卫生管理水平以及市民的公共卫生意识。

3. 加快制定广州市公共卫生体系建设的发展战略和发展规划，构建"政府主导、专业机构负责、政府相关部门和社会参与"的健康风险预警和前瞻治理机制，健全集应急管理指挥、决策、执行、调度、反馈、舆情引导等于一体的权责体系和协作机制

明确应急管理部门、卫生健康部门在突发公共卫生事件应对中的职责权限与协作关系，巩固完善卫健、公安、旅游、交通、街道等多部门联合处置工作机制，同时强化街道属地管理责任，每个街道（镇）建立卫生健康办公室，协调传染病与慢性病防控等公共卫生、基层卫生、爱卫、食品和职业安全等工作归口管理，使之符合"条块结合、以块为主"的原则，提高资源利用率和办事效率，提升重大突发公共卫生事件的早期预警能力。

4. 各区科学制定公共卫生服务规划，建立"公共卫生安全管理委员会"或"公共卫生安全定期联席会议制度"

组建区域重大公共卫生安全专家库，定期召开联防联控工作会议，充分发挥疾控专家作为政府智囊和决策咨询的作用，定期探讨和解决区域面临的重大公共卫生问题，督促相关部门有效落实各项措施，科学有效地解决重大公共卫生问题。

5. 增加非卫健系统的公共卫生服务财政预算

疾控工作具有投入1元回报10元的间接经济效益和良好社会效益。因此除了法定投入，还应设立相关职能部门、街道、社区居委的公共卫生服务专项资金制度和卫生应急备用资金制度，建立以公共卫生公益职能履行状况考核捆绑式评估考核机制，促进政府部门、街道办事处、社区居委等更好地履行公共卫生安全职能。

（二）加快完善区级疾控机构能力建设

1. 探索疾控体制机制建设新路径

为实现疾病体系的扁平化管理，提升工作效率，可参照公安系统"条""块"双重管理模式，实行市、区疾控机构垂直管理，全市疾控工作由市疾控中心统筹安排；或参考中山、东莞等地做法，不设区级疾控中心，将11个区级疾控中心并入市疾控中心，根据需要在各区动态设置一定规模的派驻队伍。

2. 以财政投入为保障，推进区级疾控中心传染病及突发公共卫生事件处置能力提升

规范建设区级疾控中心应急指挥中心、洗消中心、传染性样本受理大厅、实验室改造、应急物资储备仓库；落实区级疾控中心公共卫生人才培养、应急反恐备勤基地和公共卫生科普体验基地等项目建设；实施提升公共卫生检测服务能力工程，大力扶持公共卫生重点学科建设，着力提升区级疾控中心实验室检测能力，争取尽快实现各区疾控中心实验室检测能力全部符合国家文件规定的A类要求；探索建立区域检测中心，打造市、区一体化的全方位公共卫生实验室检测平台。

3. 加强疾控人才队伍建设

参照中编办发〔2014〕2号文件精神，配齐疾控机构人员编制，并结合工作实际适时调整增加人员编制，加强复合型、应用型学科带头人和技术骨干培养，重点培养一批流行病学专业人员。

4. 建立人员激励机制

改革疾控部门人事薪酬制度，逐步建立保障与激励相结合的"一类保障、二类管理"运行新机制，确保疾控专业人员收入水平不低于同级医疗机构人员平均待遇，并根据国务院《关于加强传染病防治人员安全防护的意见》（国办发〔2015〕1号）等相关规定，完善疾控人员工资待遇倾斜政策。

（三）加强完善基层卫生服务标准化建设

1. 加快建立合理的薪酬分配制度

切实做到广东省委省政府对基层医疗卫生机构"一类性质、二类管理"政策的落地，科学合理核定薪酬标准，建立鼓励多干实干的分配方案，提高精细化薪酬管理水平，激发工作人员积极性和主动性。

2. 建立科学合理的人力资源管理机制

重点在招聘、激励和培训等方面探索政策突破口，着力解决"人手不足"、"激励政策欠缺"等问题。一是深化基层编制和人事制度改革。适当调整增加基层卫生服务机构人员编制，盘活用好现有编制资源，加大公开招聘力度，提升基层卫生人员入编率。二是探索建立积极的招聘制度。针对基层医疗卫生机构人员短缺的状况，制定合理的招聘入职条件，就放射、B超和检验等某些特殊专业技术岗位给予一定的弹性政策；适当放宽已经在基层医疗卫生服务机构工作多年、工作出色、群众满意度高的基层医务人员入编的限制。三是建立以完善质量为目标的全科医生培养制度。在确保职业吸引力的前提下，通过订单式培养、定向式培养、特岗计划、转岗培养，壮大一批高质量的人才队伍。

3. 切实落实医防融合工作机制

发挥好基层医疗卫生机构在常见病治疗、居民健康管理、各种疾病信息搜集等方面的作用，加强公共卫生医师和全科医生的规范化培训，强化临床医生的公共卫生思维以及公共卫生医师的临床知识，并切实通过家庭医生签约服务、医联体、医共体、医防融合示范等方式，真正落实医防融合、以防为先，筑牢重大突发公共卫生事件的社区"安全墙"，做到关口前移。提升健康"守门人"的全科素养，强化基层医务人员的传染病和流行病意识，发现可疑症状或典型症状，必须报告、不得隐瞒，发挥突发卫生事件的第一响应者作用。

（四）提升公共卫生应急快速响应能力

1. 加快落实应急管理制度化建设

完善并及时更新应急管理的制度体系和标准流程，避免应急预案编制的

"模板编制"、"下级抄上级、企业抄政府"等流于形式的做法。有计划地定期组织开展不同风险情景的公共卫生应急演练和桌面推演，通过观察员制度和总结反馈等形式动态完善应急预案，实现平战结合。突发事件发生时通过全员紧急战前培训，落实基本工作流程、基层疫情防控关键要点，执行好信息反馈等任务。

2. 强化信息共享机制

建设统一的应急管理数据共享交换平台，实现卫健、人口、医保、出入境、公安、交通、市场监管等多部门的信息共享机制，定期通报有关情况，实现跨部门之间的大数据信息共享。促进卫生健康数据与公安、交通、通信运营商等大数据融合，支撑应急信息资源的跨部门、跨层级、跨区域互通和协同共享。持续加强基层卫生信息化建设和整合应用，发挥居民健康档案的基础性作用，充分利用人工智能、信息技术工具等手段，开展网格化管理、健康宣教、健康监测和跟踪服务、随访服务、传染风险评估等。

3. 加强利用信息化技术进行应急处置的能力

充分利用远程问诊、物联网监测等工具，结合公安、通信等部门开发的各种筛查平台，为社区网格化筛查、排查、管理提供适宜工具。

4. 卫生健康部门要建立公共卫生安全预警多点触发机制

一是整合疾控体系各专线信息系统，并与社区居民电子健康档案系统、医疗机构门诊信息系统等数据库对接，统一建立健康大数据库，实现医疗机构疾病监测和传染病报送的智能实时网络直报，加强公共卫生服务体系与医疗服务体系高效协同，采用先进成熟的数据分析挖掘技术，辅助政府的公共卫生信息决策和发出预警等，最终使疾控工作实现"规范便捷、服务为民"的目标。二是完善信息报告奖惩机制，强化第一时间调查核实和先期控制措施落实。各级医疗机构要注重完善强化感染性疾病、呼吸与急危重症专业诊治能力培训，建立健全面向临床医师和护理人员的流行病、传染病、医院感染等临床救治和风险警觉意识教育培训制度。

（五）建立完备的公共卫生应急保障体系

尽快建设符合广州实际的规模适度、结构合理、管理科学、运行高效的应急物资保障体系，着重完善应急物资的生产、储备、监管、调度和物流配送系统。有条件时可以依托部门建立区域性的应急物资储备中心，落实应急物资的日常管理，改变目前分散储备、调度困难的局面。充分调动救援机构、社会慈善机构、企事业单位、志愿者队伍、家庭等多方面力量，提升整个社会的应急水平和保障能力。加强健康社区健康乡村建设，强化群防群控机制，将基层卫生健康服务与社区公共服务和社区治理工作密切结合，协同开展环境卫生整治，建设健康环境，教育引导居民养成健康生活方式，加强自我健康管理，实现共建共治共享的社会氛围。组建以医务人员为主体、社会广泛参与的公共卫生应急"预备役"，按照"平战结合"的安排，从财政投入、教育培训等多个方面进行应急储备。在科学评估精准测算的基础上进一步强化对应急管理的财政保障制度。依托民政部门，着力完善重大疫情防控救助制度。

（六）完善公共卫生应急处置的监督管理机制

强化社会动员，在政府、部门、公众与媒体之间搭建理性沟通平台，及时将疾病风险、防控措施等科学信息有效传递给社会公众。加大对《传染病防治法》等相关法律法规的宣传力度，建立科学准确的法律应用程序，对违法单位和个人坚决追究法律责任。加强网络媒体信息监测，完善公开透明的舆情信息管理机制和更加规范有序的舆论环境。切实加强源头治理和市场监管，从源头上减少传染病疫情发生的可能性。

教育发展篇
Education Development

B.11
国际青年人才在穗发展分析报告

广州留学人员和高层次人才服务中心课题组*

摘　要： 人才兴国被视为驱动国家和地方经济社会发展的重要战略之一，为加快构建具有全球竞争力的人才制度体系，具有国际留学经历的青年才俊受到越来越多的关注。随着国际青年人才群体不断发展和壮大，如何吸引该类人才落地并充分发挥其效用，是现阶段人才发展的重要课题。本调研通过问卷、访谈、案头等多种形式，深入了解国际青年人才在穗科研、就业、创业等方面的发展现状及存在的主要问题，并以此为依据为广州市进一步优化政策、建立健全人才体系提供建议。

关键词： 国际青年人才　人才政策　广州

---

* 课题组组长：汪宏飞，广州留学人员和高层次人才服务中心主任。课题组成员：郭宁，广州留学人员和高层次人才服务中心项目部部长；朱梅，广州留学人员和高层次人才服务中心项目部八级职员；葛金香，中国南方人才市场测评中心管理咨询项目经理、国家二级心理咨询师；霍剑南，中国南方人才市场测评中心管理咨询顾问。

广州市作为粤港澳大湾区四大中心城市之一,在城市发展的激烈竞争中具有显著优势,截至2018年5月,来穗创业就业的海归人才已达8万人,在全国海归创业选择的城市中位居第四名[1],留学归国人员已经成为广州创新创业的一支重要生力军,并为广州加快构筑具有高度竞争力、辐射力、引领力的全球人才战略高地,充分发挥广州在粤港澳大湾区的核心引擎作用提供人才储备。随着广州地区总体出国留学人员的增加,作为创新创业的热土且宜业宜居的广州,对留学人员来穗工作生活的吸引力相当强劲,留学人员来穗工作的总体数量持续增加,为广州经济社会持续稳定健康发展、经济总量长期保持稳定增长发挥了重要作用。如何进一步吸引并留住来穗创新创业的留学人才,为广州在更高水平上参与国际科技合作和竞争、抢占全球人才战略高地,是广州人才发展工作的重点课题。

国际青年人才在穗发展分析,既是对来穗创新创业的留学人才实际发展情况的一次摸底评估,也为广州未来更好地提升人才服务提供前行指引。为此,本课题主要采取了案头研究、问卷调查、集中座谈等方法展开调研,数据主要来源于广州市公派留学项目、创新领军人才等高质量人才培养和引进工程,系统性地回顾了国际青年人才在穗工作、创新创业、学术研究等方面的现状,探讨存在的问题以及改进建议与方向,形成本报告。

一 发展环境

(一)受新冠肺炎疫情影响,广州人才引进出现新契机

从当前国际形势来看,尤其是新冠肺炎疫情发生以来,以美国为首的部分西方国家留学政策日趋收紧,且不断反复。虽然加拿大、英国、法国等国家的教育部门和居民服务部门出台相关政策,用来指导因疫情原因只能线上

---

[1] 《2019中国海归就业创业调查报告》,该报告由全球化智库(CCG)与智联招聘于2019年12月联合发布。

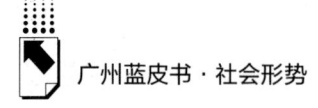

上课的毕业生申请实习签证或工作签证,但由于疫情期间办理相关文件的流程受阻以及不同学校的毕业政策不同,很多留学人员依然无法正常毕业就业,引起国际社会广泛关注。

在此背景下,使2020年回国寻求职业发展机会的留学应届毕业生规模激增,预计回国求职的留学人员将突破70万人[①]。为稳定和扩大就业,全国各地均出台政策,以补贴、落户等多举措吸引留学人员前往就业创业。苏州、杭州、重庆等新一线城市针对海归分别推出"姑苏英才卡"、"战役引才,杭向未来"、"留学人员创新创业梦想秀"等引才措施,在广大留学人员中引起强烈反响。2020年4月,深圳市印发《深圳市进一步稳定和促进就业若干政策措施》,从六方面提出了21条稳就业举措,此外深圳还举办海归就业线上直播活动,与归国留学人员分享后疫情时代海归职业发展机会与挑战,并在2020年10月举办了"第十届海归人才招聘会",聚焦海归人才就业热点与难题,助力海归人才职业规划。广州也应抓住此契机,针对未来几年的"海归潮"出台相应政策举措,为广州建设人才高地、建立全球引智中心打下坚实基础。

(二)粤港澳大湾区背景下,广州国际人才集聚趋势和效应愈加显著

2019年2月18日,中共中央国务院印发《粤港澳大湾区发展规划纲要》,进一步提升粤港澳大湾区在国家经济发展和对外开放中的支撑引领作用,支持香港、澳门融入国家发展大局。广州位于粤港澳大湾区A字形结构的顶端和中部,且广州市南沙区位于大湾区的地理几何中心,这使得广州在大湾区城市群中具有明显的区位优势,这为未来广州可以在大湾区中发挥中心城市作用提供了先天条件和基础,也促使广州进一步吸引集聚国际人才。

在此背景下,广州迎来了新的机遇与挑战。一方面,粤港澳大湾区建设为广州市建设具有国际竞争力的现代产业体系带来了助力。与港澳及其他大

---

① 数据来源:《2018年度我国出国留学人员情况统计》,教育部网站。

湾区城市的合作推进了广州市现代服务业、数字经济等多个现代化产业的发展，例如南沙区正在建设的南沙粤港产业深度合作园、粤澳合作葡语系国家产业园，黄埔区黄埔港粤港澳大湾区现代服务创新区以及广州市正探索建设的粤港澳数据服务试验区。另一方面，为更好地从粤港澳大湾区建设中谋求自身发展，广州也面临一系列挑战。根据中国与全球化智库（CCG）发布的一份报告，广州面临包括人才聚集力相对较弱、创新平台载体数量较少、人才国际化程度偏低、国际竞争力不强、科技创新投入强度和产出不高等诸多挑战。只有应对好挑战，广州才能更好地抓住粤港澳大湾区建设所蕴含的巨大发展机遇和潜力，实现自身发展。

二 发展现状

（一）国际青年人才基本信息

随着我国教育对外开放的推进，近年来，我国出国留学人数快速增长，在国家、地方对海外人才吸引和支持力度不断加大、国内对具有海外留学经历人才需求不断提升等因素的影响下，我国留学回国人数也逐年递增。为更好呈现高端人才在广州市的就业创业情况，本报告将相关人才定义如下。

国际青年人才：40岁以下拥有海外博士研究生学历以及40岁以下拥有海外硕士研究生学历且有5年工作经验的青年人才。

在穗国际人才：泛指具有海外留学、工作经历且回国后在广州发展的人才。

1. 性别比例相对均衡

广州国际青年人才性别比例比较平衡，其中男性占比为54.58%，女性占比为45.42%（见图1）。

2. 中青年人才占比较高

随着近几年广州国际青年人才数量的不断增长，年轻化成为一个重要的趋势。数据显示，国际青年人才中31~35岁人群占比最高，为39.88%，

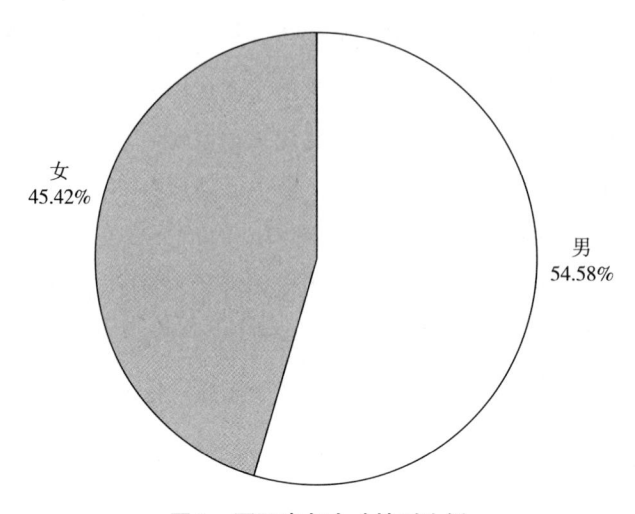

图1 国际青年人才性别比例

资料来源：根据相关调研报告整理，下同。

占比近4成。其次为26~30岁人群，占比为38.96%。占比最低为25岁及以下人群，不足3%（见图2）。

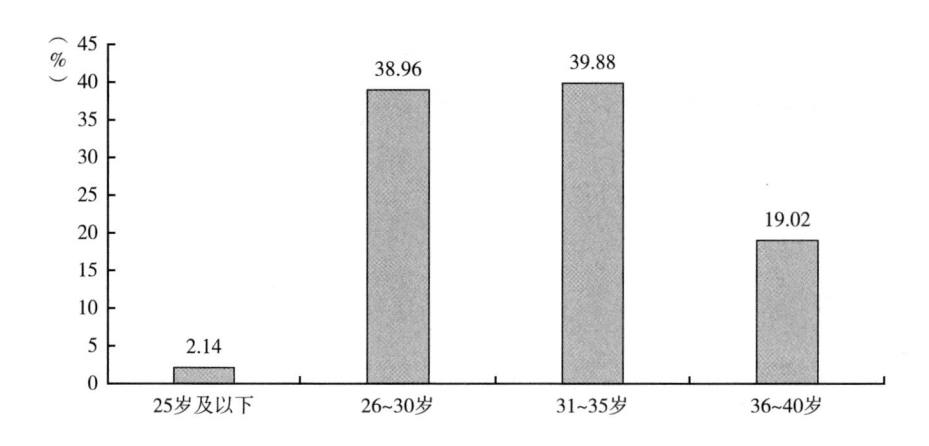

图2 国际青年人才年龄比例

3. 学历以博士研究生为主

此次调查中，博士研究生学历占比最高，为64.59%，远高于其他学历（见图3）。这与近几年国家对高等教育的重视和就业市场竞争压力的加大，攻读博士学位的国际青年人才逐年增长有关。此外，本次调查样本的采集主要集中于广州市公派留学项目、创新领军人才等高质量人才培养和引进工程，门槛较高，因此博士研究生占比较大。

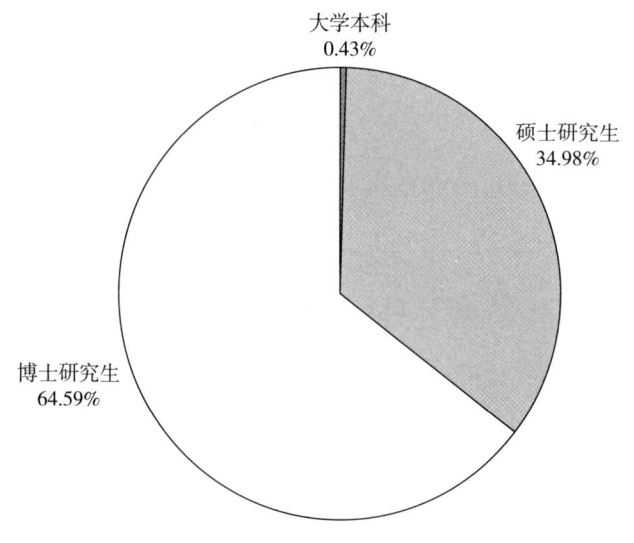

图3 国际青年人才学历比例

（大学本科 0.43%；硕士研究生 34.98%；博士研究生 64.59%）

4. 工学、理学和医学专业占多数

在所选专业中，国际青年人才专业比例排名前三的是理学、工学、医学，占比分别为30.08%、21.01%、15.97%（见图4）。由此可见，理、工类学生依然是广州国际青年人才的主力军，合计占比超过了五成。除此之外，国际青年人才还涉及管理学、经济学、教育学等人文社会科学。

国际青年人才专业分布基本符合广州市重点经济领域发展的需要，IAB和NEM产业的快速发展，离不开科技创新和模式创新，理工科等强调专业技术和前沿科技的学科领域更符合广州市经济发展对人才的需求。同时广州作为全国医学领域学术、临床均在前沿的一线城市，拥有众多三甲医院，在对医学国际青年人才的培养上，投入更加充足，因此，医学专业人才占比相对较高。

5. 留学国家集中在欧美发达地区

数据显示，国际青年人才留学国家基本为发达国家，排名前五的是美

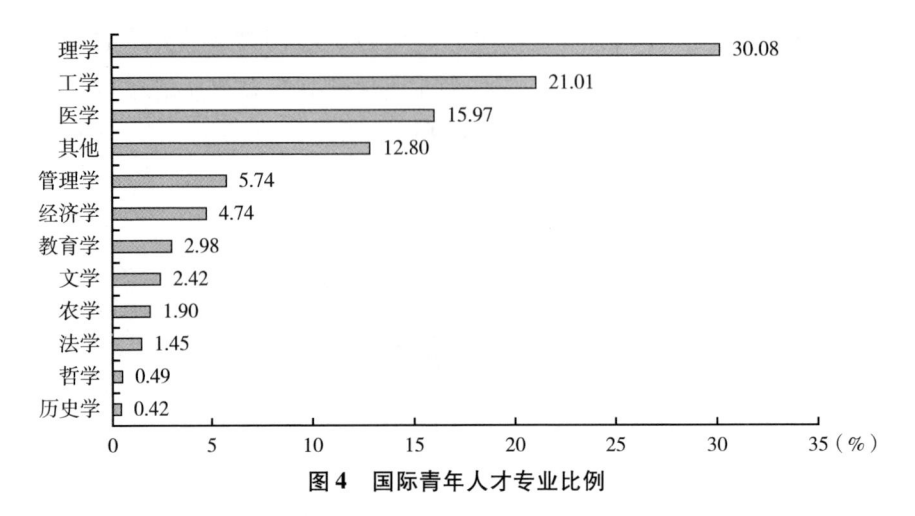

图 4　国际青年人才专业比例

专业	比例
理学	30.08
工学	21.01
医学	15.97
其他	12.80
管理学	5.74
经济学	4.74
教育学	2.98
文学	2.42
农学	1.90
法学	1.45
哲学	0.49
历史学	0.42

国、英国、加拿大、澳大利亚、德国，占比分别为44.31%、12.41%、7.75%、7.49%和5.46%（见图5）。

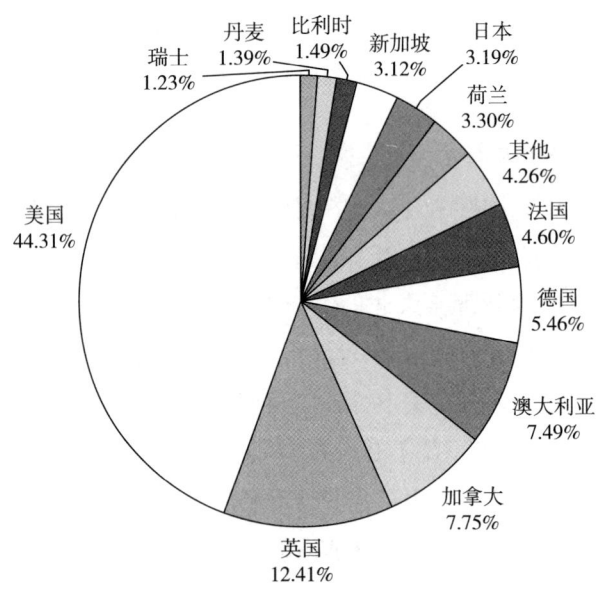

图 5　国际青年人才留学国家分布

国家	比例
美国	44.31%
英国	12.41%
加拿大	7.75%
澳大利亚	7.49%
德国	5.46%
法国	4.60%
其他	4.26%
荷兰	3.30%
日本	3.19%
新加坡	3.12%
比利时	1.49%
丹麦	1.39%
瑞士	1.23%

从洲别来看，去往北美洲国家的人数最多，占总数的52.06%；其次为欧洲，占总数的29.88%；第三为大洋洲，占总数的7.49%。

（二）国际青年人才发展成果

1. 就业方面

海外留学归国人员一直是广州市引才聚才、建设人才高地的重要服务群体。教育部统计数据显示，2018年度我国出国留学人员总数为66.21万人，从1978年到2018年底，各类出国留学人员累计达585.71万人，出国深造学子中有432.32万人在海外完成学业，其中365.14万人完成学业后决定归国发展，此比例在已完成学业的群体中占到了84%[1]，不难发现，归国寻求发展已成为出国深造学子就业创业的首要选择。

留学人员熟悉不同国家的文化、语言、风俗习惯，拥有相对广阔的国际视野和较强的跨文化沟通能力，在全球化时代和"一带一路"建设的背景下，可以发挥更大的积极作用。鼓励海外留学的优秀人才回国就业创业，并积极帮助其在穗创新创业中发挥更大的作用，应放在更加重要的考量位置。

（1）国际青年人才主要集中在服务业

根据统计数据[2]，从就业行业分布来看，在穗国际人才就业主要集中在服务业。其中，金融业所占比重为28%，大幅领先于其他行业；第二是教育，所占比重为10.2%；第三是信息传输、软件和信息技术服务业，所占比重为10%。

在归国留学人才与现代经济体系匹配度上，国际青年人才有突出表现。根据广州市"菁英计划"的调研，该项目实施至今，已持续为广州输送了覆盖IAB和NEM重点领域的上百名优秀青年人才。其中，新一代信息技术、人工智能领域占比为11.85%，生物医药领域占比为38.52%，新能源、新材料领域占比为32.22%，经管社科领域占比为17.41%（见图6）。

从广州市公派留学人员的就业数据看，高等教育单位是就业的首选。其中，大学及科研院所占比高达90%以上，这与公派留学人员派出单位大部分集中在大学、研究所、医学院有关。

---

[1] 数据来源：《2018年度我国出国留学人员情况统计》，教育部网站。
[2] 广州留学人员服务中心、南方国际人才研究院联合课题组：《广州留学回国人员就业与创业调研报告》，《中国广州科技创新发展报告（2017）》，社会科学文献出版社，2017，第254~257页。

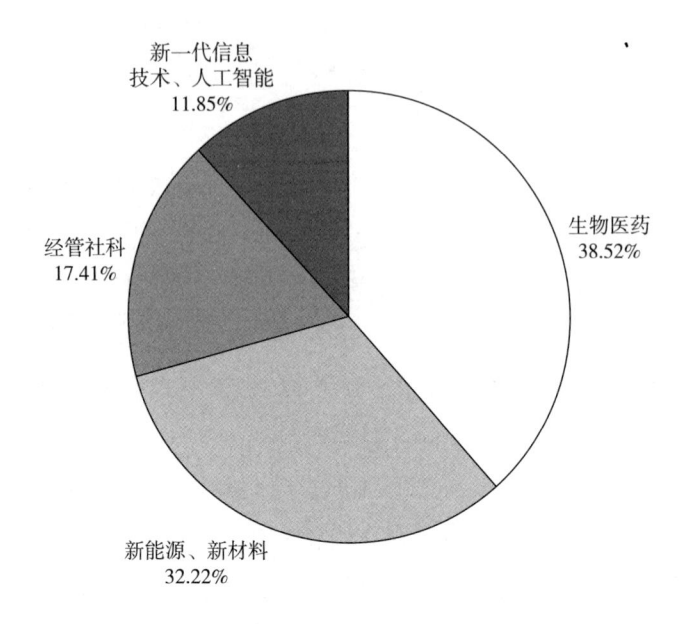

图6 "菁英计划"归国人才行业分布

（2）国际青年人才主要从事知识密集型岗位工作

在职位层级方面，国际青年人才在各层级处于管理岗位的占比为35.0%，接近四成。基层员工中女性所占比例更大，为68.8%；而在管理岗的占比中，男性所占比例则高于女性，表现为层级越高，男性管理者越多①（见图7）。

根据近5年创新领军人才的数据，博士学位的高水平国际青年人才在管理岗位中担任的职务最多的是技术总监（28.74%），其次是部门经理（21.86%），排在第三位的是科研人员（10.93%）（见图8）。国际青年人才因其所具备的专业知识和专业技能，在专业素养和能力方面更加突出，学术研究和科技创新水平更高，因此担任的职位多与公司的研发、技术等知识密集型岗位相关。

根据《广州留学回国人员就业与创业调研报告》，留学归国群体的整体工

---

① 广州留学人员服务中心、南方国际人才研究院联合课题组：《广州留学回国人员就业与创业调研报告》，《中国广州科技创新发展报告（2017）》，社会科学文献出版社，2017，第255~256页。

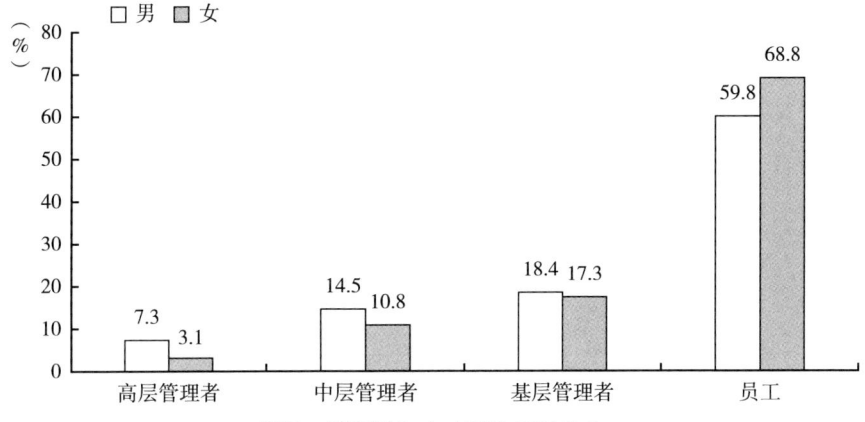

图7 国际青年人才岗位层级分布

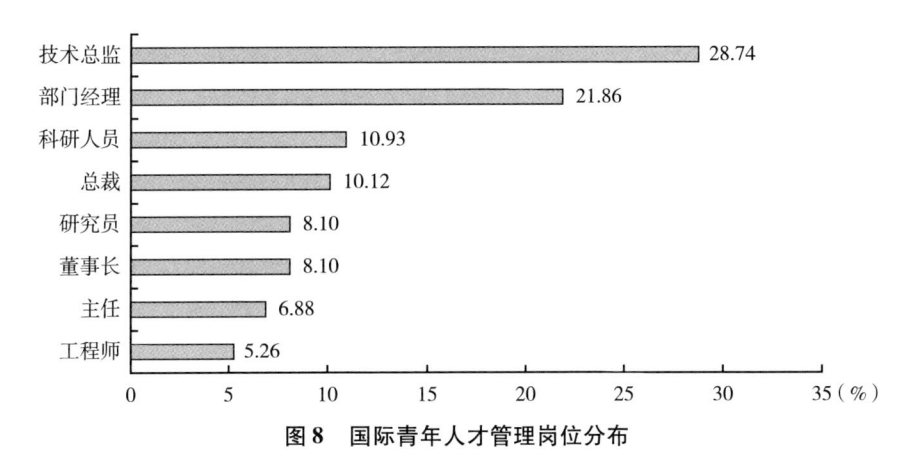

男：高层管理者 7.3，中层管理者 14.5，基层管理者 18.4，员工 59.8
女：高层管理者 3.1，中层管理者 10.8，基层管理者 17.3，员工 68.8

图8 国际青年人才管理岗位分布

岗位	占比（%）
技术总监	28.74
部门经理	21.86
科研人员	10.93
总裁	10.12
研究员	8.10
董事长	8.10
主任	6.88
工程师	5.26

资收入水平仍不尽如人意，该群体中超过六成人群的月薪在8000元以下，两成左右的人群月薪超过一万元。在对"菁英计划"人才调查结果进行对比分析显示，"菁英计划"国际青年人才的薪酬水平主要集中在1万~2万元/月，占比接近七成；20%左右的薪酬水平在2万~3万元/月；仅有5%左右的国际青年人才的薪酬水平超过4万元/月（见图9）。

（3）国际青年人才工作满意度普遍较高

从国外留学专业与工作适配度来看，国际青年人才群体中有48.3%的觉得"匹配度一般"，26.9%的觉得"非常匹配"；同时，还有24.7%的国际青年人才，倾向选择"不怎么匹配"或"完全不匹配"（见图10）。这一

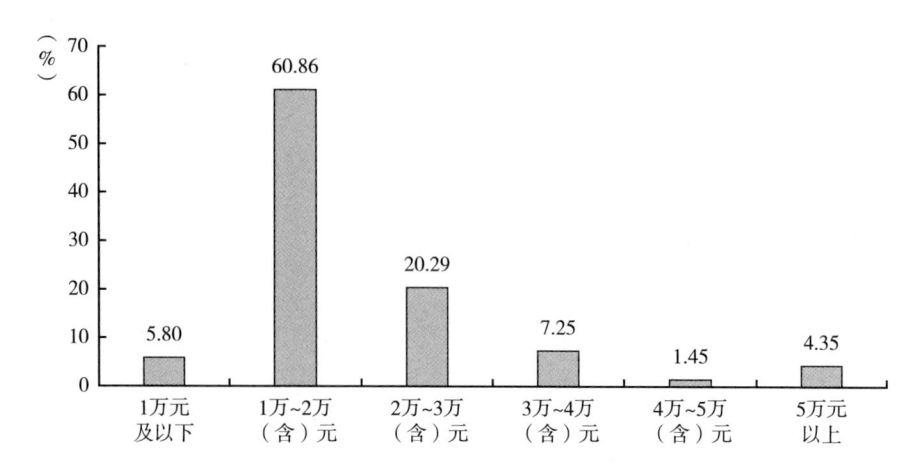

图 9 "菁英计划"国际青年人才薪酬水平分布

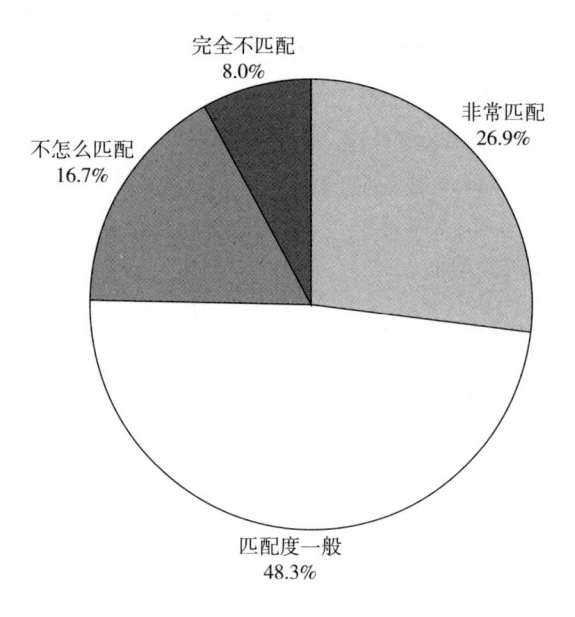

图 10 广州归国留学人员工作与专业匹配度

比例与国际青年人才薪酬水平分布存在一定的关联性,即工作匹配度较高的人群,其工资水平也相应更高。

从对工作的满意度来看,"非常满意或满意"的人群占比达53.2%,"不满意"的占比低,为12.3%;对现有工作持说不清的中立态度人群占比为30%，多处于观望或适应的阶段中。此外，就职于事业单位的满意度为56.6%，就职于海归创办的民营企业的满意度为50%，就职于外资企业的满意度为46.29%，就职于国有企业的满意度为44.29%，以上数据反映了国际青年人才群体对上述职业满意度仍处于较高水平。

针对"菁英计划"人才的调查显示，大部分国际青年人才对目前总体工作现状满意度较高，尤其对工作地点、工作内容及工作环境等方面的满意度最高。相较于其他在穗国际人才，高水平国际青年人才薪酬水平更高，工作环境更好，工作单位多集中于高校和科研院所，相对于在企业就职者来说压力较小，因此工作满意度更高。

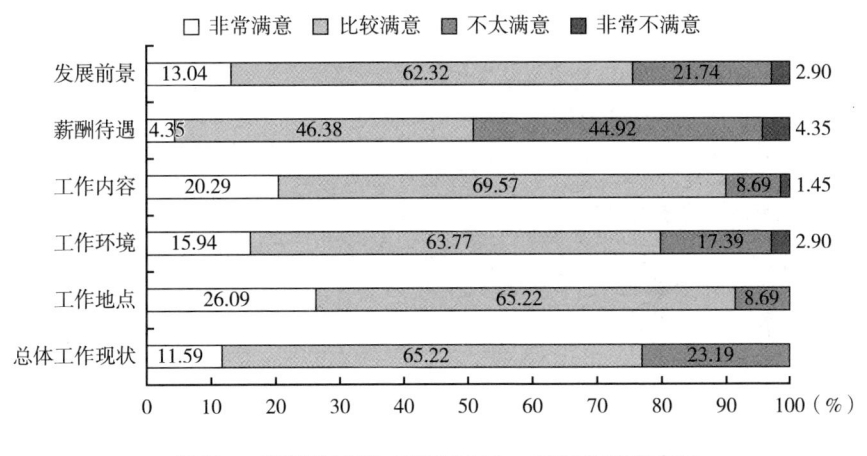

	非常满意	比较满意	不太满意	非常不满意
发展前景	13.04	62.32	21.74	2.90
薪酬待遇	4.35	46.38	44.92	4.35
工作内容	20.29	69.57	8.69	1.45
工作环境	15.94	63.77	17.39	2.90
工作地点	26.09	65.22	8.69	
总体工作现状	11.59	65.22	23.19	

图11 "菁英计划"国际青年人才对工作的满意度

2. 创新创业方面

随着我国持续深化人才发展体制机制改革，加快构建具有全球竞争力的人才体系，越来越多具有海外学习工作经验的高端人才选择回国创新创业，形成了一股规模宏大的"海归潮"。《2019中国海归就业创业调查报告》显示，留学人员回国创业的首选城市分布呈现"一线城市为主导，二线城市快速崛起"的基本特征，广州市排名第四，居北京、上海和成都之后。

（1）信息技术行业是国际青年人才创业的首选

《2019中国海归就业创业调查报告》显示，在国内，海归直接就业占比

157

为61%，选择创业占比为5%。在选择创业的海归中，大多数受访海归主要在贸易、批发和零售等行业从事相关工作，其中位列第二大行业为服务业，同时位列第三的为文体教育/工艺美术和房地产/建筑业等几个行业。

从广州来看，约有15.5%的国际青年人才创业选择在信息传输、软件和信息技术服务业等几个行业；各有9.9%的选择在文化、体育和娱乐业，科学研究和技术服务业；各有8.5%的选择在金融业、教育、批发和零售业（见图12）。

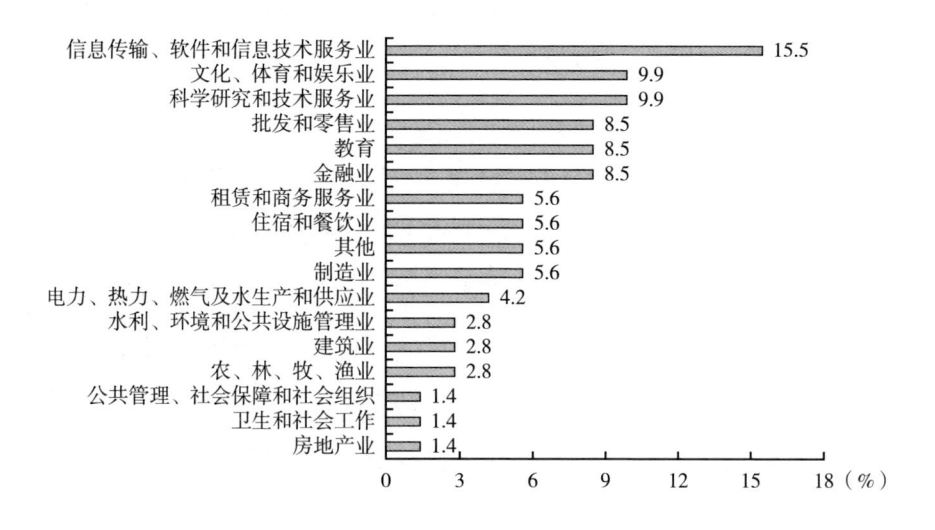

行业	百分比
信息传输、软件和信息技术服务业	15.5
文化、体育和娱乐业	9.9
科学研究和技术服务业	9.9
批发和零售业	8.5
教育	8.5
金融业	8.5
租赁和商务服务业	5.6
住宿和餐饮业	5.6
其他	5.6
制造业	5.6
电力、热力、燃气及水生产和供应业	4.2
水利、环境和公共设施管理业	2.8
建筑业	2.8
农、林、牧、渔业	2.8
公共管理、社会保障和社会组织	1.4
卫生和社会工作	1.4
房地产业	1.4

图12 国际青年人才创业企业的行业分布

（2）城市发展的软实力是留学人员在穗创业的关键性因素

根据《2019年中国海归就业创业调查报告》，受访的海外留学归国人才在居住城市选取的调研中，21%选择北京，11%选择上海，7%选择成都，5%选择深圳，5%选择广州。这5座城市吸引了将近一半的留学归国人才。在国际青年人才群体选择广州就业创业的深度调研中，反映其原因占比最大的为"在该城市有较好的人脉关系"，占38.4%；位居第二的是"产业基础好"，占比为34.2%；"创业、融资、税收等方面的优惠政策吸引"则位居第三，为28.8%；"经济发展快"位居第四（见图13）。

国际青年人才在穗发展分析报告

选择原因	百分比(%)
在该城市有较好的人脉关系	38.4
产业基础好	34.2
创业、融资、税收等方面的优惠政策吸引	28.8
入户问题容易解决	20.5
经济发展快	21.9
市场前景好	17.8
城市环境好，生活条件舒适	15.1
房价等生活成本较低	15.1
教育水平高，人才多	13.7
生活基础设施齐全	12.3
文化氛围浓厚	6.8
子女入学便利	5.5
社会保障水平高	2.7
其他	2.7

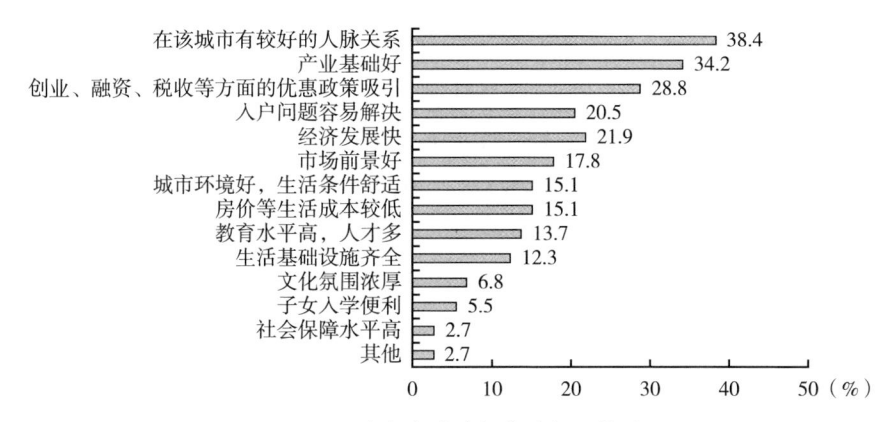

图 13 国际青年人才选择在穗创业的原因

（3）国际青年人才创业资金来源呈现多元化

据调查[①]，国际青年人才在广州创业主要依托于"自有资金"，所占比重高达83.6%；另一个重要资金来源渠道则为寻找外部投资者合作（私人股权投资和风险投资）（见图14）。

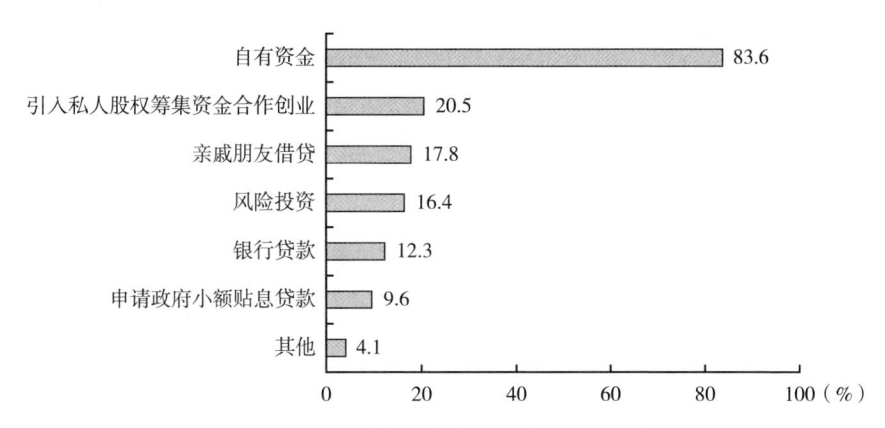

资金来源	百分比(%)
自有资金	83.6
引入私人股权筹集资金合作创业	20.5
亲戚朋友借贷	17.8
风险投资	16.4
银行贷款	12.3
申请政府小额贴息贷款	9.6
其他	4.1

图 14 国际青年人才创业的主要资金来源分布

为此，广州市先后推出多项特色金融服务举措。一是提供"广聚英才贷"融资服务项目，为符合条件的人才提供单户最高3000万元、所在企

---

① 彭澎、陆彬彬、李荣新等：《广州初创青年创业调查报告》，《广州创新型城市发展报告（2018）》，社会科学文献出版社，2018，第68~69页。

159

业最高5000万元额度的公司类信贷服务。截至2020年6月28日，已成功为五家企业投放"广聚英才贷"合计金额近3000万元。二是成立广州市创业担保贷款基金，对符合条件的人员给予最高30万元的个人创业担保贷款，合伙经营或创办企业的可按每人最高30万元、贷款总额最高300万元实行"捆绑性"贷款。三是搭建投融资对接平台。与深圳证券交易所合作共建广州科技金融路演中心、与全景网合作共建广州新三板企业路演中心，搭建连接股权投资机构与创新创业企业、项目的桥梁。截至目前，共举办80多场路演，服务400多家后备企业，落地融资超20亿元。四是充分利用风险投资市场，搭建股权投资机构集聚平台，支持区级政府投资基金规范运作，指导私募基金协会发展。值得注意的是，到目前为止广州市各类股权投资、创业投资、风险投资机构已有6200家，管理资金规模达9000亿元。

（4）大众网络、新媒体是获取政策信息的主要渠道

据调查，国际青年人才大多通过以下渠道了解回国就业创业的政策信息，一方面是互联网（大众网络、新媒体）平台，合计比重为43.3%；另一方面是政府官方平台（政府通知或招商活动），合计比重为26.8%。从以上获取信息的渠道可知，可进一步加大网络传播力度，更可通过"中国广州发布""广州人社""粤省事"等官方微博、微信公众号和政务短信平台发布政策信息，并结合定期推送的形式，助力海外留学人才更快、更直接、更及时获得所需内容。（见图15）

（5）国际青年人才创业辅导覆盖面较低

据调查[①]，仅四成左右的国际青年人才享受过创业服务，"创业辅导"和"科研项目服务"是覆盖最广的创业服务内容，占比分别为40.0%、25.7%；"知识产权服务"和"财税金融服务"占比均为20.0%（见图16），可见国际青年人才创业辅导服务的覆盖面仍有较大提升空间。

---

① 广州留学人员服务中心、南方国际人才研究院联合课题组：《广州留学回国人员就业与创业调研报告》，《中国广州科技创新发展报告（2017）》，社会科学文献出版社，2017，第264~265页。

国际青年人才在穗发展分析报告

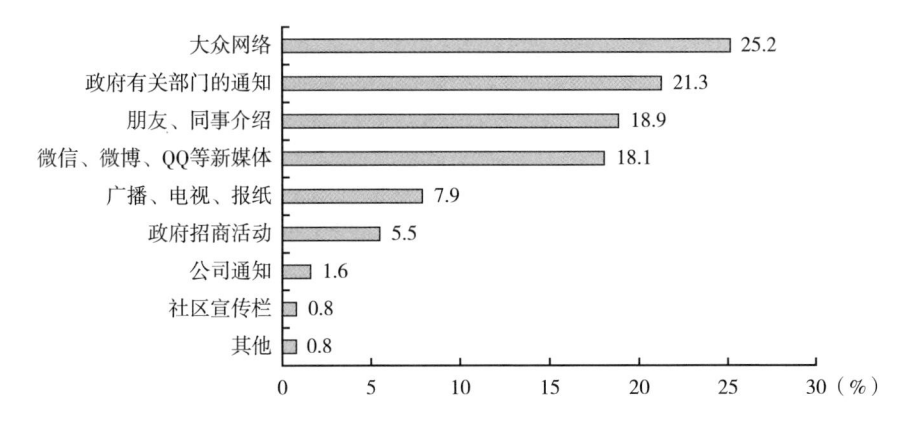

渠道	百分比
大众网络	25.2
政府有关部门的通知	21.3
朋友、同事介绍	18.9
微信、微博、QQ等新媒体	18.1
广播、电视、报纸	7.9
政府招商活动	5.5
公司通知	1.6
社区宣传栏	0.8
其他	0.8

图 15 国际青年人才获知政府相关创业政策信息途径分布

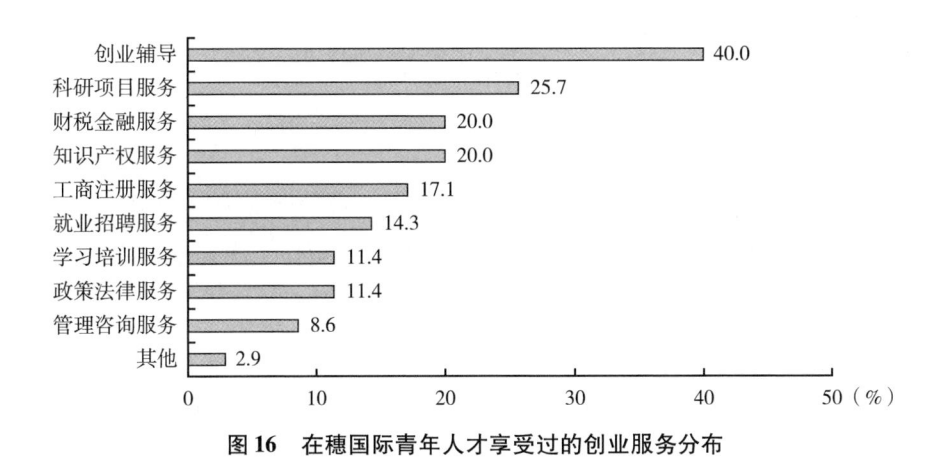

服务	百分比
创业辅导	40.0
科研项目服务	25.7
财税金融服务	20.0
知识产权服务	20.0
工商注册服务	17.1
就业招聘服务	14.3
学习培训服务	11.4
政策法律服务	11.4
管理咨询服务	8.6
其他	2.9

图 16 在穗国际青年人才享受过的创业服务分布

（6）国际青年人才在重点领域成绩斐然

在穗创业的国际青年人才中，有很多优秀的"明星创业人"。这批海归企业家创立了如广州市威格林环保科技有限公司、广州迈普再生医学科技有限公司、奇码科技有限公司等涵盖环保、医疗、电商等行业的优秀企业。国际青年人才以其广阔的国际视野和具有前瞻性的经营思想为创业带来科学技术和管理形式上的创新，同时为广州市初创企业提供了更多的学习典范。

表1 国际青年人才创业情况

国际人才学历	所学专业	职务	企业名称	注册资金	主营业务
博士	生物化学	董事长	广州华津医药科技有限公司	1190万元	研究试验开发
博士	生物化学与细胞生物学	董事长/总经理	广州嘉检医学检测有限公司	2244万元	卫生
博士	血液内科学	董事长	广州京汉生物科技有限公司	10000万元	研究和试验发展
博士	免疫分子生物学	董事长	广州睿辰生物科技有限公司	1000万元	研究和试验发展
博士	生物化学和细胞生物学	董事长兼总经理	广东盛泽康华生物医药有限公司	2000万元	生物医药
博士	药理学	医药产业研究院院长	兆科（广州）肿瘤药物有限公司	3500万元	医药制造

3. 学术方面

广州国际青年人才在学术方面表现卓越，大部分博士学历的青年人才经过世界一流大学培养后，在其专业领域都有较快成长，能获得国家级、省级、市级各类科学基金奖励，也能在国际顶尖学术期刊上发表成果，提升了我国科技在世界范围内的影响力。其中，回穗发展的"菁英计划"人才在学术方面具有较高代表性。截至分析报告发布时，"菁英计划"人才获得国家级项目资助或荣誉奖项76项，其中36人获得国家自然科学基金青年基金资助，8人主持国家自然科学基金或面上项目，2人入选"香江学者计划"，8人入选中国博士后基金面上项目，3人入选"百人计划"；获得省级人才计划资助或荣誉称号42项，其中13人获得广东省自然科学基金，2人获得"珠江人才计划"青年拔尖人才，1人获得"青年珠江学者"，1人获得广东科学技术进步奖，1人获得广东省哲学社会科学优秀成果奖；获得市级资助项目24项，其中1人入选广州市珠江科技新星，3人入选广州市科技计划项目。

在国际影响力上，广州国际青年人才也有突出表现。在留学期间或在穗工作期间，在国内外顶尖学术期刊发表论文、刊登著作，以及在著名学术会议上做主题演讲等，其中累计在国际期刊发表论文482篇，在国际会议作报告122人次。这些青年学子不仅产生了一批具备全球影响力的创新成果，更是把广州的创新名片推向世界。

表2 国际青年人才所获荣誉奖励

序号	级别	获得具体荣誉称号	数量（项）
1	国家级	国家自然科学基金 国家自然科学基金面上项目 国家自然科学基金青年基金 中国博士后基金面上项目 博士后创新人才支持计划 国家重点研发计划项目 ……	76
2	省级	珠江计划青年拔尖人才 珠江学者青年学者计划 广东特支计划"科技创新青年拔尖人才" 广东省珠江人才计划海外青年博后项目 广东省自然科学基金 广东省自然科学基金－杰出青年基金等	42
3	市级	广州市珠江科技新星 广州市科技计划项目科学研究计划 广州市创新领军人才	24
合计		142	

表3 国际青年人才所获国际奖项

序号	项目类型	数量（篇/项）
1	国际会议作报告次数	122
2	国际期刊发表论文数量	482
3	以第一作者或共同第一作者发表论文的数量	204
4	以通讯作者身份发表论文数量	122

在专利创新上，国际青年人才依旧表现抢眼。目前已知的由国际青年人才申请的各类发明专利共计73项，其中包括国家发明专利39项，实用新型

专利 23 项，PCT 专利 3 项，申请在其他国家的专利 8 项。专利涵盖的范围广泛，包括植物营养与肥料，生物医药，半导体，有机化学，教育，电控系统等领域。国际青年人才在专利创新上锐意进取，攻坚克难，在广州市创新创业的沃土上形成了一股新的动能。

表4 国际青年人才所获专利情况

序号	项目类型	数量（篇/项）
1	国家发明专利	39
2	实用新型专利	23
3	PCT 专利	3
4	其他国家专利	8

三 存在的问题

（一）政策针对性不足，激励措施有待提高

目前广州市针对留学人员的专门专策仅有两项，分别是《广州市鼓励留学人员来穗工作规定》和《关于实施鼓励海外人才来穗创业"红棉计划"的意见》，且针对性和激励性仍有待提高。一方面，相比其他一线及新一线城市，对国际青年人才的扶持政策不多，尤其是对初入职场或处在创业起步阶段的国际青年人才，目前各项政策的实施细则中，并没有针对该群体的条目。另一方面，在现有政策中，对有海外工作经验的高层次人才及处于创业初期的高层次人才奖励较少，财政补贴相比其他大城市不具有优势，对非广州市户籍的海外高层次人才吸引力较低。根据联合国数据，2014年国际人才占常住人口比重的全球平均水平为 3.30%，发达国家则高达 10% 左右。2019 年，广州市外籍人口占常住人口比例仅为 0.55%，由此可以看出，广州在国际人才吸引方面相对较弱，中高端国际人才不足，影响着广州的国际化发展。

（二）政策惠及面有待进一步提升，人才发展壁垒尚未完全清除

在目前广州市级及各区级人才政策中，存在着重复申请、奖励集中的问题。一方面，一定比例的高层次人才重复获得了不同人才计划中的支持奖励，而优惠政策无法覆盖到普通留学人员。在国际青年人才政策方面，存在高端门槛过高、低端意义不大的局面。另一方面，应届毕业的海外学子在寻求国内就业机会和入户落地等方面仍存在一定障碍，如因国内外专业名称不对应而无法报考公务员、事业单位岗位，在入户方面需通过"在职人才"通道申请等。随着新一线城市的崛起，各地争相出台政策吸引应届毕业生，广州当前的人才政策对应届毕业生的吸引力明显不足。因此，扩大人才引育政策的覆盖面，消除阻碍人才发展的壁垒迫在眉睫。

（三）政策执行力度有待提高，创业激励和支持相对不足

在政策执行上，存在人才服务措施落实不到位的情况。由于目前实行的针对留学人员的激励政策存在部分条款未出台配套实施办法的情况（如留学人员子女入园入托由当地教育部门和有关部门协助安排问题、持中国护照且未在穗定居入户的留学人员在购买住房方面享受本市居民待遇问题、人才公寓问题等），一定程度上削弱了政策的实施效果，降低了来穗留学人员的热情。在政策执行方面，市政府各部门出现职能交叉、重叠的情况，针对不同特点的留学人员有不同的政策文件，导致申请人需要花费大量时间精力在政策解读上，增加了人力成本。

在创业扶持上，存在创业激励和投融资服务相对不足的情况。分析报告显示，国际青年人才创业的主要资金来源为自有资金，财政在相关专项资金上的扶持补贴力度仍不足。例如，广州市"红棉计划"对海外人才创业的资助金额最高达200万元，但项目数量较少（原定每年不多于30项），申报、评审和拨款流程较为复杂，到款周期长，不利于解决初创企业的燃眉之急。调研数据显示，海归企业获得风投和银行的融资合计占比不足50%，金融机构资产评估较难，导致融资渠道受限，不利于创业企业发展。

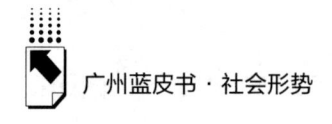

（四）产学研人才分配相对不均，政策宣传力度有待提高

调研数据显示，虽然国际青年人才所学专业主要集中于理工类、医学、经济类等，与广州大力发展IAB和NEM的产业规划适配，但国际青年人才主要集中于以教学和科研类工作为主的高等教育单位，就业所在单位性质过于单一，在"产学研"的发展体系中更侧重于"学"与"研"，人才分配相对不均，容易导致科研项目多、资金需求大、研发周期长、项目落地难、商业变现难等问题。

根据调研可知，国际青年人才对就业创业政策的了解渠道也比较单一。78.78%的国际青年人才对广州就业创业政策完全不了解，且了解政策的渠道通常为学校通知及社交圈子内传播，通过政府有关部门官网通知获得政策信息的人群占比不到40%。根据国际青年人才的反馈，政策碎片化、手续繁多、宣传力度小等是该项问题的主要原因。

四　改进建议与方向

中共十九届五中全会审议通过的《中共中央关于制定国民经济和社会发展第十四个五年规划和二〇三五年远景目标的建议》强调，要激发人才创新活力。提出要贯彻尊重劳动、尊重知识、尊重人才、尊重创造方针，深化人才发展体制机制改革，全方位培养、引进、用好人才，造就更多国际一流的科技领军人才和创新团队，培养具有国际竞争力的青年科技人才后备军。要实行更加开放的人才政策，构筑集聚国内外优秀人才的科研创新高地。

当前，广州站在"十四五"的新起点上，正着力向建设粤港澳大湾区数字经济高质量发展示范区、共建粤港澳大湾区国际科技创新中心的目标不断迈进，并在推动广州实现老城市新活力、"四个出新出彩"以及在全省实现"四个走在全国前列"、当好"两个重要窗口"中勇当排头兵提供人才基础。

为使未来广州实现高质量发展，人才与城市得到双赢，本报告针对广州市人才培养、引进、激励和服务政策方面提出如下改进建议。

（一）提高教育国际化水平，探索人才培养机制

《国家中长期教育改革和发展规划纲要（2010—2020年）》指出，要加强教育的国际化发展，开展多层次、宽领域的教育交流与合作，提高我国教育国际化水平。实现与国外高等教育的衔接，为学生创设出国留学通道是许多学生成长的内在需要，更是拓展高等教育外延、实现多样化教育的必然选择，也是培养国际化高层次人才的必经之路。

一是搭建联合培养的管理协调机制。强化建立招生、培养、导师遴选、学位授予、质量控制及反馈评估等环节的沟通协调机制，可考虑设置专门委员会，如招生委员会、培养委员会、学位授予委员会等，其中培养委员会职责主要包含培养方案、科研实践训练规划、导师遴选机制设定等核心内容。

二是建立研究生导师遴选办法。可从招生的学科专业、从事的研究项目和课题、双方导师的实际研究能力与水平强化考量，并出台对应的导师遴选办法，选出学术涵养深厚、创新意识突出、能力超群、道德高尚的学术骨干，在双方认可下成为研究生导师，作为研究生招生及培养的责任主体。

三是与海外高校、科研院所和机构搭建科研实训基地和平台，创建联合实验室，既实现共建实验室设施及资源由双方共享，又可为学校带来资金，改善学校研究设施。同时科研机构通过吸收参与实验室科研的大学教师及研究生力量，很好地弥补由分学科建立实验室造成的学科单一性问题。

四是建立联合培养质量评估机制。在对现有培养结果进行评估的基础上，建立严格的质量过程控制及质量反馈机制，以保障高水平的联合培养质量。培养过程的检查和评估可由联合培养双方建立的培养委员会组织实施，主要是检查培养过程中教师和学生对各培养环节的执行情况，如专业课程综合考试、开题报告审查、中期论文督查、学位论文评审及答辩等环节的监督控制及完成效果。

（二）落实各项人才政策，加大国际人才引进力度

广州作为粤港澳大湾区四大中心城市之一，要发挥作为国家中心城市引

领作用，肩负推进建设粤港澳大湾区国际人才新高地的重任，推动并坚持大湾区利益共享原则，以大湾区整体人才发展带动局部城市发展，全面实施人才优先发展战略，搭建好基础设施，配套出台各项人才政策，为各类人才引进提供友善宽松的门槛，为各类人才创新创业提供更好的营商环境。

一是根据现有政策落实情况，推出更多专人专策。加强对现行"76号令"及"红棉计划"引才政策的落实，针对部分优惠条款至今未能出台配套措施的情况予以修正，并为不同层次国际人才提供相应支持措施，形成普通（基础性）人才、发展中的中层人才至高层次人才全覆盖的政策链条。

二是实现粤港澳大湾区人才引进政策衔接。一方面，在遵循各城市人才发展特色的基础上，研究大湾区范围内国际青年人才协同发展政策，破除行政壁垒和制度性障碍；另一方面，积极探讨大湾区人才合作开发政策，形成统一的国际人才引进与培养、评价激励等政策，为国际人才市场建设提供统一标准。

三是加大国际人才引进力度。积极发挥"中国海外人才交流大会暨中国留学人员广州科技交流会"平台功能，吸引国际青年人才来穗就业创业；充分利用海外人才寻访资金，鼓励对留学人员有需求的单位主动"走出去"延揽人才，并做好后续跟踪；实施国际人才分类管理，为高层次人才和专业人才来穗工作提供便利条件。

四是实施更具活力的海外人才引进政策。增加重点产业海外紧缺人才计划，围绕人工智能、数字经济、城市更新等重点领域，编制重点产业紧缺人才目录，建立国际人才引进应急响应机制，对重大企业重大项目予以相应支持；实施市场化的国际人才引进激励政策，积极拓展境外市场化引才渠道，充分激发各类市场主体在国际人才发现、举荐、引进等方面的积极性；运用更加灵活的海外人才柔性引进机制，探索在专业性较强的机构设置高端特聘职位，通过聘期管理和协议工资的形式，以更灵活、更便捷的方式聚才，更大力度为广州市急需岗位引进海外高层次专业人才。

（三）健全人才激励机制，加大补贴扶持力度

城市的发展离不开人才的支持，尤其是在当前市场经济主体下，产业发

展水平与人才个人发展及满足人才发展所需等必要条件息息相关。在这样的背景下，应建立人才激励机制，优化人才管理过程，进而提高人才产出效率。

一是加大对世界一流产业人才团队引育力度。持续加大产业领军人才"1+4"政策实施力度，重点支持在广州IAB和NEM等重点产业领域能开拓战略产业项目、延伸产业链、掌握核心技术的人才团队。成长性好或业绩突出的团队，可适当提高资金支持力度，加快落实"广聚英才计划""海归羊城"中关于整合产业、科技、土地、金融等方面的政策，按"一人一策""一企一策"方式量身创设发展条件，为国际人才提供"一对一"的VIP特色服务，形成引进海外人才—引领海外人才创新创业发展链式效应，以及具有广州特色的海外人才服务管理体系，促使人才团队引领产业发展。

二是加大对国际青年人才创新创业资金支持力度，提高青年人才专项资金额度并加快拨付进度。提升"红棉计划"号召力和影响力，增加项目数量，提高补助金额，扩展补助名录，建议优化政策性担保支持政策和延长青年人才创新创业税收优惠年限，加强创业指导，将优惠与服务落到实处。

三是建立健全多样化激励机制。一为薪酬激励层面，政府可完善建立相应机制，促使薪酬体系与国际接轨，保证人才的劳动贡献与报酬相匹配，以灵活的薪酬机制激发人才的工作动力；二为事业激励层面，以发挥和促进国际青年人才的效用为前提，合理进行岗位分配，通过协调工作方式适配岗位职责，并灵活建立人才评价机制和制定青年人才的职业生涯规划，提升个人和岗位的匹配度；三为文化激励层面，指引用人单位为国际青年人才营造良好的工作氛围，注重发挥人才所长，强化建立起尊重知识、渴望人才的价值理念。

（四）提高人才服务保障，促进各类人才集聚

人才工作需紧紧围绕经济社会发展需要和人才自身发展需要，不断提升人才服务水平，优化人才发展环境，才能进一步开拓人才工作新局面。吸引优质人才来穗工作、安家落户，需认识到筑巢引凤的重要性，打铁还需自身

硬，为吸引人才，还要在交通环境、生活环境、社会环境等方面加强建设，提高人才的各类待遇和保障。

一是提升待遇、加强精准服务，提升技能人才服务保障水平。进一步规范落实技能人才政治待遇、经济待遇、社会待遇。按照广州"1+4"人才、"广聚英才计划"等人才政策，在技能人才入户、子女入学入托、租赁公租房等方面给予倾斜。深化高技能人才绿卡制度，做好技能人才公共住房租赁，不断提升技能人才荣誉感和社会认同感。

二是支持粤港澳大湾区国际青年人才来穗发展。为粤港澳大湾区国际青年人才在广州实习就业、创新创业、发展平台、生活保障等四个方面给予扶持，打造国际专业服务业产业园、广州专业协会联盟等人才合作特色载体，采取"一事一议""一人一策"精准引才，探索开展海外专业技术人才特聘高端职位试点，按需设置特聘岗位，吸引集聚岗位急需的高层次专业人才。

三是创新广州市留学人员工作协调机制，优化完善国际青年人才来穗就业创业服务政策。建立定期联席会议制度，及时协调解决存在的问题，定期组织座谈会，听取国际青年人才对广州市政府部门工作的意见与建议，健全市、区留学人员服务体系，提供全方位服务，强化各部门联动机制，提高服务质量与效率，优化国际青年人才来穗发展的制度环境，为国际青年人才发展提供必要条件。

四是开展国际人才管理制度创新。注重突破制约人才流动的体制机制壁垒，争取率先开展技术移民试点，针对外籍高层次人才、专业技术人才、创新创业人才、外籍华人、海外留学人员、非中国籍香港永久性居民等不同人才群体，打造自由便利的国际化人才环境。增强人才公共服务水平，进一步完善提升广州留学人员和高层次人才服务中心运作机制，探索设立国际青年人才一站式服务窗口，整合国际青年人才管理服务职能，实行三窗合一、一站式为人才提供服务。

参考文献

彭澎、陆彬彬、李荣新等：《广州初创青年创业调查报告》，《广州创新型城市发展报告（2018）》，社会科学文献出版社，2018。

广州留学人员服务中心、南方国际人才研究院联合课题组：《广州留学回国人员就业与创业调研报告》，《中国广州科技创新发展报告（2017）》，社会科学文献出版社，2017。

智联招聘、CCG全球化智库：《2019中国海归就业创业调查报告》，2019。

广州市人力资源和社会保障局：《广州市人力资源和社会保障局关于市十五届人大五次会议第20202451号建议答复的函》，2020。

朱梅、吴仿航、黄国英：《承前人志　燃强国梦》，《神州学人》2019年第Z1期。

汪宏飞、郭宁、朱梅、黄皓：《在穗留学人员回国创新创业对策研究》，《管理观察》2019年第23期。

CCG全球化智库：《粤港澳大湾区人才发展报告》，2018。

张小乾：《学校与科研机构联合培养研究生的机制研究》，《高教研究》2014年第4期。

B.12
后疫情时期构建广州民办基础教育风险防控机制的对策

广州市工商联、番禺区民办教育协会联合课题组*

摘　要： 民办基础教育办学机构及在校生数量在广州教育总盘子中已占半壁江山，成为广州教育事业的重要组成部分，也是民营经济、民生工作的有生力量。突如其来的新冠肺炎疫情使民办基础教育面临的风险尤为凸显。在疫情防控进入常态化的"后疫情时期"，如何客观看待广州民办基础教育存在的风险状况，切实为提高民办基础教育风险防控水平健全机制、找准路径、形成合力，应该成为统筹抓好疫情防控和经济社会协调发展予以关注的重要课题之一。

关键词： 后疫情时期　民办基础教育　风险防控

新冠肺炎疫情的发生和蔓延对世界各地区、各领域、各层面都产生深远影响。在疫情冲击下，"抵御风险"成了各领域最为关注的焦点。如何有效做好民办基础教育领域的新冠肺炎疫情风险防控，对于统筹推进疫情防控和经济社会发展，切实完成"六保"任务，具有十分重要的现实意义。习近

---

* 课题组组长：王锦荣，广州市工商联副主席、番禺区民办教育协会会长、番禺电缆集团董事长。课题组成员：唐燕萍，广州市工商联经济服务部部长；廖秋萍，番禺区民办教育协会秘书长；朱玉尊，广州市工商联宣传教育调研部二级调研员；姜良波，广州市工商联宣传教育调研部一级主任科员；杨朝娇，广州市工商联宣传教育调研部三级主任科员；郑纠，番禺区民办教育协会干事。执笔人：朱玉尊、廖秋萍、郑纠、杨朝娇。

平总书记指出：这次抗击新冠肺炎疫情，是对国家治理体系和治理能力的一次大考。要研究和加强疫情防控工作，从体制机制上创新和完善重大疫情防控举措，健全国家公共卫生应急管理体系，提高应对突发重大公共卫生事件的能力水平。为此，我们在2020年6月对广州部分民办学校进行走访调研的基础上，对广州民办基础教育的发展状况进行梳理，并针对疫情影响带来的风险因素进行分析，就如何构建风险防控机制提出对策建议。

一 广州民办基础教育发展现状及后疫情时期面临的新挑战

教育是受新冠肺炎疫情冲击影响较大的领域。从前期的全面停学到实施"线上教学"，再到分批分类复学，对学校办学管理和师生生活都是从未有过的考验。2020年上半年新冠肺炎疫情暴发期间，广州民办基础教育虽然也受到较大影响，但截至2020年6月初幼儿园全面复学，整体上仍然平稳过渡，未有因疫情冲击而发生重大事故。随着疫情的日趋缓和，各民办学校办学工作已基本回复疫情前常态，保持了教学、管理的稳定发展态势。这得益于广大民办中小学、幼儿园经过长期发展后形成的十分稳定的办学规模和质量。

（一）广州民办基础教育发展现状

经过改革开放四十余年的不断发展，广州民办教育如今已是门类齐全，各领风骚，成为广州教育事业的重要组成部分，也是民生事业的重要力量。据广州市教育局2020年7月公布的有关统计资料，截至2019年，广州共有各级各类学校4268所，在校生共约316.4万人，专任教师16.84万人。民办基础教育方面，全市有民办中小学、幼儿园共1707所，在校生共约80.36万人，分别占全市中小学、幼儿园总数和在校生总数的49.05%和37.22%。其中，民办普通高中17所，在校学生1.17万人，分别占全市普通高中学校数和在校学生数的14.29%和7.33%。民办初中195所、在校学生11.22万人，分别占全市普通初中学校数和在校生数的46.99%和

30.59%。民办小学141所、在校学生33.42万人,分别占全市小学数和在校生数的14.39%和30.25%。民办幼儿园1354所,在园幼儿共34.55万人,分别占全市幼儿园数量和在园生数的68.87%和65.49%。此外,还有民办中职学校14所、在校生10778人,分别占全市中职学校数和在校生数的28%和11.66%。而在教职工队伍方面,广州民办中小学(含中职)、幼儿园拥有专任教师共5.13万人,占全市基础教育专任教师队伍的33.28%。

上述数据显示,民办中小学、幼儿园学校数量已占全市这两个类别总数的近一半,在校生占比接近四成,如果加上总数达600多所的民办培训学校(机构),可以说,民办基础教育在广州基础教育规模中已占半壁江山,成为广州教育事业的重要组成部分。改革开放以来,广州民办教育得经济改革开放之先再次兴起。从1979年广州市政协业余外语学校的创办拉开广州民办学校兴办大潮的序幕至今,历经40余年发展,广州民办教育取得了丰硕的办学成果,形成"种类齐全、数量繁多、质量强硬、持续创新"的显著特点,成为广州教育事业发展的重要增长点和促进教育改革的重要力量。[1]

(二)后疫情时期民办基础教育面临的新挑战

何谓"后疫情时期",中山大学王竹立教授认为:"所谓'后疫情时代',并不是我们原来想象中的疫情完全消失、一切恢复如前的状况,而是疫情时起时伏,随时都可能小规模暴发,从外国外地回流以及季节性发作,而且迁延较长时间,对各方面都产生深远影响的时代。"[2] 按照这一观点,我们认为,"后疫情时期"不仅是时间节点,也是特指疫情背景下的社会生态特征。在教育系统,随着2020年5月8日中央应对疫情工作领导小组批准国务院联防联控机制印发《关于做好新冠肺炎疫情常态化防控工作的指导意见》,我国新冠肺炎疫情进入"常态化防控"阶段,加上各中小学、幼儿园的陆续返校复学,"后疫情时期"的特征尤为突出。

---

[1] 参见《羊城晚报》2019年11月22日。
[2] 《电化教育研究》2020年第4期。

具体到广州民办基础教育，无论是疫情最紧张最严峻的时期，还是全面复学后进入常态化防控阶段，各民办学校共克时艰、抵御风险，实现平稳过渡，疫情风险的影响依然在持续渗透，"疫后综合征"的影响迹象也不同程度地存在着。在此背景下，办学总体实力和行政资源天生不足的民办基础教育，必将面临一系列新的矛盾和挑战，如风险意识增强与防控经验不足的矛盾、风险因素叠加与民办学校投入有限的矛盾、风险走向不可控与教育工作规律性的矛盾等。加上随着经济、教育事业发展形势的变化，历经四十余年快速发展的广州民办基础教育也逐渐进入"瓶颈"阶段，体现为政策扶持力度减弱、办学发展空间缩小、品牌影响力不足、经济和就业态势冲击加剧等，这也将加重民办学校办学投入及管理的风险，给民办学校的疫情防控工作和办学可持续发展带来更大压力。

二 后疫情时期广州民办基础教育办学风险因素分析

新冠肺炎疫情的暴发和蔓延，及其引发的相关矛盾，必将给民办基础教育带来风险隐患。这就迫切需要民办学校自身和政府及社会各界，加强对后疫情时期民办基础教育面临的风险因素的客观认识和研判，从而促进各方统一思想，形成合力，更有效做好风险防控，实现广州民办基础教育的可持续发展。

（一）疫情常态化防控工作存在的责任风险

1. 常态化防控要求下，学校履行有关职责若出现偏差会引发民事、行政、法律责任等风险

后疫情时期，疫情并未完全消失，随时都有可能发生小规模暴发，对于学校运营来说，压力倍增。一般来说，学校疫情常态化防控会有主管部门发布的操作指南来指引，学校要严格落实。但由于本土病例还时有发生，疫情的小规模暴发成为可能，如学生或教师感染，带回学校造成损害，还会带来医疗费用的支付及家长的追责等问题。学校可能因此要承担民事责任，势必

增加办学风险。

2. 若发生疫情导致教师被感染，会产生医疗和劳动关系纠纷风险

与公办学校教师不同，民办学校教师由学校按劳动合同聘用，劳保责任在学校。一旦教师确诊感染，必须立即隔离治疗，不能再上讲台。这种情况下老师是否属于工伤，其工资劳保福利待遇如何解决，今后能否续聘留用，这一系列问题都会存在争议纠纷，其风险明显存在，需划分清晰个人及校方需各承担什么责任。

（二）疫情给师生身心健康造成影响引发的风险

1. 教师思想焦虑感明显增强，对民办学校发展信心减弱

新冠肺炎疫情对民办学校的教师队伍冲击影响甚为显著。疫情期间学校、园所无学费收入，尤其是民办幼儿园是按月收费，长达四个月零营收，教师只发基本工资，这对收入本来就偏低的民办学校教职工来说无异于雪上加霜。工资收入减少，生活压力陡增，容易诱发生活焦虑等心理问题。根据2020年5月份调查，有此类心理问题的老师超过50%，这对复课复学后的教育教学工作开展产生的风险隐患不可低估。

这种个人焦虑，加上在学校实际工作中遇到的困难，导致一些教师对学校后续发展的信心减弱，产生思想波动情绪。在我们所做的问卷调查中，教师队伍不稳定的因素在办学风险因素选项中占比最高，约达65%。另据有关机构调查，有近52%的民办学校教师想转行，这对教师队伍的稳定将产生一定影响。

表1 民办幼儿园存在办学风险问卷调查统计表（一）

选项	教师待遇低，留不住人才	常态化防控下生源减少	按月收费园所无积累	收费标准低	生均补贴低	办学投入风险大
占比(%)	65.38	64.62	58.46	54.62	49.23	39.22

2. 学生思想、学习压力增大，诱发心理问题风险

由于疫情延迟开学，线上教学须进行各种沟通，且疫情期间各人所处的

环境不一，线上授课很难保证上课效果对于个体学生来说都能达到预期。尤其是学生宅家，经常陷于网络世界，各类纷繁复杂信息的冲击及长时间独处的不适，势必给学生心理造成一定的影响。据从有关方面了解，就广州市范围来讲，出现心理问题并走向极端的学生也有一些个案，亟须引起各方面的高度重视。全面复课复学后学生的这种心理状况应该有所改变，但仍不能忽视。

（三）疫情影响下办学成本投入风险凸显

1. 办学成本及投资回报不可控的风险

广州民办教育大力发展四十余年，为政府分担了大量教育责任与困难，每年为政府减少大量财政负担，可以说功不可没。本来投资办学取得合理回报合情合规，但对民办基础教育的投资者来讲却另有苦衷，其中尤以普惠性民办园为甚。普惠性幼儿园是由一般民办园通过限价运营，享受政府生均补助改办过来的。但是由于当初办园投入巨大，限价之后，就算加上政府的生均补助，仍然与办学成本逐年增长有较大的差距，与公办幼儿园相比其问题就更加突出。据全国政协委员谢燕川2019年发表的相关数据，公办幼儿园每年获得的财政投入是民办园投入的2~3倍。民办幼儿园被限价普惠，所获得的补贴既无法与公办园相比，按《广州市幼儿园生均定额补助实施办法》规定，区一级民办园比公办园年生均补助就偏少，又无法抵消成本压力，更遑论让投资者获得回报。以番禺区来讲，至2019年民办普惠园占到普惠园总数的52.9%，尽管有一部分民办园转为公办，至2020年底，民办普惠园仍然占到全区公益性幼儿园的43.38%，民办普惠园在民办园中占比达78.74%。政府如何加大投入，支持已经转普的民办园办下去，这无疑是在考验政府的责任与担当。尤其是疫情防控常态化背景下，各项防控工作促使民办机构必须增加经费投入，而对民办机构来说，这方面投入目前还只能自己承担。调查显示，民办普惠园普遍认为政府支持不够，收费标准低，生均补助公民办不一，办学成本压力过大，对提高生均补助标准愿望强烈。

表2 民办幼儿园如何提高风险防控能力问卷调查统计表（二）

选项	提高教师待遇，留住优秀人才	生均补助公民办一视同仁	提高收费标准	改按月收费为按学期收费	建立风险防备准备资金
占比(%)	77.69	74.62	53.85	47.69	40.77

2. 有关收费政策制约民办幼儿园抵御风险能力

目前广州市实行幼儿园按月收费，并规定对于缺勤的学生，已缴纳的费用需按月结算，足额退款，这会造成家校矛盾，园长常常要花费大量时间处理这类问题。按月收费导致幼儿园现金存量基本为零，园所缺少资金的储备积累，遇有重大变故，比如发生疫情等就会造成资金链的断裂，在没有其他应急资金（比如风险准备金）支持的情况下，会造成学校运作停顿，导致社会问题。另外，按规定一月当中幼儿在园不足法定工作日数一半（含一半）的按半个月收费，一个学位往往只能收到4个半月的保教费，但每学期幼儿园保教管理5个月，常规支出一项都不少，这也是一种不对等。并且，幼儿园收费标准3年不变，与成本增加也不同步，再加上疫情常态化防控下投入增加等情况，这些不利因素更加制约了民办幼儿园抵御化解风险的能力。

（四）经济、就业形势变化引发新的办学风险

1. 就业形势紧张导致生源流失学位空置的风险

新冠肺炎疫情给整个社会带来巨大冲击，部分外向型企业复产艰难，由此导致一部分外来务工人员未能重返广州市就业，其子女大多留在家乡。根据我们在2020年6月前的调查，就番禺区来说，外来务工人员子弟学校中的中小学生流失率均在10%~15%，而秋季招生情况更不容乐观，往年这个时候招生基本满额，但2020年6月份完成计划还不及上年的50%。幼儿园学生流失率就更高了，有的甚至超过50%。所以许多民办中小学校和幼儿园的举办者都希望政府加大力度保就业，让外来务工人员尽早返回工作岗位，带动生源回流，解决部分民办学校学位空置浪费问题，缓解民办学校运营困难，降低由此诱发的办学风险。

2.民办职业教育发展缺位不利于"保就业"任务落实

作为制造业较为发达的国家中心城市，广州需要大量有专业技能的产业工人和其他中等技术人才。但目前这方面明显存在不足。究其原因，除了广州职业技术教育发展观念相对滞后，最重要的是职业教育基础薄弱，缺少创新。本文第一部分梳理的广州教育发展概况数据显示，2019年全市只有民办中职学校14所，在校生10778人。这与广州的经济发展地位、产业人才需求及建成粤港澳大湾区科教文化中心的目标极不相称。2020年广州"两会"提出保就业、促增收，推动"广东技工""粤菜师傅""南粤家政"三大羊城行动工程是非常有远见的，为职业教育发展提供了更大空间。而且广州有一批有情怀、有实力、肯奉献的企业家有意投身职业教育，有的大企业还自办学校培训工人，为大力拓展民办职业教育提供良好支撑。政府能否大胆创新，从机制、投入、土地等方面鼓励社会力量办学，用小钱办大事，化解人才供需矛盾，缓解就业困难，解决企业和社会需求与职业教育不相匹配带来的经济可持续发展风险，也是后疫情时期推动双循环发展格局的一种选择。

三 加强机制构建，提升后疫情时期广州民办教育风险防控水平

新冠肺炎疫情的蔓延对民营经济造成了巨大冲击。但正如习近平总书记所强调的，应对疫情冲击，要"善于在危机中育新机，于变局中开新局"。广州市工业和信息化局公布的数据显示，至2020年底，全市实有登记私营企业和个体工商户255.66万户，占各类市场主体数量的94.8%。受新冠肺炎疫情和复杂严峻的国内外形势影响，2020年广州民营企业生产经营面临巨大压力，也取得显著成绩。2020年全市实现民营经济增加值10200.04亿元，历史上首次超过万亿元，占GDP的比重为40.8%，同比增长2.8%。对于民办教育来说，这也是推动各项改革，提升风险防控水平的契机，我们

应从机制构建上推进整体联动，促进从政府到民办学校举办者、管理者以及家长、社会、行业组织等各方面充分发挥联动作用，形成合力，切实提升民办教育的风险防控水平。

（一）完善常态化防控应急机制，有效化解疫情防控风险

完善常态化疫情防控应急机制，既是适应疫情形势变化，加快全面复工复产的现实要求，更是着眼长远，筑牢扎紧疫情防控制度屏障，提升学校危机应对和治理能力的重大课题。一是要在完善防控工作日常协同体系的同时，加强对民办学校常态化防控应急处置的有效指导及政策法律援助。政府要明确有关职能部门对民办学校常态化防控应急管理，以及校内疑似感染病例的研判、处置等方面的指导责任，制定疫情在校内小规模暴发的危机处置操作指引，及时疏导社会群众和家长的情绪，使学校的防控工作更具针对性，切实有效地帮助学校化解疫情防控危机和责任风险。对于校内出现疫情导致教师感染可能引发的劳动保障及用工合同纠纷情况，建议政府有关部门专门就此出台相关规定，明确各方责任，为学校处理此类问题提供政策和法律支持，减少学校的风险负担。二是民办学校要有针对性地细化"常态化"防控工作。民办学校要切实提高常态化防控意识，依照各级教育主管部门发布的指引做好日常防控，并根据各自实际，制定针对性、操作性和实效性强的日常管理制度和应急预案，完善工作执行制度，优化工作流程，确保人防、物防、技防落到实处。

（二）完善政府服务、支持民办教育发展的长效机制，有效化解办学投入风险

疫情发生以来，从中央到地方政府，都在采取各种措施大力推动优化营商环境，其中改善政府服务就是很重要的举措。后疫情时期，民办学校做好防控工作和教育管理更需要政府部门提供服务保障。一是加大对民办教育的支持帮扶力度。针对疫情影响，政府应适当调整优化本年度教育支出结构，加大对民办教育的财政专项资金扶持，设立"民办教育应对突发公共事件

助困金";适当提高普惠性民办幼儿园生均补助标准,继续在减税降费、减轻租金、优化"五险一金"、稳定用工等方面加大帮扶力度,赋予民办学校与公办学校相同的免征税项,给予教育退税政策等。同时,政府在做好帮扶工作时,还要注意各个部门执行政策的一致性、整体性,避免民办学校在接受政府帮扶中被"踢皮球"的尴尬境地。二是建立幼儿园收费调价机制。按价格变化规律及成本变化实际,实行保教费收费标准动态管理,并适当调整收费方式,提高民办幼儿园抵御风险能力。三是加大对民办基础教育学校的金融支持。政府应修订相关政策,为民办学校应对疫情的资金获得银行贷款创造条件。同时,要拓展金融支持渠道,鼓励银行等金融机构开发符合民办学校特点的金融产品;利用创业投资基金等资本市场融资渠道,引导社会资本支持民办教育发展;要鼓励民办学校抱团联合与银行合作,增加银行授信额度及成功放贷的机会,这方面可推广番禺区民办教育协会牵头为会员争取银行贷款的做法。

(三)构建师生心理危机干预机制,有效化解师生心理健康风险

新冠肺炎疫情给人们精神和心理健康带来的影响已成为世界性课题。我们的调查、访谈也显示,在民办学校的管理者中,他们最担心和焦虑的还是疫情背景下师生的身心健康安全问题。因此,要加紧在民办学校中建立健全心理危机干预机制。一是建立疫情心理干预工作机制。教育主管部门应该有针对性地对后疫情时期的师生心理健康工作做好指引,针对民办教师从业信心受挫、生活焦虑感明显增强、对学校及个人发展预期减弱,学生思想、学习压力增大等心理问题,联动政府其他相关部门构建有针对性的干预机制,做到及早预防、及时疏导、高效干预,进一步提高民校应对心理危机工作水平。二是引导学校做好具体心理危机预案工作。主管部门要引导民办学校根据疫情形势加大对师生心理健康安全工作的投入,制定好干预工作预案和手册,并做好学习和演练;加强家校之间的互动,全面掌握师生心理健康状况,及时识别高危人群,并结合疫情发展和师生的心理状况进行心理危机研判。三是加强疫情心理咨询服务。切实加强校内心理咨询室或心理教育指导

中心的建设，增强心理教育师资配置，认真组织开展后疫情时期师生心理健康专题教育；成立校内心理援助小组，针对摸查到的有心理危机苗头的师生进行电话、线上心理辅导；借力借智将校外辅导热线推荐给师生，开展线上心理健康教育辅导，提高师生心理自我教育水平。

（四）构建办学风险化解联动机制，进一步提高风险防控整体水平

解决民办学校的风险问题，不能光靠学校或政府的努力，而是要充分调动、发挥学校、政府部门、家长及社会各界的有效力量，形成联动、通力合作。一是发挥学校和家长、社会之间的联动作用。学校要通过各种途径加大宣传力度，强化日常沟通，使得家校之间的联系更加紧密，真正达到家校携手共同培养孩子的目的。在后疫情时期，家长、社会各方也要理解民办学校在疫情防控、线上教育等方面投入较大，办学风险增大等困难，和学校形成联动，共同促进民办教育持续健康发展。二是发挥行业组织的联动作用。各级民办教育协会要充分发挥桥梁纽带作用，主动服务，指导会员单位科学依法应对疫情，促进行业良性发展，及时宣传政府关于民办学校的帮扶政策，做好跟踪服务工作；强化调研，了解民办学校面临的各类问题和困难，并提出意见建议，为政府决策提供第一手资料；组织行业活动，维护民办学校的合法权益，同时发挥优质教育品牌的引领作用，推动广州民办教育事业健康、快速、持续性发展。三是发挥学校举办者和管理者之间的联动作用。政府要更加注重对优质教育品牌和优质教育资源的引进，这样可进一步促进民办学校的举办者与管理者达成共识，打好"品牌"和"优质教育"的组合拳，在实际办学中，实现办学投入和运行组织管理的良性发展。四是发挥粤港澳大湾区各城市间的联动作用。以粤港澳大湾区建设为契机，加强城市之间的联动，发挥广州雄厚的教育资源力量和民办教育的办学灵活机制，推动民办教育品牌走出广州、注入大湾区教育联动发展大局。

（五）构建以"线上教学"引领的管理模式创新机制，提升民办教育智慧校园建设水平

新冠肺炎疫情将网络教育的功能和影响放大到了前所未有的高度，网络

教学平台和资源在疫情"停课不停学"的全国性行动中发挥了重要功能。但在全面推行线上教育教学过程中所暴露出来的各种问题也亟须教育管理部门和学校共同努力解决。一是要加快构建现代网络教育教学平台。政府要加大对民办学校信息化建设的投入,如设立"智慧校园提质专项工程"或"线上教学优品课题基金"等,引导学校重视加大对校园信息化建设的投入。二是整合网上教育教学资源,推动均衡化发展。充分利用和挖掘网上教育资源,弥补民办学校办学资源不足,拓宽素质教育渠道,推动民办基础教育均衡化发展;政府还可出台政策,促进民办学校与在线教育机构合作,积极探索"双师课堂"、远程教学"1+N模式"、手机直播等新型教学模式。三是培育适应"云教学"的高素质教师队伍。要驱动教师通过学习、培训转变传统的教学观念,提升网络教学应用能力及网络教育设计能力。

(六)构建以就业态势为导向的灵活办学拓展机制,开创民办职业教育新局面

在当前稳就业保就业的重要任务中,职业教育应该充分发挥其作用。据财政部公布的信息,2020年中央财政拨付现代职业教育质量提升计划资金达257.11亿元,比上年增加19.9亿元,以此加大引导地方建立健全职业教育财政支持机制,落实职业教育各项改革部署。这充分表明,在推动稳就业、保就业工作中,中央对职业教育的作用发挥寄予厚望。目前,广州民办中等职业教育体量较小,应抓住当前的政策条件和需求契机,大力加速发展、扩容提质。一是以落实"保就业"任务为导向,推动民办职业教育扩容提质。政府要针对民办中等职业教育短板,高度重视并加强民办中等职业教育的发展规划、资源整合、配套政策等工作,尤其要制定和完善民办学校建设用地和资金筹集的相关政策和措施,积极支持社会力量以合适形式举办职业教育,建立公办和社会力量举办职业院校相互委托管理和购买服务机制,形成公、民办职业教育共同发展局面。二是以就业形势变化为导向,推动职业教育拓展办学视野。在新冠肺炎疫情影响下,就业形势、就业需求也出现各种新变化。2021年,人社部等部门发布9个新职业和"直播销售员"

"互联网信息审核员"等5个工种，公布了2020年短缺职业排行。这给民办职业教育带来新的办学发展机会，应发挥民办中职学校办学机制和招生的灵活性，促进中职学校在新业态、新工种人才的培养上充分发挥作用。三是以产业发展为导向，促进产教融合、校企合作新拓展。办好民办职业教育关键是要适应产业发展对人才的需求。教育管理部门要紧紧围绕广州经济产业发展和企业用工实际，做好职业教育专业规划，加强与市场、企业对接，采取订单式培训，通过政策引导建立健全校企合作机制，鼓励支持民营企业和创新主体为大学毕业生提供见习岗位。

B.13 广州市基础教育依法治教调研报告

广州市委依法治市办课题组[*]

摘　要： 依法治教是推进广州市教育法治建设、治理体系和治理能力现代化建设的重要抓手。本文探讨广州市基础教育依法治教存在的问题，剖析问题产生的原因，从提高政治站位、重视教育立法、加强依法行政、深化法治教育、坚持依法治校、加强组织保障等六个方面提出了有针对性、可操作性的政策建议。

关键词： 基础教育　依法治教　广州

习近平总书记在2018年全国教育大会上的讲话中，把教育提升至前所未有的新高度："教育是国之大计、党之大计"[①]。加强依法治教，推进广州市教育法治建设、治理体系和治理能力现代化建设，推进教育和经济同步发展，实现把广州市教育打造成为"世界前列、全国一流、广州特色、示范引领"的现代化教育目标[②]，一直是各级党委和政府高度关注的重要议题，

---

[*] 课题组组长：黄碧然，广州市荔湾区教育发展研究院教师。副组长：周诗根，广州市教育局四级调研员。组员：杨雪莹，广州市委依法治市办秘书处四级调研员；黄旭东，华南理工大学法学院法学实践教学中心副主任、副教授、硕士研究生导师；孙礼平，原广州市萝岗区教育局局长；魏孟娇，广州市荔湾区教育评估中心职员；郝岳华，广东海云天律师事务所主任。执笔人：黄碧然。

[①]《教育是国之大计、党之大计——论学习贯彻习近平总书记全国教育大会重要讲话》，《教育文化论坛》2018年10月第5期，第137页。

[②]《广州市人民政府办公厅关于印发广州市教育事业发展第十三个五年规划（2016—2020年）的通知》，《广州市人民政府公报》2017年第15期，第14~51页。

也是建设法治政府，履行教育职责的重要内容。根据2019年中共广州市委全面依法治市委员会办公室专题调研工作具体部署，2019年10月成立广州市委依法治市办课题组，以"广州市基础教育依法治教研究"为主题，立足广州市基础教育发展现状，开展走访调研，查阅资料，认真总结广州市基础教育依法治教的主要特点和经验，剖析存在的问题，学习借鉴其他先进地区经验，结合广州地位和定位，提出依法治教的政策建议，树立新时代法治教育建设新标杆。

一 主要特点

通过调研，广州市基础教育依法治教具有以下特点。

（一）教育总体规模大

2020年全市各级各类学校3703所，全部在校学生共约267.79万人，专任教师16.79万人（含幼儿园、中小学、特殊教育学校、中职、市属高校）①，就各级各类学校的数量、在校教师和学生的人数来说已经成为全国规模最大的教育体之一。

（二）逐步完善法规规章建设和制度体系

近年来，广州市不断推动教育地方性法规规章建设。根据法定职权，制定出台相关教育标准、规范、程序，在办学体制、招生考试、学校管理、教材管理、队伍建设、教学科研等领域，制定或修订了多部法律文件。如制定《广州市教育经费投入与管理条例》（2015年修正）、《广州市幼儿教育管理规定》（2015年修正）、《广州市学校安全管理规定（试行）》（2015年修正）等地方性法规规章，发布《广州市义务教育阶段学校招生工作指导意见》（2018年）、《广州市基础教育高层次人才引进办法（试行）》（2017年）、《广州市中

---

① 数据来源：《广州市教育统计手册（2020学年度）》。

小学教师继续教育管理办法》（2017年）、《广州市中小学校服管理办法》（2017年）、《广州市实施〈校车安全管理条例〉办法》（2017年）等规范性文件，出台《广州市义务教育规范化学校督导验收办法（试行）》等标准，已经列入立法项目的有《广州市学校安全管理条例》和《广州市特殊教育条例》。广州市涉及依法治教制度体系的相关法规、规章、规定、办法等文件基本涵盖依法治教的各个领域，基本满足教育治理和发展的需求。

（三）健全规章、规范性文件起草和制定程序

广州市根据法定职权，按照公开、公正、民主、科学的原则，健全规章、规范性文件起草和制定程序，通过座谈、听证、论证等多种方式，线上线下融合，畅通渠道，广泛听取和征求群众和相关利益方意见。

（四）不断规范政府部门依法履行教育职责

广州市推进政府部门依法行政，切实履行教育职责，对各区政府履行教育职责进行评价考核，通过评价促使政府落实教育责任。广州市教育局通过梳理行政执法职权、制定权责清单和执法自由裁量权等措施，明确了行政权力边界，做到"法无规定不可为"。

（五）逐步依法解决教育面临的突出问题

广州市委、市政府关注群众需求，正视现实问题，依法依规解决教育突出问题。通过两期学前教育三年行动计划的实施，分类提高普惠性幼儿园生均定额补助标准，启动公办幼儿园保教费定价机制改革试点工作，学前教育改革发展取得阶段性成果，《广州市幼儿园条例》自2021年6月1日起施行。出台《广州市关于促进民办教育发展的意见》，落实民办教育新法新政，扶持民办教育持续发展。

（六）全面开展普法教育

广州市突出宪法学习，重点抓好领导干部和青少年群体普法，创建以案

释法案例库,加强青少年法治教育实践基地的标准化建设,培育法治名师486名。

(七)依法治校取得新进展

广州市深入推进各级各类学校依法治校,大力推进学校依章程自主办学,积极推进现代学校制度建设,创建依法治校达标校和示范校活动,全面落实一校一章程、一校一法治副校长、一校一法律顾问的制度。至2020年12月1日,1所学校成为国家级依法治校示范校、120所学校成为省级示范校、251所学校成为市级示范校,100%的中小学校成为广东省依法治校达标校。

通过依法治教,广州市的教育质量不断提升。100%的义务教育公办学校成为标准化学校,市属11个区100%成为广东省推进教育现代化先进区,2017年广东省政府授予广州市"广东省推进教育现代化先进市"称号,在履行教育职责考核中广州市获得优秀等级。基础教育名校集团化办学稳步推进。校外培训专项治理、学生近视防控、校内课后服务、内地新疆班办学等工作受到国家、省的肯定,《教育部简报》2018年第7期专题介绍广州经验,在全国产生积极影响。2018年至今连续三年职业技能大赛、高考等成绩突出,在全省教育发展中继续保持排头兵的地位。

二 存在问题

在新时代背景下,和教育先进地区相比,广州市依法治教工作依然面临一些亟待解决的新挑战、新问题。

(一)教育地方性法规规章供给不足

目前,广州市教育地方性法规规章供给不足,用立法方式破解当前教育发展的体制机制性障碍和发展瓶颈的意识不强,在围绕教育难点痛点进行精准性立法方面有待突破。

（二）依法全面履行教育职责有待加强

1. 教育规划与建设滞后，学校用地缺少保障

学校建设规划、实施机制不完善，学校建设规划和人口增长需求不匹配。部分学校因历史遗留问题没有产权开办至今无法通过消防验收。中心城区部分新建居住区配套学校的运动面积和功能场室面积达不到相应标准。中心城区部分学校因扩招部分功能场室改为课室，生均占地面积、生均建筑面积和功能场室严重不足。如越秀区生均占地面积小学 $5.46m^2$、中学 $4.87m^2$，天河区生均建筑面积小学 $4.67m^2$、中学 $4.58m^2$，都远低于《广州市义务教育标准化学校督导评估标准评定细则》中"生均占地面积中心城区小学不低于 $9.4m^2$，初中不低于 $10.1m^2$，生均校舍（不含宿舍）建筑面积小学不低于 $5.1m^2$，初中不低于 $6.8m^2$"的标准。

2. 教育财政投入相对不足，不适应经济和教育的迅猛发展

广州市最近几年教育投入大，但因教育体量大，和一些教育先进地区相比仍存在一定的差距，一般公共预算教育经费总量在京沪深穗四城市中最少（见图1）。教师队伍建设资金人均经费不高，2020年全市教师队伍建设资金人均经费（不含用于教职工工资福利待遇、基础设施建设的资金和上级财政安排资金）为2193元，在全省处于中等偏上水平。

3. 教育发展状况不均衡，与城市人口、经济和社会发展不相协调

中心城区和城乡地区教育发展不均衡；公办学校和民办学校发展不均衡；基础教育层次结构中的不平衡。学前教育是基础教育的弱项和短板，表现为幼儿园优质资源比例不均衡，区域分布不均衡；公办园结构不合理，教育部门办园少、集体办园多；公办园城乡分布不均衡，农村地区公办园少、中心城区公办园多。

4. 人事制度僵化，教师队伍建设和管理有待完善

一是中小学教师职称制度未与时俱进改革，未拓展教师职业发展通道。如《教育督导条例》要求"建设一支高水平、专业化、适应教育督导工作新形势的督学队伍"。《督学管理暂行办法》第十三条："各级政府及有关部

广州蓝皮书·社会形势

```
□ 一般公共预算教育经费（万元）
□ 普通高中生均一般公共预算教育经费（元）
□ 普通初中生均一般公共预算教育经费（元）
□ 普通小学生均一般公共预算教育经费（元）
■ 幼儿园生均一般公共预算教育经费（元）
```

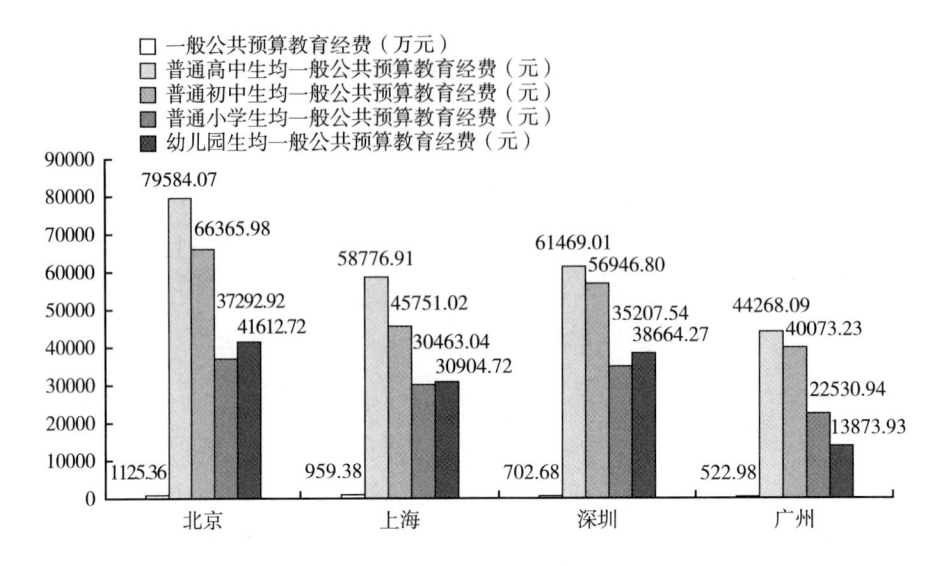

北京：1125.36；79584.07；66365.98；37292.92；41612.72
上海：959.38；58776.91；45751.02；30463.04；30904.72
深圳：702.68；61469.01；56946.80；35207.54；38664.27
广州：522.98；44268.09；40073.23；22530.94；13873.93

图1 2019年穗京沪深一般公共预算教育经费比较

数据来源：《广州市教育统计手册（2019学年度）》、教育部《2019年教育统计数据》

门应积极支持督学晋升职级或职称，为督学开展工作提供必要的工作条件。"上海市、山东省潍坊市奎文区已探索建立督学晋升职级和职称的机制，但目前广州市还没有出台相关政策。二是部分公办学校教职员编制未按规定配备，未及时核定学校岗位设置结构比例。部分新开办、扩招的学校人员不足；部分学校尤其是寄宿学校、偏远地区学校存在结构性缺编情况。三是部分公办学校的教职工待遇未能做到同工同酬，同工而多种薪酬机制的状况普遍存在。四是部分幼儿园教师未持证上岗。专科学历及以上占比在几个大城市中最低（见图2），公办园编制数极少（见图3），而公办园非在编教师以及大部分民办园教师的工资及福利普遍偏低，不少幼儿园教师工作量大，师生比不达标（见图4），每月净收入只有两三千元，收入仅能勉强维持日常开销，导致难以吸引高学历高素质的优秀人才。五是民办教师职称偏低。民办学校教师工资待遇偏低，教师无职称或职称偏低，队伍不稳定，党组织监督保障的作用不足，已成为阻碍广州民办教育发展的主要问题。特别是新修订的《民办教育促进法》通过后，非义务教育阶段民办学校可申请成为非营利性学校和营利性学校两种类型，更增加了监管难度。

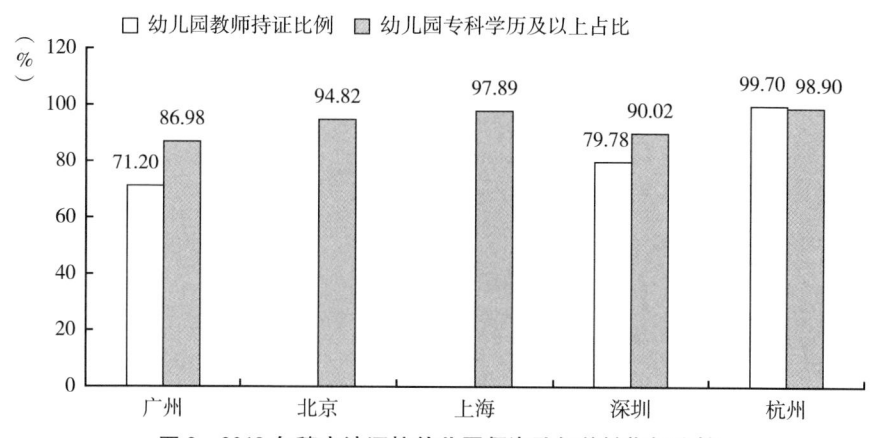

图 2　2019 年穗京沪深杭幼儿园师资队伍关键指标比较

数据来源：《广州市教育统计手册（2019 学年度）》、教育部《2019 年教育统计数据》；幼儿园师资包括园长和专任教师；未获得北京、上海教师持证数据。

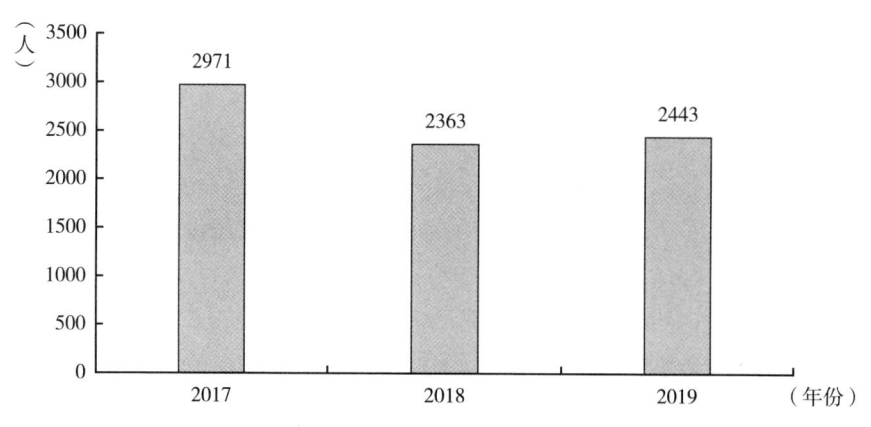

图 3　2017～2019 年广州市幼儿园专任教师在编人员变化情况

数据来源：《广州市教育统计手册》（2017—2019 学年度）。

5. 教育领域执法不力，不利于教育有序发展

广州市和 11 个区尚未整合教育执法力量，未设立专门的教育执法机构和执法队伍，造成多头负责、多头管理，教育行政部门执法且职权不清、执法弱化软化虚化的情况。

6. 教育领域纠纷处理机制不健全，影响学校正常运转

目前，教育领域内的纠纷复杂化、多样化，持续时间长，牵涉面广，影

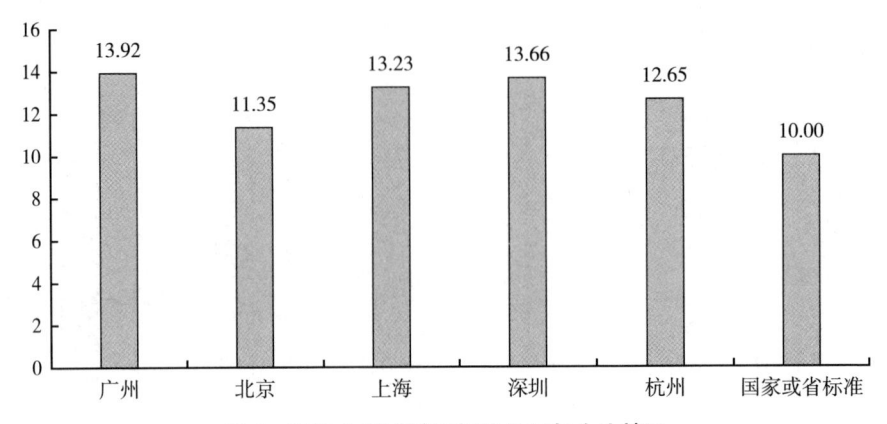

图4 2019年穗京沪深杭幼儿园师生比情况

数据来源：《广州市教育统计手册（2019学年度）》、教育部《2019年教育统计数据》。

城市	师生比
广州	13.92
北京	11.35
上海	13.23
深圳	13.66
杭州	12.65
国家或省标准	10.00

响面大。面对影响正常教育教学的"校闹"，学校单打独斗，疲于应付，不堪其扰。广州市作为广东省省会，还没有在法治框架内建立教育纠纷多元化解决机制。

7. 外籍人员子女学校监管相对松散，不利于规范办学

目前广州市有14所外籍人员子女学校，外籍学生6060人，外籍教师1807人，但因涉及意识形态、办学体制和文化差异等问题，对该类学校和师生的管理相对松散。

（三）学校办学自主权不足，缺乏活力

尽管校长是学校法人代表，但实际上编办、人社、教育等行政部门决定着学校的人事、内设机构设置、课程、招生、选择教辅用书等权力，校长没有真正体现作为法人代表的权利和义务。学校承担非教育事务负担重。各类督导评估检查评比考核调研统计活动等多头布置，摊派任务，扰乱学校正常的教育教学工作。

三 原因分析

经过深入分析，广州市基础教育依法治教问题产生的原因如下。

（一）优先发展教育事业的战略意识不强

部分政府部门政治站位不高，缺乏大局意识和长远眼光，没有把教育摆在优先发展的战略位置。重部门轻全局，重现在轻未来，重行政管理轻依法治理，重经济利益轻社会效益。认为教育是支出而不是投资，没有回报。没有找准贯彻落实好依法治教和部门工作的结合点、切入点、着力点、突破点、创新点，造成政府履行教育职责弱化、边缘化。

（二）政府学校权责边界不明晰

政府和学校之间定位不清晰，关系不明确，权利和责任边界不明晰，授权不到位，政府管理教育还存在越位、缺位、错位的现象，管办评没有严格分离。政府在治理过程中长期形成权力集中、职责分割，容易越俎代庖，管理甚至是管控专业化程度高的学校和教师，管得太多、干扰太多、激励不够、保障不够，束缚学校的发展。个别政府部门以部门利益为出发点，不是根据法律法规解决处理问题，而是随意干涉学校办学的自主权，扰乱学校正常办学行为。

（三）体制机制创新不足

广州基础教育点多线长面广量大，任务重，要求高，压力大，一些教育指标落后于北京、上海、深圳等地方，未能满足群众对好教育的需求。部分人员认为广州教育之所以落后在于没有足够的财政支持，而忽视了深层次体制机制的问题。广州历史悠久，在长期发展中遗留很多历史问题。作为超大城市，政府机关、事业单位机构非常庞大，在编在职在岗人员非常庞大。一方面，体制机制比较成熟，制度确立后便形成相对稳定的利益格局，从而产生制度惯性。另一方面，受庞大的体系约束，体制机制求稳不变，一些制度和规则因循守旧，陈旧僵化老化，创新不足，不能直接大刀阔斧地改革，不适应新时代发展，不利于吸引和留住优秀人才，不利于教育高质量发展。

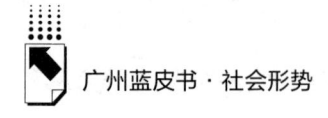

（四）教育督导权威性不够

广州市教育督导还存在"权威性不够、结果运用不充分等问题，还不适应新时代教育改革发展的要求"①。对政府部门履行教育职责的督导还没有真正形成威慑。一是没有充分发挥各级人民政府教育督导委员会作用，督促地方政府落实教育法律、法规、规章和国家教育方针政策。二是市区专职督学较少，兼职督学专业化程度有待提高。如广州市人民政府教育督导室只有5个编制，承担督政、督学、评估监测职能和语言文字宣传与推广工作，人员少，工作量大，工作强度高。专兼职督学在"职称评聘、工作量核定方面，没有参照依据，难以界定，队伍不稳定"②。督学打破专业成长的"天花板"似乎还遥遥无期，极大影响其专业发展和履职积极性。

四 对策建议

当今世界正面临百年未有之大变局，党和国家要求广州充分发挥国家中心城市和综合性门户城市引领作用，广州必须紧紧抓住"双区驱动"的历史机遇，坚持优先发展教育，为党育人，为国育才，强化依法治教，全面落实各级各类主体的履行教育职责行为，提升教育治理的法治化、专业化，建设良好的广州教育生态环境。

（一）提高政治站位，加强党对教育工作的全面领导

加强党的领导。健全党对教育工作全面领导的组织体系、制度体系、工作机制，把教育改革发展纳入各级党委议事日程，"形成党委统一领导、党

---

① 中共中央办公厅 国务院办公厅印发《关于深化新时代教育督导体制机制改革的意见》，《教育科学论坛》2020年第12期，第3~6页。
② 秦国玲：《奎文全省首创督学职级管理》，《齐鲁晚报》2018年11月1日K02版。

政齐抓共管、部门各负其责的教育领导体制"①，实行党委领导下的校长负责制。提高政治站位、把握全局方向、谋划长远规划、作出科学决策、抓好班子建设、带好组织队伍、树立良好形象、抓住核心、突出重点、破解难点、创新亮点，进一步健全公办、民办学校"党建＋教育教学＋治理"帮扶机制，坚持社会主义办学方向，坚持立德树人。

（二）重视教育立法，构建完备的教育法律法规体系和立法研究基地

建立起与国家立法相衔接、体现广州特色的地方法规规章制度体系。由教育部门及政府相关部门根据广州教育现实需求及发展规划，提出以问题为导向、以目标为导向的立法需求，由广州市指定法治工作机构统筹安排立法资源，依法依规立法。

1. 推进地方教育立法

广州市作为改革开放的前沿阵地和中心城市，应尽快在保障教育投入、保障教育均衡、保障教师权益、保障教育集团和学校自主办学以及工读专门教育、学前教育、终身教育、家庭教育、劳动教育、民办教育、外籍人员子女学校管理、校园安全等方面率先探索地方立法改革试点，力争较快完成《广州市学校安全管理条例》《广州市教育督导规定》《广州市外籍人员子女学校管理办法》《广州市职业教育促进办法》等地方性法规和政府规章的制定工作，研究推动特殊教育、职业教育等方面的地方立法工作。创新引导前瞻性教育立法，在教育投入和资源配置、中外合作办学、产学研结合、学生综合素养和现代学校制度建设等重点领域和关键环节创新立法，适时将行之有效的政策上升为地方法规规章，逐步形成比较完善、具有广州特色的地方教育法规规章体系。

2. 及时修订法律法规

要及时清理、立废改释广州市已经出台的涉及教育的法律规范，适应广

---

① 陈宝生：《落实立德树人根本任务 构建德智体美劳全面培养体系》，《时事报告（党委中心组学习）》2019年第3期，第22~34页。

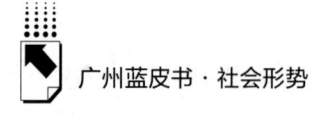

州教育改革发展需求。

3. 完善标准规范体系

立足广州城市定位，从教育设施用地、教育资源配置标准、学校发展与教育质量标准、学校管理规程、教育教学技术规范等方面，加快建立和完善具有鲜明广州特色的教育标准和技术规范体系。

4. 建立立法研究基地

充分发挥高校、研究机构、法律实务部门的优势，发挥专家智库的作用，围绕教育立法，设立研究基地，积极建言献策，坚持理论和实践结合，务虚和务实并举，坚持需求导向、问题导向、目标导向、结果导向，开展理论性、长期性、系统性、战略性、前瞻性、应用性的研究和实践，加大法律法规供给力度，促进立法质量和数量的提升。

（三）加强依法行政，严格履行教育职责

按照"管办评"分离的思路，深化"放管服"改革，遵循"法无授权不可为、法定职责必须为"的原则，政府定准位、不越位、做到位、不缺位，站好位、不错位，严格依法行政，建立法治化的教育行政管理体制。

1. 建立教育责任清单，强化责任担当

依法依规明晰政府、学校、社会三者之间的权利责任边界，政事分开，政校分开。建立与教育发展有关系的相关部门的教育责任清单和负面清单，明确政府各部门的履行教育职能权限与责任，勇于攻坚克难。政府要简政放权，充分授权，加强统筹，让教育集团、学校和教师可以依据专业标准和专业判断开展教育教学，拥有更大的办学自主权，进一步激发办学活力。通过开展市区政府履行教育职责考核评价，督促和引导政府在组织领导、投入保障、创新举措、办学质量等方面精准发力，提升政府履行教育职责的能力和实效。

2. 超前部署规划，优先安排教育

在制定实施经济社会发展总体规划时，"统筹考虑、优先安排教育，特别是在资金投入、用地、学校布局、园区建设、教育基础设施、专业设置、

人才需求、教师编制等方面超前部署"①。整体优化教育布局规划，专门编制教育设施规划，研制学位配置标准。加强规划和学位建设的任务分解，责任到区，确保按期落实。

3. 健全教育用地审批，合理安排用地

年度国有建设用地供应计划优先考虑教育用地，根据人口发展规划和趋势科学合理安排教育用地，实行教育部门参加的教育用地联审联批制度，保障基础教育建设用地符合标准，甚至高于标准。

4. 加大教育财政投入，促进教育均衡优质发展

各级政府部门应对照国家、省的标准，对照先进地区的标准，树立"教育是投资而非开支"的理念，积极完善教育财政政策、落实教育经费投入主体责任，建立教育投入优先保障机制，推动新增财力向教育倾斜，建立健全教育和财政部门对教育经费安排、使用的会商机制和经费使用绩效考核机制，缩小和先进地区的教育投入差距。

5. 推进教育人事改革，加强教师队伍建设

一是推进职称制度改革，参考上海市、辽宁省等地做法，基础教育专业技术人员职称增设教育管理系列，拓宽一线基层专业技术人员职业发展空间；职称评审增加民办教师和幼儿园教师的比例，向偏远地区学校、教育教学成果丰硕的学校、优秀教师多的学校倾斜；创新教师职称评聘机制，把原来的编数到校调整为编数到区（市），在更大的范围内做一些灵活的调整。二是结合师生比和班额比及时核定学校岗位设置结构比例，预先拨编制，将班主任工作量纳入核定编制人数的标准，核编向人口流入区、偏远地区学校、小规模学校、寄宿制学校、特殊学校、特色学校、高中、多校区学校倾斜。三是扩大人事自主权，由教育行政部门组织学校自主招聘、自主考核、自主引进优秀人才。四是坚持每年以市政府名义表彰市优秀教师和市优秀班主任，设立市级特级教师和特级班主任的认定并给予一定奖励。五是建立校

---

① 陈宝生：《落实　落实　再落实——在2019年全国教育工作会议上的讲话》，《人民教育》2019年第Z1期，第6~16页。

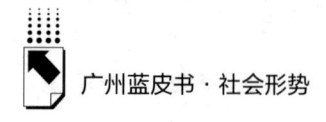

长、教师退出机制。六是研究实施教师同工同酬问题。

6. 创新督学培养和管理机制，提升督学专业素养

根据《教育督导条例》和《督学管理暂行办法》，参考上海市和山东省潍坊市奎文区的做法，及时调整各级教育督导委员会，积极推动属于事业编制的督学挂靠中小学校长职级和教师高级系列工作，提高基础教育专兼职督学的专业化水平。督学从事督导工作的时间等同于一线教学时间，打通督学与校长之间交流任职通道，职级职称互相认定，具有同等效力。参考上海市和福建省的做法，在高校推进教育督导、教育监测与评价的二级学科建设，专业硕士点增设教育督导和评价、监测研究方向相关专业，建立教育督导评价监测智库，加强专业人才培养。

7. 将教育行政执法纳入综合执法，依法行使执法权

贯彻落实《深化党和国家机构改革方案》《广东省机构改革方案》《广东省人民政府关于开展市县市场监管综合执法工作的公告》的要求，市区将教育执法纳入综合执法，建立"市和区教育联合执法协作组"，实现区域协作，解决单个区教育局执法力量不足、出现跨区域重大案件复杂性强等问题。制定教育行政执法手册，规范教育执法流程。

8. 健全教育纠纷处理机制，维护学校师生合法权益

健全师生伤害事故调解制度，设立由司法、教育部门牵头，公安、保监、财政、卫生、应急等部门参加的教育纠纷调解委员会，引导当事人依法处理纠纷，维护学校及师生、家长合法权益，还学校教书育人净土。

9. 补齐学前教育短板，完善学前教育发展体系

多方联动扩大普惠性学前教育资源，严格依照标准建设学前教育用地，确保如期移交，落实规范使用。招聘教师向学前教育倾斜，切实解决公办幼儿园教师编制不足问题。实施幼儿园教师长期从教津贴补助，优化普惠园财政奖补机制，提高学前教师待遇，提高教师持证率。

10. 分类管理民办学校，促进民办学校健康发展

依照民办学校的类型分类管理，分层推进，进一步优化民办教育财政扶持长效机制，建立健全民办学校教师职称评聘制度，提升非营利民

办学校教师薪酬标准，健全民办学校理（董）事会、监事会制度，加强内部治理，促进民办学校规范健康持续发展，扶持一批民办学校优质特色发展。

11. 实施年度检查，加强外籍人员子女学校的管理

依据《关于开办外籍人员子女学校的暂行管理办法》，借鉴北京市做法，将外籍人员子女学校的监督和检查纳入常规的教育工作中，对外籍人员子女学校实施年检，年检不通过将取消下一年度招生资格，确保"学校及其教职员工和学生应遵守中国的法律法规和公序良俗，不得从事危害中华人民共和国国家安全和社会公众利益的活动"[①]。

12. 妥善解决港澳台籍儿童在穗接受义务教育问题，将港澳台籍人员子女入学纳入广州市义务教育公共服务范围。

（四）深化法治教育，增强法治观念

通过全民普法，使全社会包括教育系统干部、师生特别是领导干部懂法、守法，依法办事，提升法治素养。

1. 全面加强法治教育，增强法治观念

把法治教育纳入国民教育体系，重点抓好各级领导干部、执法人员、学校举办者和管理者、教师的法治教育，优化中小学法治课程，大专院校中的师范专业和教师继续教育增设教育法治专题课程，充分发挥法律顾问、法治副校长的作用，努力推进家庭法治教育，突出宪法教育，树立法治理念，提升法治素养。

2. 培养教育法治名师，推进法治教育教师专业化发展

开展"中小学法治教育名师培育工程"，培养一批高素质、有能力、能示范的教育法治教师，提高中小学法治教育教师的法律素质和教学能力，使广州市中小学法治教育始终位于全国前列。

---

① 《江苏省教育厅、江苏省民政厅关于印发〈江苏省外籍人员子女学校管理暂行办法〉的通知》，http://www.jiangsu.gov.cn/art/2020/6/17/art_ 64797_ 9217373.html. 2020-06-17.

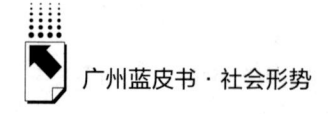

3. 开发法治教育资源，建设法治教育优质平台

秉承"法治育人、寓教于乐"的理念，公安、检察院、法院、司法等实务部门要加强和学校合作交流，以建设青少年法治教育优质平台为抓手，多方联动，融合资源，凝聚合力，多渠道多形式多层次开发青少年喜闻乐见的线上线下法治教育项目，为学生提供法治教育实践机会。

4. 探索工读教育新模式，促进学校内涵式发展

成立工读教育专业委员会，通过督导评估促进工读学校教育升级迭代，内涵式发展，探索在新时代教育治理下工读教育的新路径、新策略、新模式，形成辐射带动示范引领效应。

（五）坚持依法治校，建设现代学校

依法治校是依法治教的重要内容，是依法治教的核心体现。

1. 依照章程自主办学，完善内部治理

学校要建立以章程为核心的制度体系，完善优化内部治理，形成依章办学、依章治理的新局面。"建立章程实施年度报告制度，完善章程实施的监督评价制度和问责制度，确保章程有效实施"[1]。

2. 推进现代学校建设，激发学校办学活力

以完善学校法人治理体系为核心，以政府为主导、以学校为主体，按照"顶层设计、总体规划、稳步推进、规范完善"的思路，全面推进现代学校制度建设。"建设依法办学、自主管理、民主监督、社会参与的现代学校制度，构建政府、学校、社会之间新型关系"[2]。坚持科学决策、民主决策、依法决策，"保证教育教学自主权，扩大人事工作自主权，落实经费使用自主权"[3]，增强学校办学内生动力，激发学校办学活力。

---

[1] 《广东省教育厅关于印发〈全面推进依法治教实施意见〉的通知》，http://edu.gd.gov.cn//gkmlpt/content/2/2095/post_ 2095907.html#1622. 2016-12-26。

[2] 《中共中央、国务院印发〈国家中长期教育改革和发展规划纲要（2010—2020年）〉》，《人民教育》2010年第17期，第2~15页。

[3] 《教育部等八部门关于进一步激发中小学办学活力的若干意见》，http://www.moe.gov.cn/srcsite/A06/s3321/202009/t20200923_ 490107.html. 2020-09-22。

3. 深化依法治校评管，规范办学行为

动态管理各级各类依法治校示范校和达标校，原则上每 5 年复查一次。督导从严，指导有方，评估促建，促使学校依法依规办学。

（六）加强组织保障，落实实施路径

全社会要高度重视教育，把教育纳入全面提升广州国际大都市治理能力和水平的大局统筹考虑，切实增强依法治教的使命感、紧迫感和责任感，加强组织领导，强化保障落实。

1. 建立联席会议制度，解决教育发展的重大问题

加强组织领导，充分发挥中共广州市委教育工作领导小组作用，建立依法治教联席会议制度，协调依法治教工作机制，每年总结依法治教工作，及时研究教育发展的重大问题、重大改革任务和重点政策。聚焦重点领域和关键环节，集中力量攻坚，开展试点，稳步推进。

2. 建立规范督查考核制度，营造良好教育环境

强化教育行政主管部门统筹把关职能，建立并实行由教育部门统筹对学校检查考核评估等目录清单制度，切实减轻学校与教育教学无关的负担。

3. 强化考核督导，完善问责机制

将依法治教情况纳入政府绩效考核内容，加强对政府履行教育职责的考核督导，建立动态监测、定期评估及预警反馈制度，完善考核问责机制，确保各项工作落到实处。

4. 把握正确舆论导向，注重示范引领推广

围绕依法治教工作，教育行政部门要积极会同宣传等部门，充分发挥主流媒体和新媒体的作用，广泛宣传党和国家的教育方针政策，加强正面宣传力度，提高舆论引导能力，积极回应群众关切，推广应用依法履行教育职责、法治教育建设经验和成果，传递广州教育"好声音"，营造良好的教育法治生态环境，助推广州教育发展。

B.14 广州市成年智力残疾人职业转衔培训研究报告

王炫力　张东航　丁红娟　罗廷贤　李清*

摘　要： 2020年广州市残疾人联合会针对成年智力残疾人群体设计并开展生涯规划及转衔的团体培训干预项目。本研究通过质性研究的方法，采用半结构式访谈法，分析团体培训对智障人士生涯规划与职业转衔的效果。结果表明，生涯规划及转衔培训有助于提高学员的社会适应能力和培养未来职业规划的意识。建议转衔服务培训项目应该关注父母角色的参与，增加实操的训练，延长培训周期，缩小班级规模，将智障人士分类开展个别化的团体培训。

关键词： 智力障碍　职业转衔　就业培训　职业生涯规划

一　研究背景及意义

我国目前有智力残疾人554万，占残疾人的比例为6.68%；多重残疾人中伴有智障的还有430万，总数将近1000万人。其中15~19岁年龄段的有智力残障的学生，占智力残疾人总人口的9.6%，这些学生的义务教育基

---

* 王炫力，广州市残疾人就业培训服务中心社会工作师；张东航，博士，广州市洋城社会工作服务中心社会工作者；丁红娟，广州市越秀区慧灵社会工作服务中心行政主任；罗廷贤，广州市洋城社会工作服务中心总干事；李清，广州市越秀区慧灵社会工作服务中心服务主任。

本结束，处于适应社会的关键过渡期和职业教育开始阶段。但目前我国智力残疾人就业形势严峻，就业率低于10%。[1]

2013年，广州市的智力残疾人进入职业高中特教班进行学习。广州市残疾人联合会从2015年开始为智力残疾人提供支持性就业服务。通过总结4年的服务，从职业高中毕业的智力残疾人，依然面临着如何从学校环境过渡到就业岗位的诸多问题。一是环境适应性较差。在日常交流中，很多智力残疾人都会有吐字不清，发音不准，语言表达不连贯、不完整等现象且对于家长非常依赖，存在着不同程度的人际交往障碍、应激性问题、胆小怕事、稍有困难就退缩等问题。二是职业素养不合格。经统计，部分智力残疾人在支持性就业服务的过程中暴露出较多问题，例如上班迟到、工作时间偷懒、不接受领导批评、工作时偷听顾客谈话等。而最终未能与单位签订劳动合同的原因主要包括：不会单独出行、不懂得与人打招呼、上班迟到、工作偷懒、偷吃顾客剩下的食物等。这些问题都与职业生涯教育和职业转衔教育的缺乏有关。

2020年，针对有就业需求的智力残疾人，广州市残联设计并开展了智力残疾人生涯教育及职业转衔培训项目，为60名广州市智力残疾人提供职业生涯规划及转衔培训，以提升智力残疾人从学校或家庭环境转衔进入就业环境的适应能力，帮助智力残疾人提升就业能力，做好职前准备，最终顺利过渡到支持性就业。

该项目通过创造一个安全和舒适的学习环境，运用授课和实操的方式，使用同理心、鼓励和支持的策略，激发成人智力残疾人对生活和职业技巧的了解和认识，帮助他们建立与人交往的规则，教授自主生活与管理、职前准备工作等方面的知识。培训结束后，通过质性研究的方法，采用半结构式访谈法，分析团体培训对智力残疾人生涯规划与职业转衔的效果，探讨培训项目执行中存在的问题，并进一步讨论相关服务设计的策略。

---

[1] 2006年第二次全国残疾人抽样调查主要数据公报（第一号），中国残疾人联合会。

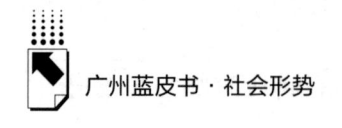

二 研究方法

（一）研究设计

本研究假设项目受益的学员、家长和授课老师对项目培训及成效有一些认识看法，老师对培训期间的挑战有一些体会，以及父母对孩子在家变化状态有主观体验等。本研究采取定性研究的方法，从参与学员及家长和授课老师的视角探索成人智力障碍人士职业转衔培训的干预效果及经验。

（二）研究问题

1. 受益的学员、家长和授课老师对项目培训及成效的看法；
2. 授课老师在培训期间面临哪些挑战；
3. 父母对孩子在家变化状态的主观体验。

（三）抽样与招募

确定培训方案后，在广州市内发布招募信息进行学员招募。参加者统一填写报名表后由项目社工统一安排面试。符合项目干预的对象需要具备三个条件：（1）广州市中职特教班高三应届毕业生；（2）持有残疾证的16岁以上智力障碍残疾人；（3）具有广州市户籍。样本筛选的标准是面试成绩排在前60名，且认知功能未受损。

共招募了60名培训学员，包括41名男生，19名女生。出于对照考虑，将60名学员分成A、B班，A班和B班的学员情况差不多。其中A班有20名男生和10名女生，B班级有21名男生和9名女生。除了A班的1名学员残疾证上注明是肢体残疾（实际评估存在一定认知障碍），其余都是智力残疾。

对该培训项目的研究并未面向所有的受训学员及家长进行调查。采用随机抽样的方法，从60名学员中随机选择10个样本，有6名学员同意接受访问；随机抽取9名学员的家长进行访问。另有5名受训老师同意接受访问和录音。他们的基本情况如表1和表2所示。

表1 访谈学员基本信息

序号	学员	障碍程度	文化程度
1	H	智力4级	小学
2	Z1	智力4级	初中
3	Z2	智力3级	初中
4	C	智力3级	高中
5	J	智力4级	小学
6	W	智力4级	初中

表2 家长和授课老师的基本信息

序号	家长基本信息			授课老师基本信息			
	家长姓名	是否工作	家庭收入	老师姓名	性别	年龄	工作年限
1	C1	否	一般	L1	女	42	3
2	Z	是	较好	G	男	43	1
3	T	是	一般	L2	女	30	3
4	L1	否	较好	Z	男	28	2
5	C2	是	较好	L3	女	29	7
6	S	是	一般				
7	L2	是	一般				
8	L3	是	较好				
9	H	是	一般				

（四）资料收集与分析

根据事先拟定的访谈提纲，通过面谈或电话访谈的方式，针对愿意接受研究的受访对象进行资料收集。针对智力障碍人士的访问题目涉及对培训内容的了解、是否认识了新朋友，以及未来的工作选择等；面向智力残障人士家长的访问提纲，涉及的问题包括是否了解过职业转衔，分享与孩子讨论未来工作规划的经验，对孩子毕业后的安置和期待等；关于受训老师的访谈，

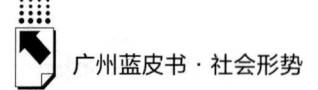

问及的问题包括："本次培训中,您观察到活动参与者有什么样的变化?您在开展团体课程的过程中具有哪些问题及如何解决?如何评价本次培训?"

访谈本着自愿和保密的原则,双方约定面谈时间和方式。访问员向受访者说明培训项目和研究的目的及保密原则,并告知是否同意现场录音。在获得受访者同意的情况下进行访谈。

对收集到的资料,逐条进行开放式编码,尽可能地从原始资料中形成初始概念或主题(Charmaz,2014)。为了减少研究者个人的偏见和定见,尽量摘取受访者原话中的关键字眼作为标签发掘初始概念,并对初始概念或议题进行范畴化。根据不同范畴在概念层次上的相互关系进行归类,确定了三个主范畴;比较不同受访者的代码和扩展同一主题的代码(Charmaz,2014),探索培训项目干预的机制、效果、改进策略。尽可能以论述和录音资料摘录的方式撰写研究结果。

三 广州成人智力障碍者职业转衔培训班现状

广州市户籍的智力残疾人进入职业高中特教班进行学习,在全国都是走在前列的。据残联工作人员从广州市职业高中特教班老师处了解到的情况,大部分职业高中并未对特教班的孩子开设正式的职业生涯规划及职业转衔课程。在广州市残联开设的职业培训课程中,为智力残疾人专门开设职业生涯规划及职业转衔课程尚属首次。

(一)本培训班基本情况

本培训班培训内容的设计,包括向报名项目的智力残疾人提供职业适应能力的评估以及设计包括自我认识、走进职场和工作态度、健康安全等一系列主题的课程。采用理论讲解和实操训练的培训方式,10天的培训课程包含80课时,即理论36课时和实操44课时。

培训课程安排:上午主要是理论知识的学习,下午做实操练习,安排学员轮流到培训场地和实际工作岗位参与实操训练。每节课程制定重/难点教学目标,以及个别化培训目标。教学过程中针对重难点内容,利用工序分析和辅具工具的方法进行讲解示范,针对每个学员的学习能力"因材施教",帮助学员达成学习目标。每节课程制定了相应的考核指标,课程结束后对每位学员进行考核。

(二)培训目标达成情况及培训后学员的状况

所有参训学员取得结训证明。培训结束后,有9名学员在家,4名学员未毕业而继续上学,7名学员继续接受就业培训,7名学员入驻工疗站,15名学员接受支持性就业服务,1名学员读大学,17名学员在庇护工场就业。

(三)培训班面临的挑战

1. 参训学员自身的障碍问题

授课老师多在社工机构服务多年,在培训前对智力残疾人群体较为了解。L1老师阐述智力残疾人理解力较差,"普通人懂得借用别人的东西,要经过别人同意才行,但他们理解能力有限,他们的目的就是拿东西,不管别人同不同意"。授课老师就会有一些预设的方案来解决临时突发的问题。G老师提到会寻找社工帮助有挑战的学员到一旁安抚情绪,课前会事先宣布规则。

授课老师也会在教学方面不断重复已讲的内容,且对孩子降低和调整期望。G老师谈道,"这些孩子需要不停地去重复,不停地去学习,才会让他们的思维和行为形成概念,才有可能转化为他们的知识行为"。

2. 参训学员出现的情绪和行为问题

智力残疾人的情绪和行为控制管理比较弱,如果老师管理不善,势必会影响授课的有序进行。老师们只能小心翼翼地处理,尽量不激发他们的情绪,让他们自己使用慢慢冷静下来的方式处理消极情绪。

3. 参训学员障碍程度不一

参与项目的学员,智力障碍程度包含1级到4级。培训团队并未区分学员的智力程度,导致在实训过程中,老师难以掌握学生对于知识的接受度。

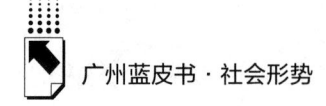

4. 培训效果评价

对于生涯规划及转衔培训效果的评价，主要从个人层面和个人外的系统（家庭和朋辈关系）进行评估，也会对家长对培训项目的总体评价进行研究。

（1）个人层面的评估

A. 学员对培训课程和内容的认识

受访学员能够说出自己参加了一个培训课程，也能分享自己参与的训练内容。然而，这些学员对学习内容的认识面是有差别的，有些会分享很多学到的知识，比如Z1学员说自己学习了"金钱管理，还有情绪管理、个人卫生、面试"。

有些学员会简单告诉一点学到的知识，比如H学员只告知自己学习了安全知识。W学员说自己学到"情绪啊，交通出行咯"，当访问员问是否还记得其他内容时，W学员说"不知道"。

很多学员可能记不住学过的主题，但是能够记住学到的具体内容。C学员说"学了工作的种类，还有如何挣钱"。

当访问员提醒学员学了某一主题时，学员能够说出自己学了的内容。Z1说学了"参访企业，还有劳动合同；懂礼貌，对人有礼貌用语，要先讲老师、同学你好，要说名字"。

B. 学员培训在社会适应方面的改变

学员的改变在于能够对自己形成合理的认知，知道健康和安全，了解一些职场的技能，能够有自主生活和自我管理的意识。一是增强了生活与职场的安全意识。可能是因为跟实际生活最贴近，学员都增强了生活和职场的安全意识。基本上，所有学员都能说出一些安全规则，比如W学员说，"很危险要走开，施工要戴安全帽。坐公交、地铁要排队，不要拥挤"。二是巩固了对文明/工作礼仪的认识。学员、家长和老师都会强调孩子对工作礼仪的认识，以及在文明礼仪的语言和行动实践方面有了一些变化。受训学员能够在语言上使用尊称，同时在行动上变得客气、识大体以及尊老爱幼。H学员表示，"懂礼貌，对工友礼貌用语，要先讲老师、同学你好！要说名字"。三是提升了自主生活能力。

据家长反映，孩子的自主生活能力也有一些改进，孩子做事有规划、能够做好时间管理。表现在告诉妈妈自己需要有一个规划、打游戏的时候能够控制时间、遵守规定时间上下班以及按时赴约。

C. 培养了学员思考未来的职业规划的意识

培训项目的目标除了帮助受训学员了解生活技巧和工作技巧，也希望培养学员的工作意识，有初步的职业兴趣或目标。几乎所有受访的学员能够告知毕业或培训之后要做的工作。Z1学员提到自己要"拖地"，Z2学员在访谈员的提醒下也说"想要做保洁工作，在天河"。有些学员还很明确自己要做的工作，比如J学员说"自己要往咖啡师发展"。个别学员可以很详细地表达自己的就业想法，以及想法是怎么来的。

有些父母会与孩子讨论他们的职业规划，或者在家里经常跟孩子传达找工作的想法，所以孩子自然而然就会在别人告诉他该工作的时候建立自己的职业想法。

当然，有些家长是不跟孩子讨论他的职业规划，觉得孩子是不懂的、不明白的，思想很幼稚（L3）。有些父母会给孩子一些负面的影响，可能会降低孩子找工作的信心。

D. 职业选择的要素单一和纯粹

受训学员选择职业也会考虑一些要素，但会更纯粹一些，表现在做自己想做、有收入、有份工作、能自己养活自己。学员H认为在茶餐厅或酒店做服务员是因为可以距离家不太远。学员Z1表示做清洁工令他很开心，学员Z2的考虑是为了有工资收入。

相比受训学员职业选择的出发点，有些父母考虑的出发点是希望孩子有一份工作，哪怕是没赚什么钱，也是可以接受的，因为不想让孩子在家无所事事。有些父母就强调孩子需要有一份工作养活自己。

家长会利用孩子的闪光点，倾向于孩子熟悉的或能做的工作，以发挥孩子的特长。

E. 工作态度表现勤奋和脚踏实地

智力残疾人就业困难，容易被就业市场排外。虽然他们智力和社交能力低下，但有些学员表现出了勤奋和脚踏实地的工作态度。Z2学员分享道，"辛苦能赚钱，每天做八个小时、十个小时，拖地扫地、抹窗，帮别人抹干净就有钱拿，有工资收入"。H家长说，"因为我儿子没有动手能力，不会打人，脾气很好，会跟着一起做，不会抱怨"。

（2）个人系统外的评估

一是减少家庭的照顾压力。本培训可以帮助孩子改善他们的情绪或行为问题，在某种程度上有助于家长减少对孩子的担忧和照顾压力。父母也愿意接受一帮专业人士对孩子进行职业教育，可以不用担心孩子自己在家会出现意外或看电视。

二是扩大社交圈子，增加了人际沟通的机会。培训采用团体的方式，在课堂上让大家互相认识，增加课堂互动，尽量保障学员的积极参与，同时也加入了社会礼仪的内容。总体来说，扩大了学员的社交圈子。W学员说自己认识了5个同伴。这些朋友不只来自同校，也有来自其他学校的。此外，一些学员也能结合自己的情况分享自己的经验给其他人。

（3）父母对培训成效的总体评价

父母对培训成效的总体评价可以分成三类。第一类认为培训能够给孩子带来变化，比如孩子会保持兴趣和持续参加培训，会有当下的收获，也觉得孩子有地方可去。

第二类是质疑培训成效。主要是考虑培训时间短，人数众多，分配到个人身上的时间就变短。L1家长在质疑10天的培训能让孩子们学到什么，"所以对成效还比较质疑，你看毕业出来的残疾人，1年实际就业的可能性都不到1%"。

第三类是认为培训效果不明显。一些孩子培训结束后又回归到原来的生活状态，没有明显的变化。

（4）培训项目改进之处

第一，注重父母参与到培训当中，发挥父母的辅助和支持角色的作用。有些父母抱怨没有参加到具体课程当中，不知道具体内容是什么。H家长认为要布置作业，让家长也能参与进来，孩子也就有了目标。家长是最了解孩子的，如果父母教育投入得多，就能陪伴孩子复习和巩固已有的知识，也能够结合孩子的特点规划未来的职业方向。

第二，减少理论培训，增加实操的训练和实地的参观。多数家长认为课程应该涉及更多实效性的活动安排。Z家长说道，"感觉理论的多，实操的少，但他们需要的不是太多理论，而是要实操……我不知道你们的资源怎么样，就是找实操的资源，在工会的那种培训资源，我当时看到你们最后一天有去企业参观"。T家长也认为，"应该先带他们到实地进行培训，一路指点过去，可能对他们会好一些。课堂上课对他们理解知识点还是不够的"。Z老师同样也反思说，增加实操是有效的，易于学员掌握。

第三，培训周期可以延长，班级规模可以缩小。培训周期是家长普遍关注的议题。很多家长希望还是多一点时间在外学习，而不是在家无所事事，因此他们希望培训时间长一些。有些家长抱怨时间短，对于这类需要不断进行知识重复的群体来说，学习成效可能不明显。L1家长抱怨道，"时间太短了，你都知道这类人学一样东西都要不断地重复，才能理解得多一些"。

第四，将智力残疾人进行分类，开展个别化的团体培训。受训学员的智障程度是有区别的，有些人相对轻微，有些人比较严重。而培训中并未对学员进行分类，两个培训班的学员同质性较低，训练课程缺少针对性。因此，A老师反思说，先将学员进行分类，再进行针对性的培训，能够解决培训中出现的参差不齐的问题。家长H也认为，"要把孩子进行分类，动手能力强的沟通欠缺的，那就着重增强他的沟通能力；至于高功能的孩子，那就需要把高功能的孩子放在一起……对于每一个孩子，要清楚每一个孩子身上的强项是什么"。

第五，其他建议。亲子的沟通状态与智障孩子的就业能力息息相关。从家长的访谈资料中，发现一些家长跟孩子的沟通较少。也发现父母对孩子的接纳度越小，孩子就越容易关在家里。家长抱怨孩子平时没什么话，整天看电视看手机，精神健康状态也很差。

透过访谈资料，也发现政府的支持有助于促进智力残疾人的就业。虽然多数家长对我国的残疾人就业政策不了解，但是C家长谈到政府有关残障康复的补贴都很及时、很到位。S家长建议持续开展相关的就业培训，提高社会的包容度，并开放更多的就业岗位给这个群体。L1家长认为政府应带头开放岗位给残疾人，企业也会开始接纳这些智力残疾人的就业。

四 成人智力障碍者职业转衔培训班问题及分析

本项目只单纯为学员提供理论加实操的训练，并未安排学员接受后续的服务，因此项目结束后部分学员闲居在家。有15名学员正在接受支持性就业服务，是前往庇护工场就业数量的1倍。

本研究识别了智力残疾人职业转衔培训的机制包括三个方面：（1）工作员/受训老师了解和接纳智障群体并识别预期的解决方法；（2）仍旧面临一些重复的、不可控的挑战（如学员的行为和情绪问题、智力障碍程度造成对知识接受度的差异），这些挑战需要专业社工的支持和具体化的培训设置来实现；（3）采取策略以适应突发情况，包括一视同仁、区别对待、外围协助、提问和增加互动。这个机制并未包含培训课程的设计思路和程序，而是强调培训前后受训老师的参与过程。

研究结果也表明生涯规划及转衔培训有助于提高学员的社会适应能力和培养未来职业规划的意识。学员也发展了职业技能以外的转衔技能。此外，几乎所有受访的学员对未来的职业都有过考虑，一些家长也会主动与他们讨论职业规划，这无疑帮助孩子培养职业规划的意识。但也应该看到，一些家长会带给孩子一些负面的影响，导致孩子对就业有抵触。另外，研究发现很多学员选择职业的动机很纯粹，表现在做自己想做的、有一份工作、有一份收入、能养活自己、让自己开心。换句话说比较容易自我满足。父母考虑孩子就业的出发点也是很简单，希望他们有一份工作养活自己。因此，这些智力残疾人更容易表现出勤奋和脚踏实地的工作态度。

基于培训效果的不一致，有些地方需要改进以更有效地向智力残疾人提供职业转衔服务。第一，转衔服务培训项目应该关注父母角色的参与，即让父母能够参与到培训的整个过程中，父母便有机会协助孩子掌握生涯规划和职业转衔的技能。其次，建议将智力残疾人分成若干个同质性较高的团队，针对不同的团队设计有差别的培训内容，从而实现因材施教的策略。再次，增加实操的训练和实地参观，让受训成员在行动中学习、体验和成长。最后，培训周期和时数可以延长，并缩小班级规模，以保证培训内容可以不断重复且更有针对性地开展教学。

目前，我国有《残疾人权利公约》《残疾人保障法》《残疾人就业条例》等相关法律法规来保证残障人士平等就业的权利，但具体执行中没有针对不同类别的残疾人提供就业支持的规定。尤其是对于智力残疾人，很多用人单位倾向于聘用肢体或聋哑残障者，而不愿招收智力残障人士。这些给智力残疾人的就业带来很大的冲击。现实当中，经过职业训练的智力残疾人很难找到一份与他们能力匹配的工作。另外，就业服务机构普遍经费不足、师资短缺等问题，也给智力残疾人就业带来很大的阻碍。国内在对智力残疾人支持就业的保护政策上还处于空白。党和国家对残疾人士就业发展的重视程度在不断提高。当前的社会发展趋势，急需专门的政策和法规来保障智力残疾人的就业权利。政府各部门、社会组织、学校及企业应当建立工作衔接制度，保证智力残疾人职业转衔工作获得适当的资源、支持。社会组织应该发挥专业的力量，更多地参与其中，保证服务项目的高质量输出。

本研究将会启发一些智力残疾人服务机构在生涯规划和职业转衔服务上设计有针对性的培训内容。考虑到培训项目实施过程中充满了各类挑战，研究结果可以启发一些服务机构开发以家庭为本的职业转衔服务项目、关系为本的导师项目、能力为本的个人辅导。未来的研究可以就培训项目做干预研究，按群体的同质性特征分组，比较不同组别的受训效果；也可以将职业转衔培训作为干预手段，通过前后侧实验设计的方法，讨论培训干预的有效性。今后的研究还可采用纵向研究设计的方法，跟踪培训效果是否随着时间的推移而有所发展变化。

本研究使用了定性研究的方法讨论生涯规划及转衔培训对智力残疾人社会适应能力的影响，可以弥补这个领域的缺陷，同时能够深入了解受训学员、家长及授课老师对培训效果的主观评价。但是，本研究存在两个需要改

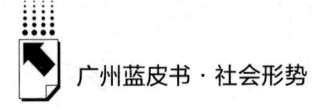

善的方面：一是本研究并未采用定量研究，无法对学员的培训效果进行前后侧的评估；二是受访谈的学员样本数量少，从受训学员的角度了解培训效果相对较为浅显。未来的培训干预研究应该在写培训方案时就已提前制定好实验设计，同时扩大受访对象的样本数量，以便准确了解受访对象的主观经验。因为家长有能力填写问卷，因此对于家长可以设计问卷和量表，收集量化的数据以做数据分析。

参考文献

王鹤：《中度智障人士支持性就业服务研究》，上海师范大学硕士学位论文，2017。
林幸台：《身心障碍者生涯辅导与转衔服务》，心理出版社股份有限公司，2007。
刘春玲：《智力障碍儿童的发展与教育》，北京大学出版社，2011。
沈立等：《智障学生个别化职业转衔服务模式》，上海交通大学出版社，2013。
王鹤：《中度智障人士支持性就业服务研究》，上海师范大学硕士学位论文，2017。
王和平、马红英、马珍珍：《北欧国家智障人士社会融合研究》，《中国特殊教育》2006年第9期，第11~15页。
汪蔚兰、昝飞：《美国的智障人士支持性就业》，《社会福利》2010年5月，第26~27页。
徐凤菊、徐颖、邹颖源：《智障人士职业康复训练和辅助就业相结合的服务模式初探——以广州市康智乐务中心为例》，《改革与战略》2013年第29期，第119~124页。
徐素琼、刘嘉：《重度智障人士支持性就业个案研究》，《中国残疾人》2011年第8期，第34~35页。
徐添喜、苏慧：《从学校到就业：美国残障学生就业转衔模式的发展及其启示》，《残疾人研究》2016年第2期，第25~29页。
杨淋先：《智力障碍青少年生涯转衔之行动研究》，重庆师范大学硕士学位论文，2014。
张宝林：《成年智障人士支持性就业在中国》，《中国残疾人》2016年9月，第34~35页。
郑悦：《生态系统理论视角下智障人士康复的社会工作介入分析——以兰州市城关区慧灵智障人士服务中心为例》，《现代妇女（下旬）》2014年第4期，第224~225页。

法治建设篇
Legal System Construction

B.15
广州市正风肃纪反腐营造良好政治生态的调研报告

广州市纪委监委专题调研组[*]

摘　要： 2020年，广州市纪检监察机关坚定不移正风肃纪反腐，全市党风廉政建设和反腐败工作取得新的成果。但是纪检监察工作高质量发展不平衡不充分的问题仍较突出，具体表现为：不敢腐、不能腐、不想腐一体推进与不收手、不收敛、不知止并存；"四风"隐形变异增多与形式主义、官僚主义问题突出叠加；权钱交易链条未断与腐败方式花样翻新交织；"严"的主基调深入人心与干部担当作为不足同在。进入新发展阶段，广州市纪检监察机关将围绕现代化建设大局发挥

---

[*] 调研组成员：刘连生，原中共广州市委常委、市纪委书记、市监委主任，现任中共深圳市委常委、市纪委书记、市监委主任；赵辉，中共广州市纪委常委；周志斌，中共广州市纪委副秘书长、市纪委监委政策法规研究室主任；彭宁，中共广州市纪委监委政策法规研究室二级主任科员；杨志，中共广州市纪委监委政策法规研究室三级主任科员。执笔人：彭宁。

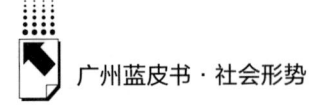

监督保障执行、促进完善发展作用，推动正风肃纪反腐与现代化建设相契合相适应。

关键词： 广州市　正风肃纪反腐　全面从严治党　政治生态

一　广州市正风肃纪反腐总体情况

中山大学廉政研究中心民调显示，广州在粤港澳大湾区城市群"廉洁指数"综合评价中位居内地9市第一。主要表现如下。

一是落实"两个维护"更加自觉坚定，推动政治生态进一步向上向好。协助广州市委制定推进政治监督具体化常态化、做到"两个维护"的若干措施，跟进制定纪检监察机关实施意见，严格执行市委"两个维护"十二项制度机制，确保政令畅通、令行禁止；聚焦贯彻新发展理念、推动高质量发展、打好三大攻坚战和省委"1+1+9"工作部署、市委"1+1+4"工作举措等开展监督检查，部署中央巡视反馈整改"回头看"专项督查，对营商环境建设、城市更新九项重点工作、违建别墅清查整治等重点任务组织专项监督、专项巡察；开展政治生态状况第三方民意调查，协助市委组织召开"落实全面从严治党主体责任　营造良好政治生态"专题民主生活会；落实加强和规范党内政治生活三年行动计划，制定年度要点、组织专项检查、形成长效机制，巩固深化肃清李嘉、万庆良恶劣影响成果，健全违反政治纪律和政治规矩问题重点查处机制，持续落实党内政治生活三年行动计划，2020年，广州市政治生态第三方民意调查结果显示，基层干部群众认为本地党员干部"守纪律、讲规矩"的占比达93%。特别是面对新冠肺炎疫情严重冲击，广州市纪检监察机关切实履行监督保障职责，制定涉疫问题线索处置管理办法和20项涉疫失职失责问题清单，既严肃处分65人，又实事求是对4宗问责案件提出免责处理意见，在疫情大战大考中践行初心使命。

二是"打虎""拍蝇""猎狐"不松劲、不停步，反腐败斗争压倒性胜利进一步巩固发展。坚持"三不"一体推进,巩固发展反腐败斗争压倒性胜利,严肃查处广州金控集团原党委书记、董事长李某金等大案要案,在广东省廉情指数第三方评价中广州市民群众对反腐败满意度从2018年的69.49分上升至2019年的76.90分。深化基层正风反腐三年行动,开展民生领域突出问题、领导干部违规兼职和从事营利活动、公职人员涉农村土地违法等十大问题集中整治,推动有关职能部门开展变相公款旅游、国有企事业单位领导人员违规公款吃喝和发放津补贴等专项整治,及时办理村社"两委"换届信访举报,规范农村集体"三资"管理。面对疫情防控常态化和严峻国际形势的双重挑战,充分运用法治化追逃手段,统筹推进"天网2020"专项行动。2020年以来,广州市纪检监察机关立案3232件,处分2271人,分别同比增长20.9%和44.6%,236名干部向纪检监察机关主动投案,1303人主动交代问题,追回在逃人员26人,其中从境外追回8人,占全省境外追回人数的1/2。

三是纠治"四风"决心不变、力度不减,从严抓作风建设进一步常态长效。持续整治形式主义、官僚主义,紧盯党中央决策部署贯彻落实情况,坚决整治只表态不落实、维护群众利益不担当不作为等突出问题,监督做好为基层减负工作,推动健全开会发文、调查研究、督查检查考核等刚性约束机制,纠正违规向基层摊派任务、搞"指尖上的形式主义"等问题。纠"四风"树新风并举深化作风建设,贯彻习近平总书记关于坚决制止餐饮浪费行为重要指示精神,推动形成浪费可耻、节约为荣氛围,制定处理违反中央八项规定精神问题指导意见,明确处理原则、标准和定性依据。2020年以来,全市查处违反中央八项规定精神和"四风"问题764件,处分583人,同比分别增长13%和57%。

四是"四责协同"落实有力有效,管党治党政治责任进一步压紧压实。压实管党治党主体责任,贯彻《党委(党组)落实全面从严治党主体责任规定》,强化协助职责、监督责任、推动作用,加强对主体责任落实情况的监督检查。深化运用"主体责任e系统",用足用好巡察整改监督、纪检监察建议、民主生活会督导等方式,推动"两个责任"同向发力。坚持严问责、促履责，全市问责履行"两个责任"不到位党组织19个、党员领导干部550人。总之，全市党风廉政建设和反腐败工作取得新的更大成果，必须保持信心定力，一以贯之推进全面从严治党向纵深发展。

二 目前存在的主要问题

当前，纪检监察工作高质量发展不平衡不充分的问题仍较突出，正风肃纪反腐措施与现代化建设内在要求还不完全相适应相契合，主要体现在以下方面。

（一）不敢腐、不能腐、不想腐一体推进与不收手、不收敛、不知止并存

2020年，广州市初次检举控告下降14.3%，"遏增减存"成效逐步彰显；实名举报率从2016年不足30%到2020年超过50%成为主流，群众有序参与反腐败意愿显著增强。全市运用"四种形态"处理11855人次，其中，运用第一种形态谈话函询、提醒批评7691人次，占比为64.9%；运用第二种形态给予轻处分、组织调整3009人次，占比为25.4%；运用第三种形态给予重处分、职务调整656人次，占比为5.5%；运用第四种形态处理严重违纪违法、触犯刑律的499人次，占比为4.2%。监督执纪第一、二种形态占比提升至91.3%，第三、四种形态处理占比从2016年的58.3%下降至9.7%，关口前移、抓早抓小的监督"防线"更加牢固。但反腐败斗争形势依然严峻复杂，不收敛不收手不知止现象仍然突出。其中一把手腐败问题不容忽视，市管干部初次检举控告中涉及一把手的有163件96人，占比为52.9%，2020年以来，广州市共查处一把手违纪违法行为195人，包括广州金控集团原董事长李某金等一批大要案，且不少一把手违纪违法延续到2018年以后甚至被查处前。2019年办结的广州市仲裁委窝案，前后两任一把手连续落马，班子成员投案自首。一把手在领导班子和工作全局中处于核

心地位、起着关键作用，一把手违纪违法最易产生催化、连锁反应，甚至造成区域性、系统性、塌方式腐败。

（二）"四风"隐形变异增多与形式主义、官僚主义问题突出叠加

"四风"面上问题减少、蔓延势头得到遏制，但"病原体"尚未根除，转为地下、隐形变异增多，同时"四风"问题出现内部分化，形式主义、官僚主义仍是顽疾，据统计，2021年查处形式主义官僚主义问题311件，处理638人，占比分别为44.5%、50.4%。"五指办公"、视频会海、白头文件等新的形式主义成为基层干部的困扰，市社情民意中心民调显示，84%的受访者认为"基层负担过重，隐形变异的'文山会海''检查考核'问题突出"。受访者对"政府服务和便民服务态度差、办事效率低""对群众合理诉求推诿扯皮"反映较为强烈，比例分别达44%和42%。尤其是受疫情影响，从中央到地方出台了众多政策措施，帮助企业复工复产渡难关，但调查中仍发现"推动复工复产作风不细不实，政策不执行、不落地"问题，根据2020年广州社情民意中心对400多家本地民企的追踪调查，金融政策的落地执行最为受访民企所诟病。与疫情前相比，贷款融资难度并没有明显降低。有的出台了应对疫情专项贷款和调整还款安排的措施，但条件门槛限制多，企业向银行申请时处处碰壁；有的金融机构还规定，处于还款期的民企无法再次获批贷款，把承受着巨大还款压力、资金周转特别困难的民企拒之门外；有的部门调门高、口号响，甚至举办高规格的会议，邀请多个部门领导、金融机构和企业直接对话，但并没有实际行动、纯粹走过场。

（三）权钱交易链条未断与腐败方式花样翻新交织

从查处的腐败案件看，受贿仍然是最主要的违纪违法方式，权钱交易链条尚未斩断，其中一些新趋势新动向值得高度警惕。比如，"围猎"和甘于被"围猎"相互交织，一些老板精心"围猎"、拉拢腐蚀干部，一些领导干部甘于被"围猎"，官商深度勾结、抱团腐败。越秀集团原董事长陆某峰收受长期交往的澳门商人胡某贿送的多套房产和巨额金钱。比如，传统领域和新兴

领域腐败交织，金融、国企和"旧改"等领域成为腐败重灾区，2017～2019年，全市纪检监察机关立案查处旧村改造领域案件26件26人，涉及平台公司或合作企业的有23件23人，占比高达88.5%。比如，有的政治问题和经济问题交织，作为广州在扫黑除恶专项斗争开展以来首个为黑恶势力充当保护伞的市管干部，市司法局原党委委员、副局长王某生既收受贿赂，又充当黑恶势力保护伞，利用职务便利，为诉讼案件当事人充当保护伞，致使其通过寻衅滋事、威胁恐吓等暴力手段排斥相关利益人，造成他人巨额经济损失。比如，有的境内办事、境外收钱交织，一些国企领导人员不仅在境内贪污腐败，还利用广州毗邻港澳、人员来往频繁的特点，大搞权钱交易，广州农商行原董事长王某康将腐败行为延伸到香港，收受王某所送香港某小区高档房产和豪华家具。

（四）"严"的主基调深入人心与干部担当作为不足同在

当前，广州市干部队伍精神状态和工作作风总体是好的，但推诿扯皮不作为、效率低下慢作为、敷衍塞责假作为、急于求成乱作为等问题仍时有发生。广州社情民意中心第三方民调显示，广州市民群众对"全面从严治党"满意度为74%，"两代表一委员"等特定人群满意度超过90%，越往后执纪越严的强烈信号充分释放，比如广东省政协原副主席石安海等老同志高度评价纪检监察机关"为担当者担当，为负责者负责"的鲜明态度，认为现在"制度很严、风气很好"，但差异化、多层次的激励体系还不健全，干事创业的精气神尚待提振，反映在担当作为方面，对党员干部"敢于担当、主动作为"，市民群众满意比例仅为39%，超过25%的市民群众反映存在为官不为问题，有的是政策的空间不明导致不敢为，有的是减负的力度不够导致不能为，有的是激励的因素不足导致不愿为，也有的是以管得太严、束缚太多为借口故意不作为。2020年底，广州市纪委监委对全市近5000名干部群众进行了问卷调查，结果显示67.20%的干部认为"容错纠错制度的可操作性不强，执行起来落不了地"，84.50%的干部认为"基层负担过重，隐形变异的'文山会海''检查考核'问题突出"，特别是在营商环境方面，调研中一些群众反映,"现在门好进、脸好看,但事还是难办,一些地方和部门以'软拒绝'等方式排斥企业正常诉求",认为"营商环境还有待进一步优化"。

三 对策建议

"十四五"时期将开启全面建设社会主义现代化的新征程,广州市纪检监察机关必须坚持围绕中心、服务大局,坚持稳中求进工作总基调,立足新发展阶段,贯彻新发展理念,构建新发展格局,以推动高质量发展为主题,坚定不移全面从严治党,坚持和完善党和国家监督体系,忠实履行党章和宪法赋予的职责,有力推动党中央决策部署有效落实,围绕现代化建设大局发挥监督保障执行、促进完善发展作用,推动正风肃纪反腐与现代化建设相契合相适应,为加快实现老城市新活力、"四个出新出彩"营造良好政治生态和发展环境。

(一)聚焦"两个维护",推进政治监督具体化常态化

持续推进政治监督具体化常态化,防范化解思想涣散、纪律松弛风险,保证全市党员干部紧密团结在以习近平同志为核心的党中央周围,保障党的基本理论、基本路线、基本方略和党中央重大决策部署贯彻落实。以庆祝建党100周年为契机,巩固深化"不忘初心、牢记使命"主题教育成果,把学习习近平新时代中国特色社会主义思想同学习党史、新中国史、改革开放史、社会主义发展史贯通起来,同回顾总结纪检监察工作光辉历程、宝贵经验结合起来,深入开展党的优良传统和作风教育,进一步增强"四个意识"、坚定"四个自信"、做到"两个维护"。围绕学习贯彻习近平总书记出席深圳经济特区建立40周年庆祝大会和视察广东重要讲话重要指示精神的落实情况强化政治监督,围绕十九届五中全会精神、"十四五"规划、粤港澳大湾区建设以及统筹推进疫情防控和经济社会发展等党中央重大决策部署贯彻落实情况加强监督检查,确保中央精神在广州落地生根。围绕省委、市

委关于"双区驱动""双城联动""一核一带一区"建设等战略安排，推动党委政府督查检查考核与纪委监委监督执纪问责有效结合，健全贯彻党中央重大决策部署督查问责机制，督促落实意识形态责任制，完善纪检监察机关服务保障经济社会发展的措施办法，确保党中央决策部署到哪里，政治监督就跟进到哪里。

（二）聚焦权力运行关键环节，强化监督执纪问责

深化纪检监察体制机制改革，把监督更好融入区域治理、部门治理、行业治理、基层治理、单位治理之中。开展贯彻《党委（党组）落实全面从严治党主体责任规定》监督检查，压紧压实党组织管党治党政治责任和书记第一责任人责任。发挥纪委监委专责监督推动作用，整合运用监督力量，推动纪律监督、监察监督、派驻监督、巡察监督统筹衔接。着眼破解"一把手"监督和同级监督难题，协助市委制定加强和改进同级监督的若干措施，加强对同级党委和下级党组织的监督，探索上级纪委同下级党委班子成员集体谈话、上一级纪委书记定期与下一级党委书记谈话、开展述责述廉评议。做深做实日常监督、跟进监督、专项监督，综合运用走访、调研、督查、谈心谈话等方法，推动监督下沉、监督落地、监督于问题未发之时，让干部感受到监督、习惯被监督，让群众知道监督、参与监督。精准落实政治巡察要求，创新巡察方式方法，注意倾听群众意见、群众呼声，推动解决群众普遍关心的突出问题，巩固发展市区巡察一体化监督格局，深化"巡纪贯通""巡审结合"，加强对各区落实省委巡视整改情况的检查指导，深化拓展市国资系统党委巡察，全面完成对村巡察全覆盖，探索巡视巡察成果运用、力量联动的途径方式。有效发挥派驻监督"派"的权威和"驻"的优势，进一步提升村（社区）监察站工作质效，抓严抓实换届纪律监督，推动正风肃纪反腐向基层一线延伸。坚持无禁区、全覆盖、零容忍，建立健全一体推进"三不"有效机制，持续加大对权力集中、资金密集、资源富集、攸关民生的部门、行业和领域的反腐败力度，深化国有企业腐败治理，探索法治化追逃追赃，巩固发展反腐败斗争压倒性胜利。

（三）聚焦形式主义官僚主义，持续深化正风反腐

锲而不舍落实中央八项规定精神，完善"四风"问题"云治理"长效机制，加大问题查处问责和通报曝光力度，坚决防反弹回潮、防隐形变异、防疲劳厌战，坚定不移深入整治"四风"特别是形式主义、官僚主义。对贯彻落实党中央决策部署做选择、搞变通、打折扣，特别是搞"包装式"落实、"洒水式"落实、"一刀切式"落实等形式主义、官僚主义突出问题精准施治，坚决防止不良风气、不严不实做法滋长蔓延、成风成势。严查享乐主义、奢靡之风，把监督节约粮食、坚决制止餐饮浪费行为作为重要任务，督促党政机关坚持过紧日子，坚决遏制公款消费中的违规违纪违法现象。密切关注苗头性、倾向性、潜在性问题，严肃整治一些地方、单位违规收送名贵特产、礼品礼金问题。警惕主观主义、长官意志问题，防止不顾实际乱加码、乱作为，持续巩固精文减会、规范改进督检考等治理成果，推动健全基层减负常态化机制。深化基层正风反腐，完善民生领域损害群众利益问题治理机制，加强对惠民利民、共同富裕政策措施落实情况的监督检查，严肃查处贪污侵占、优亲厚友、吃拿卡要等行为。持续纠治公共服务、教育医疗、招生就业、养老社保、水环境和违法建设治理等方面的腐败和作风问题，严肃查处"蝇贪""微腐败"，深化涉黑涉恶腐败治理成果，不断增强群众获得感幸福感安全感。

（四）聚焦保护干事创业积极性，激励干部担当作为

坚持激励和约束并重、严管和厚爱结合，落实"三个区分开来"，完善落实容错纠错机制，持续释放为担当者担当、为负责者负责的鲜明导向。健全抓早抓小工作机制，深化运用"四种形态"，坚持"三个区分开来"，用好监督执纪"七个看"和问责"六字诀"，推动健全容错纠错正负面清单和典型案例通报制度，对明知故犯和无心之过、肆意违规和改革失误、蓄意谋私和因公差错等区别对待、恰当处理，做到早发现早提醒、真容错敢纠错、讲政策给出路。持续提升实名举报率，严肃查处诬告陷害行为，严格执行党

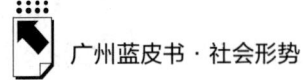

员权利保障条例,督促落实党员权利保障措施,为受到不实举报的干部澄清正名,严肃查处诬告陷害行为,激发党员干部干事创业内生动力。准确把握纪检监察证据适用标准,精准规范用好问责利器,常态化做好被问责和受处分干部的跟踪回访工作,促进干部从"有错"向"有为"转变。综合运用纪检监察建议,督促完善选人用人、检查考核、容错纠错等制度机制,最大限度保护党员、干部干事创业积极性。

(五)聚焦服务保障营商环境,推动构建亲清政商关系

推进纪检监察工作理念、思路、制度、机制创新,深入实践探索服务保障现代化建设的有效举措,大力推进清廉建设,努力做到风气严实、纪律严明、干部廉洁、班子廉政,着力构建亲而有度、清而有为的亲清政商关系,巩固优化风清气正的政治生态和良好发展环境。持续深化营商环境专项监督和重点治理,持续强化对减税降费、"放管服"改革、中小微企业扶持、"六稳""六保"等政策落实情况的监督检查,深入整治在政策扶持、企业服务、商事登记、市场监管等方面的腐败和作风问题,严肃查处官商勾结、权钱交易、利用职权干预影响市场经济运行等违法违规行为。开展公职人员利益冲突专项治理,完善行贿行为惩戒机制,探索推行行贿人"黑名单"制度,建设行贿人员数据库严肃查处多次行贿、巨额行贿行为,依法保障涉案人员合法权益不受侵犯,保护市场主体活力。加强企业廉洁合规建设,实现腐败治理从国有企业向行业协会、民营企业等拓展,强化对"一带一路"海外投资经营等领域廉洁风险防控,积极参与粤港澳大湾区廉政机制协同建设,为创建国家营商环境改革创新试点城市提供纪法保障。

B.16
2020年广州市生态文明法治建设调研报告*

谢 伟**

摘 要: 为适应新冠肺炎疫情防控需要,广州市2020年出台了新的生态文明立法;为促进生态文明建设,广州市在生态环境行政执法方面执行了一系列改革措施,取得了明显治理效果;在生态文明建设的立法监督、司法监督和公众参与等方面都有标志性成果,显示出广州市在生态文明法治建设上日趋成熟和完善。

关键词: 广州 生态文明建设 立法 行政执法 法治监督

2020年是广州市按照《广州市生态文明建设规划纲要(2016—2020年)》建设生态文明的收官之年,广州市黄埔区成为广州首个国家生态文明建设示范区,广州市在生态文明建设立法、行政执法、法治监督等方面都有标志性进步,充分展示出广州市生态文明建设规划纲要的实施效果。

一 广州市生态文明建设立法发展

2020年2月24日,第十三届全国人民代表大会常务委员会第十六次会

---
* 本文为2018年度教育部人文社会科学研究规划基金项目"粤港澳大湾区环境行政执法冲突和协调"(项目编号:18YJA820025)研究成果。
** 谢伟,广东财经大学法学院教授,法学博士,博士后,主要研究方向为生态文明建设、生态环境法治。

议通过了《全国人民代表大会常务委员会关于全面禁止非法野生动物交易、革除滥食野生动物陋习、切实保障人民群众生命健康安全的决定》。广州市迅速以地方性法规的形式做出响应。3月，广州市人大常委会通过了《广州市禁止滥食野生动物条例》。该条例坚决贯彻全国人大常委会的相关立法精神，比较系统和明确地规定了三类禁止食用的野生动物，强化了对滥食野生动物产业链上中下游经营者、消费者的法律责任追究。这次禁食野生动物专项立法的出台，广州市从立法论证到条例通过仅用了34天[1]，体现出广州市生态文明建设立法的高效率。广州市在出台禁食野生动物专项立法的同时，针对合法养殖野生动物的商户可能由禁食令导致损失也做出了补偿性立法——《广州市处置禁食陆生野生动物补偿办法》。广州市在全面调查研究合法养殖野生动物商户的基础上，发布了不同种类野生动物的补偿标准，妥善解决了野生动物禁食令给合法养殖户可能造成的损失。广州市对禁食野味的专项立法和补偿性立法，体现出了广州市在以立法回应重大社会事件上的进步，是广州市国家治理能力和治理体系现代化的一次考验，说明了广州市法治水平的提升，是广州市多年来在全面推进依法治市方面取得跨越式进步的一项突出成果。

《广州市文明行为促进条例》是2020年广州市值得称道的另一部生态文明建设立法。该条例对广州市行政区域内的单位和个人在生态环境保护中的行为、法定责任等做出了明确规制，为全国各城市促进本地文明城市建设提供了"广州样板"。以专门立法形式规定社会主体的文明行为，提高社会文明程度，从而培育和践行社会主义核心价值观，广州市走在了全国前列。

2020年广州还出台了生态文明建设党内法规。广州市委发布了《关于全面强化各级领导干部生态环境保护责任坚决打赢污染防治攻坚战的意见》，强化各级领导干部生态环境保护责任。为具体落实党政领导干部生态环境保护责任、实现生态文明建设的"党政同责"，广州市委市政府联合发

---

[1] 参见余嘉敏《广州野生动物保护立法按下"快进键"：34天推出禁食野生动物条例》，载《人民代表报》2020年4月14日第A1版。

布了《广州市生态环境保护工作责任规定》及配套《广州市生态环境保护工作责任清单（试行）》，构建起具有广州特色的"1＋1＋N"生态环境保护工作责任体系。该清单涵盖了广州市人大、党委、政府、政协等各级党政机关共11大类90个责任主体各自应履行的环保工作责任，包括了广州所有负有生态环境监管职责的公共机构，成为当前国内各城市中覆盖面最广、适用性最强的生态环境保护工作责任清单文件。[1]

二 广州市生态文明建设的行政执法进展

立法、行政和司法是生态文明建设法治化的"三驾马车"。相对于立法和司法的专门化、职业化而言，行政执法更具有直接性、普遍性，更接地气，因而在实现法治化过程中的保障作用也更重要、更基础。2020年广州市生态文明建设行政主管部门在坚决贯彻落实依法行政目标、提升生态环境行政执法水平、加强生态环境行政法治建设等方面有很多亮点。

（一）扎实推进生态环境行政主管部门法治政府建设

广州市生态环境行政主管部门作为生态文明建设的主力军，2020年在全面推进法治政府建设方面取得了长足进展。首先，广州市生态环境局为全面提高广州市生态环境系统法治建设能力和依法行政水平，组织开展了2020年广州市生态环境系统法治建设和依法行政工作培训交流会。[2] 同时，积极探索、不断促进生态环境行政执法科学、民主决策，加强生态环境行政执法人员的法治意识和法治思维，加强生态环境行政执法方面的建章立制，拓展生态环境领域依法行政的具体执法依据，细化生态环境行政执法规范，

---

[1] 参见郎慧《聚焦治理"前线"，广州专职环保队伍填补基层环境监管盲区》，https://new.qq.com/omn/20201208/20201208A0HFIF00.html，2020年12月31日访问。

[2] 参见广州市生态环境局《市生态环境局举行2020年广州市生态环境系统法治建设暨依法行政工作培训》，http://www.gz.gov.cn/xw/zwlb/content/post_6815825.html，2020年12月28日访问。

增强操作性和实效性,切实提高执法人员的执法素质和执法能力。广州市生态环境局修订发布了《关于全面推行行政执法公示制度执法全过程记录制度重大执法决定法制审核制度的实施方案》,全面落实"三项制度"[①],进一步规范公正文明执法;该局为强化重大行政执法决定法制审核,发布实施了《重大行政决策合法性审查和重大行政执法决定法制审核规定》,制定重大行政执法决定法制审核流程图,规范报审材料模板,提高依法行政水平。实行重大建设项目集体审批、重大环境违法案件集体审理工作制度。[②] 海珠区生态环境分局为提高生态环境保护行政执法的透明度,进一步改进执法规范化,拟定了《海珠区生态环境分局环境行政执法工作指引》,并在具体行政执法中实现了环境行政指导的全覆盖。[③]

(二)坚决打赢污染防治攻坚战

2020年是党中央、国务院确定的打赢污染防治攻坚战三年行动计划的收官之年。为此,广州市明确了2020年是打赢大气、水、土壤污染防治等三大攻坚战的决战决胜之年,遵照广东省《关于全省决战决胜污染防治攻坚战的命令》要求,制定了《广州市贯彻落实关于全省决战决胜污染防治攻坚战的命令任务分解表》并严格执行。

各行政区生态环境行政主管部门普遍制定了年度污染防治攻坚作战实施方案,强化部门之间的联防联控,并通过采取多种针对性强的执行措施,多管齐下,显著改善了区域空气质量。如广州市空气质量的六项指标全面达标[④],在国家中心城市中始终保持了最优水平;番禺区生态环境分局按照《番禺区打赢蓝天保卫战2020年度作战方案》,强化了大气污染联防联控执

[①] "三项制度"是指行政执法公示制度、执法全过程记录制度、重大执法决定法制审核制度。
[②] 参见《广州市生态环境局2020年度法治政府建设工作报告》,http://sthjj.gz.gov.cn/tzggwj/content/post_7027600.html,2021年1月6日访问。
[③] 参见《广州市生态环境局海珠区分局2020年度法治政府建设年度报告》,http://www.haizhu.gov.cn/gzhzhj/gkmlpt/content/6/6932/post_6932424.html#2393,2021年1月12日访问。
[④] "六项指标"是指PM10、PM2.5、二氧化硫、二氧化氮、一氧化碳、臭氧。

法行动，增加执法频率和执法强度，协同公安交警部门，加强对包括非道路移动机械在内的各类型机动车污染排放的路检、抽检和遥测；以大气污染源解析为基础，针对性增强对挥发性有机污染物的集中整治。一系列举措有效提升了空气优良天数和达标天数，PM2.5、臭氧等标志性污染物浓度指标均达到考核要求。①

整合执法力量、形成制度合力，坚决打赢碧水攻坚战，全市13个地表水考核断面全部达到考核要求，首次实现劣Ⅴ类水体断面清零，国家督办的城市黑臭河涌已全部消除黑臭。首先是强化河湖长制的实施。广州市发布了《2020年河长制湖长制工作要点》，提出建立健全河长制运行机制、全面推进源头污染治理工作、大力提升污水收集处理效能、全面提升水环境质量等作为2020年河湖长制工作重点任务。② 2020年，广州市还全面推行了河湖警长制。广州市公安局发布了《关于全面推行落实"河湖警长制"工作的实施意见》，全面和系统规定了河湖警长制的主要职能、具体工作流程、考评机制和责任追究机制等规章制度。为实现与"河（湖）长制"无缝对接，广州市公安机关对应建立了四级体系。广州市公安局成立"河湖警长制"工作领导小组，各区分局按照区域与流域相结合的原则，将各区河湖划分责任区域，对接河（湖）长体系，设立区、街镇、村居三级河湖警长③，形成了河湖长制统领，生态环境行政主管部门、公安部门、水务部门等多部门协同，通过各部门常态化的综合巡查机制，联防联控水环境质量。

2020年广州市全面深入实施净土保卫战，在创新土壤环境质量监管模式、牢牢抓住土壤污染防治的重点单位、加强污染地块再开发利用的环境管理等方面都有突出进步，受污染耕地安全利用率和污染地块安全利用率全面达到要求。广州市生态环境局制定《2020年土壤污染重点监管单位名单》，

---

① 参见《广州市生态环境局番禺区分局2020年法治政府建设年度报告》，http://www.panyu.gov.cn/gzpyhj/gkmlpt/content/6/6959/post_6959208.html#1549，2021年1月10日访问。

② 参见《广州：2020年全市河湖要基本实现河畅、水清、堤固、岸绿、景美》，https://www.sohu.com/a/386145166_362042，2020年12月28日访问。

③ 参见《广州公安机关全面推行落实"河湖警长制"》，http://www.gz.gov.cn/xw/zwlb/bmdt/sswj/content/post_5664929.html，2020年12月31日访问。

明确了土壤污染重点监管单位是落实土壤和地下水污染防治工作的责任主体，要求相关单位切实落实企业污染防治责任。① 为加强广州市再开发利用污染地块环境管理，广州市生态环境局、广州市规划和自然资源局、广州市住房和城乡建设局联合制定了《广州市加强出让储备用地土壤污染防治工作方案》，强化再开发利用场地的环境管理，确保污染地块安全利用，保障人居环境安全，确定了可采取的土壤污染防治主要措施。②

（三）环境信息公开水平进一步提高

环境信息的公开程度、公开水平在很大程度上决定了环境法治的实施效果和效率。没有充分公开的环境信息，多元社会主体会因缺乏做出判断和行动的信息依据，难以有效参加环境法治建设，生态环境行政主管部门也会因为没有来自社会多元主体的监督而缺乏公众支持。因而，环境信息的全面公开是环境法治的基础性条件之一。2020 年，广州市的环境信息公开进一步全面推进。一是环境信息公开的法治化程度明显提升。环境信息公开除了有法律依据，还具体规定了公开环境信息的标准。《荔湾区生态环境领域基层政务公开标准目录》明确了一级、二级公开事项、公开内容要素、公开依据、公开时限、公开主体、公开渠道和载体、公开对象（包括全社会、特定群众）、公开方式（主动、依申请公开）、公开层级等指标，实现了环境信息公开的规范化、标准化。二是形成立体化、全方位运行的环境信息公开平台体系。目前广州市区生态环境行政主管部门已经全面建成两级环境信息公开平台并运行良好，实现了常态化、制度化公开，公众可在平台上查询到法定公开的各类环境信息。三是环境信息公开的种类不断增多，信息覆盖面持续扩大，信息公开时效性增强。不仅严格公开法定公开的信息，还对依申

---

① 参见《广州市生态环境局关于公布 2020 年土壤污染重点监管单位名单的通知》，http：//www.yuexiu.gov.cn/yxdt/rdzt/zdlyxxgk/hjbh/a/content/post_ 6938053.html，2020 年 12 月 30 日访问。
② 参见《关于印发广州市加强出让储备用地土壤污染防治工作方案的通知》，http：//sthjj.gz.gov.cn/gkmlpt/content/6/6882/post_ 6882846.html#634，2020 年 12 月 18 日访问。

请公开的环境信息进行规范。2020年广东省发布了《广东省政府信息公开申请办理答复规范》，广州市生态环境行政主管部门按照该规范的要求，规范化依申请公开环境信息的具体实施程序，提高了环境信息公开的效率。

（四）环境影响评价审批制度深入改革

按照党中央、国务院关于深化"放管服"改革的指示精神，提高行政审批效率，广州市深入改革了环境影响评价行政许可手续办理。按照《广东省豁免环境影响评价手续办理的建设项目名录（2020年版）》，广州市制定实施了《广州市豁免环境影响评价手续办理的建设项目名录（2020年版）》，修订了《广州市生态环境局建设项目环境影响评价文件审批程序规定》，极大地精简了环境影响评价的审批手续，对列入名录的建设项目，在广州市辖区内无需办理环境影响评价手续，也无需办理竣工环境保护验收手续，实现了对建设项目的环境影响评价管理从重事前监管向重事中事后监管模式的转变。同时，为强化环境影响评价事中事后监管，广州市生态环境行政主管部门也在实践中开拓出一些制度创新。比如，南沙区生态环境分局探索出环境影响评价事中事后监管的"告知承诺制"[1]。

（五）全省首创专职环保监督检查员

为充实基层环保执法力量，有效解决基层环保执法短板问题，2020年广州市发布了《关于印发广州市建立镇（街）园区环境保护监督检查员队伍实施方案的通知》。按照该通知要求，广州市生态环境局组建了全省首支镇（街）园区环境保护监督检查员队伍，有效缓解了基层环保工作任务繁重、监管力量薄弱等突出问题，健全完善了广州市基层环境监管责任体系。为落实专职环保监督检查员的具体职责和工作内容，广州市生态环境局制定了《广州市镇（街）园区环境保护监督检查员队伍规范化和信息化建设工

---

[1] 参见《广州市生态环境局南沙区分局关于2020年推进法治建设工作情况的报告》，http://www.gzns.gov.cn/zwgk/zdlyxxgk/hjbh/xzzfxx/content/post_7019516.html，2021年1月16日访问。

作方案》。①专职环保监督检查员承担了基层环保宣传教育、推动公众参与、实施环保网格化管理、巡查监督污染者守法、处理环境信访、第一时间报告和处置环保突发事件等多项工作任务。由此可见，虽然在生态环境系统性执法结构设计中专职环保监督检查员仅处于辅助地位，但对保证生态环境执法效果、保障生态环境执法有效实施不可或缺。

（六）生态建设和环保基建项目持续强化

2020年广州市在生态建设上首屈一指的是"碧道建设"总体规划出炉，公布了《广州市碧道建设总体规划（2019—2035年）》并做出详细说明。该规划为建设独具特色的广州千里碧道设计了总纲领、实施计划和总体目标。提出构建"水道、风道、鱼道、鸟道、游道、漫步道、缓跑道、骑行道"八道合一和"滨水经济带、文化带、景观带"三带并行的"八道三带"空间范式。该规划的突出特点是强化了对碧道沿线水源保护区的生态保护，以及对水鸟迁徙廊道、鱼类洄游生态圈的保护。②按照广州市碧道建设总体规划，各行政区充分挖掘本区水环境资源优势，也制定了本区碧道建设规划。比如，从化区出台了《从化区碧道规划（2025—2035年）》，使广州市碧道建设有条不紊地按规划实施。其次，广州市2020年加大了生态修复力度。由广州市林业和园林局牵头筹建的粤港澳大湾区生态绿化城市联盟于2020年初正式成立，该联盟涵盖了粤港澳大湾区九市两区林业和园林行政主管部门，旨在发挥各方资源优势，主要就大湾区生态系统保护与修复、森林生态屏障建设、生物多样性修复、城市绿化美化、公园体系建设、自然生态环境教育等内容进行合作交流。③广州海珠国家湿地公园作为特大型都市生态文明建设典范，入选广东生态修复十大样板工程。由于海珠湿地在城市

---

① 参见郎慧《聚焦治理"前线"，广州专职环保队伍填补基层环境监管盲区》，https：//new.qq.com/omn/20201208/20201208A0HFIF00.html，2020年12月31日访问。
② 参见《广州碧道建设总体规划正式印发》，http：//www.gz.gov.cn/zwfw/zxfw/gysy/content/post_6831920.html，2020年12月1日访问。
③ 参见程景伟《大湾区生态绿化城市联盟在穗成立》，http：//www.gangaonet.com/news/2020/0121/156487.html，2020年8月19日访问。

防洪蓄涝、调节水位、地表水保持、维系珠江水文平衡和生态系统安全,以及保育生物多样性等方面独特和不可替代的生态服务功能,该湿地成为粤港澳大湾区向世界展示中国生态修复先进理念做法以及生态文明建设成就的重要窗口。① 第三,2020年广州市投资建设了多个重大环保基建项目,涵盖固体废物处理、城市污水处理、噪声污染治理、资源再生和综合利用、清洁能源、雨污分流等,为进一步保护广州市生态环境奠定了坚实的基础。

三 广州市生态文明建设法治监督进展

严密的法治监督体系是中国特色社会主义法治体系的一个重要组成部分。2020年,广州市在生态文明建设的法治监督覆盖范围、监督力度和监督水平上都有明显进步。

(一)立法监督

首先是来自广州市人大常委会的立法监督。作为地方最高权力机关的执行机关,广州市人大常委会展开了对生态文明建设的全方位、立体化、全覆盖监督。一是宏观层面的综合性、整体性、策略性监督。比如,2020年广州市人大常委会听取和审议了广州市政府关于《广州市生态文明建设规划纲要(2016—2020年)》实施情况的报告,重点审查广州市生态布局、生态修复、生态环境治理等方面的总体工作完成情况。二是中观、微观层面的具体性、项目式、事务性监督。比如,2020年广州市人大常委会听取和审议了市政府关于落实《广州市第十五届人民代表大会第一次会议关于林永亮等41名代表联名提出的〈关于全面加强水环境治理和保护工作的议案〉的决议》实施方案情况的报告,重点监督国、省考断面达标和黑臭水体治理,相关专项规划编制,污水处理厂及配套管网建设、排水单元达标攻坚、河涌

---

① 参见《广州:2021年海珠湿地将科学推进生态修复工作》,http://lyj.gd.gov.cn/gkmlpt/content/3/3155/post_3155442.html#2441,2021年1月18日访问。

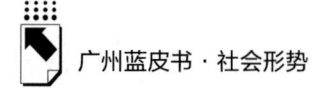

及排水设施精细化管理，城中村、农村污水治理、村级工业园污染、农业污染、园林绿化污染治理，污泥处理处置，推进水治理体系和治理能力现代化等工作情况。地方权力机关的法治监督还包括执法检查。2020年广州市人大常委会对该市实施《广州市生活垃圾分类管理条例》情况进行执法检查，主要检查该市推进生活垃圾分类管理等工作情况。同时，对加强检察公益诉讼、全面实施污泥干化焚烧处理处置等决议决定则实行动态跟踪监督，由相关委员会负责跟踪、督促"一府两院"及时报送常委会。①

（二）司法监督

2020年是广州市生态环境司法监督标志性发展的一年。广州市司法机关认真践行习近平生态文明思想，充分发挥司法制度定分止争、环境公益救济、社会导向等功能，在生态环境法治的司法监督方面既有制度性创新，也有实践性突破，以司法的独特作用极大地促进了广州市生态文明法治的发展。

1. 首创生态修复管理人制度

针对生态环境损害案件判决难以有效执行、生态系统难以全面修复的难题，广州市中级人民法院在全国首创了"生态修复管理人制度"。针对生态环境修复执行工作的技术性强、周期长、事务繁杂等特点，经过系统调研，广州中院整理出了该类执行所涉及的多项具体工作内容，主要包括生态环境详细调查，生态修复方案的制定，修复费用预算的编制，修复费用的使用、垫付和结算，修复效果的评估和验收，修复过程的监督和管理等，形成了"生态修复管理人制度"。该制度出台后，适应了执行司法判决生态环境修复管理的需要，保证了司法判决生态环境修复的有效执行。生态修复管理人制度的出台，为有效执行生态环境损害赔偿案件判决、保障生态修复效果奠定了坚实的制度基础，为全国各地法院执行类似判决提供了可资借鉴的样板。

2. 环境公益诉讼新发展

环境公益诉讼是救济环境公益、突破传统诉讼理论关于直接利害关系人

---

① 参见《广州市人大常委会2020年监督工作计划》，载《广州日报》2020年4月16日，第A8版。

起诉资格限制的特殊诉讼制度,该制度一经产生,就受到各国的普遍欢迎,纷纷设立了本国特色的环境公益诉讼制度,并成为救济环境公益、实施生态修复的主要诉讼制度。2020年是习近平"绿水青山就是金山银山"理念提出15周年,广州市司法系统以习近平生态文明思想为指导,以开拓精神探索环境公益诉讼实践。首先是标志性、典型性环境公益诉讼案件的正确裁判,具有良好的示范效应、警示和教育导向作用。2020年,广州市中院判决了一项迄今为止由广州法院审理的标的额最大的环境公益诉讼案件,总标的额超过1.3亿元。该案针对被告广州市花都区卫洁垃圾厂以及该厂实际投资人和经营者李某多年来违法堆放大量未经处理的垃圾、违法在生产过程中未正常运行使用大气污染物治理设施、违法未保持处置固体废物设施正常运行等行为,造成生态环境质量严重受损,构成污染环境罪,先是追究李某的刑事责任;后又以广州市检察院作为公益诉讼起诉人,由广州市中级人民法院审判,追究被告卫洁垃圾厂和李某的生态修复责任。① 其次,广州市南沙自贸区检察院立足区域海洋特色,在全国率先打造集取证规范、评估便捷、部门协同、督促修复于一体的"海洋公益诉讼新模式",获评南沙自贸区挂牌五周年十大创新成果。该制度创新具体包括类案"清单式"公益诉讼调查取证规范,以《行政执法对刑事证据和公益诉讼证据取证要点》为依据,确定类案证据清单,帮助行政执法机关规范取证;在司法鉴定方面委托海洋渔业专家运用水生生态损害评估模型出具科学鉴定意见;与广东省环保基金会、广东省环保纠纷调解委员会联合建立信息共享协作机制,协同开展公益诉讼案件人民调解、调查取证和出庭支持起诉等;创新生态资源修复机制,组织非法捕捞水产品案件被告人开展增殖放流活动。② 第三,广州市黄埔区人民检察院在2020年8月探索建立检察公益诉讼的"导航式"绩效管理及"一揽子"评价体系;在全省首先探索设立文化遗产检察官,专门办理涉文

---

① 参见谢君源、胡涛《践行"两山"理念 让污染者担重责——广州"天价"环境公益诉讼判赔1.3亿》,载《人民法院报》2020年10月19日第03版。
② 参见《首创"海洋公益诉讼新模式",广州检察机关"亮招"护海疆!》,https://www.jcy.gz.gov.cn/xw/3405.jhtml,2020年11月30日访问。

化遗产方面的行政公益诉讼案件。广州市黄埔区人民检察院和广州市黄埔区文化广电旅游局、广州市规划和自然资源局黄埔区分局共同签订《关于加强历史文化遗产保护领域公益诉讼合作的工作机制（试行）》，创立了检察机关、文化行政主管部门和规划自然资源行政主管部门联防联控文化遗产保护新机制。①

3. 检察监督自然资源法律保护新突破

相对环境污染防治的司法保护而言，自然资源保护比较薄弱，特别是在自然资源保护的行政执法和司法监督的衔接协作机制方面。同时，由于广州市对行政案件实行"集中管辖"，对行政非诉案件实行"裁执分离"，进一步加重了自然资源司法保护的难度。为加强对自然资源的法律保护和行刑协作，2020年4月，广州市人民检察院牵头与广东省人民检察院广州铁路运输分院、广州市规划和自然资源局共同签署出台《关于建立行政检察与自然资源行政诉讼与行政执法衔接工作的若干意见》。该意见的出台进一步强化了行政执法和司法保障的衔接机制，完善了行刑联动保护自然资源的创新机制。该意见首先明确了广州地方检察机关与铁路检察机关的管辖分工，形成了稳定的行政非诉执行监督案件来源机制，实现了自然资源领域行政非诉执行监督全覆盖；其次，强化了检察院的司法监督职能，实现了对法院有关自然资源案件判决执行和自然资源主管行政机关相关行政行为的双重监督；完善和细化了自然资源领域行政非诉执行监督案件的受理、审查、监督、反馈程序；以及对三方之间信息共享、线索移送、案情通报、案件协查、业务交流等事项的具体规定。②

（三）公众参与调研

公众参与是环境法治的一项基本原则，公众全面有效深度参与生态环境

---

① 参见《你好，我叫文化遗产检察官，守护历史的"新名片"！》，http://guangzhoupy.jcy.gov.cn/xw/5683.jhtml，2020年10月19日访问。

② 参见《检察监督新突破！这12条措施条条不一般》，http://guangzhoulw.jcy.gov.cn/xw/2896.jhtml，2020年9月28日访问。

立法、执法和司法，可以为环境立法提供公众智慧，弥补政府环境行政监管资源的不足，通过环境公益诉讼机制救济环境公益。2020年，在广州市各级党委、政府，特别是生态环境行政主管部门的大力支持和倡导下，广州市公众参与生态环境法治有突出性进步，逐步构建和形成了以政府主导、以企业为主体、社会公众有序良性广泛参与的环境治理格局。首先是进一步完善公众参与生态环境法治的相关立法。为规范公众参与规章制定的程序，2020年广州市政府修订发布了《广州市规章制定公众参与办法》，具体规定了公众参与规章立项、起草、审查和实施的程序和方法，使得公众能够依法有序参与制定、审查和实施生态环境方面的地方性政府规章。为鼓励公众积极参与环境保护，完善针对环境违法行为的有奖举报制度，按照《广州市行政规范性文件管理规定》要求，广州市生态环境局修改了《广州市环境违法行为有奖举报办法》，明确了奖励范围、举报途径、奖励条件、奖励标准等内容，为广州市公众高效、普遍参与生态环境执法监督提供了良好的激励机制。其次，以扎实有效措施进行生态环境普法教育，切实提高公众生态环境意识。广州市生态环境局专门发布了《2020年度普法责任清单》，广州市规划和自然资源局花都区分局也印发了《2020年普法责任清单》等。明确规定了重点普法内容、普法对象、时间和形式、工作目标、责任部门，其中特别强调了针对疫情防控需要和《民法典》《固体废物污染环境防治法》等新法提出普法要求。同时，结合生态环境行政执法办案过程，宣讲生态环境法律法规，实行"谁执法谁普法"责任制；统筹日常宣传普法和集中宣讲普法，通过积极主动送法进企业、进学校、进社区、进农村等活动，进行精准普法；以"6·5"世界环境日、"12·4"国家宪法日等重大时间点为依托集中开展系列普法活动。[1] 第三，为促进公众全面深度参与环境公益诉讼，2020年10月22日，广州市黄埔区人民检察院与广州市黄埔区平安促进会、广州市黄埔区青年志愿者协会共同签订《关于建立公益志愿者守护公共利

---

[1] 参见《广州市生态环境局2020年度法治政府建设工作报告》，http://sthjj.gz.gov.cn/gkmlpt/content/7/7027/mpost_7027600.html#634，2021年1月16日访问。

益合作框架协议》。该协议促进了3万名公益志愿者参与到公益诉讼线索提供、回访现场、参与听证、答疑解惑，以及公益诉讼法律法规宣传等工作中。同时，广州市黄埔区人民检察院和广州市黄埔区平安促进会合作设立"公益诉讼检察官办公室"，率先在全省范围内探索"检察公益诉讼+社会公益组织"深度融合的检察公益诉讼新路径。[①]

四 反思

全面梳理、回顾和总结2020年广州市生态文明法治建设取得的成绩，可以发现广州市在探索建立具有广州特色的生态文明示范城市的征途上行稳致远，日渐成熟。然而，深入思考和挖掘，还有可改进和完善的空间。2020年，广州市南沙区人民法院发布《关于类似案例辩论程序的诉讼指引》[②]，是广州市在促进粤港澳大湾区司法合作上的新探索成果。然而，粤港澳大湾区生态文明建设法治上的合作，特别是大湾区生态环境司法的广泛领域、制度化、常态化合作还有待深化。作为一个"生态环境共同体"，粤港澳大湾区各城市政府应展现建设性智慧，在"一国两制"前提下充分利用三法系各自的制度优势和先进经验，求同存异，不断探索创新，促进大湾区生态环境司法合作。广州作为粤港澳大湾区中心城市，在促进大湾区生态环境司法合作方面应走在前列。

---

① 参见吴笋林、李雨航《广州探索"检察公益诉讼+社会公益组织"融合新路径——3万名公益志愿者黄埔区上岗》，载《南方都市报》2020年10月23日第A07版。
② 参见蔡敏婕、王君《广州南沙法院推进"类案同判"促进粤港澳大湾区司法合作》，https：//www.chinanews.com/gn/2020/10-21/9318842.shtml，2020年11月10日访问。

B.17
广州市法治村居建设调研报告

广州市委依法治市办课题组*

摘　要： 课题组赴市司法局、民政局等政府部门和部分村居，就广州法治村居建设开展调研，了解全市村规民约社区公约制定、修订与实施情况，村居民主选举、民主管理、民主监督情况，村居行政执法下沉落实情况，建立基层多元化纠纷解决机制情况以及村居普法宣传、法律咨询、法律援助、社区矫正、司法救助情况等。根据调研结果，课题组提出健全党组织领导的自治、法治与德治一体化基层治理体系，健全社区公共服务机制，推行网格化社会治理，发挥群团组织、行业协会商会自律功能，实现政府治理与社会调节、居民自治良性互动等完善法治村居建设建议。

关键词： 三治合一　公共法律服务　基层治理体系　法治村居建设

法治村居建设由来已久。1982年宪法确认了基层群众性自治制度，居委会组织法、村委会组织法为法治村居建设提供了基本法依据；《广东省实

---

* 课题组组长：刘薇，广东财经大学法学院卓越法律人才培养实验区主任，法学博士，副教授。副组长：姚小林，广东财经大学法学院副教授，法学博士。课题组成员：房文翠，广东财经大学法学院院长，教授，法学博士；戴激涛，广东财经大学法学院教授，法学博士；黄伟文，广东财经大学法学院副教授，法学博士；邹郁卓，广东财经大学法学院讲师，法学博士；李丹，广东财经大学法学院讲师，法学博士；董宁，广州市委依法治市办秘书处副处长。执笔人：姚小林。

施〈中华人民共和国城市居民委员会组织法〉办法》《广东省实施〈中华人民共和国村民委员会组织法〉办法》则为广东法治村居建设提供地方法规依据。21世纪我国加快法治村居建设步伐，2003年民主法治示范村（社区）创建与评选成为其重要标志，2014年《中共中央关于全面推进依法治国若干重大问题的决定》提出建设中国特色社会主义法治体系必须"坚持法治国家、法治政府、法治社会一体建设"。法治社会建设重心在法治村居建设，法治村居建设重中之重则在法治乡村建设。中共中央国务院印发《关于实施乡村振兴战略的意见》《乡村振兴战略规划（2018—2022年）》，广东省委省政府发布《广东省委省人民政府关于推进乡村振兴战略的实施意见》《广东省实施乡村振兴战略规划（2018—2022年）》，广州市委市政府印发《中共广州市委市人民政府关于推进乡村振兴战略的实施意见》《广州市实施乡村振兴战略三年行动计划（2018—2020年）》，广州市法治乡村建设迎来新的发展机遇期。2019年《中共中央关于坚持和完善中国特色社会主义制度推进国家治理体系和治理能力现代化若干重大问题的决定》，将法治村居建设纳入推进国家治理体系和治理能力现代化国家发展战略，并被赋予"构建基层社会治理新格局"新任务：完善群众参与基层社会治理的制度化渠道。健全党组织领导的自治、法治、德治相结合的城乡基层治理体系，健全社区管理和服务机制，推行网格化管理和服务，发挥群团组织、社会组织作用，发挥行业协会商会自律功能，实现政府治理和社会调节、居民自治良性互动，夯实基层社会治理基础。那么，广州市法治村居建设现状如何，取得哪些工作成效，是否存在复制推广的广州经验样本，存在哪些需要改进完善的问题呢？2019年10月，广州市委依法治市办与广东财经大学签订合作协议，组建"广州市法治村居建设项目"课题组（以下简称"课题组"），历时半年开展广州市法治村居建设项目调研工作。课题组为此制定研究方案，组织整理相关规范性文件，组织现场访谈和调查问卷发放，在完成相关数据材料分析整理工作的基础上撰写了《广州市法治村居建设调研报告》，涉及前言、基本情况、工作实效与经验、存在问题、政策建议等内容。

一 基本情况

（一）广州法治村居建设开始于国家和省"民主法治示范村（社区）"创建活动

全市城市居委会1581个，行政村村委会1144个，法治村居建设以国家和省"民主法治示范村（社区）"创建为契机，以点带面，已逐步推广全市。全市目前有10个村（社区）被评选为全国首批"民主法治村（社区）"。按照市委市政府部署，全市2017年底50%以上村（社区）达省级创建标准，2018年底90%以上村（社区）达省级创建标准，2020年全市村（社区）达省级创建标准。课题组发现，全市2019年底即比省"七五"规划要求提早一年完成省级"民主法治村（社区）"创建任务。

（二）以村（居）民民主法治议事大厅为制度平台的村居社区协商机制逐步健全

2013年以来，通过幸福社区建设启动城市社区议事协商工作，目前创建社区普遍建立以社区"两委"为核心，党员骨干、居民代表、楼（组）长、辖区单位、各界代表参与的社区议事平台。2015年，市民政局选取10街、7镇、12社区和7村开展试点工作。据统计，2013~2015年全市建起实体或网络议事平台1844个，2017年底实现农村村民议事厅全覆盖，2019年底实现村居议事厅全覆盖。

（三）推行"一村（居）一法律顾问"和法律服务站进村居，初步实现公共法律服务均等化

1. 一村（社区）一法律顾问试点与转型

2008年，天河、萝岗等先行试点结对律师进村（社区）公益法律服务；2014年市司法局根据省部署颁布一村（社区）一法律顾问实施方案，推动市委市政府出台实施意见，并制定实施细则和检查评估指引文件，健全村（社区）法律顾问服务评价量化标准、工作日志和工作台账等管理制度。目前全市1550名律师与2723个村（社区）签约服务实现全覆盖，荔湾、南沙等区26个经济联社、农场还聘请法律顾问。

2. 村居公共法律服务站（室）平台全覆盖

村居法律顾问为驻点村（居）民提供公共法律服务。市委市政府2018年为"打造覆盖城乡的半小时公共法律服务圈"印发《中共广州市委市人民政府关于推进乡村振兴战略的实施意见》《广州市实施乡村振兴战略三年行动计划（2018—2020年）》等，推行法律顾问兼任村居人民调解委员会副主任制度和基层公共法律服务机构建设。目前全市建成174个镇（街）公共法律服务工作站，2711个村（社区）公共法律服务室，村居法律顾问兼任调委会副主任。

（四）社区养老、援助困境儿童和帮扶矫正对象等特定群体权益保障有效落实

1. 居家为基础、社区为依托、医养相结合的"9064"社会养老服务体系

目前建成农村敬老院44家，床位5129张，农村老年人活动站点1144个，每街（镇）都建一居家养老综合服务平台（日间托老机构），每村建一农村老年人活动站点，形成了贯通市区街（镇）村（居），涵括上门服务、日间托老、活动场所、综合服务等立体式多元服务网络，农村养老服务设施实现全覆盖。

2. 农村留守儿童与村居困境儿童保障就位

广州出台《关于进一步健全农村留守儿童和困境儿童关爱保护体系的意见》等重要文件，构建了"市、区、镇（街）、村（居）"四级联动服务保障体系和"专职人员（儿童督导员、儿童主任）、政府购买社会服务（社工站等）和社会力量"三重关爱保护网络。截至2019年10月，农村留守儿童由首次摸查的552名减至142名，100%落实监护责任；1.7万余名困境儿童纳入动态管理和落实保障措施。

3. 社区矫正对象帮扶教育

2006年试点，2010年全市铺开，目前建成市区街镇三级社区矫正工作机构，有14家司法社工机构、275名社工和3600多名志愿者参与此工作。全市2019年10月底前累计接收社区矫正对象29871人，解除26158人，现在册3713人，年平均监管人数8000人左右，连续13年实现监管安全稳定，社区矫正对象再犯罪率控制在0.2%以下。

（五）村规民约居民公约是村居自治基本规则，法治与自治在制度与实践层面契合统一

目前全市所有村（居）都制定了居民公约或村规民约，修订率100%，还出现较好村规民约典型。如白云区指导各村将涉毒违法犯罪纳入村规民约及集体经济组织章程并与股份分红挂钩，使村民自觉抵制毒品；番禺区将房屋租赁管理纳入村规民约，推行出租屋管理情况与村民股份分红挂钩，保证了出租屋管理有效实施。

二 工作实效与经验

（一）从试点向全市推广，基本实现省级法治示范村（社区）创建全覆盖，党建先行，规则引领，市区镇街村（居）四级联动

1. 党建先行，党建促村居法治建设与综合治理

目前村居党组织书记、居（村）委会主任"一肩挑"和"两委"班子成员"交叉任职"比例超过92%；选出非户籍社区居委会委员446名。市民政局还印发《关于进一步加强社区居民委员会建设的意见》，建立完善党组织领导下的社区居民自治体制，推动社区居委会规范建设；还选取18个社区居委会试点标准化建设，制定《广州市社区专职工作人员管理办法（试行）》，推动社区干部专职规范。

2. 规则引领，高标准推动村居法治建设常态化

民主法治示范村（社区）不实行终身制，省市定期复核确认，一旦发现不符合有关评选标准即撤销并敦促其整改。省司法厅2019年向社会公示广东省1~7批"全国民主法治示范村（社区）"复核名单，增城区新塘镇大敦村被列入撤销"全国民主法治示范村（社区）"称号名单，从化区鳌头镇桥头村等9个"全国民主法治示范村（社区）"则予以保留。

（二）发挥村居自治组织与村（社区）居民主体作用，发展创新社区协商工作机制

1. 激发居民自治活力，提升社区居民自治水平

2013~2015年，开展村居社区协商机制试点，2015年后即全市推进。2016年以来，各村（居）通过社区协商落实集体资产管理事项6793个，涉及资产总额52.7亿元，解决社区卫生问题12124个，居民获得感不断提升。课题组发现，58.99%的城市居民评价"很好"、22.30%的评价"较好"，31.48%的农村居民评价"很好"、48.15%的评价"较好"。

2. 强化多元多层参与，夯实社区共建共治共享基础

社区居民议事厅吸纳多元主体有序参与，从村居"两委"干部、村（居）民代表等扩展到基层政府部门、党员代表、驻村团队、驻村律师、非户籍居民、物业公司、社会组织和社会工作者等。目前全市议事机构成员73916名，协调解决社区消防等问题8235个，为老人、青少年服务8314次，办理旧楼加装电梯等事务4669件。

3. 增强居民法治意识，推动社区三治衔接统一

居民议事厅实践培育居民正确行使民主权利、平等协商、尊重规则意识和依法依规落实会议决定习惯，促进城乡居民法治意识养成。如番禺区市桥街西涌社区通过协商方式制定解决方案，依法依规解决了部分居民擅自占用停车位问题。据统计，社区协商使得邻里纠纷、涉农信访等数量下降30%~40%。

4.城乡社区协商创新经验样本不断涌现

如"民主商议、一事一议"的增城区石滩镇下围村模式,三层五步解决纠纷的天河区车陂街广氮社区"对对碰"模式,荔湾区冲口街杏花社区三级(街道—社区—片区)议事会以及南沙区万顷沙镇年丰村以村民咨询委员会会议作为前置程序的"五步工作法"等。下围村经验在中央电视台播出,三元里社区共治议事会还入选国家"砥砺奋进的五年"大型成就展。

(三)从"所所结对"律师法律公益服务试点到村(社区)法律顾问公共服务转型再到法律服务站(室)平台全覆盖,公共法律服务均等化不断落地、提质并实现制度化

1.村居法律顾问制度实效

2008年,天河、萝岗等先行试点结对律师进村(社)公益法律服务。2015年,全市普及"一村(社区)一法律顾问",五年来为居民提供法律咨询、调解纠纷、法律援助、上法治课等服务305386件次,受到居民信赖和广泛欢迎。全市已建成公共法律服务中心市级1个、区级11个,镇(街)公共法律服务工作站174个,村(社区)公共法律服务室2711个,形成市区镇(街)村(社区)四级平台全覆盖。课题组发现,56.12%的城市居民认为法律顾问态度好效率高,服务态度差评为零;八成农村居民对村法律顾问兼任村调委会副主任及驻村律师工作给予认同和肯定。

2.村居公共法律服务涌现三类创新样本

一是"巡回"+"定点"相结合的南沙公证新模式。南沙公证处2017年以村居为单位,通过轮岗制形式组成巡回流动小分队,为当地居民提供贴心周到的公证法律服务。二是全天候公共法律服务模式。南沙区万顷沙镇和天河区车陂街等通过与律所签订政府购买服务协议,由律所派律师到村居巡回提供法律服务。三是出现多个全省首家特色法律服务工作室,如番禺区沙亭村杨杨律师个人调解工作室、广东广信君达律师事务所助老律师团、越秀区登峰街外国人法律服务工作室、荔湾区岭南花卉市场专业法律顾问室等。

（四）政府行政服务与管理全面下沉，基层公务人员与社区自治组织法律意识提升明显，社区管理规范制度化，特定群体权益得到有效保障，居民权益实现普惠均等化

1. 行政权力与自治权力实现某种平衡

目前广州实施村（居）委会自治事项清单、村（居）委会协助政府工作事项清单制度和村居党群服务中心全覆盖。市民政局以制定"两清单一办法"为抓手为基层人员减负，将最初上报村（居）委会协助政府工作事项 32 类 164 项压减至居委会协助事项 15 类 81 项，村委会协助事项 17 类 92 项；同时根据相关法律政策拟定《居委会自治事项清单》7 类 32 项，《村委会自治事项清单》8 类 45 项。课题组发现，61.73% 的农村居民对政府服务下沉评价"好"，61.59% 的城市居民评价"便民高效"。

2. 社区特定群体权益得到切实有效保障

一是推行城乡居家养老普惠制，为城乡户籍 8 类对象购买社区居家养老服务，为居家养老服务设施同等安排建设运营经费，统筹推进中央居家和社区养老服务改革试点以及市老年人助餐配餐、医养结合、家政服务"3+X"创新试点，实施养老助餐配餐服务提升工程；针对农村留守老人建立特殊群体老年人"关爱地图"，建立定期巡访和主动服务机制等。二是关爱农村留守儿童和社区困境儿童，目前全部配齐 174 名镇（街）儿童督导员和 2725 名村（居）儿童主任，强化基层监护帮扶救助和福利等服务保障力量。课题组发现，对农村"三留守"（留守儿童、老人和妇女）人员关爱行动效果评价，45.39% 的受访公务人员认为"很好"，50% 的城市居民认为"很好"，超六成的农村居民认为"很好"或"较好"。三是社区矫正对象在社区得到有效帮扶和教育，2019 年 10 月底前累计接收社区矫正对象 29871 人，累计解除 26158 人，解除率为 87.6%，连续 13 年实现监管安全稳定，矫正期内再犯罪率控制在 0.2% 以下。

（五）村居普法宣传多样化生活化事例化，村规民约居民公约认同度高，居民自治法治和主体参与意识明显增强

1. 村居普法多样化，驻点法律顾问成为重要力量

全市基本普及法治长廊、法治主题公园、法治文化广场，通过推广使用法律咨询服务微信群或微信公众号，借助生活案例事例进行扫黑除恶、防拐防诈骗、拒毒防毒、维护妇女权益、征地拆迁、婚姻家庭、宅基地买卖等方面法律宣传。从化区鳌头镇西塘成立全国首家乡村宪法馆。

2. 基层自治公约认同度高

2017年村（居）委会改选换届以来，大多数村居村规民约居民公约重新修订，居民深度参与其起草、修改、审议和执行监督，公约认同度与遵守自觉性相对较高。课题组发现，27.16%的农村居民对村规民约评价"规定得好对我的影响大"、51.23%的肯定，53.24%的城市居民对居民公约评价"规定得好对我的影响大"。

3. 居民法律意识得到很大提高，权利主体参与意识和法治信仰有所增强

课题组发现，城市居民中一旦与家人、社区居民发生矛盾纠纷，首先想到"找居委会主持公道"的占27.54%，选择"找社区法律顾问"的占18.12%，选择和解的占33.33%；而一旦发生物业管理纠纷，首先想到"找居委会主持公道"的比例上升到46.27%，选择"找社区法律顾问"的上升到29.85%，选择和解的比例下降到16.42%；农村居民一旦跟熟人出现矛盾纠纷，首先想到和解的比例高达66.05%，选择"找驻村法律顾问"的比例为10.49%；而一旦与生人出现矛盾纠纷，首先想到和解的比例下降到48.15%，选择"找驻村法律顾问"的比例上升到29.63%，因为征地拆迁、土地承包等与村委或乡镇（街道）政府发生冲突，首先想到"直接找村委、政府评理去"的占54.94%，选择"找驻村法律顾问"的占29.63%，而选择忍让或找人闹大的比例偏低，分别为6.80%和3.09%。

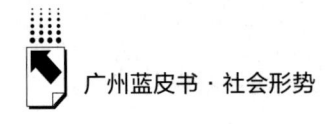

三 存在问题

(一)广州的全国民主法治示范村(社区)数量与其在全国重要地位存在较大差距

2003年至今,司法部、民政部共评选七批3365个全国民主法治示范村(社区),在广东的145个示范村(社区)中,广州市有10个,占比仅为6.9%,在全国占比仅为0.3%。与国内城市相比,广州获评"全国民主法治示范村(社区)"个数不占优势,如北京市63个,上海市56个,杭州市20个,十堰市11个,武汉市10个,襄阳市10个。在2019年省司法厅组织的"全国民主法治示范村(社区)"复核工作中,广州市保留称号9个,被撤销称号1个。作为全国经济大省省会、华南地区最大中心城市和四个一线城市之一,广州保留"全国民主法治示范村(社区)"称号仅9个,与其在全国地位极不相称。

(二)有待继续推进法治社会与法治国家、法治政府一体化建设,社区自治仍面临行政管理与服务下的行政考核压力,村(居)委会成员薪金待遇有待改善提高

在坚持党建优先前提下,自治和德治关系处理仍然是广州法治村居建设必须面对的课题,落实到村(居)委会日常工作之一就是其所承接的协助政府工作事项面临的行政考核压力。市民政局2020年开始清理村(居)委会协助政府工作事项清单,居委会协助行政事项,压缩至15类81项,村委会协助行政事项压缩至17类92项,涉及政府部门减至20个,但是仍然面临超负荷的工作压力与人事编制不足问题。有关法律规定,村(居)委会可以根据需要聘用若干人,但仍受制于人员编制与经费预算,村(居)委会成员待遇普遍不高。相关法律规定,居民委员会由主任、副主任和委员共5至9人组成,户数1000户以下的可设5人,户数1000~2000户的可设7

人，户数2000户以上的可设9人。课题组发现，天河区天园街道东方社区户籍居民1980户，按规定可设干部7名，实际在编6名；车陂街广氮社区常住户2138户，按规定可设干部9名，实际在编8名。相关法律规定，村民委员会由主任、副主任和委员共3至7人组成。课题组发现，南沙区万顷沙镇年丰村村委会在编干部5名，增城区仙村镇西南村村委会在编干部7名，从化区鳌头镇桥头村村委会在编干部6名。

（三）村（社区）法律顾问与公共法律服务室构成基本公共法律服务平台，但仍不能满足居民尤其是农村居民的法律需求

按照省司法厅《关于深化一村（社区）一法律顾问工作的若干意见》，每名律师可担任不超过5村（居）法律顾问，但实际上，2019年全市1550名律师与2723个村（社区）签约服务，每名签约律师人均任2个村（社区）法律顾问。按照广州市司法局《一村（社区）一法律顾问工作实施细则》，村（社区）法律顾问每月至少到村（社区）提供不少于1天（累计8小时）现场法律服务，每季度至少提供一次法制讲座。但现实是，驻点律师公布了联系电话并建立工作微信群，可全天为驻点村（社区）提供法律咨询服务，但远远不能满足村（社区）居民日益增长的法律服务需求。课题组也发现，签约律师大多为新入职年轻律师，甚至是实习律师，他们的法律专业知识与工作经验可能存在不足，有时并不能胜任相关工作；受访居民认为驻点律师"敷衍走过场"的，城市为5.76%，农村为4.94%。

（四）村规民约备案审查工作有待加强和提高，村居信息公开程序也有待明晰和制度固化

按照法律规定，村自治章程、村规民约以及村民会议或者村民代表会议的决定不得与宪法、法律、法规和国家的政策相抵触，不得有侵犯村民的人身权利、民主权利和合法财产权利的内容。少数村规民约仍有不当扩张村委会权力、减损居民合法权益的争议条款。如某村规民约规定："有违反上述条例，通过教育仍不悔改的停止发生活款分配和福利一至五年。""对违犯

上述……条款情节严重的,我村将停止发放生活款分配和福利半年至一年。""村民藏匿违反计划生育对象(指不合理怀孕妇女)的,经劝告不听的,除有关部门处理外,暂停生活款分配和福利半年至一年。"又如某村规民约规定:"除结婚夫妻子女投靠入户外,其他企业、工厂、自理粮及其他性质等非农业户口人员回迁本村或其他情况入户本村的,需要由迁入经济社八成的户代表和经济社长签字同意入户,才能办理回迁入户手续。"该规定不符合我国户籍法关于居民迁徙自由和公安户政管理部门专属权规定。同时,有行政村村规民约从不对外公开,只有执行适用时才向当事人和外界展示。课题组发现,除非课题组主动索取,少有村(社区)愿意主动提供村(居)社区自治规范性文件;14.20%的受访农村居民认为村规民约"放在村委那里,没见公开过",7.41%的认为"本村就没有村规民约";26.54%的受访农村居民对村务公开评价"一般般",不少受访者回答开放性问题时直接指出存在"走形式"问题。

(五)村(居)公务人员法治素养有待提升,部分村(社区)居民法律信仰有待专业引导、培育和改观

增城区新塘镇大敦村曾经是广州最早被授予"全国民主法治示范村(社区)"称号的行政村,因为 2011 年 "6·11" 群体性事件而被撤销,教训深刻,值得反思。2019 年 3 月由最高人民法院新闻局与中央广播电视总台央视新闻中心共同策划开展的 "2018 年推动法治进程十大案件" 评选活动结果揭晓,广州市中级人民法院审理的刘永添等 54 人涉黑团伙犯罪案榜上有名,本案主犯刘永添即为原萝岗区东区街刘村社区居民委员会党委书记。再如广州市纪委监委 2019 年 9 月通报的 6 起漠视侵害群众利益典型事件中,就有 3 起涉及部分行政村干部的违纪违法问题。其实,被评为"全国民主法治示范村(社区)"或广东省民主法治示范村(社区)的,不少村(社区)是由问题村(社区)蜕变而来,如从化区鳌头镇桥头村、西塘村原先都是吸毒醉驾(摩托)严重的问题村。课题组发现,在受访农村居民中,认为本村通过法律宣传栏、法治讲座等形式普法效果"一般般"的比例达 35.19%,大大高于受访城市居民(23.02%)。

四 政策建议

（一）明确法治村居建设政策依据，将其置于中国特色社会主义法治体系构建与国家治理体系和治理能力现代化的发展战略中

党的十八届四中全会提出中国特色社会主义法治体系构建"坚持法治国家、法治政府、法治社会一体建设"；十九届四中全会强调"健全党组织领导的自治、法治、德治相结合的城乡基层治理体系"。中共中央国务院印发的《关于实施乡村振兴战略意见》《乡村振兴战略规划（2018—2022年）》，中共中央全面依法治国委员会印发的《关于加强法治乡村建设的意见》，还有民政部牵头制定的《城乡社区治理三年行动计划（2020—2022）》等，都是法治村居建设的重要政策依据。

（二）明确法治村居建设基本原则，即以党建推进法治村居创建，尊重城乡社区自治，保证国家法律实施，推进法治与自治、德治一体化建设

坚持党的领导是新时代中国特色社会主义法治体系构建与国家治理体系和治理能力现代化的重要特色体现和宪制优势所在，我们必须坚持、巩固和发展。因此，有必要以实施党组织"头雁"工程为抓手，适时改善村（居）委成员工资待遇，继续推进村（居）"两委"交叉任职工作，推广和深化村（居）党总支部（党委）书记任"民主法治村（社区）"创建小组组长的工作机制；同时建立健全村（居）委会换届选举制度，切实保障和支持本届村（居）委会继续履行职责，认真落实好村（居）委会自治事项清单制度；继续做好村（居）自治章程、村规民约、居民公约及各类社区办事流程的制定修改与系统规范化工作，强化实施村规民约与居民公约的备案审查工作；保证国家法律在村（居）正确实施，切实保障特定人群合法权益，推动城乡社区居家养老事业稳步发展；根据新的《社区矫正法》协助搞好社区矫正对象帮扶教育工作；建立健全村（居）重大自然灾害与群体性事件防范应急处置机制；重视村（居）传统文化遗产与红色基地的保护工作和中华传统美德必要作用。

（三）继续推进"民主法治村（社区）"创建活动，严格"民主法治村（社区）"创建标准，以创建促建设，发挥"全国民主法治示范村（社区）"示范作用

严格按照省司法厅"民主法治村（社区）"创建标准，做好相关动态管理工作，定期组织"回头看"，对于创建工作有滑坡的村（社区）按照程序必须予以撤销，形成系统完善的法治村居建设考评机制，通过增加全市获评"全国民主法治示范村（社区）"数量和省级民主法治示范村（社区）全覆盖工作，实际推动广州全市基层法治建设达标与新时代基层社会综合治理体系构建。因此，对已申报省级"民主法治村（社区）"的村（居），严格执行评选认定标准并注意后期动态跟踪监督工作；对于个别新设立社区，则不宜作硬性要求，建议暂时不纳入本年度评选范围，逐步推进村（居）法治建设达标工作。

（四）加大民主议事厅建设力度，从规范城乡议事厅运作、推广好的经验做法、引导多元主体有序参与等方面提升社区协商议事能力，稳步推进村（居）社会治理现代化

必须充分尊重城乡社区自治，充分激发村（居）委会与社区居民首创精神，因此建议继续按照"116"城乡社区协商工作法，即建好一个议事厅，落实一个议事制度，抓好议题收集、酝酿、协商、决策、执行、监督等6个主要工作环节，加大民主议事厅建设工作力度；继续推进民主议事厅规范化建设，参照民政部《城乡社区治理三年行动计划（2020—2022）》和广东省规定制定全面推进广州市城乡社区协商机制建设规范性文件。

（五）可采用政府购买、财政补贴与社会公益相结合方式，真正落实公共法律服务均等化，通过充分利用现有律师队伍和高等院校法律人才资源改善村（居）法律顾问队伍

目前广州市在职执业律师突破 1.5 万人，每万名广州市民拥有的律师超过 10 人，如何充分挖掘利用这个庞大群体的法律资源，仍是一个需要探索的课题。此外，广州市辖区高等院校法律专业师生队伍体量也非常庞大。建议考虑继续采用广州市试点法律顾问时采用的社会公益方式，将法律顾问工作纳入执业律师考核范围；同时考虑采用与高等院校法学院展开课题合作等方式，充分利用现有法律人力资源；继续规范公共法律服务市场，加强法律服务行业自律建设，推行政府购买、财政补贴与社会公益相结合的公共法律服务供给制度，继续落实构建"小事不出村（居）、大事不出乡（街道）、矛盾不上交的乡村（社区）半小时法律服务圈"生态。

（六）继续落实"谁执法谁普法"制度，借助"头雁工程"不断提升村（居）干部法律素质，并通过法治标志性工作、宪法日和特定权益日常态化增强社区居民法律信仰

继续实施村（居）基层党组织"头雁"工程，落实一个村（居）一个以上法律明白人工程；继续落实"谁执法谁普法"制度，加强市（区）街镇基层政府部门的普法责任考核；突出学习宣传宪法，加强居民公民意识教育，弘扬现代社会法治精神，树立社会主义法治文化自信；继续落实法治标志性工作常态化，大力推进法律进村（居），充分利用特定法律权益日活动，全面提高村（居）民法治素质，构建理想村（居）法治建设生态，借用司法部原部长傅政华的话就是：有一个好支部、一套完善的村规民约（居民公约）、一张清晰明了的小微权力清单、一个起作用的法律顾问、一个以上在村（居）民身边的法律明白人、一个以上有特色的法治文化阵地、一个管用的村民说事平台、一张好人榜、每户一条家规家训、每户一本宪法文本、一年一次国家宪法日主题宣传活动等。

专题研究篇

Special Research

B.18
2020年来穗务工人员过年方式调研报告

褚珊珊*

摘　要： 为了解来穗务工人员就地过年及返乡过年两种过年方式有关情况，国家统计局广州调查队近期组织开展专题调研。结果显示：一方面，政府就地过年倡议支持度高，政策内容获认可。超六成受访者愿意就地过年，防疫因素和安全考虑是就地过年的最大动因。就地过年面临情感顾虑，发放过年补贴、保供稳价成主要期盼。另一方面，近四成受访者返乡过年，返乡意愿仍然强烈，年后返穗返岗意愿强但仍有不确定性因素，导致部分企业春节及年后用工短缺。建议将就地过年倡议落实为优惠政策，通过丰富居民节日生活、提高稳岗留工力度、强化各类服务保障等方式，实实在在增加"就地

---

* 褚珊珊，社会学专业硕士研究生，国家统计局广州调查队居民收支处二级主任科员，研究方向为城乡居民收入、农民工监测、农民工市民化。

过年"吸力，另外通过完善政策、提高就业服务水平、拓宽招工招聘渠道增强务工人员年后返穗返岗"拉力"。

关键词： 来穗务工人员　就地过年　疫情防控

为降低春节期间疫情传播风险、切实加强疫情防控工作，2021年1月25日，中共中央办公厅、国务院办公厅印发《关于做好人民群众就地过年服务保障工作的通知》（以下简称《通知》），倡议群众就地过年，针对就地过年群众增加的新情况做好各项服务保障工作。为及时了解来穗务工人员就地过年及返乡过年相关情况，国家统计局广州调查队在全市范围内对来穗务工人员开展问卷调查，共收集有效问卷1178份。结果显示：一方面，九成以上来穗务工人员支持政府本地过年倡议，六成以上选择就地过年，但存在亲情缺失和生活成本高两方面顾虑，就地过年有四大期盼，需政府和企业配合促进来穗务工人员就地过节；另一方面，来穗务工人员返乡意愿仍然强烈，希望错峰返乡，年后返穗意愿较强，但容易导致企业年后缺工等情况，需要企业和政府积极应对。

一　政府倡议支持度高，《通知》内容获认可

（一）九成以上来穗务工人员支持政府就地过年倡议

随着国内局部地区聚集性疫情和零星散发病例不断出现，疫情防控形势收紧，群众疫情防控意识提升，对政府就地过年的倡议普遍表示支持，也愿意在行动上积极响应配合，为疫情防控贡献自己的力量。调查对象中对政府就地过年倡议表示非常支持的占53.1%，表示比较支持的占42.1%，表示不太支持或不支持的仅占4.8%（见图1）。

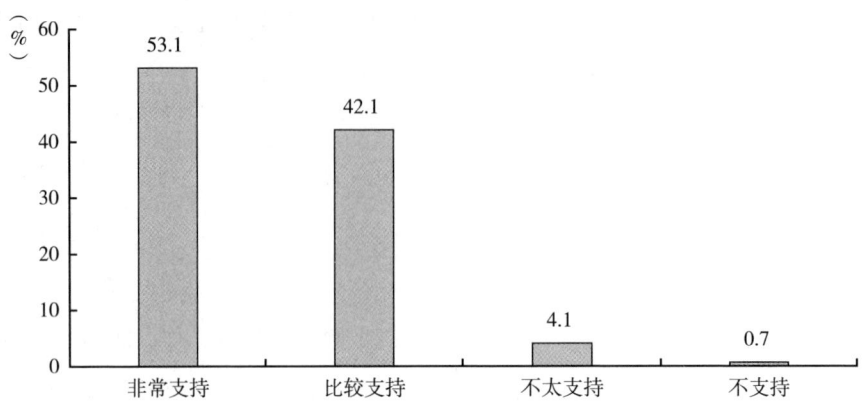

```
   60
(%)
   50   53.1
   40         42.1
   30
   20
   10                      4.1    0.7
    0
      非常支持  比较支持  不太支持  不支持
```

图 1　来穗务工人员对政府提倡就地过年的态度

资料来源：根据相关调研报告整理，下同。

（二）群众对《通知》知晓度、满意度较高

随着春节临近，群众对疫情防控形势及相关政策更加关注。中共中央办公厅、国务院办公厅印发了《通知》，提倡春节期间非必要不流动，针对就地过年群众增加的新情况做好各项服务保障工作。来穗务工人员表示了解通知全文内容的占45.9%，只知道一部分的占48.5%，不知道的仅占5.6%。《通知》的发布回应了群众对于疫情防控措施的关切，满足了企业对就地过年政策依据的迫切需要，群众满意度较高：80.1%的受访者对《通知》表示"非常满意"和"比较满意"，18.1%的认为"一般"，仅有1.8%的表示"不太满意"和"很不满意"（见图2）。

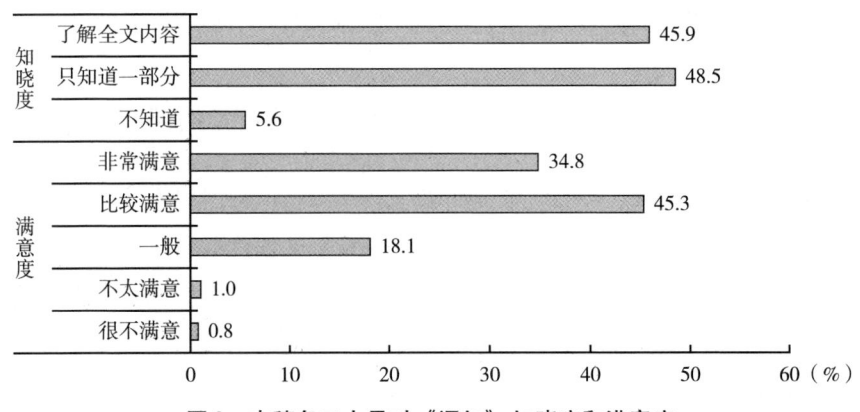

```
知晓度  了解全文内容        45.9
        只知道一部分        48.5
        不知道         5.6

满意度  非常满意           34.8
        比较满意           45.3
        一般              18.1
        不太满意    1.0
        很不满意    0.8

        0   10   20   30   40   50   60（%）
```

图 2　来穗务工人员对《通知》知晓度和满意度

具体来看,《通知》七项措施中群众最关心"加强就地过年群众生活保障",选择率达49.8%;其次是"合理有序引导群众就地过年",选择率为43.9%;第三是"保障就地过年群众工资休假等合法权益",选择率为36.5%。(多选)

二 就地过年成主流,最关心就地过年生活保障

(一)六成以上来穗务工人员愿意就地过年

为配合国家疫情防控工作需要,居民顾大局、识大体,大多数对就地过年都能给予理解、支持并愿意配合。来穗务工人员中有62.4%愿意就地过年,比上年增加41.3个百分点,21.7%尚在犹豫,将根据疫情防控形势确定过年计划,15.9%希望返乡与亲人团聚,不愿意就地过年(见图3)。

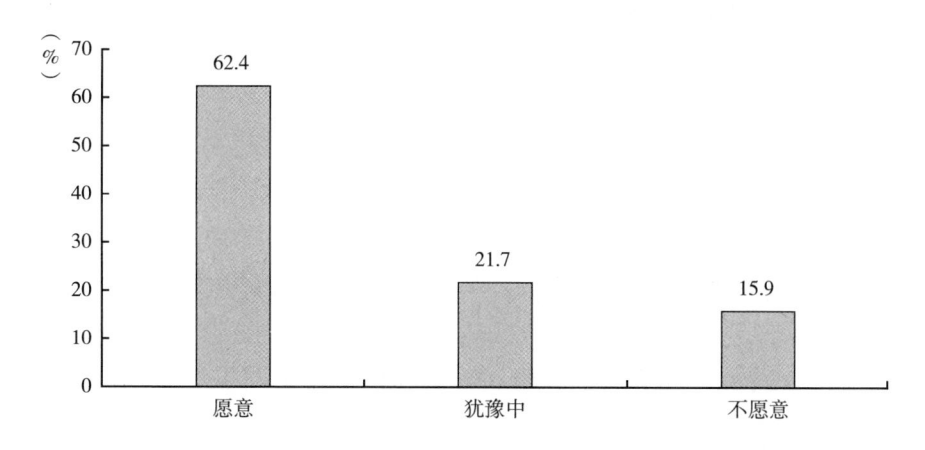

图3 来穗务工人员就地过年意向

(二)防疫安全和保障家人安全是就地过年主要原因

自身疫情防控意识较强、降低疫情传播风险是来穗务工人员就地过年的内在原因,也是主要原因。同时,居民单位和子女学校疫情防控对流动与隔

离的要求也影响受访者的返乡意愿，是居民选择就地过年的重要外在原因。

选择就地过年的原因中，首先是疫情期间保障安全，受访者中有56.9%担心流动过程中有感染风险，32.0%为了保障远方家人安全；其次是担心疫情防控措施，尤其是隔离政策影响生活，27.8%担心返乡后防控政策收紧，不能顺利返穗，21.7%不想返回老家被隔离。湖南籍的汤某"很担心回家了回不来，尤其小孩在本地上学，回来后隔离会影响小孩学习"；另外有29.2%是因为跟随家人、朋友在本地一起过年（见图2）。

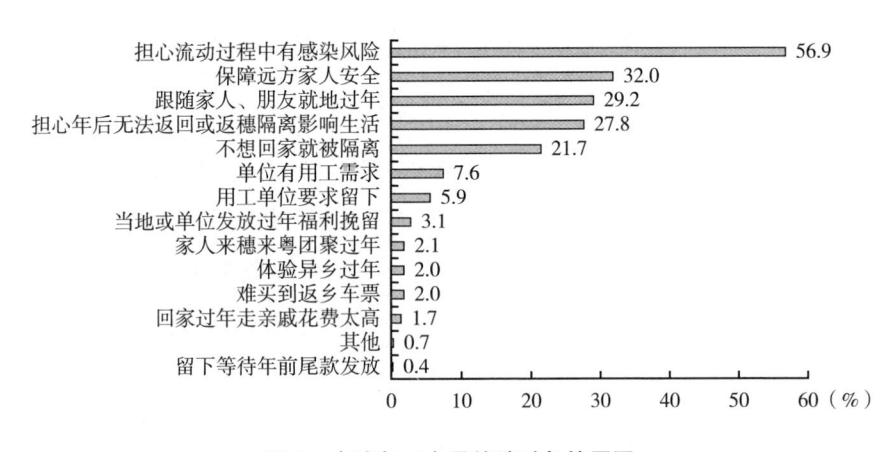

原因	百分比
担心流动过程中有感染风险	56.9
保障远方家人安全	32.0
跟随家人、朋友就地过年	29.2
担心年后无法返回或返穗隔离影响生活	27.8
不想回家就被隔离	21.7
单位有用工需求	7.6
用工单位要求留下	5.9
当地或单位发放过年福利挽留	3.1
家人来穗来粤团聚过年	2.1
体验异乡过年	2.0
难买到返乡车票	2.0
回家过年走亲戚花费太高	1.7
其他	0.7
留下等待年前尾款发放	0.4

图4 来穗务工人员就地过年的原因

三 就地过年存四大顾虑，多项期望盼解决

（一）就地过年面临四大顾虑，情感顾虑高于物质生活

一是担心留守家中的老人小孩失望，对家人有"亏欠感"，占35.8%（多选，见图5）。湖南籍的汤某目前计划自驾车返乡过年，认为"一年回家一次，过年不回家家中老人会介意"。

二是担心独自就地过年无聊孤独，占26.6%（见图5）。湖南的丁某计划自驾返乡："亲戚朋友都在老家，我自己在这里过节没意思，很孤单，一个人在出租屋万一病了都没人照顾。"

2020年来穗务工人员过年方式调研报告

项目	百分比
异地的老人小孩失望、无法照料	35.8
物价上涨，开支压力大	33.4
无聊、孤独	26.6
物资储备不足	16.0
不能错峰放假，假期浪费	15.4
出行不便	13.6
食宿没有保障	10.4
2021年没有长假	9.2
被单位安排加班	6.4
其他	1.0

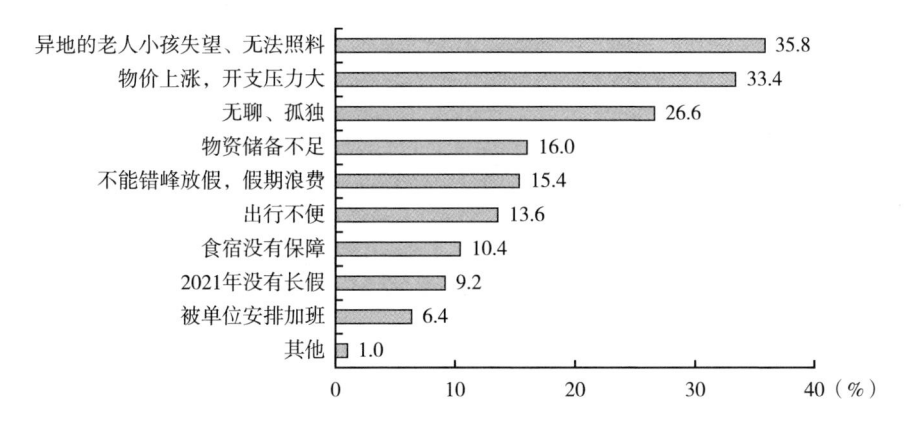

图5 来穗务工人员就地过年存在的顾虑

三是担心城市"年味淡"，就地过年活动少。在就地过年假期安排方面，有55.9%计划在家休息，37.2%计划在市内或周边走访亲友，23.3%计划到周边旅游，17.7%计划学习培训，14.4%选择继续上班。在就地过年人员组合方面，67.3%选择与家人共度，15.7%选择独自过年，11.8%选择与同事朋友结伴，5.2%选择投靠亲友（多选，见图6）。劳动密集型厂企选址多在城中村或远离市中心的地方，逢年过节会出现明显的人口外流现象，特别是春节期间，缺乏浓郁的新年气氛。外来务工人员日常沟通交流对象以同乡为主，紧张的工作很大程度影响到外来务工人员融入在穗生活，难以提升对城市的认同感和融入度。城市过年的气氛和"人情味"成为影响外来务工人员在穗过年的因素之一。

四是担心就地过年物质生活不充裕，不便捷。其中，33.4%担心春节物价上涨，开支压力大。从事服务业的曾某反映"物价有点贵，米油燃气什么都上涨，生活成本太高了"；13.6%担心就地过年出行不便，16.0%担心物资储备不足，10.4%担心食宿没有保障（见图5）。

对物质生活不充裕的顾虑主要源于收入水平与物质生活要求及物价之间的矛盾。调查对象中有15.7%工资在3000元及以下，36.0%在3001～5000元，31.0%在5001～8000元，7.7%在8001～10000元，9.7%在10000元以上；在工资变化方面，70.3%表示工资与去年基本持平，17.3%表示工

259

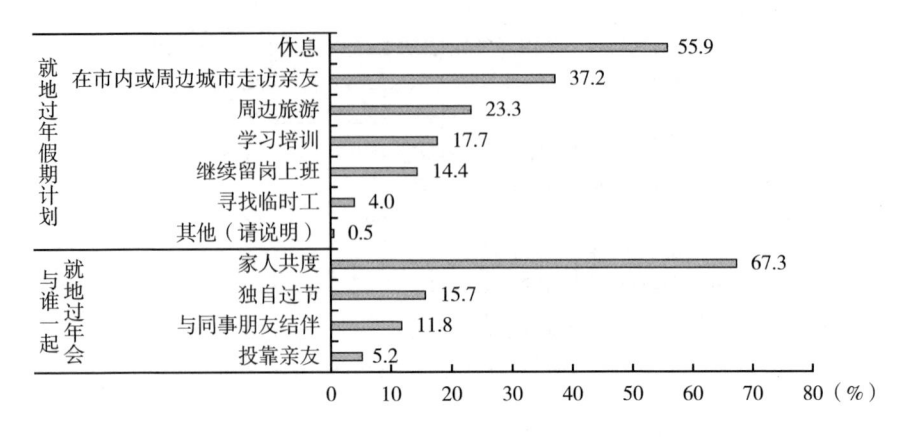

图6　来穗务工人员就地过年安排

有所增加，12.3%表示受疫情影响，公司订单减少利润下降，上半年就业时长缩短，奖金、提成、加班费有所下降导致工资减少，甚至个别受访者在疫情期间无工作或者停薪留职无收入。在工资满意度方面，72%表示一般，18.9%表示比较满意或很满意，9%表示不满意，不满意的主要原因是工资增长缓慢或无增长，跟不上物价上涨水平；工资总额低，达不到预期水平。

（二）就地过年有期盼，企业难以完全满足，希望政府有措施

来穗务工人员就地过年在生活保障、错峰放假、防疫等方面均有所期盼，其中，54.3%希望适当发放留岗补助、消费券、购物券，40.2%希望保障物资充足、物价稳定，29.5%希望能错峰放假，28.8%希望能做好防疫，16.5%希望保障节日期间交通出行安全便捷，14.6%期盼本地能多举办文化旅游及休闲娱乐活动，12.7%希望食宿有配套保障（多选，见图7）。

企业调研发现，不同企业在员工节日保障、补贴标准、错峰放假安排等方面存在较大差别：部分企业提供住宿和伙食保障，承诺员工可以错峰休假；部分企业发放一定数额的节日补贴、加班补贴或年货等实物补助；部分企业只派发口罩、酒精等防疫物品，或者通过口头宣传，发放倡议书或转发政府相关文件等方式提倡员工本地过节；也有较多企业未采取任何措施。

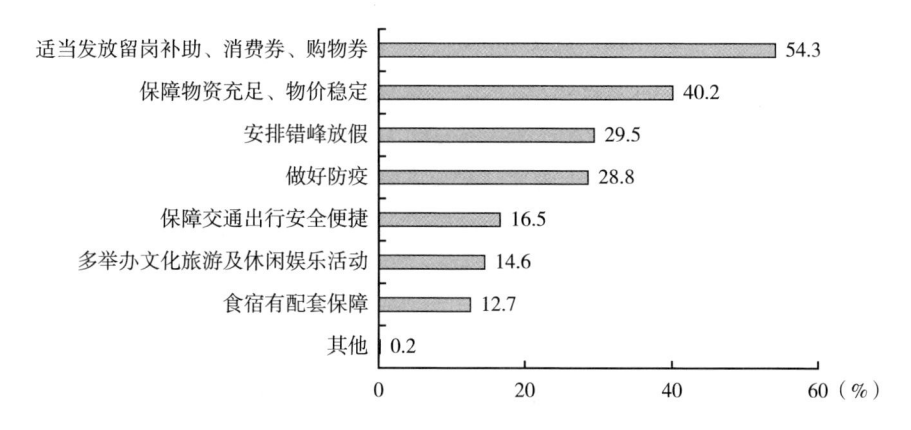

期盼事项	百分比
适当发放留岗补助、消费券、购物券	54.3
保障物资充足、物价稳定	40.2
安排错峰放假	29.5
做好防疫	28.8
保障交通出行安全便捷	16.5
多举办文化旅游及休闲娱乐活动	14.6
食宿有配套保障	12.7
其他	0.2

图7 来穗务工人员就地过年主要期盼

企业为完成年前生产计划，防止员工流失，节后顺利开工，避免疫情风险等，大多希望员工能就地过年，但企业采取相关措施也有一定压力：一是无法安排生产计划。通过安排生产计划挽留员工需支付三倍工资，面临人工成本问题；抽样调查显示87.9%的企业选择春节停业，12.1%正常经营。企业面临供应链、产业链无法支撑生产的问题。二是无法举办节庆活动。往年可以通过举办年会、团拜会等活动吸引员工留穗，今年因疫情原因相关活动全部取消。三是企业组织节日慰问、派发补贴需要较大成本。以番禺区某糖果公司为例，公司目前有员工700多人，每年对在穗过年并在规定时间（包括节前节后）上班的员工给予每天300元积极上班补贴，假期返乡但按时返回的给予200元车票补贴。仅此两项每年需花费40万~50万元。2020年受疫情影响企业出口受限，有订单但产品无法运出，年销量下降20%，利润下降，在此情况下采取实际行动吸引员工留穗过年面临较大资金压力。

（三）企业期盼政府采取切实措施吸引外来务工人员留穗

企业认为吸引外来人员留穗不仅是疫情防控的需要，更是防止员工流失，促进生产销售正常开展的需要，企业力量有限，企业希望政府能进一步出台政策，配合企业采取实际措施吸引外来务工人员留穗，如出台明确政策建议，号召员工留穗；组织打卡领礼品、派发米面油盐日用品等活动。近日，广东省总工会启动"情暖农民工　留粤过大年"广东工会新春行动：组织送年货快递到家活动，投入至少2600万元，向留粤过年的异地务工人员赠送18万份以上的慰问年货或新春网购券。企业认为，相关活动切实有效，但覆盖面较窄，希望能进一步扩大受惠人群，让外来务工人员体会到节日的关怀和温暖。

四　部分来穗务工人员返乡过年意愿强烈，年后返穗意愿强但仍有不确定性

（一）近四成来穗务工人员计划返乡或犹豫是否返乡，希望尽早返乡但可以调整安排

来穗务工人员总量较大，部分务工人员知识水平有限、劳动技能较低，为增加收入进城打工，虽然被"经济性接纳"却遭遇"社会性排斥"，在城市公共产品和公共服务享有上属于体制外群体。常年在外打工，受收入及购房入户、子女入学的限制，无法将家人带在身边，只能选择返乡过年与家人团聚，所以"与家人团聚"和"走亲访友"是农民工返乡的主要原因，"过年"也成为农民工群体找回社会归属感和情感融入的寄托。另一方面，情感认同低阻碍融入导致"社会性疏离"。对于外来务工人员而言，始终觉得自己是"外地人"，应该返乡过年。

计划返乡的人员中，32.9%希望春节前1~3天返乡，28.6%希望尽可能错峰返乡，但越早越好，23.7%希望按法定节假日时间返乡就好，14.8%希望响应政府号召，疫情防控不紧张时再返乡。在返乡期望获得支持方面（多选），81.3%希望提前知晓返乡返岗的防疫要求，61.4%希望健康码能全国通行，58.3%希望返乡途中有可靠的防疫措施，41.3%希望用工单位能支持错峰返乡返岗（见图8）。

2020年来穗务工人员过年方式调研报告

如果返乡，选择什么时间		
提前1~3天返乡		32.9
尽可能错峰返乡，越早越好		28.6
按法定节假日时间返乡		23.7
响应政府号召，疫情防控不紧张的时候返乡		14.8

如果返乡，希望得到什么支持		
提前知晓返乡返岗的防疫要求		81.3
健康码全国一码通行		61.4
返乡途中有可靠的防疫措施		58.3
用工单位支持错峰返乡返岗		41.3
节后复工加强人岗精准对接或专车、专列…		10.9
其他		1.2

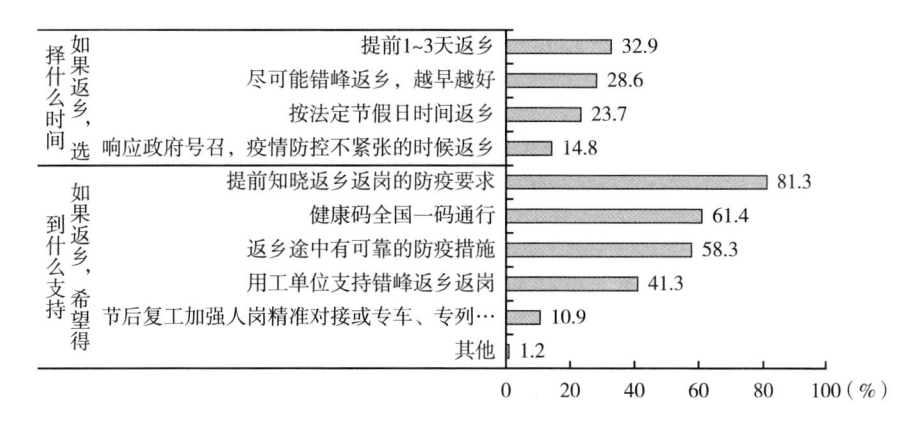

图8 来穗务工人员返乡过年时间选择及需求

（二）返乡人员年后返穗意愿较强，九成以上回原单位

在年后计划方面，90.4%返乡人员选择年后回原单位上班，3.4%的受访者暂时没有明确意向，2.2%选择另寻就业机会，1.9%在家附近寻找工作，1.7%选择自主创业（见图9）。

回原单位上班	90.4
还没有明确意向	3.4
另寻就业机会	2.2
在家附近寻找工作	1.9
自主创业	1.7
其他	0.2
在家种地或者从事农林牧渔相关…	0.0

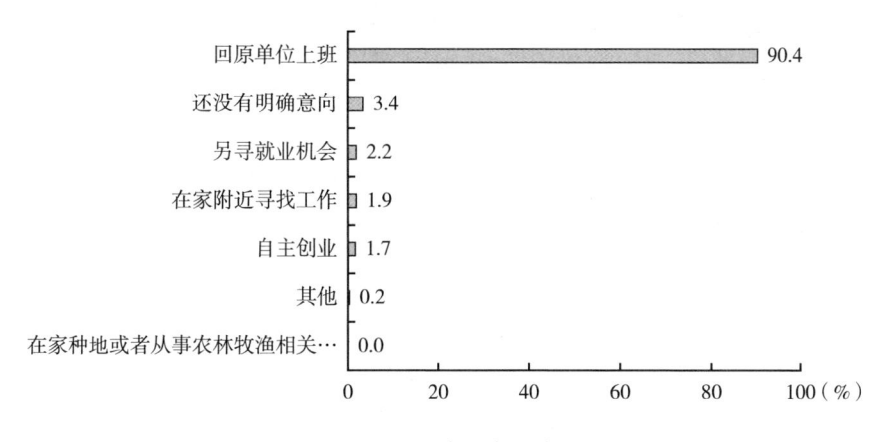

图9 如果返乡过年，年后有何计划

务工人员年后返穗返岗比例较高，一是因为广东尤其是珠三角地区的薪酬优势对外来务工人员仍有较大吸引力。贵州来穗务工人员李桂花43岁，目前是电器工厂的操作工，她表示"我在老家两个月能挣三四千元，在这

里两个月能挣一万多，这里打工收入高很多"。二是大部分务工人员长期在穗，已经熟悉当地的工作和生活，尤其是部分务工人员已经在穗定居。湖南的汤某在番禺某糖果厂务工，21岁来广州至今已12年，在广州买房、结婚、生子，已将广州作为第二故乡。广西的王某来广州已经15年，开始夫妻两人在越秀区打散工，后来在白云区买房安家。两个小孩在老家长大，高中毕业后也来到广州打工。调研对象中，在穗时间3年以上的占74.0%，5年以上的占65.7%，10年以上的占48.0%。这部分人工作和收入较为稳定，春节和疫情对其返岗返工意向影响不大。三是企业出台政策支持节后返岗返工。南沙某木制品公司对返岗员工派发红包，并对部分老员工和优秀员工增加当月工资500~1000元。白云笙达电器公司目前有员工156人，对按时返岗员工每人给予300元车费补贴和200元开工利是，此项成本约75000元。

（三）务工人员返乡容易导致企业年后用工短缺

尽管调研显示来穗务工人员节后返穗返岗意愿强，但实际年后返穗返岗情况仍具有不确定性。以番禺区糖果公司为例，公司有40多名湖北籍员工，上年返乡后因为疫情防控无法返穗，其间公司照常发放工资，并通过微信、电话实时跟踪员工及家人健康情况，直到5月份40多名员工返厂。企业无法预判今年是否有员工因疫情及其他原因不能及时到岗，也没有相关预案应对。

年前对173家企业用工状况调研显示，34.7%的企业存在用工缺口（其中规上工业有41.9%存在缺工，小微企业有13.6%存在缺工）。在导致企业缺工的原因方面，一是员工年前返乡辞职较多，占73.3%。以白云笙达电器公司为例，企业用工规模190人，现有员工156人，年前有15名员工离职返乡，导致部分用工缺口。二是员工尤其是年轻员工对薪酬期望较高，企业无法满足，员工容易年前离职，占60.0%。南沙拉多美化肥有限公司用人规模411人，预计开工后用工缺口74人，企业表示"外地员工占多数，年轻的嫌工作辛苦工资低，年后回来上班的人数难以确定"。

（四）务工人员年后返岗面临四大问题盼解决

目前务工人员返岗就业主要面临四大问题，一是生活成本高，占64.0%。在广州十几年的江西人杨某，目前在番禺务工，表示"小孩读书太难了！幼儿园公办少，民办非常贵；上小学也难，公办小学少，积分入学门槛高，小区配套学校名额紧张进不去，外来工学校师资差学费又贵，性价比很低，寒暑假孩子没人管，去上托管班还是要花钱，带孩子的成本非常高，还要交房租，生活压力很大"。二是收入偏低，占54.7%。三是缺乏职业技能，占23.0%。四是找工作难，占19.7%。在增城某社区做清洁工的朱女士今年43岁，表示"工资低，企业也不给买社保，觉得什么都没保障。但是自己没什么技能，找不到更好的工作"。

务工人员希望从四方面做好节后返岗就业服务：一是提高最低工资标准，占62.0%；二是提供职业指导、职业介绍、岗位信息等就业服务，占51.3%；三是加大对务工人员住房、教育、医疗等社会保障力度，占48.7%；四是出台政策，完善服务，提供更多的职业技能教育和培训机会，占40.7%。

五　增加就地过年"吸力"，提高节后返穗返岗"拉力"

一方面，一线城市疫情防控事关全国疫情防控大局，局部聚集性病例突发、外来人口多且构成复杂的现实情况，要求大城市减少人员流动，降低疫情传播风险。来穗务工人员"舍小家，为大家"，放弃亲人团聚、用行动支持就地过年倡议实属不易，要留人更要留心，将倡议变为优惠政策，增加就地过年的温度，让留下的群众感受到城市的温暖；另一方面，返乡过年是对家乡更是对亲情的牵挂，面对返乡过年导致的离职潮及年后可能会出现的用工短缺也要做好准备，要返穗更要返岗，采取各项措施吸引务工人员节后返穗返岗。

（一）丰富居民节日生活，营造过年良好氛围

一是建议鼓励发放覆盖餐饮、商场、超市、旅游等文娱活动场所的春节消费券。调研发现，计划就地过年的受访者预计假期主要消费开支项目中，生活用品及服务消费占74.7%，食品烟酒消费占56.3%，居住消费占25.7%，衣着消费占21.5%，教育文化娱乐消费占19.7%，旅游消费占19.5。选择部分旅游景点在春节期间优惠或免费向市民群众开放，让外地务工人员借此机会感受城市文化。二是鼓励社区或街道举办相关节日庆祝活动和文化娱乐活动，进一步扩大"广州过年花城看花"文化品牌的影响力，让来穗务工人员能享受地道"广式年味"。三是搭建行业协会平台或组织多家企业联合，加强行业内企业及员工的交流，适时组织节日活动，完善就业生活环境，促进来穗务工人员融入本地。四是加强舆论引导，充分发挥主流媒体和新媒体新平台优势，广泛宣传节日期间保障生活物资供应、文娱活动组织、方便群众出行、关心关爱群众就地过年等方面采取的措施，满足外来务工人员春节期间的物质生活和精神生活需求。

（二）提高稳岗留工力度，提倡错峰返乡

一是建议向春节期间坚持生产的重点企业给予补贴或优惠政策，针对困难职工以及苦脏累艰险行业、交通运输、电力、环卫、餐饮、外卖等春节期间坚守一线岗位的在岗职工进行走访慰问，并发放慰问补贴。二是鼓励用人单位出台错峰休假的具体方案，根据疫情防控形势和职工个人家庭情况及意愿，灵活选择春节安排。务工人员常年在外，即使在穗过年仍有返乡需求，错峰返乡能缓解本地过节顾虑，也能满足来穗务工人员与家人团聚的需求。可对错峰返乡人员购买返乡票给予一定的便利，如购买团体票优惠或优先等。三是督促用人单位依法依规做好加班工资支付工作，保障职工权益。

（三）强化各类服务保障

一是加强食品保供稳价。引导各类商超积极拓展货源渠道，扩大储备，

提前为春节备足粮油蛋菜果奶等主要生活必需品，保障市场供应稳定。加强食品价格监测，及时通过媒体向市民群众解释物价变动原因及供应情况，避免引起市民对物价上涨的担忧；此外，要落实好食品安全的监管责任，加大检查力度，让市民吃得放心、安心。二是加大交通运力，保障市民出行。根据客流情况动态调整公交、地铁的班次和密度，春运、除夕等重点时点适当延长运行时间，方便市民正常出行。严格落实消毒通风等防疫措施，严格实施乘客、司乘人员佩戴口罩等制度，确保安全出行。三是严格落实公共场所的防疫措施。商场、超市要严格落实商务部发布的《商场、超市疫情防控技术指南》，相关部门加大监督检查力度，查漏补缺，切实将防疫工作落到实处。四是做好市民在公共场所佩戴口罩、减少就餐时间、登记测温等的宣传动员工作，确保春节期间安全有序出行活动。

（四）完善外来人口来穗政策，扩大劳动力市场

提高公共服务均等化水平，为来穗务工人员工作生活提供更多便利；增加公办教育资源供给，满足来穗务工人员子女受教育需求；提高最低工资标准，增加来穗人员收入；改善外来人员居住环境，提高来穗人员生活满意度和幸福感；对吸纳就业较多，有人才引进的企业给予一定补贴；通过调研了解企业人才需求，细化人才引进政策，满足企业用工需要；等等。

（五）强化职业技能教育和培训，提高务工人员素质

目前企业对技术工人需求较大，劳动力市场也存在大量务工人员希望提高技能水平但没有资本和渠道，期盼政府能够开展一些技能培训活动，如在街道社区或线上开办技能培训课程，组织失业人员开展技能培训，对组织员工参加技能培训并获得职业技能水平证书的企业给予一定的补贴或税费优惠政策。

（六）畅通就业供求信息，促进务工人员和企业对接

一是继续加强为就业困难人员、贫困劳动力等重点群体落实"一对一"

就业跟踪服务，开展"就业援助月"相关活动，实施送岗位、送政策、送服务，提供重点帮扶；二是持续落实重点企业就业服务专员制度，通过各类用工信息服务平台，帮助企业稳岗稳员工及提供精准用工服务，确保企业节后有序高效复工复产；三是切实做好岗位储备，举办线上公益专场招聘活动，发挥人力资源市场作用，保障企业用工需求，同时满足留粤农民工春节期间短期就业和兼职需求；四是强化与劳务输出地沟通联系，做好员工返粤返岗有关准备工作，全力推进节后企业复工达产。

B.19
2020年广州妇女发展状况公众评价调查报告

广州市妇女联合会

摘　要： 2020年8月，广州市妇女联合会为全面了解广州本地妇女发展状况，委托广州社情民意研究中心组织开展"广州妇女发展状况公众评价"民意调查，重点围绕市民对妇女发展现状评价、对广州市妇联及相关政府部门所提供服务的评价及妇女的发展需求与期待三个方面展开。调查结果显示，大多数受访者肯定女性地位及其作用，认为男女社会地位平等，对广州市各项妇女工作满意度均超六成，期待加强家庭方面的公共服务以帮助促进妇女及其事业的发展。

关键词： 广州　妇女发展　公众评价

为全面了解广州本地妇女发展状况，广州市妇女联合会（以下简称"市妇联"）委托广州社情民意研究中心（以下简称"民意中心"）作为独立第三方，于2020年8月组织开展"广州妇女发展状况公众评价"民意调查，重点围绕市民对妇女发展现状评价、对广州市妇联及相关政府部门所提供服务的评价及妇女的发展需求与期待三个方面展开。本调查采取分层随机抽样的方式，通过电话访问，完成有效问卷1000份，其中524份样本为女性受访者，476份样本为男性受访者。通过频数分析、交互分析和相关性分析，本报告着重于描述整体受访市民评价及不同群体的评价差异。

一 调查样本基本情况

1. 受访者的年龄

本次调查中，女性样本主要为19~50岁的劳动适龄女性，占比超七成。其中，19~30岁的受访女性占23%；31~40岁的受访女性占25%；41~50岁的受访女性占23%；51~60岁和61岁及以上的受访女性分别占16%和13%（见图1）。

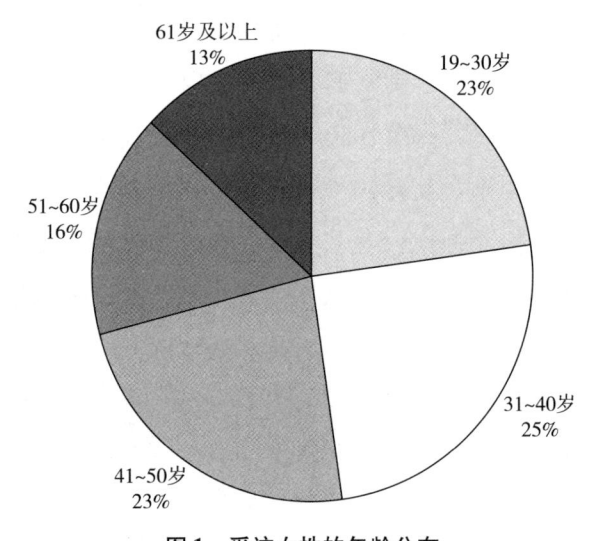

图1 受访女性的年龄分布

资料来源：根据相关调查报告资料整理，下同。

在男性样本中，19~30岁的受访男性占26%；31~40岁的受访男性占25%；41~50岁的受访男性占21%；51~60岁和61岁及以上的受访男性分别占15%和13%（见图2）。

2. 受访者的受教育水平

在受访女性中，本科及以上学历的受访女性占比为32%；初中及以下学历的受访女性占25%；大专、高职和高中、中专、中职学历的受访女性，分别占22%和21%（见图3）。

2020年广州妇女发展状况公众评价调查报告

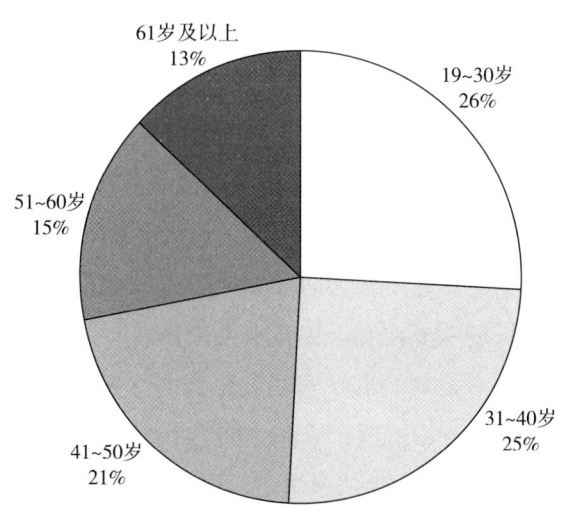

图2 受访男性的年龄分布

在受访男性中，本科及以上学历的受访男性占30%；初中及以下学历的受访男性占26%；大专、高职和高中、中专、中职学历的受访男性，均占22%（见图3）。

从受访男女两性受教育水平来看，两者并无太大差异。

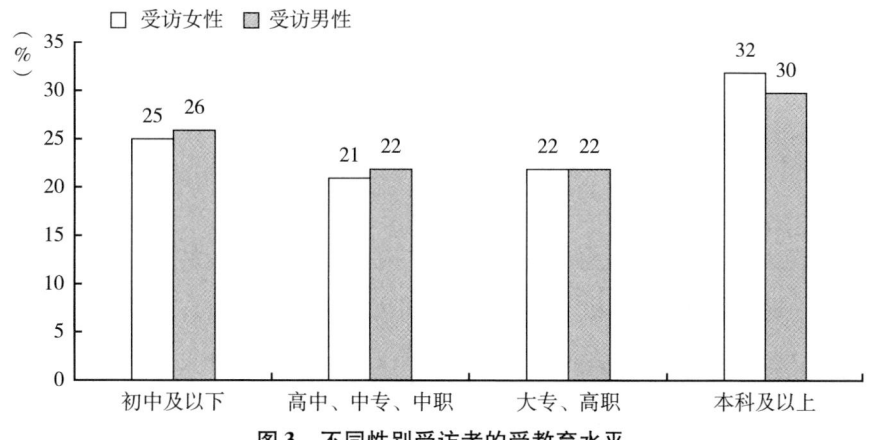

图3 不同性别受访者的受教育水平

3. 受访者的职业状况

为清晰对比男女两性的职业状况，剔除离退休和学生受访者，主要分析

271

劳动适龄的受访男女,并将职业状况分为两个方面,包括正式就业(就职于党政机关、事业单位、企业工作,或自己经营生意/事业)和非正式就业(职业状态为失业、散工/临时工/钟点工、家庭主妇)。其中,80%的受访女性正式就业,受访男性这一比例为88%;19%受访女性处于非正式就业状态,没有正式工作的受访男性比例仅为9%。

具体来看,在受访女性中,近四成女性受雇于企业(见图4),在企业工作的受访女性中,近六成在私、民营企业工作(见图5);在党政机关或事业单位工作的女性占24%,其中过半数为合同制雇员(见图6);18%的受访女性是自己经营生意或事业;家庭主妇占10%;5%的受访女性正处于失业状态;还有4%的受访女性从事散工、临时工、钟点工。

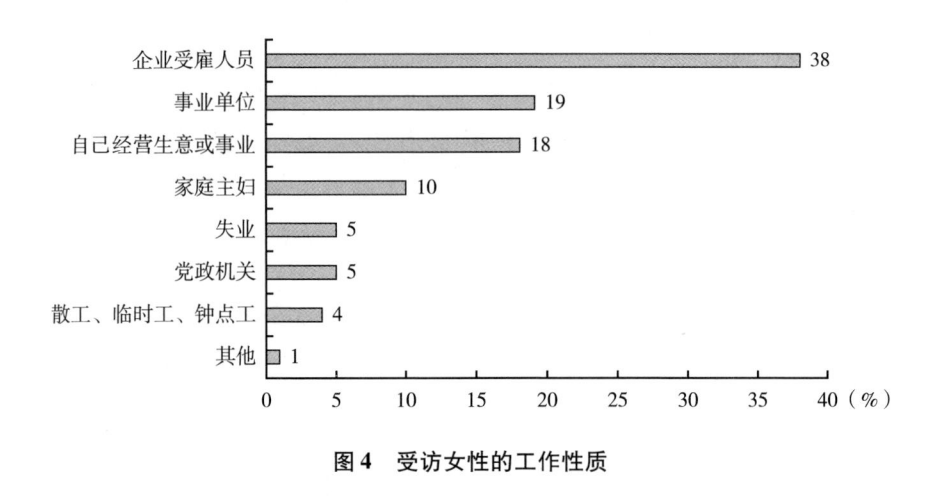

图4 受访女性的工作性质

受访男性群体中,企业受雇人员占47%(见图7),在企业工作的受访男性中,超半数就职于私、民营企业(见图8);其次为自己经营生意或事业,占22%;在党政机关或事业单位工作的有19%,其中过半数为合同制雇员(见图9);8%的受访男性正失业;1%的受访男性为散工、临时工或钟点工。

4. 受访者的婚姻状况

在受访女性中,已婚女性占比为76%,未婚女性占19%,还有5%的

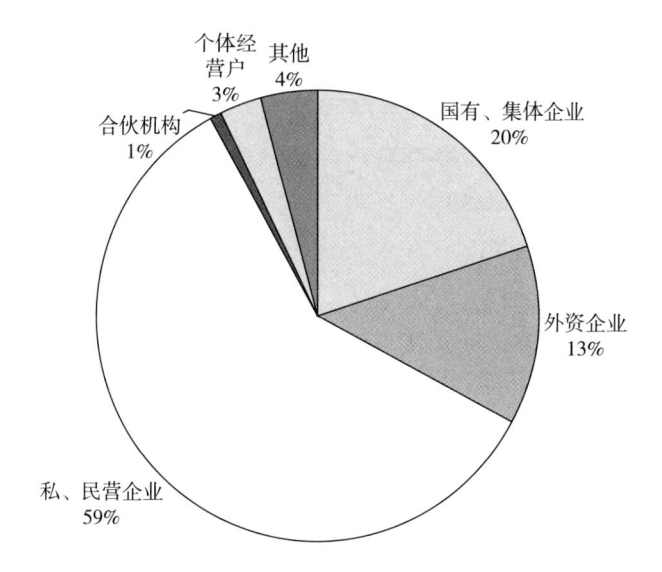

图 5　受访女性受雇企业的企业类型

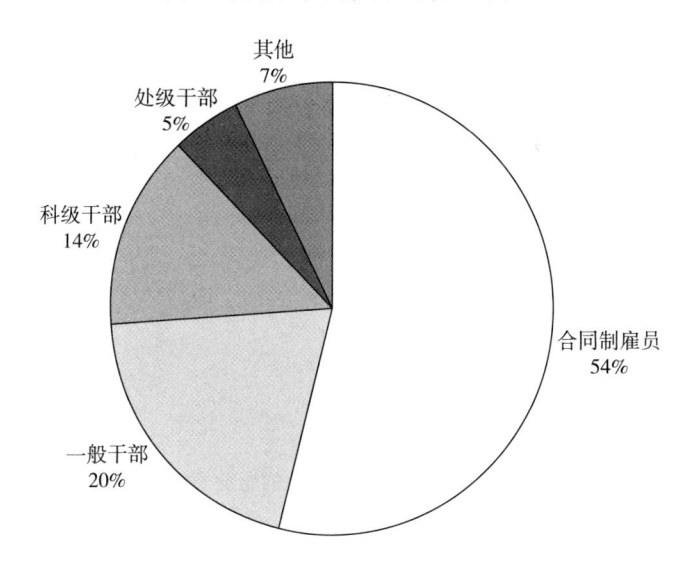

图 6　党政机关和事业单位受访女性的职务级别

受访女性离异或丧偶（见图10）。

在受访男性群体中，已婚男性占77%，未婚男性占20%，离异和丧偶的比例合计为2%（见图11）。

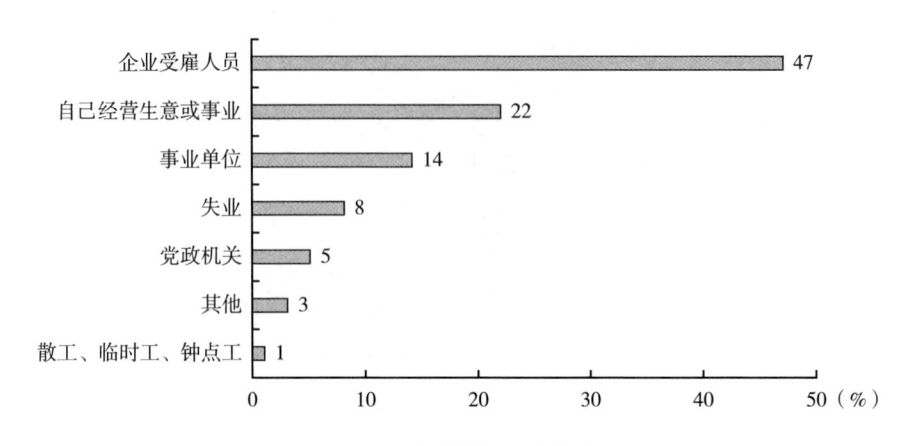

图7 受访男性的工作性质

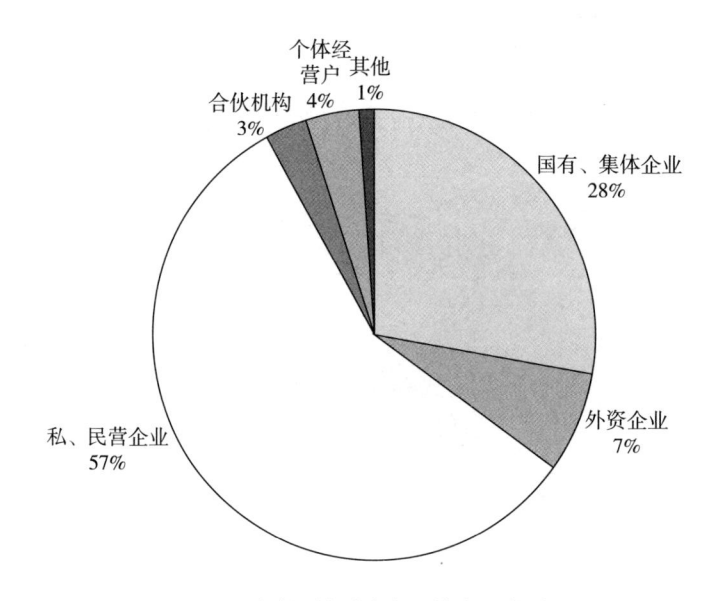

企业受雇人员 47
自己经营生意或事业 22
事业单位 14
失业 8
党政机关 5
其他 3
散工、临时工、钟点工 1

图8 受访男性受雇企业的企业类型

国有、集体企业 28%
外资企业 7%
私、民营企业 57%
合伙机构 3%
个体经营户 4%
其他 1%

5. 受访者的生育状况

从受访女性的生育状况来看，生育2个或以上孩子的女性占比为39%；生育1个孩子的女性占38%；未生育的女性占21%（见图12）。

在受访男性中，生育2个或以上孩子的占比为38%，生育1个孩子的比例为35%，未生育的占24%（见图13）。

2020年广州妇女发展状况公众评价调查报告

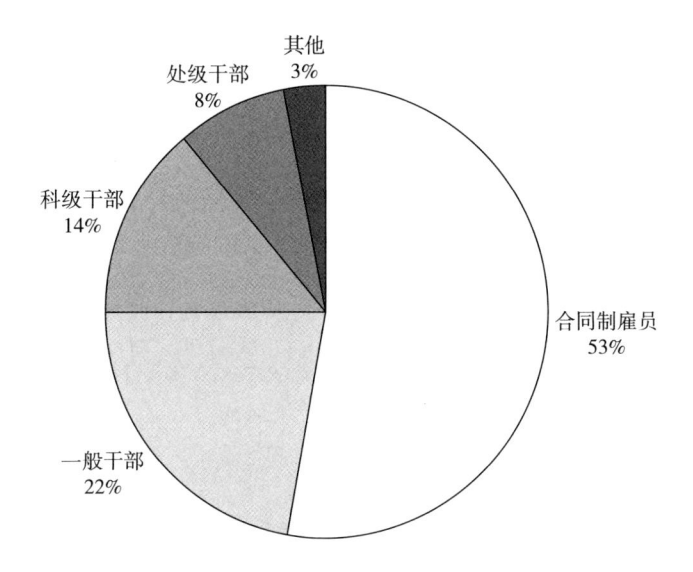

图9 党政机关和事业单位受访男性的职务级别

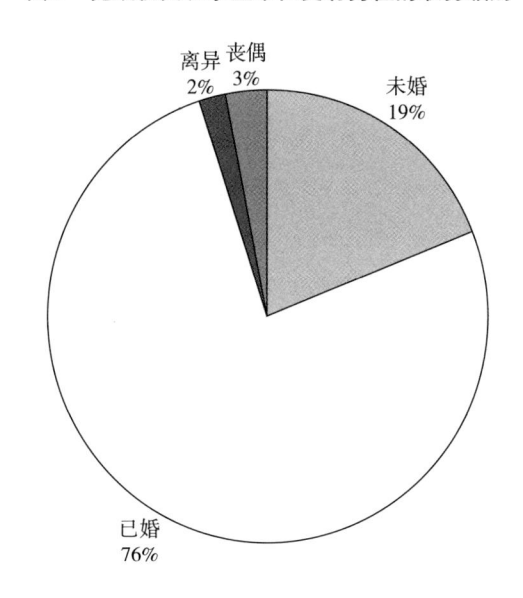

图10 受访女性的婚姻状况

6.受访者的月均收入状况

本次调查中，41%的受访女性月均收入在4000元及以下，受访男性这一比例为25%，两者相差16个百分点；25%的受访女性月均收入在4001～

275

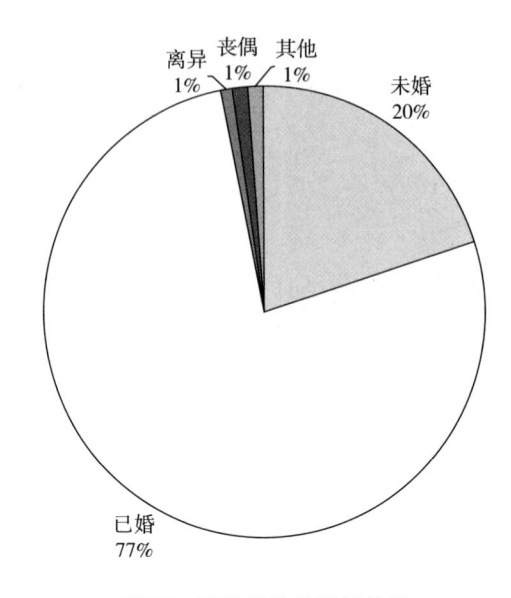

图 11　受访男性的婚姻状况

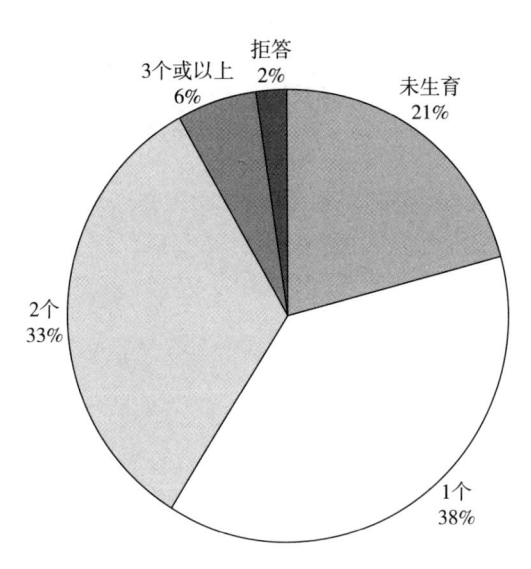

图 12　受访女性的生育状况

6000元，受访男性这一比例为28%；13%的受访女性月均收入在6001～1万元，受访男性这一比例为18%；月均收入超万元的女性比例为13%，受访男性这一比例则为20%（见图14）。

2020年广州妇女发展状况公众评价调查报告

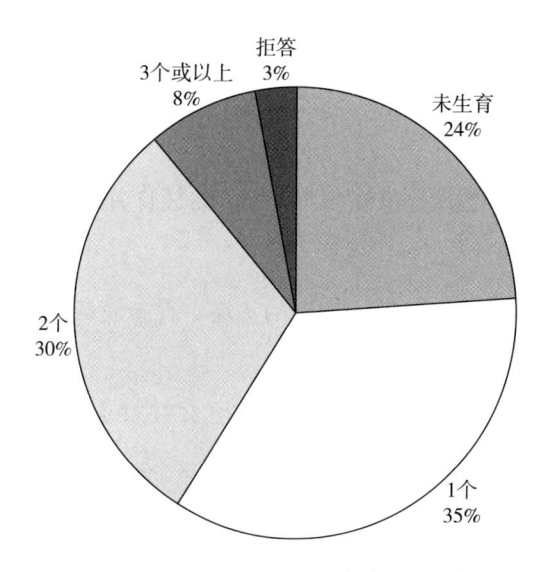

图13　受访男性的生育状况

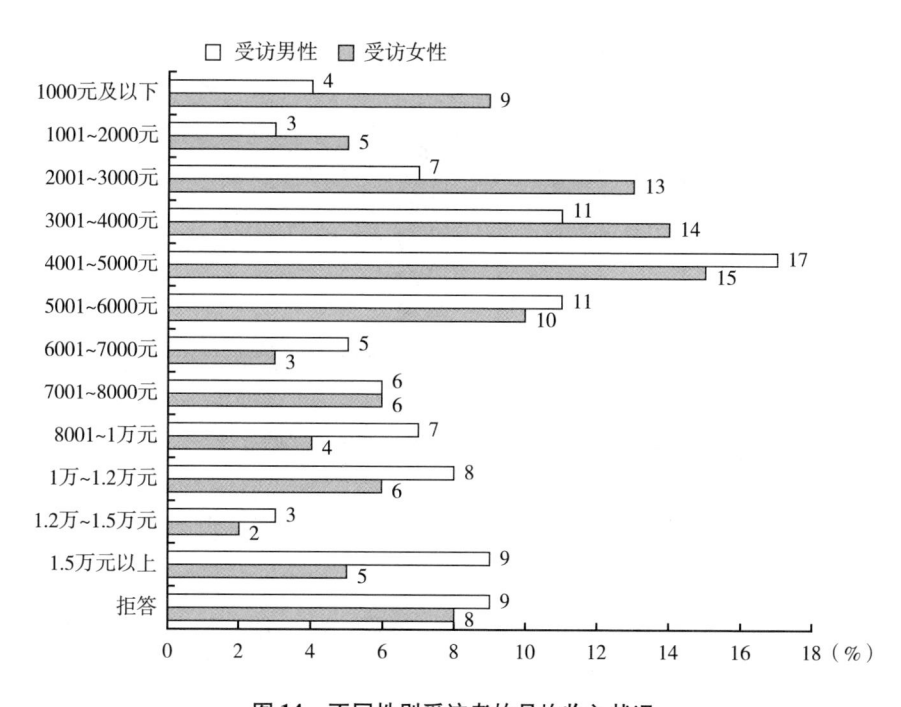

图14　不同性别受访者的月均收入状况

二 广州妇女发展现状评价

（一）大多数受访者肯定女性地位及其作用，认为男女社会地位平等

1. 多数受访者肯定女性社会地位的提高，近七成认为本地男女社会地位"差不多"

与五年前相比，多数受访者肯定本地女性社会地位的提高，占比为66%。其中，表示"有所提高"的比例居多，为46%，表示"明显提高"者也有两成。但还有部分受访者认为本地女性社会地位"没变化"或"下降了"，两者共计占29%（见图15）。

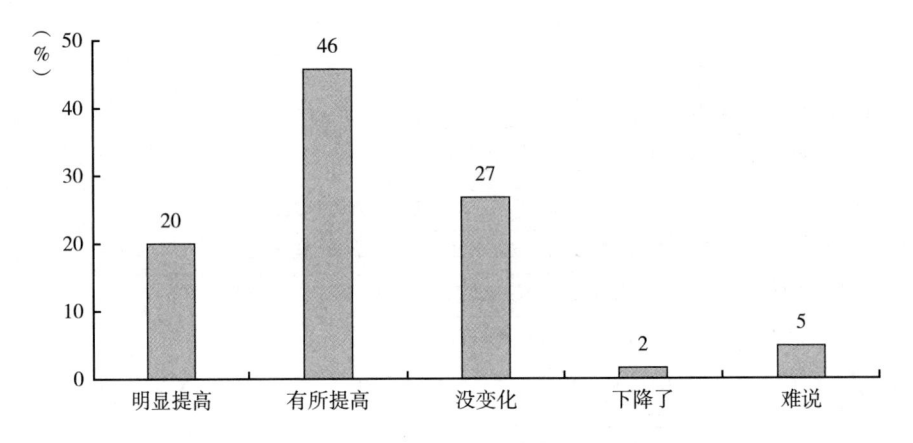

图15 受访者对本地女性社会地位变化的看法

同时，大多数市民群众认为本地男女社会地位平等，近七成受访者表示男女社会地位"差不多"（见图16）。

绝大多数受访者肯定妇女在经济社会发展中的作用，90%的受访者赞同"妇女在经济社会发展中发挥了半边天作用"的说法（见图17）。

2. 促进妇女发展的成效获得高度肯定，大多数受访者持男女平等的观念

受访者对党和国家促进妇女发展的成效给予好评，九成受访者赞同

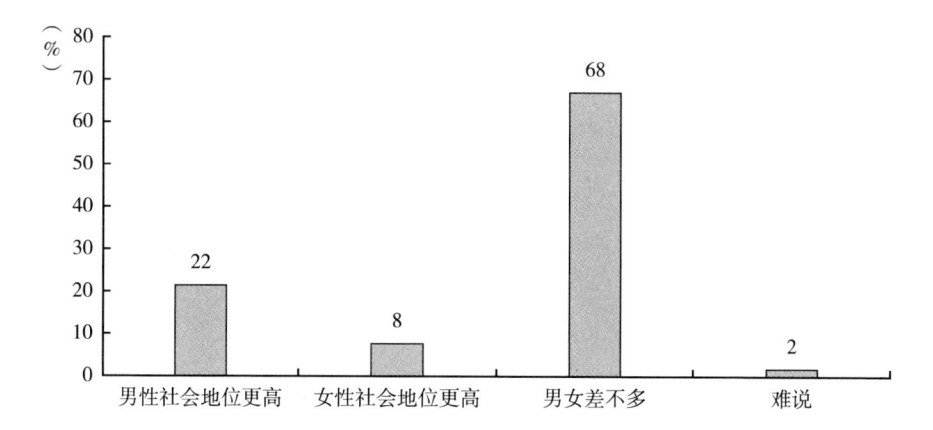

图 16　受访者对本地男女社会地位的看法

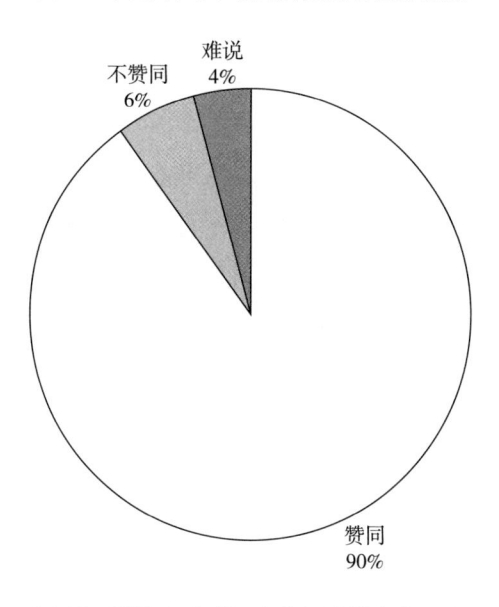

图 17　受访者对"妇女在经济社会发展中发挥了半边天作用"的看法

"党和国家为妇女发展创造了越来越好的条件"（见图18）；近八成受访者赞同"现在的女性拥有与男性同等的社会参与机会"。

同样的，大多数受访者能够站在男女平等的立场上，对"照顾孩子主要是母亲的责任"、"男性比女性更适合当领导"、"男人应该以社会为主，

279

```
                    ■ 赞同   □ 不赞同

党和国家为妇女发展创造了越来越好的条件 ├──────────────── 90
                                       │ 5

现在的女性拥有与男性同等的社会参与机会 ├────────────── 78
                                       │── 19

                0    20   40   60   80  100(%)
```

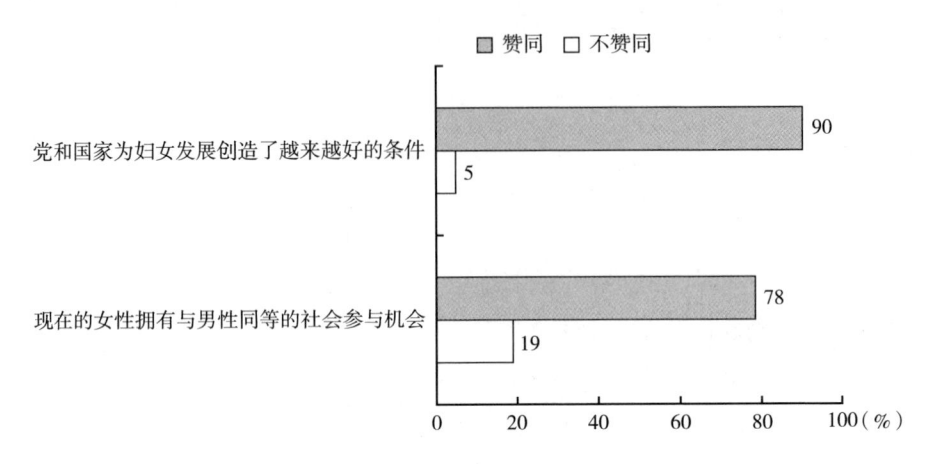

图 18　受访者对部分说法的评价

女人应该以家庭为主"的传统观念，表示不赞同的比例均在65%以上（见表1）。

同时，受访者看到了妇女发展更多的可能性，近七成人认为"如果没有合适的结婚对象，不结婚也挺好"；半数受访者认为影响女性发展的主要因素不再是女性自身对自我发展预期较低。

表1　受访者对部分说法的评价

单位：%

	赞同	不赞同	难说
照顾孩子主要是母亲的责任	17	79	4
男性比女性更适合当领导	25	67	8
男人应该以社会为主，女人应该以家庭为主	28	66	6
如果没有合适的结婚对象，不结婚也挺好	66	26	8
影响女性发展的主要因素是女性自身对自我发展预期较低	38	50	12

3. 男女两性对本地男女社会地位看法有差异，近三成受访女性认为"男性社会地位更高"

进一步分析发现，男女两性对当前男女社会地位的看法有所不同。虽然受访男性和受访女性中均有七成左右认为男女社会地位"差不多"，但与男性相比，女性受访者认为"男性社会地位更高"的比例较高，为28%，高于男性受访者13个百分点（见图19）。

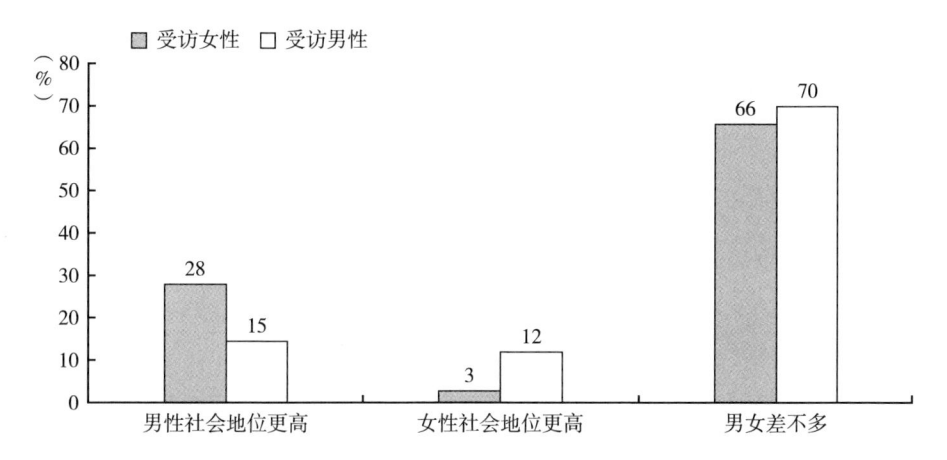

图19 不同性别受访者对本地男女社会地位的看法

4.部分受访男女在家庭观念上持不平等态度

具体了解受访男女两性的观念发现，部分受访女性和受访男性仍持不平等的男女观念。对"照料孩子主要是母亲的责任"，受访男女两性表示赞同者均有近两成（见图20）。

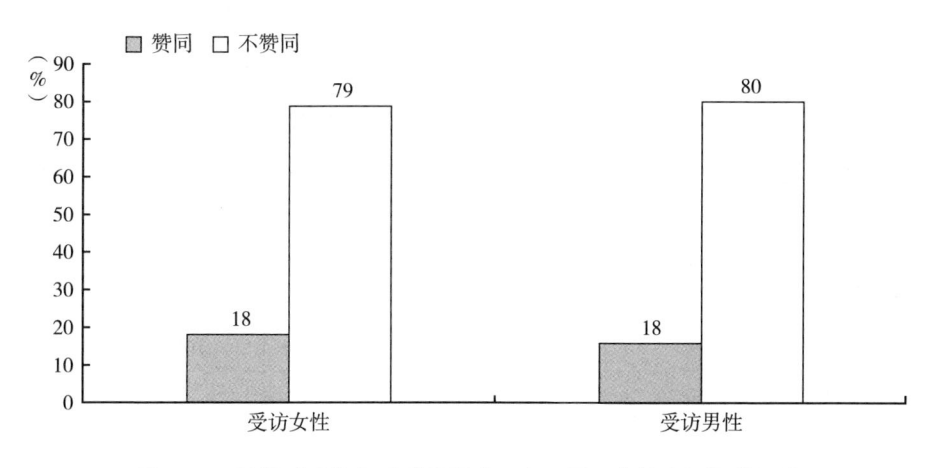

图20 不同性别受访者对"照顾孩子主要是母亲的责任"的评价

对"男人应该以社会为主，女人应该以家庭为主"，仍有25%的受访女性表示赞同，受访男性表示赞同的比例则为32%（见图21）。

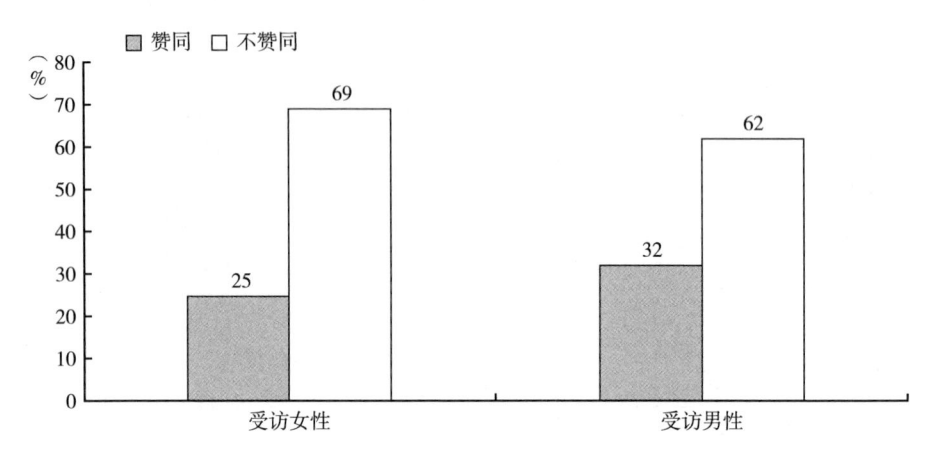

图21 不同性别受访者对"男人应该以社会为主，女人应该以家庭为主"的评价

通过相关性分析和交互分析进一步了解受访女性的观念发现，不同年龄、受教育水平、婚姻状况、生育状况的受访女性在家庭观念上存在差异。

（1）年龄越大的受访女性越看重家庭

对"男人应该以社会为主，女性应该以家庭为主"、"照顾孩子主要是母亲的责任"的说法，60岁及以上的受访女性表示赞同的比例最高，均超四成（见表2），明显高于其他年龄受访女性，年龄越小的受访女性表示赞同的比例越低。

表2 不同年龄受访女性对部分说法的赞同比例

单位：%

	19~30岁	31~40岁	41~50岁	51~60岁	60岁及以上
男人应该以社会为主，女人应该以家庭为主	8	15	29	41	45
照顾孩子主要是母亲的责任	5	7	13	36	51

（2）学历越高的受访女性越不看重婚姻家庭

对于高学历的受访女性而言，组建家庭不是她们的必要选择，超九成本科及以上的受访女性认为"如果没有合适的结婚对象，不结婚也挺好"（见图22）；高学历女性中超三成为未婚状态（见图23），也明显高于低学历女性。

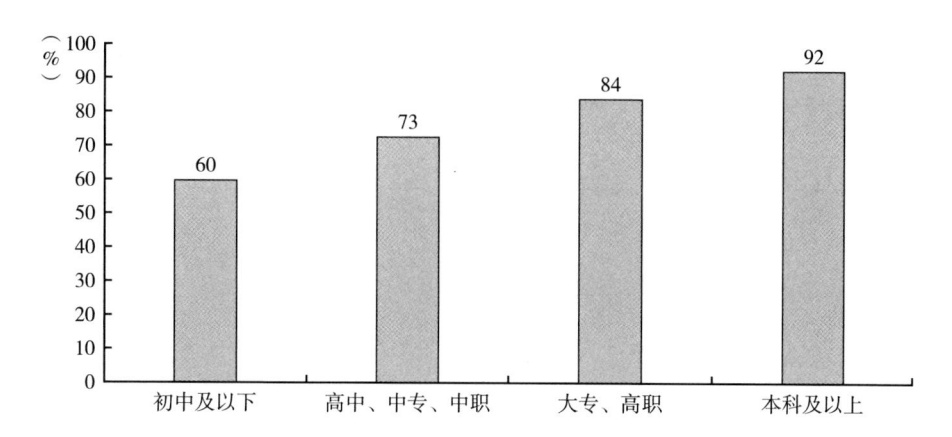

图22　不同学历受访女性对"如果没有合适的结婚对象，不结婚也挺好"的赞同比例

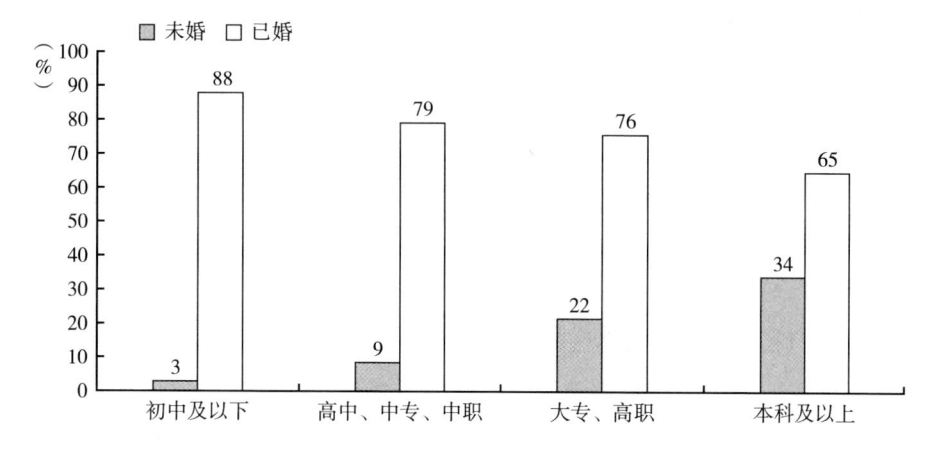

图23　不同受教育水平受访女性的婚姻状况

同时，在高学历的受访女性看来，家庭和孩子也不是她们的生活重心。在本科及以上学历的受访女性中，近八成女性不赞同女人应该以家庭为主，明显高于初中及以下学历女性（53%）（见表3）；九成的高学历女性不赞同"照料孩子主要是母亲的责任"；高学历女性也存在较低的生育意愿，近四成未生育（见图24），明显高于低学历女性。

表3 不同受教育水平受访女性对部分说法的不赞同比例

单位：%

	初中及以下	高中、中专、中职	大专、高职	本科及以上
男人应该以社会为主,女人应该以家庭为主	53	61	81	79
照顾孩子主要是母亲的责任	59	74	90	90

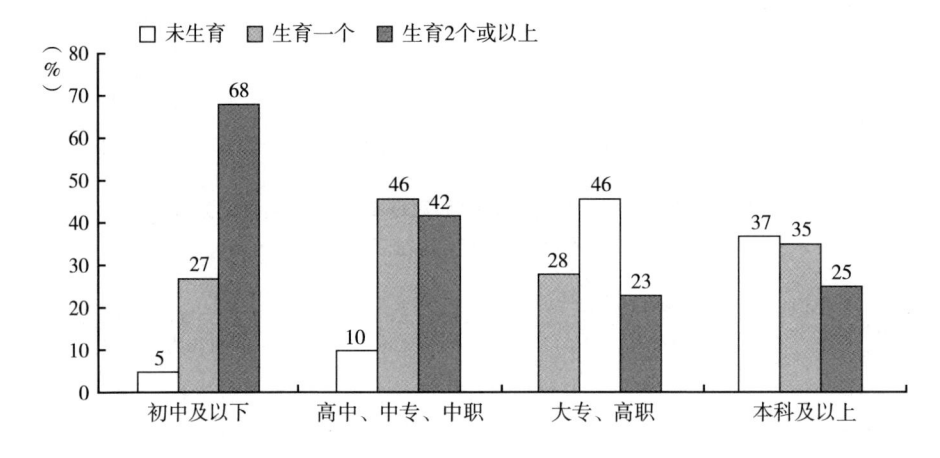

图24 不同受教育水平受访女性的生育状况

（3）已婚女性更以家庭为重

对"照料孩子主要是母亲的责任"、"男人应该以社会为主，女人应该以家庭为主"的说法，未婚受访女性和已婚受访女性的赞同比例存在明显差异，已婚受访女性表示赞同的比例均高于未婚受访女性15个百分点（见图25）。

（4）生育孩子数量越多的受访女性更愿意承担照顾家庭的责任

在生育2个或以上孩子的受访女性中，均有三成左右的女性赞成"男

2020年广州妇女发展状况公众评价调查报告

```
已婚受访女性  未婚受访女性

照顾孩子主要是母亲的责任   20
                          5

男人应该以社会为主，女人应该以家庭为主   28
                                      13

0    5    10   15   20   25   30(%)
```

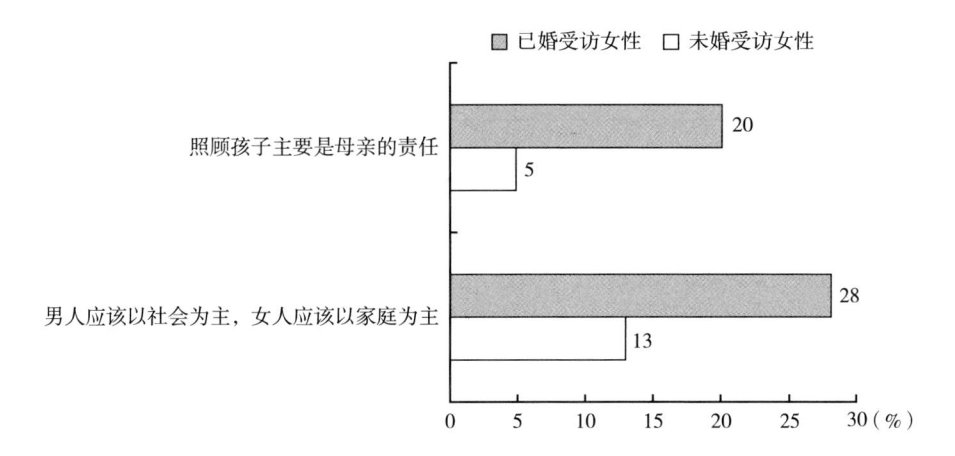

图25　不同婚姻状况受访女性对部分说法的赞同比例

人应该以社会为主，女人应该以家庭为主"、"照料孩子主要是母亲的责任"的说法，高于其他生育状况的受访女性10个百分点及以上（见表4）。

表4　不同生育状况受访女性对说法的赞同比例

单位：%

	未生育	生育1个	生育2个或以上
男人应该以社会为主，女人应该以家庭为主	12	22	33
照顾孩子主要是母亲的责任	8	16	26

调查数据显示，已生育的受访女性中，家庭主妇的比例更高，且随着生育孩子数量的增加，家庭主妇的比例呈上升趋势；生育2个或以上孩子的受访女性中，较多女性从事对时间支配度大的工作，超两成自己经营生意或事业，明显高于其他生育状况受访女性（见表5）。

5. 超六成受访女性表示没有生二胎意愿，受访男性生育意愿更为强烈

调查显示，年龄在50岁以下、未生育二胎的受访者中，大多数受访女性没有生二孩的意愿，占比超六成，表示有意愿者占比不到两成。而受访男性的生二胎意愿更为强烈，表示有意愿者超过三成，高于受访女性13个百分点（见图26）。

表5　不同生育状况受访女性的职业分布

单位：%

	未生育	生育一个	生育2个或以上
党政机关	3	6	4
事业单位	19	26	11
企业受雇人员	54	34	30
自己经营生意或事业	14	12	25
散工、临时工、钟点工	3	5	4
失业	5	3	7
家庭主妇	2	10	16
其他	0	4	3

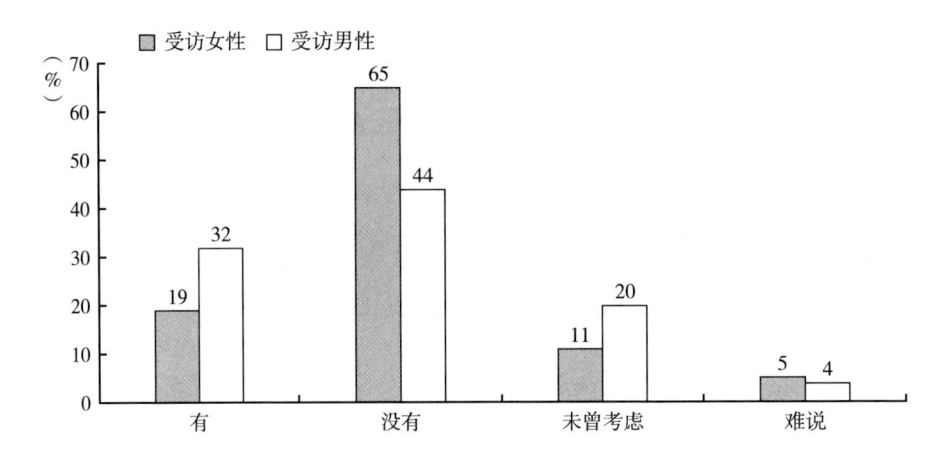

图26　不同性别受访者的生二胎意愿

通过相关性分析和交互分析发现，不同年龄、收入水平的受访女性在生二胎意愿上存在差异。

（1）随着年龄增长，受访女性生二胎意愿大幅减少

在受访女性中，近三成19~30岁的女性表示有生二胎的意愿，但到了31~40岁，这一比例则降至12%（见图27）。

然而，受访男性在40岁前的生二胎意愿一直维持在35%的较高水平。

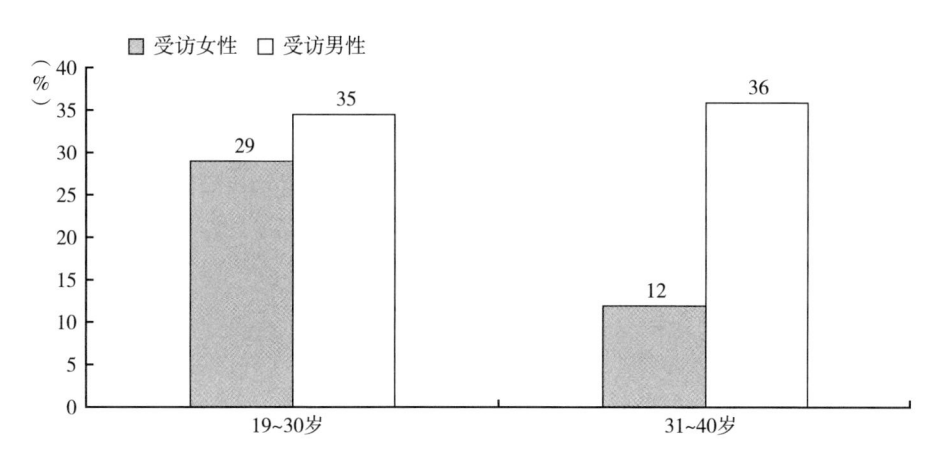

图 27　不同年龄男女两性表示有意愿生二胎的比例

（2）随着收入增加，受访女性生二胎意愿呈倒"U"型回落

收入在6000元及以下的受访女性中，表示有意愿生二胎的比例从13%上升至31%。但收入增长至6000元以上时，受访女性中持这一意愿的比例持续下降，月均收入超万元的女性生二胎意愿低至8%。而受访男性随着收入的增加，有意愿生二胎的比例在31%~44%的较高水平波动，始终高于受访女性（见图28）。

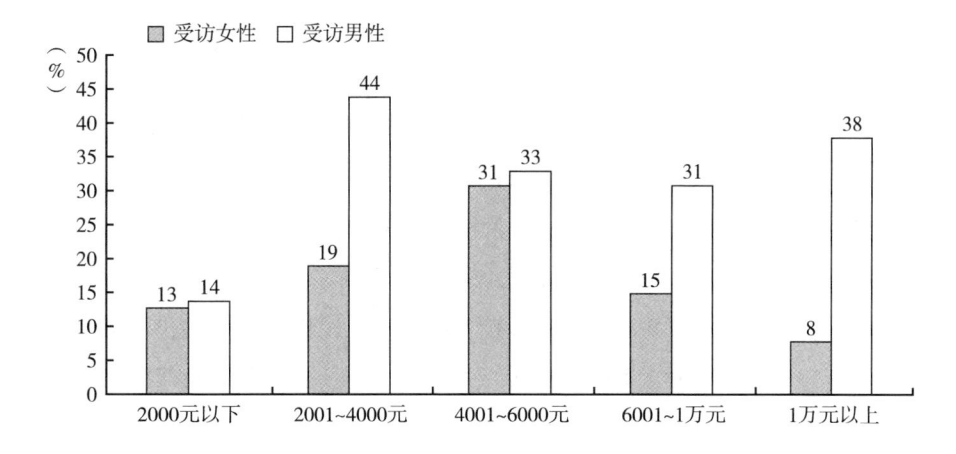

图 28　不同收入水平受访女性表示有意愿生二胎的比例

（二）受访女性对生活状况各方面评价较好

1. 受访女性对总体生活状况评价较高

总的来看，对当前生活状况，受访女性评价较好，满意度（选择"满意"和"比较满意"的比例总和）为69%（见图29），与受访男性差异不大。

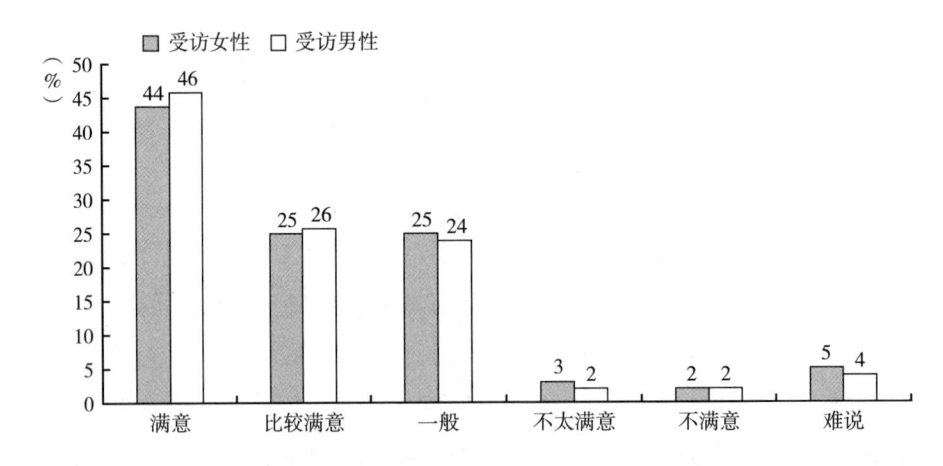

图29 不同性别受访者对当前生活状况的评价

2. 受访女性对婚姻家庭状况评价较好，对经济状况评价不高

在婚姻家庭状况方面，对"婚姻状况"、"子女成长状况"、"家庭关系"、"家务分工"、"家庭财产管理"，受访女性的满意度评价均在70%以上；其次是健康状况方面，受访女性对"心理状况"和"身体状况"的满意度分别为77%和67%；再次是社会保障方面，受访女性对"养老保障"、"医疗保障"、"生育保障"的满意度评价均在55%左右（见图30）。

而受访女性对经济状况方面的评价不高，对"工作状况"评价相对较好，满意比例为63%；但对"职业技能水平"、"职业发展"评价不高，满意比例均在五成左右；对"收入状况"评价最低，满意度评价为41%（见图30）。

通过相关性分析和交互分析发现，受访女性的收入水平与生育状况、学历有明显关系。

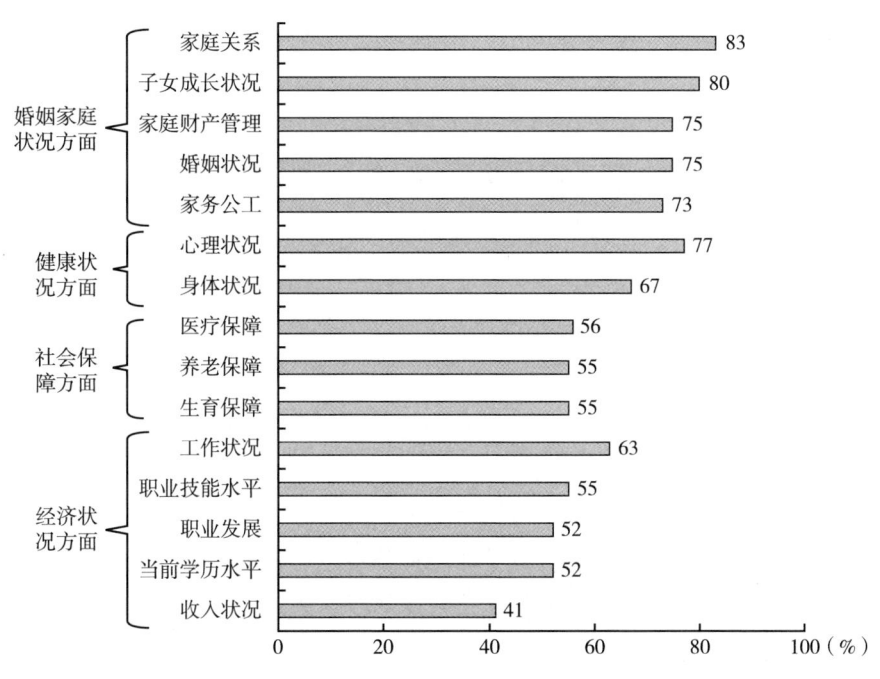

图30 受访女性对生活状况各项指标的满意度评价

婚姻家庭状况方面：
- 家庭关系 83
- 子女成长状况 80
- 家庭财产管理 75
- 婚姻状况 75
- 家务分工 73

健康状况方面：
- 心理状况 77
- 身体状况 67

社会保障方面：
- 医疗保障 56
- 养老保障 55
- 生育保障 55

经济状况方面：
- 工作状况 63
- 职业技能水平 55
- 职业发展 52
- 当前学历水平 52
- 收入状况 41

（1）生育孩子数量多的受访女性收入较低

不同生育状况的受访女性在收入水平上存在显著差异。约半数生育2个或以上孩子的受访女性收入在4000元及以下，高于其他生育状况女性6个百分点及以上（见表6）。

表6 不同生育状况受访女性的月均收入状况

单位：%

	2000元及以下	2001~4000元	4001~6000元	6001~1万元	1万元以上
未生育	10	26	34	21	9
生育1个	13	30	25	12	20
生育2个或以上	18	31	26	13	12

（2）学历越低，受访女性的收入越低

从受教育水平来看，初中及以下学历的受访女性月均收入集中在4000

元及以下，占比约八成（见表7）。随着学历的提高，更多的受访女性能够获得超万元的高收入。

表7 不同受教育水平受访女性的月均收入状况

单位：%

	2000元及以下	2001~4000元	4001~6000元	6001~1万元	1万元以上
初中及以下	34	45	18	3	0
高中、中专、中职	13	40	32	10	5
大专、高职	8	31	32	21	8
本科及以上	6	8	28	22	36

3. 受访男女两性对社会保障和家务分工方面的评价差异明显

对比发现，受访女性与受访男性在婚姻家庭、健康、经济状况方面的评价差异不大，差异明显主要体现在社会保障和家务分工。

受访女性在家务分工、养老保障、医疗保障、生育保障四方面的满意度皆比受访男性低10个百分点左右（见图31）。

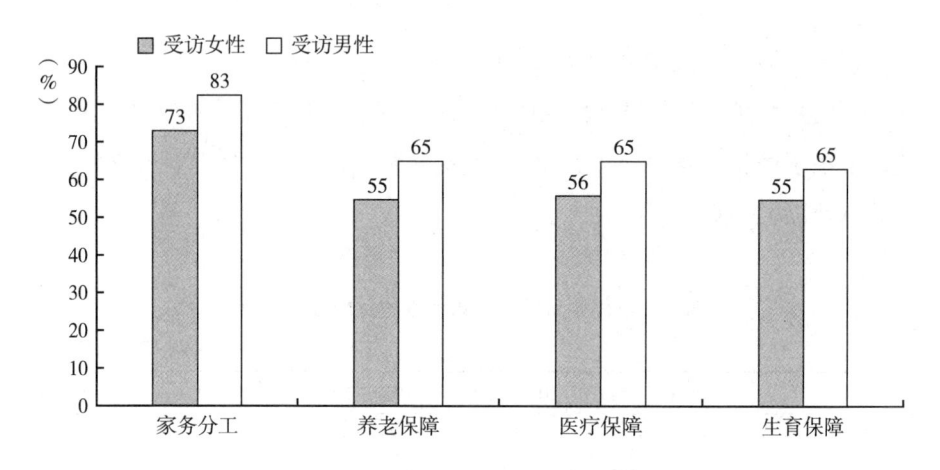

图31 不同性别受访者对部分指标的满意度评价

通过相关性分析和交互分析发现，受访女性对家务分工的评价与生育状况有明显关系。生育孩子越多，女性的家务劳动负担越重，对家务分工的满意度越低（见图32）。

值得注意的是，在不同生育状况的受访者中，受访男性对家务分工的满意度普遍比女性高，满意比例皆超过八成。

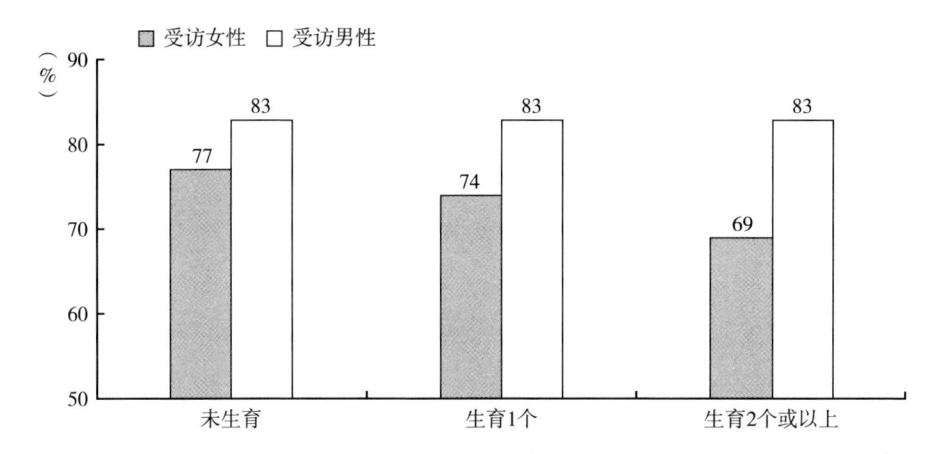

图32 不同生育状况群体中男女两性对家务分工的满意度评价

（三）大多数受访女性的工作、家庭受疫情影响，收入下降较为突出

疫情发生以来，超七成受访女性在工作、家庭方面受到影响。其中，收入下降是最为突出的表现，表示受影响比例为47%；其次是照顾孩子和老人的时间增多，表示受影响比例为36%（见图33）。

通过相关性分析和交互分析发现，不同生育状况、户籍的受访女性受疫情影响的程度不同。

1. 育2个或以上孩子受访女性的工作、家庭受疫情影响更为突出，表示因疫情"收入下降"、"就业困难"的比例多达52%和33%，高于其他生育状况的女性；而且生育孩子越多的受访女性更多地表示因疫情"照顾孩子和老人的时间增多"和"家务劳动量增多"，生育2个或以上孩子的受访女性受这两方面影响的比例，皆比其他生育状况的受访女性高6个百分点及以上（见表8）。

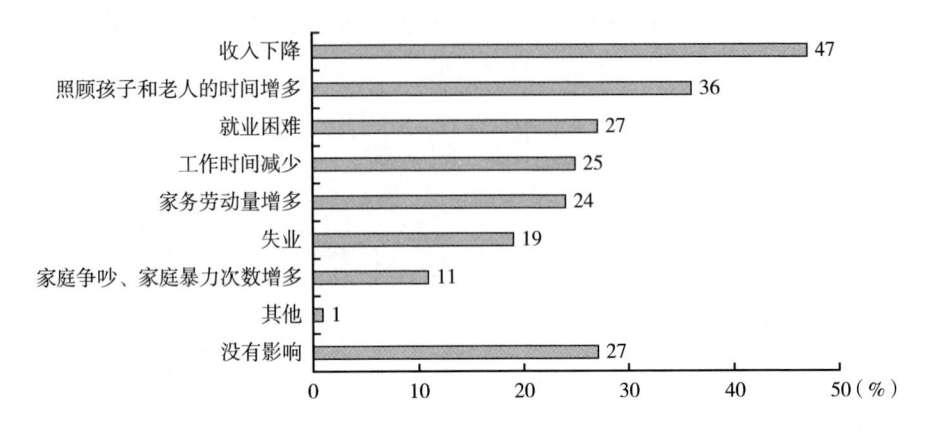

图33 受访女性受疫情影响的情况

- 收入下降 47
- 照顾孩子和老人的时间增多 36
- 就业困难 27
- 工作时间减少 25
- 家务劳动量增多 24
- 失业 19
- 家庭争吵、家庭暴力次数增多 11
- 其他 1
- 没有影响 27

表8 不同生育状况受访女性受疫情影响情况

单位：%

	未生育	生育1个	生育2个或以上
收入下降	46	41	52
就业困难	29	19	33
照顾孩子和老人的时间增多	26	37	43
家务劳动量增多	20	19	30

2.非本地户籍女性受疫情影响更大，经济影响较为突出。与本地户籍受访女性相比，非本地户籍女性受影响比例更高，面临收入下降、就业困难的问题更突出（见表9）。

表9 不同户籍受访女性受疫情影响情况

单位：%

	本地户籍	非本地户籍
收入下降	44	60
就业困难	25	36
工作时间减少	24	29

续表

	本地户籍	非本地户籍
失业	18	19
家务劳动量增多	25	18
照顾孩子和老人的时间增多	37	31
家庭争吵、家庭暴力次数增多	10	15
其他	1	0
没有影响	29	21

（四）过半数受访者反映存在职场性别歧视、性骚扰、家暴等妇女问题，超两成人更是亲历或遇见过

从总体数据来看，过半数受访者反映存在职场性别歧视、性骚扰、家暴等妇女问题，其中反映存在职场性别歧视的比例更高，超过六成（见图34）。

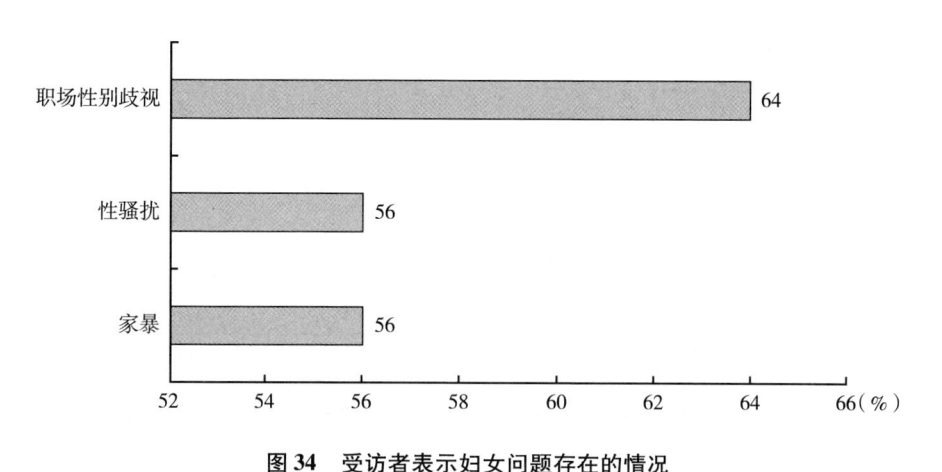

图34 受访者表示妇女问题存在的情况

对于这些妇女问题，超两成受访者表示亲身经历过或遇见过（见图35）。

1. 职场性别歧视问题较为突出，近七成受访女性表示存在

相较于受访男性，更多受访女性表示存在职场性别歧视，占比近七成，高于受访男性11个百分点（见图36）。

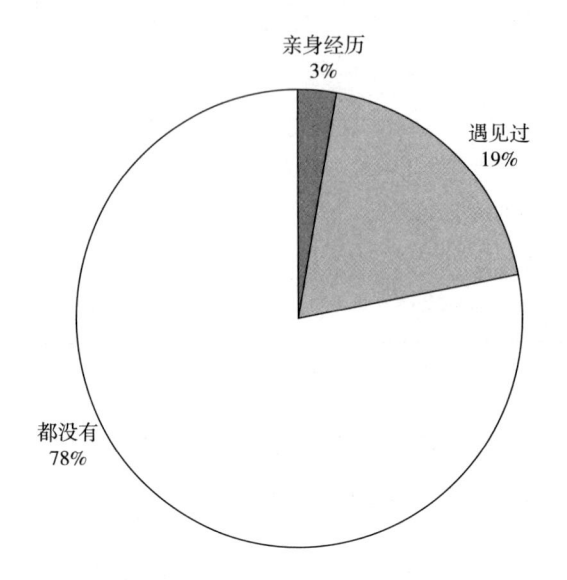

图35 受访者经历或遇到妇女问题的情况

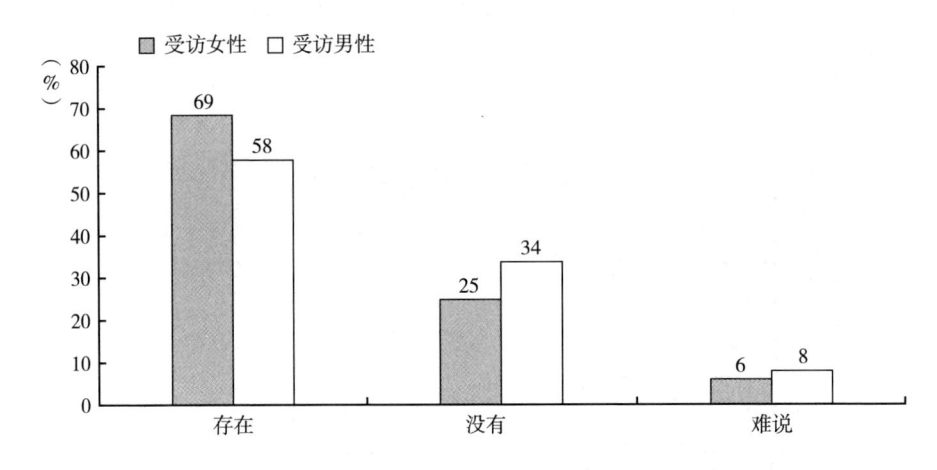

图36 受访男女两性对职场性别歧视存在的看法

调查中,有106位受访者表示曾亲历或遇见过职场性别歧视,其中女性占比为63%,高于男性比例26个百分点(见图37)。

2.性骚扰问题不容忽视,六成受访女性表示存在

大多数受访女性表示存在性骚扰问题,占比为60%,高于受访男性8个百分点(见图38)。

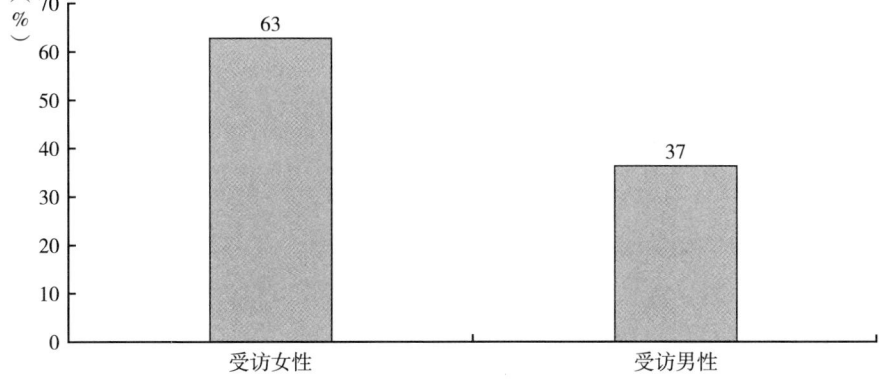

图37 受访男女两性亲历或遇见过职场性别歧视的情况

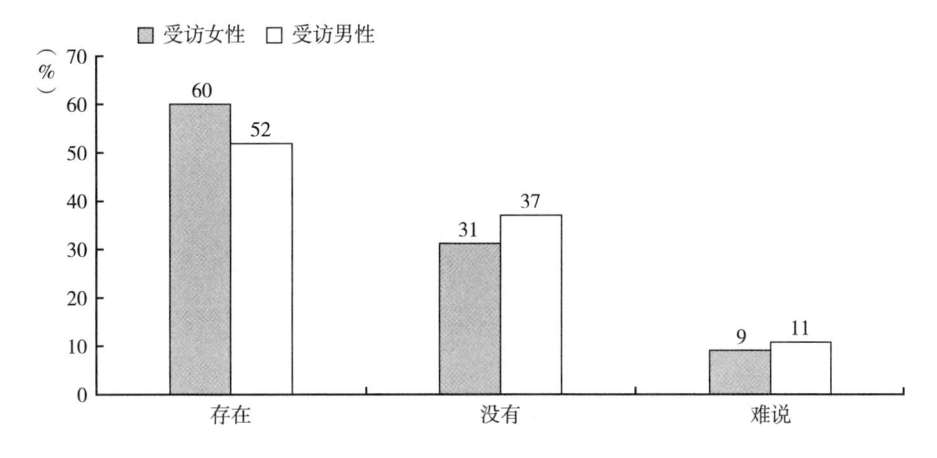

图38 受访男女两性对性骚扰存在的看法

在受访群体中，有81位受访者表示亲历或遇到性骚扰，其中女性比例多达七成，明显高于男性的30%（见图39）。

3. 近六成受访女性表示存在家暴，受访男性具有一致的感知

对于家暴问题，58%的受访女性表示存在，与受访男性基本一致（见图40）。

调查中，有142位受访者表示曾亲历或遇到家暴，其中女性占52%，男性占48%，两者并无太大差别（见图41）。

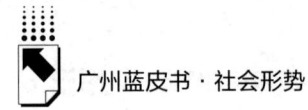

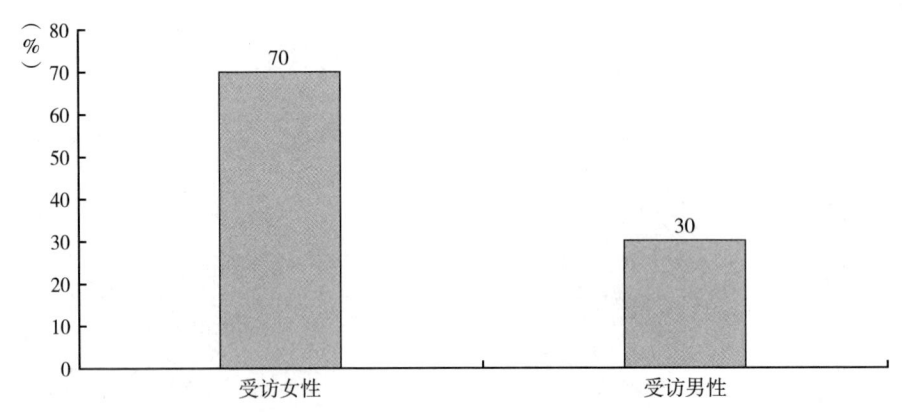

图 39 受访男女两性亲历或遇到性骚扰的情况

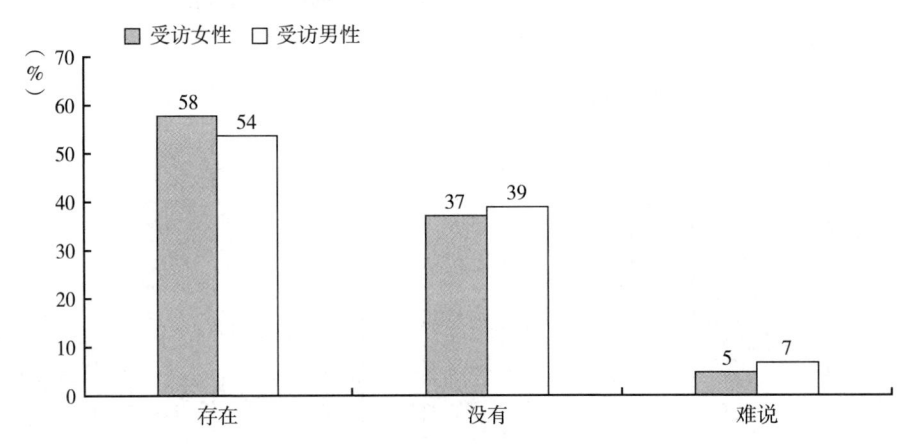

图 40 受访男女两性对家暴存在情况的看法

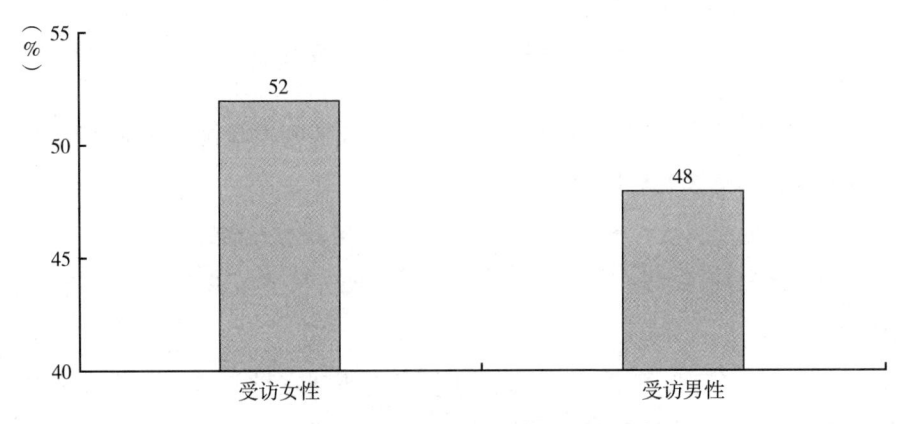

图 41 受访男女两性亲历或遇到家暴的情况

三 对妇女工作的评价

(一)各项妇女工作获多数受访者肯定

1. 各项妇女工作满意度均超六成

对广州市妇联及相关部门妇女工作的评价,以对各项工作有了解或有接触的受访者为主,剔除了表示"不清楚"的受访者。在明确表态的受访者中,受访者对各项工作的评价较好,满意比例皆超过六成(见图42)。

项目	满意度(%)
实施"广州妈妈爱心计划"和妇女健康检查	80
宣传男女平等基本国策	79
持续推动公共场所母婴室建设	77
促进女性创业就业	74
开展家庭文明创建工作	73
向广大妇女宣传爱国爱家	72
开展婚姻家庭纠纷调解工作	69
灵活建立妇女组织,让更多人感受到妇女组织的存在	67
实施"南粤家政羊城行动"	63

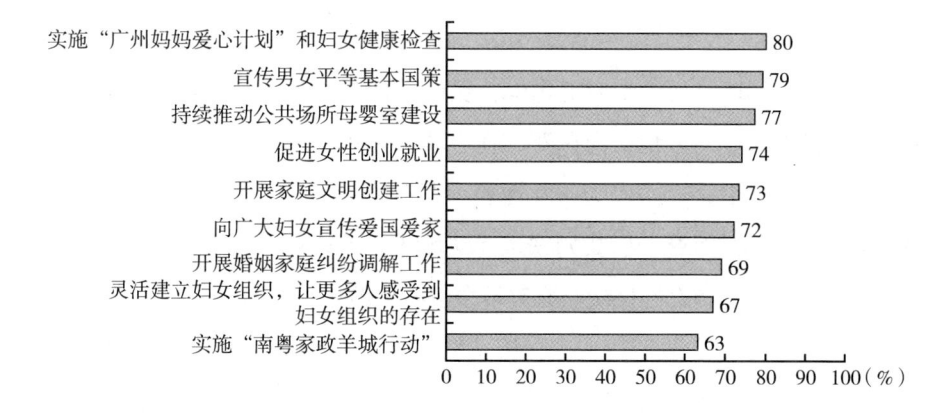

图42 受访者对妇女工作的满意度评价

具体来看,受访者对"实施'广州妈妈爱心计划'和妇女健康检查"工作的满意度最高,为80%;其次为"宣传男女平等基本国策"和"持续推动公共场所母婴室建设",满意比例分别为79%和77%;"促进女性创业就业""开展家庭文明创建工作"和"向广大妇女宣传爱国爱家",满意度均超过70%;而受访者对"实施'南粤家政羊城行动'"的评价相对较低,为63%,在各项工作评价中居末。

2. 受访女性对"开展婚姻家庭纠纷调解工作"的评价明显低于男性

值得注意的是,作为妇女工作真正受益者的受访女性对各项工作的满意度评价普遍比受访男性低(见表10)。

表10　不同群体对妇女工作的满意度评价

单位：%

	受访女性	受访男性	男女差距
向广大妇女宣传爱国爱家	71	72	-1
宣传男女平等基本国策	76	83	-7
促进女性创业就业	71	77	-6
开展婚姻家庭纠纷调解工作	65	74	-9
实施"广州妈妈爱心计划"和妇女健康检查	78	82	-4
持续推动公共场所母婴室建设	76	79	-3
开展家庭文明创建工作	74	73	1
实施"南粤家政羊城行动"	60	66	-6
灵活建立妇女组织，让更多人感受到妇女组织的存在	64	71	-7

在广州市妇联开展的专项工作中，受访女性对"开展婚姻家庭纠纷调解工作"的满意度相对较低，为65%，在各项工作评价中靠后，低于受访男性9个百分点。调查中，近六成受访女性表示存在家暴问题，但有受访女性提到即使有些家庭存在家暴，但找妇联也无法解决，希望相关部门给女性提供实在的服务；也有受访女性反映家庭有很多争吵，但相关部门没有介入协调。

在男女平等观念的宣传上，受访女性和受访男性评价存在差异，受访女性对"宣传男女平等基本国策"工作的满意比例较受访男性低7个百分点。调查中，有受访女性表示广州仍然存在生儿子才能进门的现象，希望相关部门加强男女平等的宣传，让更多的民众转变传统思想。

同样的，对"灵活建立妇女组织，让更多人感受到妇女组织的存在"的评价亦相对较低，满意比例为64%，在各项工作评价中居后，低于受访男性7个百分点。

3. 受访者对文明家庭创建给予更多期望，期待各项行动开展的比例均超过七成

在广州开展创建文明城市迎接复检工作的关键时期，受访者普遍期待广州市妇联针对文明家庭创建开展更多行动。从总体数据来看，对各项行动，表示需要开展的比例均超过七成。具体来看，"和谐家庭共建行动"最受欢

迎，表示需要开展的比例高达91%；"家教家风弘扬行动"亦颇为重要，85%的受访者期待开展（见图43）。

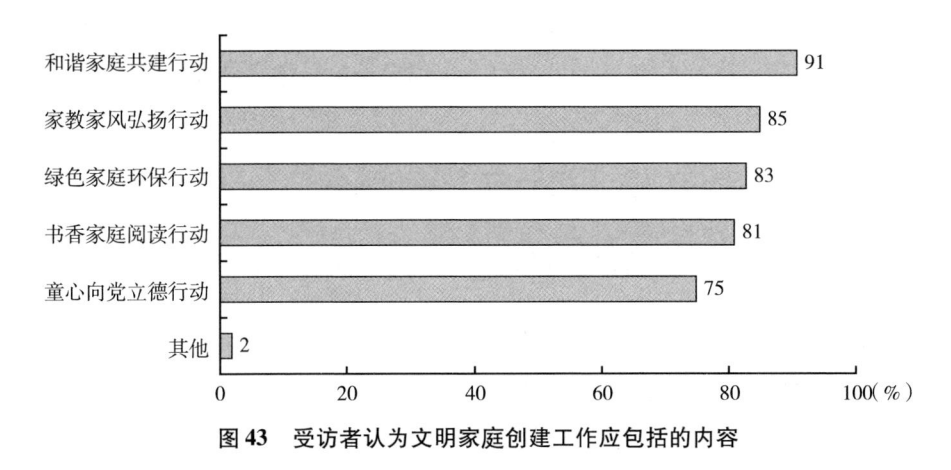

和谐家庭共建行动 91
家教家风弘扬行动 85
绿色家庭环保行动 83
书香家庭阅读行动 81
童心向党立德行动 75
其他 2

图43 受访者认为文明家庭创建工作应包括的内容

（二）各项妇女工作知晓度有待提高

在调查中，受访者对各项妇女工作表示不清楚的大多在10%以上。其中，对于市妇联开展的"南粤家政羊城行动"和婚姻家庭纠纷调解工作，表示不清楚的比例超过两成，分别为25%和22%（见图44）；对"实施'广州妈妈爱心计划'和妇女健康检查"和"灵活建立妇女组织，让更多人感受到妇女组织的存在"，表示不清楚的比例也在14%及以上。

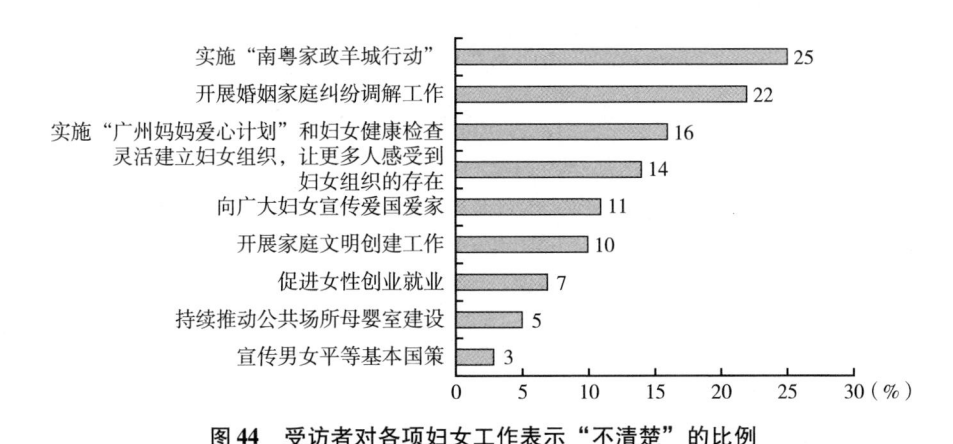

实施"南粤家政羊城行动" 25
开展婚姻家庭纠纷调解工作 22
实施"广州妈妈爱心计划"和妇女健康检查 16
灵活建立妇女组织，让更多人感受到妇女组织的存在 14
向广大妇女宣传爱国爱家 11
开展家庭文明创建工作 10
促进女性创业就业 7
持续推动公共场所母婴室建设 5
宣传男女平等基本国策 3

图44 受访者对各项妇女工作表示"不清楚"的比例

为提高妇女发展，广州市妇联推出了很多专项行动，但受访者反映，很多工作推行了，但大多妇女并不知道。可见，妇女工作的推广力度有所欠缺。有的受访者表示可以多在公共场所进行宣传，并通过媒体和互联网等渠道推广。在宣传做实的基础上，妇女工作也应从口号落实到个人身上。

四 对妇女发展的期待

（一）"需要照顾家庭"被选为妇女发展最突出障碍

从总体数据来看，受访者认为"需要照顾家庭"是妇女发展主要障碍的比例最高，为67%；其次为"发展机会少"、"以男性为中心的传统观念"和"保障女性权益的政策落实不到位"，分别占49%、47%和47%；还有35%的人选择"法律法规不完善"（见图45）。

选项	比例(%)
需要照顾家庭	67
发展机会少	49
保障女性权益的政策落实不到位	47
以男性为中心的传统观念	47
法律法规不完善	35
教育机会少	33
没有	12
其他	2

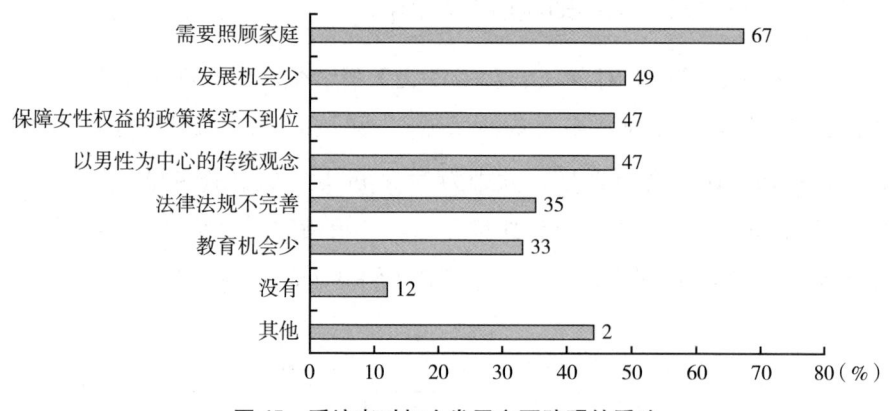

图45 受访者对妇女发展主要障碍的看法

进一步分析受访男女两性的看法发现，在受访女性看来，"需要照顾家庭"是妇女发展的主要障碍，占比为73%（见图46）；其次为"发展机会少"和"以男性为中心的传统观念"，占比分别为54%和50%；还有近五成受访女性表示"保障女性权益的政策落实不到位"。

另外，在受访男性看来，"需要照顾家庭"也是妇女发展的主要障碍，占60%，但这一比例较受访女性低13个百分点。

2020年广州妇女发展状况公众评价调查报告

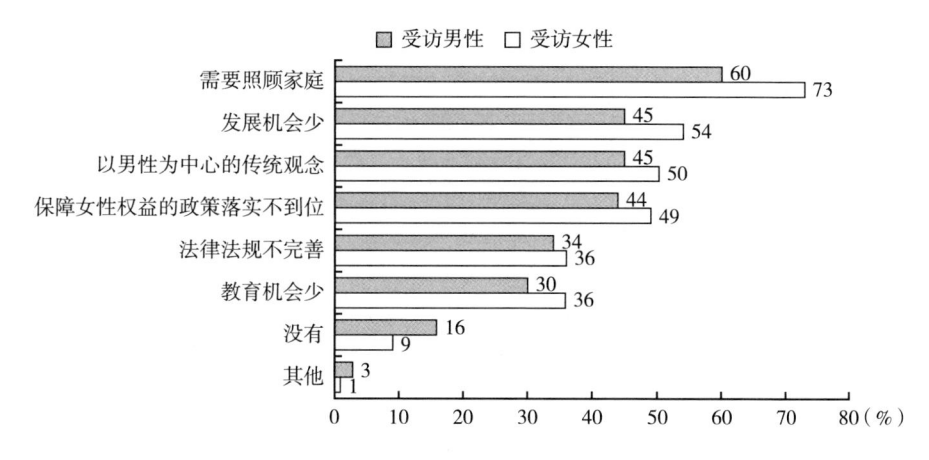

图46 不同性别受访者对妇女发展主要障碍的看法

（二）为促进妇女发展，大多数受访者期待加强家庭方面的公共服务

从总体数据来看，大多数受访者表示需要加强家庭方面的公共服务。对于"养老服务"、"托幼服务"、"家政服务"和"家教服务"，表示需加强的比例接近或超过七成（见图47）。

促进女性就业创业方面的公共服务亦十分重要。对"免费职业技术培训"、"就业指导"、"创业资金、项目支持"，表示需加强比例在70%~80%。

大多数受访者还认为医疗健康方面的支持有待加强，对"医疗服务、健康指导"表示需加强的比例为81%。同样的，有近八成受访者表示需加强"维权服务"。

具体分析受访男女两性对公共服务的期待发现，在受访女性中，表示需要加强的公共服务主要集中在家庭方面。其中，养老服务占比最大，为83%（见图48）；其次为托幼服务，占77%；家政服务和家教服务均占近七成。

工作方面的支持亦受到重视，表示需加强"免费职业技术培训"、"创业资金、项目支持"、"就业指导"的比例，均超过七成。

301

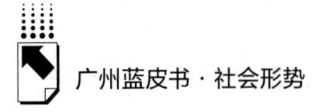

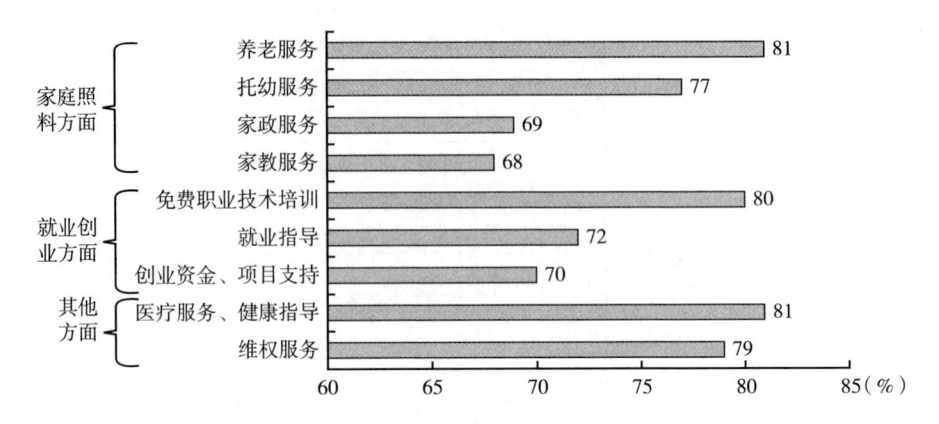

图47 为促进妇女发展，受访者认为需加强的公共服务

受访男性对公共服务的期待与受访女性差异不大，表示需加强家庭方面公共服务的比例接近或超过七成；对工作方面的支持，亦均有七成及以上的人表示需加强。

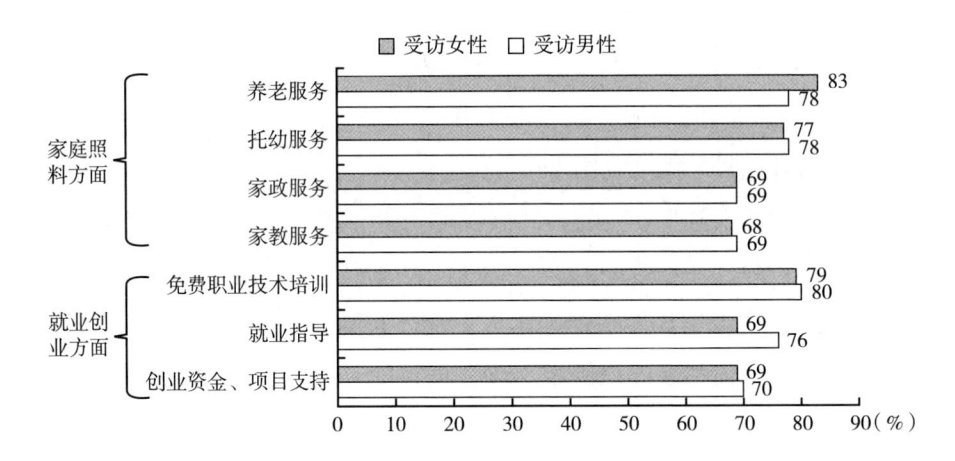

图48 为促进妇女发展，不同性别受访者认为需加强的公共服务

B.20
学校联结、生命意义感对学校危机干预的意义研究

梁艳 黄喜珊*

摘　要： 本研究于2020年以广东省广州市的1330名中学生为对象，采用学校联结量表、生命意义感问卷、青少年自杀意念量表、基本心理需求量表进行了调查，并对数据进行描述统计分析、独立样本t检验、方差分析、回归分析、相关分析和中介效应检验。结果显示：（1）学校联结、生命意义感和基本心理需求可以降低青少年的自杀意念；（2）学校联结提高了青少年的生命意义感，进而降低了自杀意念；（3）越是有高基本心理需求的个体，生命意义感的提升越能降低其自杀意念。研究对降低青少年的自杀意念等相关的具体教育措施提出了若干建设性建议。

关键词： 学校联结　生命意义感　基本心理需求　危机干预　青少年

一　调研背景

学校危机干预工作日益受到教育工作者和学者们的关注。据世界卫生组织统计，导致15~19岁青少年死亡的主要原因是自杀[1]。青少年的自杀是

---

* 梁艳，硕士，广州市增城区石滩中学心理教师，中小学一级教师，研究方向为心理健康教育；黄喜珊，博士，华南师范大学心理学院教授，硕士生导师，研究方向为教育社会心理学。
[1] Xing, X. Y., Tao, F. B., Wan, Y. H., Xing, C., Qi, X. Y., & Hao, J. H. et al. "Family factors associated with suicide attempts among chinese adolescent students: a national cross-sectional survey", *Journal of Adolescent Health Official Publication of the Society for Adolescent Medicine*, 2010, 46 (6), pp. 0-599.

经历了自杀意念的产生到采取自杀行动再到自杀成功的连续完整过程[1]。并且研究发现大多数的青少年自杀未遂者在采取自杀行为前都曾萌生过自杀意念[2]。当青少年不能很好地融入周围的社会环境、缺乏一定的社会联结时，他们会感到孤立无援，继而容易出现自杀行为。学校是青少年学习、交往和生活的重要场所，学校环境对青少年行为发展有着举足轻重的影响作用[3]。学校联结是影响学生发展的一个重要因素[4]。如果青少年能够与教师、同学建立良好的人际关系，获得情感和学业上的支持，则能帮助他们顺利融入学校生活，增强学校归属感，可以通过减少自杀意念的产生从而减少自杀行为。本研究考察青少年的学校联结、自杀意念、基本心理需求和生命意义感之间的内在关系，以期为学校危机干预措施提供有益指导。

二 调研工具

（一）学校联结量表

采用喻承甫等[5]编制的量表。该量表通过同学支持、教师支持和学校归属感三个维度来测量学校联结，总计10个项目，使用五级评分的计分方式，从1至5表示"完全不同意"到"完全同意"，测量结果取量表各个维度的平均分，分数越高说明个体的学校联结性越高。该量表具有良好的信效度。

---

[1] Wilburn, V. R., & Smith, D. E. "Stress, self-esteem, and suicidal ideation in late adolescents", *Adolescence*, 2005, 40 (157), pp. 33 – 45.

[2] Evans, E., Hawton, K., Rodham, K., & Deeks, J. "The Prevalence of Suicidal Phenomena in Adolescents: A Systematic Review of Population-Based Studies", *Suicide and Life-Threatening Behavior*, 2005, 35 (3), pp. 239 – 250.

[3] Durkheim, E. *Suicide: A study in sociology*. New York: Free Press, 1951.

[4] Michael, D., Resnick, Ph D., & Peter S. "Protecting Adolescents From Harm Findings From the National Longitudinal Study on Adolescent Health", *Journal of the American Medical Association*, 1997, 278 (10), pp. 823 – 832.

[5] 喻承甫、张卫、曾毅茵等：《青少年感恩与问题行为的关系：学校联结的中介作用》，《心理发展与教育》2011年第27期，第425~433页。

本研究中总量表的 Cronbach's α 系数为 0.859，三个分量表即同学支持、教师支持、学校归属感的 Cronbach's α 系数分别为 0.702、0.698、0.823。

（二）生命意义感问卷

使用生命意义问卷（The Meaning in Life Questionnaire，MLQ）对青少年的生命意义感进行调查，该问卷最早由 Steger 等人[1]编制，后由我国学者王鑫强[2]进行修订并检验其在我国中学生中的适用性，显示其在我国中学生群体中有着较好的信效度，是国内中学生生命意义感研究的有效测量工具。通过拥有意义感和寻求意义感两个纬度来测量生命意义感水平，总计 10 个项目，采用李克特 7 点计分的计分方式。得分越高，提示生命意义感水平越高。本研究中，该问卷的 Cronbach's α 系数为 0.836，拥有意义感和寻求意义感两个维度的 Cronbach's α 系数分别为 0.85 和 0.861。

（三）青少年自杀意念量表

使用青少年自杀意念量表（Positive and Negative Suicide Ideation，PANSI），对青少年的自杀意念进行调查，该量表是由 Osman 等人[3]编制，王学志等人后来进行修订，分别从积极自杀意念和消极自杀意念 2 个维度对个体的自杀意念进行测量[4]，共计 14 个项目，使用李克特 5 级评分。测量结果取量表各个维度相加后的总分，高分提示个体自杀意念程度高。经探索性、验证性因素分析，均证实中文修订版具有较好的信效度。本研究中，该量表总量表

---

[1] Steger, M. F., Frazier, P., Oishi, S., & Kaler, M. "The meaning in life questionnaire: Assessing the presence of and search for meaning in life", *Journal of Counseling Psychology*, 2006, 53 (1), pp. 80–93.

[2] 王鑫强：《生命意义感量表中文修订版在中学生群体中的信效度》，《中国临床心理学杂志》2013 年第 21 期，第 763~767 页。

[3] Osman, A., Gutierrez, P. M., Kopper, B. A., Barrios, F. X., & Chiros, C. E. "The positive and negative suicide ideation inventory: Development and validation", *Psychological Reports*, 1988, 82 (3Pt 1), pp. 783–93.

[4] 王学志、宫火良、康晓然等：《青少年自杀意念量表中文版在高中生应用的信效度分析》，《中国健康心理学杂志》2011 年第 19 期，第 964~966 页。

的Cronbach's α系数为0.918，积极自杀意念和消极自杀意念的Cronbach's α系数分别为0.85和0.954。

（四）基本心理需求量表

使用刘俊升等修订的基本心理需求量表（Basic Psycholog-ical Needs Scales，BPNS）的中文版[①]，该量表通过自主需求、胜任需求和归属需求三个维度来测量基本心理需求，共计19个项目，采用李克特7点计分，得分越高表示心理需求满足的程度越高。经探索性、验证性因素分析，均证实中文修订版具有较好信效度。本研究中，总量表的Cronbach's α系数为0.868，自主需求的Cronbach's α系数是0.617，胜任需求的Cronbach's α系数是0.678，归属需求的Cronbach's α系数是0.777。

三 调查对象与结果

调查对象为初中生和高中生，通过方便取样法，抽取广东省广州市中学生1330人。其中高中生613人，初中生717人，男生530人，女生800人。于2020年2月通过课堂集体施测并当堂回收的方式收集了全部数据。

结果如下：

（一）学校联结、生命意义感、基本心理需求与自杀意念的关系

表1表明，四个变量之间两两存在显著的相关。学校联结对生命意义感存在显著正相关（$r=0.349$，$p<0.01$），学校联结与自杀意念均存在显著负相关（$r=-0.526$，$p<0.01$）；学校联结与基本心理需求存在显著正相关（$r=0.634$，$p<0.01$），生命意义感与自杀意念存在显著负相关（$r=-0.309$，$p<0.01$），生命意义感与基本心理需求存在显著正相关（$r=0.381$，$p<0.01$），

[①] 刘俊升、林丽玲、吕媛等：《基本心理需求量表中文版的信、效度初步检验》，《中国心理卫生杂志》2013年第10期，第791~795期。

表1 学校联结、生命意义感、基本心理需求和自杀意念的相关矩阵

	1	2	3	4	5	6	7	8	9	10	11	12	13	14
1. 同学支持	1													
2. 教师支持	0.46**	1												
3. 学校归属感	0.59**	0.69**	1											
4. 学校联结	0.84**	0.82**	0.89**	1										
5. 拥有意义感	0.35**	0.38**	0.42**	0.45**	1									
6. 寻求意义感	0.16**	0.18**	0.23**	0.22**	0.28**	1								
7. 生命意义感	0.26**	0.28**	0.35**	0.35**	0.63**	0.87**	1							
8. 积极自杀意念	−0.42**	−0.44**	−0.49**	−0.52**	−0.58**	−0.27**	−0.45**	1						
9. 消极自杀意念	−0.32**	−0.33**	−0.35**	−0.39**	−0.28**	−0.06*	−0.14**	0.42**	1					
10. 自杀意念	−0.42**	−0.44**	−0.48**	−0.53**	−0.47**	−0.17**	−0.31**	0.77**	0.90**	1				
11. 自主需求	0.46**	0.42**	0.45**	0.52**	0.55**	0.14**	0.33**	−0.62**	−0.41**	−0.58**	1			
12. 胜任需求	0.42**	0.41**	0.43**	0.50**	0.58**	0.21**	0.38**	−0.60**	−0.35**	−0.53**	0.69**	1		
13. 归属需求	0.61**	0.45**	0.51**	0.63**	0.47**	0.17**	0.30**	−0.52**	−0.41**	−0.54**	0.64**	0.63**	1	
14. 基本心理需求	0.58**	0.49**	0.53**	0.63**	0.60**	0.20**	0.38**	−0.66**	−0.45**	−0.63**	0.87**	0.87**	0.89**	1

注：$*p<0.05$，$**p<0.01$，$***p<0.001$，下同。

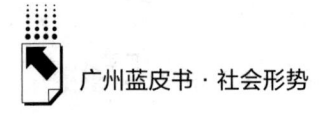

自杀意念与基本心理需求存在显著负相关（r = -0.628，$p<0.01$），学校联结、生命意义感、基本心理需求与自杀意念的总分与各维度之间都存在着不同程度的相关关系，且其相关程度达到显著水平。

（二）变量间的中介及调节作用分析

1. 生命意义感对学校联结与自杀意念关系的中介效应检验

首先，依照中介效应检验的三步回归方法[①]对学校联结、生命意义感和自杀意念三者进行中介检验，具体包含以下步骤：（1）检验学校联结对自杀意念的直接效应；（2）检验学校联结对生命意义感的效应；（3）检验生命意义感对自杀意念的效应以及在控制了生命意义感后，检验学校联结对自杀意念的直接效应。根据表2所示，方程1中，在控制了人口学变量性别、年级和是否班干后，加入学校联结，其显著负向预测自杀意念（β = -0.52，$p<0.001$）；在方程2中，在控制了人口学变量性别、年级和是否班干后，学校联结显著正向预测生命意义感（β = 0.34，$p<0.001$）；方程3中，在控制了人口学变量性别、年级和是否班干后，生命意义感对自杀意念有显著的负向预测作用（β = -0.30，$p<0.001$），在加入了人口学变量性别、年级和是否班干和生命意义感后，学校联结显著负向预测自杀意念（β = -0.47，$p<0.001$）。由此可知，生命意义感在学校联结与自杀意念之间起部分中介作用。

进一步对生命意义感简单中介效应的效果量进行检验，采用偏差校正百分位Bootstrap（重复抽样5000次）对中介效应的显著性及中介效应的大小进行了检验，结果显示中介效应为 -0.072，SE = 0.016，95% CI 为 [-0.104，-0.043] 不包含0，占总效应比例为9.45%，生命意义感在学校联结与自杀意念之间起部分中介作用（见表3）。

[①] 温忠麟、叶宝娟：《中介效应分析：方法和模型发展》，《心理科学进展》2014年第22期，第731~745页。

表2 生命意义感在学校联结与自杀意念间的中介检验分析

预测变量	方程1 自杀意念系数c			方程2 生命意义感系数a		
	B	SE	β	B	SE	β
性别	1.37	0.43	0.08**	-0.40	0.44	-0.02
年级	-0.36	0.43	-0.02	-0.06	0.43	0.00
是否班干	0.32	0.42	0.02	-0.78	0.43	-0.05
学校联结	-0.76	0.04	-0.52***	0.45	0.04	0.34***
生命意义感						
R^2		0.28			0.13	
F		130.252***			47.163***	

预测变量	方程3 自杀意念 系数b			系数c'		
	B	SE	β	B	SE	β
性别	1.70	0.48	0.09***	1.31	0.43	0.43**
年级	0.85	0.47	0.05	-0.37	0.42	0.42
是否班干	1.17	0.47	0.07*	0.20	0.42	0.42
学校联结				-0.69	0.04	-0.47***
生命意义感	-0.33	0.03	-0.30***	-0.16	0.03	-0.14***
R^2		0.11			0.30	
F		41.302***			113.31***	

注：* $p<0.05$，** $p<0.01$，*** $p<0.001$，双尾，下同。

表3 Bootstrap 的中介效应检验

效应类型	效应值	Boot 标准误	Boot95% CI 下限	Boot95% CI 上限	相对效应占比
总效应	-0.756	0.035	-0.824	-0.688	
直接效应	-0.687	0.036	-0.758	-0.615	90.74%
间接效应	-0.070	0.015	-0.101	-0.040	9.26%

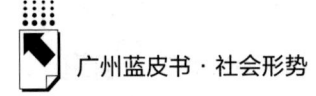

如图1所示,数据分析结果表明,在学校联结与自杀意念的关系模型中,青少年的自杀意念会被学校联结显著负向预测;学校联结显著正向预测生命意义感,生命意义感对自杀意念具有显著的负向预测作用,且生命意义感在学校联结对自杀意念的预测作用中起着部分中介作用。

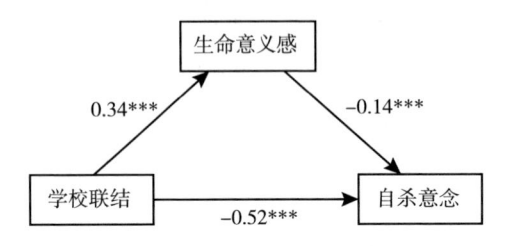

图1 生命意义感在学校联结与自杀意念关系间的中介作用

注:$^{*} p<0.05$,$^{**} p<0.01$,$^{***} p<0.001$。

2. 有调节的中介效应检验

根据温忠麟等人提出的有调节的中介效应检验步骤,本文的检验步骤如下:将自变量、调节变量做去中心化处理,(1)先做自杀意念对基本心理需求和学校联结的回归,检验学校联结的回归系数是否显著;(2)再做生命意义感对学校联结和基本心理需求的回归,检验学校联结的回归系数是否显著;(3)接下来做自杀意念对学校联结、基本心理需求和生命意义感的回归,检验生命意义感的回归系数是否显著;(4)最后进行自杀意念对学校联结、基本心理需求、生命意义感和生命意义感与基本心理需求的交互项回归,检验交互项的回归系数是否显著,每个步骤中都将人口学变量性别、年级和是否班干纳入控制变量,若四个步骤中的回归系数显著则存在调节的中介效应,得到结果详见表4。由该表可知,方程1中学校联结显著负向预测自杀意念($\beta=-0.22$, $p<0.001$),基本心理需求显著负向预测自杀意念($\beta=-0.49$, $p<0.001$);方程2中学校联结显著正向预测生命意义感($\beta=0.34$, $p<0.001$);方程3中学校联结显著负向预测自杀意念($\beta=-0.21$, $p<0.001$),基本心理需求显著负向预测自杀意念($\beta=-0.48$, $p<0.001$),同时生命意义感负向预测自杀意念($\beta=-0.06$, $p<0.05$);

方程 4 中学校联结（β = -0.20, $p<0.01$），生命意义感（β = -0.05, $p<0.05$）和基本心理需求（β = -0.49, $p<0.001$）负向预测自杀意念，而基本心理需求与生命意义感的交互项（β = 0.06, $p<0.01$）正向预测自杀意念。综上，生命意义感部分中介学校联结与自杀意念的关系，而基本心理需求可以调节生命意义感和自杀意念的关系，形成一个有调节的中介效应模型。

表 4　有调节的中介模型检验

预测变量	自杀意念(β) 方程 1	生命意义感(β) 方程 2	自杀意念(β) 方程 3	自杀意念(β) 方程 4
年级	-0.046 *	-0.004	-0.045 *	-0.045 *
性别	0.064 **	-0.024	0.063 **	0.063 **
是否班干	-0.005	-0.048	-0.007	-0.005
学校联结	-0.217 ***	0.340 ***	-0.207 ***	-0.202 ***
基本心理需求	-0.494 ***		-0.479 ***	-0.490 ***
生命意义感			-0.056 *	-0.050 *
生命意义感 * 基本心理需求				0.059 **
R^2	0.43	0.13	0.43	0.43
F	197.096 ***	47.163 ***	165.856 ***	144.060 ***

注：* $p<0.05$，** $p<0.01$，*** $p<0.001$。

为了更清楚地解释生命意义感与基本心理需求的交互效应的实质，本研究进一步进行了简单斜率检验。分别计算出基本心理需求为平均数正负一个标准差时，生命意义感对自杀意念的效应值，并根据回归方程分别取生命意义感和基本心理需求平均数正负一个标准差的值绘制了简单效应分析图。根据图 2 可以直观地看出基本心理需求如何调节生命意义感与自杀意念的关系。生命意义感对自杀意念的影响可以直接看斜率，它衡量了生命意义感每变化一个标准差，自杀意念变化多少个标准差。简单斜率检验结果表明，当个体的基本心理需求水平较低时，随着生命意义感水平的增加，个体的自杀意念水平没有什么变化，相对稳定；当个体的基本心理需求水平较高时，随着个体生命意义感水平的增加，个体的自杀意念水平表现出较快的下降趋势。所以，生命意义感对自杀意念的影响会因个体的基本心理需求水平的不同表现出强度上的差异。也就是说当基本心理需求水平高时，生命意义感对自杀意念的负向影响较大（$\beta simple\ slope = -0.1508$，$t = -4.35$，$p < 0.001$），当基本心理需求水平低时，生命意义感对自杀意念的负向影响较小（$\beta simple\ slope = -0.1481$，$t = -3.15$，$p < 0.05$）。所以，生命意义感对自杀意念的影响会因个体的基本心理需求水平的不同表现出强度上的差异。

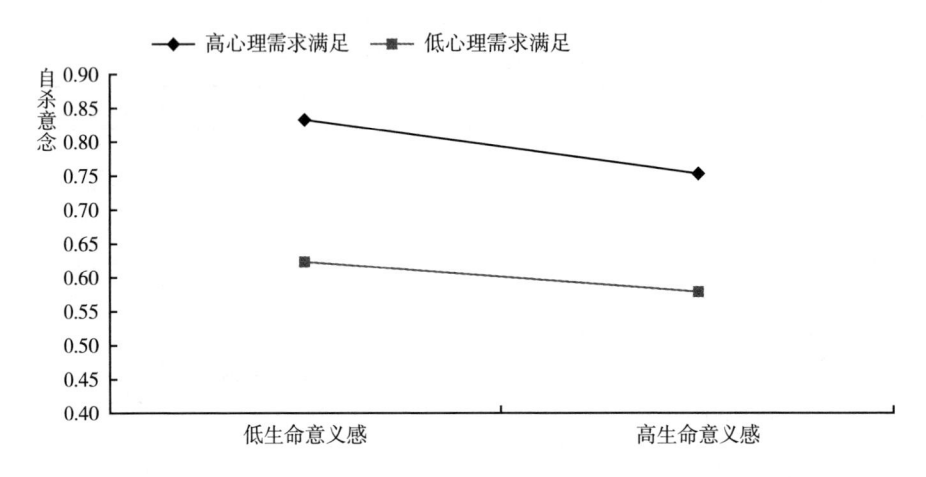

图2 基本心理需求的调节效应图

综上，画出学校联结、生命意义感、基本心理需求和自杀意念几个变量间的关系图（图3）。显示生命意义感在学校联结与自杀意念的关系间具有中介作用，基本心理需求对生命意义感和自杀意念之间的关系具有调节作

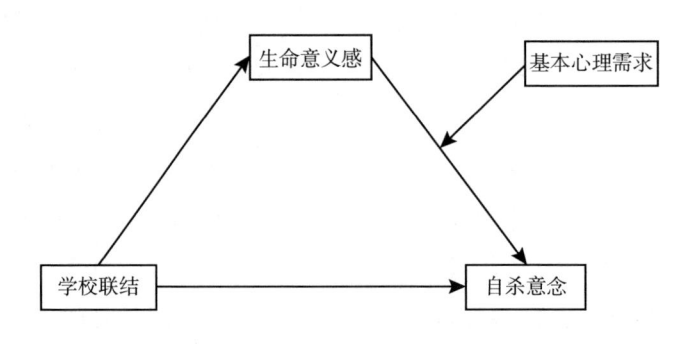

图3 有调节的中介模型

用，这预示着在学校联结、生命意义感、基本心理需求和自杀意念关系中，生命意义感是一个有调节的中介变量。支持了本研究的假设，即学校联结感的增强有助于危机干预的效果，其作用是通过提高学生的生命意义感来实现的，但这一中介也受到基本心理需求这一个体特征的调节。

四 建议与对策

基于上述调研结果，本研究对学校危机预防及心理健康水平提升提出以下建议和对策。

（一）大力加强学生和学校的联结感

对于危机干预工作来说，提高个体的生命意义感当然可以降低自杀意念，但本研究证明学校联结感的增强可以提高个体的生命意义感，进而降低自杀意念。所以在学校的危机干预工作中，从加强学校联结感入手将是一个重要且有意义的途径。教育工作者们需要去研究可以促进学校联结的因素，关注和改善学生的学校联结状况，提升和促进其与学校的联结程度，例如通过教师对学生的关心和支持，促进他们的同伴关系等。在实际生活中，学校可以定期组织和开展各种形式的活动，吸引学生积极参与；同时学校要通过班会课、心理健康教育课或者讲座的形式开展人际交往主题的教育，引导学生和老师及同伴建立良好的人际互动，对于班上人际交往困难的学生，可以通过开展团体辅导的形式提高其人际交往能力。

（二）重视生命教育的实施

在学校环境中，教育工作者可以通过增强学生的学校联结，直接对学生的自杀意念造成影响，也可以通过提升学生的生命意义感水平，进一步对学生的自杀意念产生影响。我国《国家中长期教育改革和发展规划纲要（2010—2020年）》强调开展生命教育的重要性。我们可以明确生命教育的目标是引导学生感受生命珍贵，体验生命的意义，建构个人对生命的内涵的理解，提升生活品质①。在进行生命教育时，可以通过以生命意义为主题的研究性学习鼓励和引导中学生寻求意义感，也可以通过开展多种形式的活动，让其体验到生命或生活的意义。

（三）关注学生的基本心理需求的满足

基本心理需求作为个体天生的心理发展需求，影响学生的幸福感。我们可以通过家校合作，积极关注学生基本心理需求的满足，在生活中给他们更多的自主权，提供和谐的学习生活环境，特别是在学习生活中创造更多的机会和平台，让他们展示其能力的同时，还要注重引导他们学会正确地看待挫折，积极地应对困难，从而提升其胜任感。

（四）基于本研究得出的结果模型，制定有效的学校危机干预方案

本研究提出了一个有调节的中介模型，这让我们关注到除了学校联结在自杀预防（降低自杀意念）中的作用，更值得留意的是，在学生心理需求水平较高的时候，我们在学生的自杀预防上要注重生命教育，这就要求我们在做好学生的自杀预防工作时要对学生的基本心理需求有个动态的评估。但实际上是多重风险因素累积作用导致自杀行为的出现，要真正做到对自杀行为进行有效干预，我们在设置干预方案时要考虑包括学校联结在内的多重风险因素的作用[2][3]。

综上所述，本研究比较深入地探讨并证实了学校联结、生命意义感对学校危机干预的意义，提出了有调节的中介模型，为当前备受重视的学校危机干预工作的有效开展提供了理论指导与实证支持。

---

① 张美云：《近年来我国大陆关于生命教育的研究综述》，《上海教育科研》2006年第4期，第13~16页。
② 李董平：《多重生态学风险因素与青少年社会适应：风险建模与作用机制研究》，华南师范大学博士学位论文，2012年。
③ 王艳辉：《累积情境风险与青少年问题行为的关系：中介变量和调节变量的作用》，华南师范大学硕士学位论文，2010年。

B.21
广州市以城市体检推动"城市病"治理的探索与实践[*]

广州市住房和城乡建设局课题组[**]

摘　要： 本报告总结了广州市在住房和城乡建设部指导下，从生态宜居、健康舒适、安全韧性、交通便捷、风貌特色、整洁有序、多元包容、创新活力八个方面开展城市体检工作的经验做法，系统分析当前广州城市发展过程中存在的主要"城市病"，并就治理提升工作提出对策建议，推动城市体检工作成为政府统筹城市规划、建设、管理的重要抓手，为广州市实现老城市新活力、"四个出新出彩"提供有力支撑。

关键词： 城市体检　城市治理　高质量发展

自改革开放以来，我国经历了世界历史上规模最大、速度最快的城镇化进程，取得了举世瞩目的成就，但城市发展长期以来重外延轻内涵、发展方式粗放、盲目追求扩张，导致城市资源和环境承载力与城市发展规模的匹配失衡，暴露出如人口拥挤、环境污染、交通拥堵、垃圾围城、积水内涝等一

---

[*] 本文系广州市住房和城乡建设局组织开展的广州市城市体检工作系列研究成果之一。
[**] 课题组组长：黄成军，广州市住房和城乡建设局党组成员、副局长。课题组副组长：荀巍，广州市住房和城乡建设局综合项目建设管理处处长。课题组成员：郑乐怡，广州市住房和城乡建设局综合项目建设管理处副处长；韦巍，广州市住房和城乡建设局综合项目建设管理处三级调研员；程晟亚，广州市住房和城乡建设局综合项目建设管理处四级调研员；王皓，广州市住房和城乡建设局综合项目建设管理处工程师。执笔人：王皓、程晟亚。

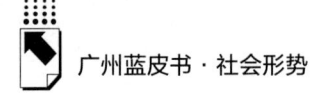

系列经济、社会和环境问题，对城市的社会经济发展产生一定阻碍，学界称之为"城市病"。

2015年底召开的中央城市工作会议指出，转变城市发展方式，完善城市治理体系，提高城市治理能力，着力解决城市病等突出问题，不断提升城市环境质量、人民生活质量、城市竞争力，是当前和今后一段时间我国城市工作的指导思想。城市规划建设管理工作逐渐从以"大拆大建"为主的外延式扩张，向以"精明增长"为主的内涵式增长进行转型。2019年中央进一步提出要推进国家治理体系和治理能力现代化，提高中心城市综合承载和资源优化配置能力。

在此背景下，住房和城乡建设部近年来在全国范围内逐步推进"城市体检"工作，将新发展理念贯彻到城市规划、建设、管理全过程中，对城市发展过程中遇到的一系列问题进行分析与评价，从源头上治理"城市病"，推动城市实现高质量发展。广州市2019年入选全国11个城市体检试点城市，2020年再次入选全国36个城市体检样本城市，探索出一条具有广州特色的城市体检新路径。本报告以广州市2020年度城市体检工作为例，介绍城市体检的工作模式、诊断结论和治理建议，为超大城市治理工作提供借鉴参考。

一 广州市城市体检工作模式

（一）高位推进、群策群力，健全城市体检常态化工作机制

一是广州市高度重视，先后召开市委常委会、市政府常务会研究部署，强化统筹，提出打造城市体检样板城市的目标，建立健全"市区联动、以区为主"常态化工作机制，一年一体检、五年一评估，相关要求纳入政府工作报告和"十四五"规划纲要，作为城市中长期重点任务持续推动。

二是成立全市城市体检工作领导小组，市政府主要负责同志担任市领导小组组长，明确10个专责小组、25个市直单位和11个区责任分工，各级

各部门紧密配合、协同联动、群策群力，形成推进城市体检工作的强大合力。在市住房和城乡建设局设立领导小组办公室（简称"市城检办"），统筹城市体检各项工作任务，同步成立技术工作组和专家工作组，完善城市体检全过程技术支撑。

三是各区在"市城检办"的统一部署下，同步成立区级工作领导小组和"区城检办"，一方面配合市级城市体检各项工作，另一方面结合各区现状和发展目标开展区级城市体检工作，积极发动街镇、社区、居民参与其中，推动形成城市体检全社会共建共治共享的良好氛围。

（二）标准先行、平台支撑，优化城市体检工作技术方法

一是制定实施《广州市城市体检工作技术指南》，详细阐述城市体检工作方法，围绕生态宜居、健康舒适、安全韧性、交通便捷、风貌特色、整洁有序、多元包容、创新活力等8个方面，分类细化，因地制宜，构建"50+11"项市级城市体检指标体系，研究提出各指标评价标准，指导市、区两级城市体检工作。

二是采用城市体检数据"六维诊断法"，即从标准规范、国内和国际对标、发展目标、历史趋势、满意度调查等方面对体检指标进行多维分析，并在此基础上科学研判"城市病"的类型、影响程度、影响范围和治理难度等。提升城市体检数据的"四个度"，即：数据广度实现全市11个区全覆盖，不留死角；数据深度实现市、区两级联动，部分指标纵向到底，指标填报下沉到街镇和社区；数据跨度实现近5年历史数据，用于评估指标趋势；数据精度实现统计数据和空间数据、过程数据和结果数据的全搜集。

三是搭建广州市"城市体检评估信息系统"，集"数据采集、动态更新、分析评估、预警治理"功能于一体，打造全市统一收集、统一管理、统一报送的综合性城市体检服务平台。指标填报"线上为主，线下为辅"，实现广州市25个市直部门在线联动报送数据，实时计算，2020年度新增各级数据量超过3000条。构建城市体检全市"一张图"，分层分级展示体检

结果，与城市信息模型（CIM）平台、"穗智管"城市运行管理中枢实现数据共享、互联互通。

（三）以人为本、多措并举，创新城市体检公众参与方式

一是积极配合住房和城乡建设部第三方团队，广泛宣传并发动各区、街镇、社区、居民通过微信小程序完成第三方满意度调查问卷，鼓励居民对身边的"城市病"提出建议，完成公众参与的"规定动作"。此次调查对象为16周岁以上的广州常住居民，并覆盖不同职业、年龄和特殊群体。2020年，累计回收第三方体检满意度调查问卷共计10638份。

二是对上一年度存在的"城市病"和城市问题开展"回头看"，通过在全市人口相对集中的35个地段开展线下询访，了解市民对一年以来各项治理措施的满意度，从人民群众的主观感受反映城市体检工作成效，累计出动调查员近百人次，2020年完成问卷超过2000份。

三是创新城市体检公众参与方式，面向社会公开招募"城市体检观察员"，由18周岁以上的广州常住居民自愿报名，根据所在的社区、年龄、职业等因素进行筛选认定，作为定期衡量常住居民满意度的无偏观察样本，2020年累计对1183名报名市民进行筛选、最终招募"城市体检观察员"达到543名。通过组织访谈、沙龙、志愿者活动等多种形式，让市民积极参与到城市体检后续治理、监督工作中。

（四）压实责任、跟踪督办，保障城市体检治理措施落地

一是以市政府为责任主体推进城市体检治理工作，以城市体检结论为基础，"一题一策"形成专项治理行动计划，通过市委常委会、市政府常务会议研究，列入政府工作报告年度工作计划，分解到各区、各部门作为年度重点工作内容，层层压实责任，推动"边检边改、即检即改"。

二是充分发挥"市城检办"统筹协调作用，主动掌握各项治理措施进展，结合定期开展的社会满意度调查、信息平台监测结果综合研判治理成效，对于治理成效不理想、进展缓慢的问题进行定期督办，市、区两级配合

联动，各部门齐抓共管，综合治理。

三是在治理措施落地过程中，坚持举一反三综合施策，结合疫情防控、防汛等暴露的突出问题，加快破除阻碍城市发展的体制机制障碍，优先补齐城市基础设施、公共卫生、防灾减灾等方面突出短板，系统提升城市规划建设管理水平。

二 2020年城市体检主要结论分析

（一）社区配套设施不均衡

一是便民服务设施。全市便民服务设施覆盖率超过80%，便民服务设施中快递点覆盖率偏低。各区之间差异较大，中心城区普遍高于外围城区，如天河区便民服务设施覆盖率超过97%，南沙区达到60%。

二是社区养老设施。社区养老设施覆盖率中心城区相对较低，越秀区、海珠区、荔湾区、天河区均低于80%。

三是普惠性幼儿园覆盖率。仅有从化区、越秀区、白云区达到国家、省、市要求的80%覆盖率。

四是体育场地面积。外围城区的人均社区体育场地面积普遍高于中心城区，从化区超过2.7平方米/人，而越秀区仅为从化区的约1/5。

（二）老旧小区及高密度住宅管理难

一是中心城区老旧小区待改造。如越秀区未改造老旧小区用地面积占全部居住用地面积的比例近40%，未改造老旧小区居住品质相对较差，存在空间狭小、人员密集、环境脏乱、设施老化、房屋安全隐患等问题，不利于公共安全事件防控。

二是中心城区高层高密度住宅防控难。越秀区、海珠区高层高密度住宅占比超过15%，高层住宅建筑的公共卫生安全尚缺乏有效的管理和评估机制，建筑布置和平面、竖向设计复杂，可能会形成一些特殊的空气流动效应,再加上人口密集、电梯拥挤等现象普遍存在,容易导致病毒交叉传染,预控措施的设置较为薄弱。

三是住宅小区物业管理服务有待进一步推广。未引入物业管理服务的主要是老旧小区、零散独栋建筑和尚未进行商业开发和"三旧"改造的城中村,该部分住宅封闭性差,疫情期间管理人员不足,存在治安和卫生安全隐患。已实施物业管理服务的住宅小区由于全面实施"营改增"、取消对物业管理企业资质的认定等因素,物业管理企业负担重,专业化服务质量不高,人才缺口大,物业服务品质有待进一步提高。

(三)局部积水内涝问题仍然存在

一是强降雨频率上升与城市化快速发展加剧内涝风险。广州近百年雨量增加速度为32.2毫米/10年,近10年平均年降水量多达2193.8毫米,加大了广州的排涝压力。另外,广州城市化快速扩张过程中对原有渗蓄水设施保护不足,风水塘、河道、湖泊等"天然调蓄池"被占用,加剧了城市内涝风险。

二是积水内涝问题在中心城区较为突出。荔湾区建成区内涝点密度达0.28个/平方公里,接近广州市平均密度的6倍(0.05个/平方公里),天河区、白云区、海珠区和越秀区建成区内涝点密度均高于市整体水平。

三是中心城区管网建设和维护水平需提升。目前,中心城区排水管网标准达到2年一遇以上接近60%。部分管网排水能力不足造成内涝,需进一步提升与完善。在暴雨天数、雨量和潮位日趋上升的形势下,广州的积水内涝治理工作任重而道远。

(四)消防和安全生产方面的问题

一是广州市消防救援设施建设仍显不足。全市共有消防救援站点81个,距离《广州市城市消防规划(2011—2020)》提出的新增25所特勤消防站、212所一级普通消防站和12所二级普通消防站,消防救援站点总量达到312所的目标仍有较大差距。

二是消防救援力量总体覆盖面不足,空间分布不平衡。辖区内中心城区消防救援 5 分钟可达覆盖率不足，部分街道缺乏 5 分钟可达的消防救援站点，较长的调动距离可能导致消防救援行动错过最佳救援时间。

三是建筑业安全生产水平亟须提升。近五年来广州市安全生产事故数量和死亡人数持续降低且年下降幅度均超过 10%，但城市的建筑业安全生产事故数在近五年来呈小幅波动性上升的趋势，需要重视。

（五）交通拥堵、停车难问题

一是高峰时间交通拥堵。广州 2019 年高峰时间平均机动车速度（含工作日、节假日）为 26.3 公里/小时，相比 2018 年略有提升。但是工作日高峰时间平均机动车速度仅为 24.7 公里/小时，交通拥堵形势仍然较为突出。

二是道路结构性问题，导致常发拥堵路段治理困难。目前广州还存在着市政路网结构问题较为突出、城市各组团缺少快速联系通道、枢纽配套路网集散能力不强等问题，容易形成交通拥堵的常发路段。例如越秀区、荔湾区的高峰时间平均机动车速度较从化、南沙等区低了 30 公里/小时；对外联系通道不足导致主要道路成为交通拥堵高发地，例如早晚高峰金沙洲路等；大型交通枢纽集散地也是交通拥堵的重点区域，例如机场高速出口匝道等。

三是停车难问题难以破解，市民反映较为强烈。近年来广州市汽车保有量大幅增长，但是停车泊位的增长未能与之相匹配，供需矛盾依然存在。广州市 2019 年停车泊位总量与小汽车拥有量的比例为 105.21∶100，未达到国家要求配比标准。居住类停车泊位与小汽车拥有量比例偏低，与广州市要求配建标准差距较大。

（六）住房供给与需求不匹配的问题

一是新增租购需求较为强烈。城市各类人群未来对商品住房、政策性住房的需求较大。近 3 年广州市年均新增常住人口超过 40 万人，新就业大学生、城市基本公共服务人员、重点发展产业的青年职工、各类紧缺型人才等新市民，主要依靠自主承租解决居住问题，虽然主管部门持续加大租赁住房保障力度，但对比需求仍然不足。

二是购房压力持续增加。2019年全市房价收入比为13.35，虽然在一线城市中排名最后，甚至低于部分二线城市，但中心城区的房价收入比偏高，且近年来上涨明显，越秀、海珠、荔湾、白云、天河五个区均超过20，其中越秀区达30.3，居民特别是新市民购房压力大。

三是中心城区住房供给不足。中心城区教育、医疗、养老等配套设施资源丰富，地铁、公交出行便利，就业机会众多，区位优势明显，对外来人口吸引力较大，房地产市场持续活跃。但中心城区面临新增用地较少、住房需求规模大、城市更新推进难等问题，住房供需矛盾较为突出。外围地区虽然新增大量的住房供应，但在就业岗位、交通设施、生活配套方面还存在较多短板，人口向中心城区聚集趋势尚未缓解。

三　城市治理对策建议

（一）以社区生活圈为引领，创新社区公共服务供给机制

开展公共服务设施现状摸查，鼓励公共服务设施建设。开展社区（村）公共服务设施需求摸查行动，强调不同年龄层群众的个性需求和基于家庭结构的需求，加强二胎家庭、老年人（尤其是老城区老旧小区、外围空心村老人）的需求，结合2020年社区（村）疫情防控经验和社区村短板总结，构建居民、村民的公共设施需求清单。对现状公共服务设施缺口较大的地区，尤其是南沙区、从化区、黄埔区等地区，会同行政主管部门提出近期建设计划。

构建多元共享的多层级生活圈。制定《广州市15分钟社区生活圈规划导则指引》，以3万～10万常住服务人口、0.8～1.2公里服务半径构建15分钟生活圈，完善步行尺度的多样化社区服务、创建有利于创新创业的社区环境、打造高品质的公共空间网络以及营造多元融合的社区氛围，提高社区安全性、健康性和便利性。加强越秀、海珠、荔湾、白云等60岁及以上常住人口较多行政区的养老服务设施建设。提高增城区、花都区的普惠性幼儿

园覆盖率，达到国家、省、市要求的80%。补齐社区体育场地分布不均的短板，结合城市空闲地、边角地、公园绿地等空间资源，改造建设成多功能运动场、健身步道等，多途径增设越秀区、海珠区、荔湾区、天河区的体育场地，让居民实现"运动就在家门口"和"运动就在公司门口"。

制度设计提升社区服务供给。持续提升社区便民服务设施有效供给水平，通过新建、改建、扩建和调整、共享、租赁、收购等多种形式，推进社区便民服务设施建设，通过多种融资及运营模式加大供给和资金投入，加大资金、土地等要素支持力度。

（二）补齐居住社区短板，加强物业管理和社区治理

推进健康社区、韧性社区建设。一是制定完整社区建设标准，明确新建社区与老旧社区的配套设施配置内容和标准。盘活利用存量公共空间与服务设施，优化完善基层卫生防疫等公共服务设施，共同缔造"韧性社区"、"健康社区"。二是加快推进社区综合治理，完善小区消防、救护设施，补齐城乡污水和垃圾处理设施短板，整治脏乱差死角，提升社区重大传染病防控能力和宜居度。

加强物业与社区协同管理。一是加大对物业服务企业的政策扶持。出台针对物业服务企业的行之有效的税收优惠政策，支持物业企业转型升级，将更多的物业费用用于小区管理，为广大业主提供更好的服务。二是通过提升CIM系统加快社区管理、物业管理的智能化改造，应用人脸识别、自动测温、远程监控等信息技术手段，构建社区智慧管理平台，打造"智慧社区"、"平安社区"。

（三）持续落实内涝点治理，加强海绵城市建设

落实防洪排涝专项工作。一是编制广州市防洪排涝专项规划，明确利用滨水绿道、广场、公园、运动场等空间建设分散式调蓄设施的规划布局。二是绘制流域洪涝风险图，划定洪水风险区域。三是加强建设项目海绵城市建设全流程管控，全市新、改、扩建项目均要严格落实海绵城市建设要求，构

建"蓄、滞、截、排、挡"的多层次立体式防洪排涝体系。四是近远期结合，逐步提高现有排水设施的排水能力。同时，通过工程措施缓解、消除内涝点问题。

强化排水设施与河道堤岸的管理与维护。一是强化排水设施、河涌行洪断面的管理维护，联合市排水公司定期巡查管网设施，强化日常管道疏通，清理河涌障碍物，提高排水系统的畅通性。二是对河道堤岸进行加固及达标改造，做好水闸等水利设施调度，安装防倒灌设施，防止江水及潮水倒灌。

完善积水内涝应急保障。对短期不能解决的内涝点，制定抢险布防预案，联合市排水公司和专属单位组织对辖区内涝风险点进行布防，采用强排措施应急抢险，引导市民做好避险措施，确保汛期排水排涝安全。

（四）加快推进消防设施规划建设，加强安全生产监督管理

强化消防设施建设和改造工作。一是全力推进新一轮城市消防工作专项规划，科学布局消防救援站点。在此基础上充分衔接市、区国土空间总体规划，保障消防救援设施建设的用地需求。结合老旧小区和城中村改造、自然灾害防治建设框架等政策，在城市更新、三旧改造、小区配套、重点区域整治、功能平台建设中同步考虑配套建设消防站等消防基础设施。二是建立"全市综合统筹，各区具体负责，相关部门联动"的消防站建设工作机制，按照新一轮城市建设维护工作分工调整方案中心七区"市投区建"、外围四区"区投区建"的原则，将消防基础设施建设经费纳入市、区政府预算，优先安排，确保建设经费充足。三是建立规划动态跟踪机制，将消防基础设施建设情况纳入市、区规划年度实施评估报告中。各区政府和规划部门要牵头协调解决消防基础设施项目在规划选址、土地权属、农转用等方面存在的问题，提前做好土地收储工作。

落实安全生产责任，加强地上地下建设工程管理。一是强化市、区政府对安全生产工作的领导，把安全生产纳入市、区经济社会发展总体规划的考核指标中，推动安全生产与经济社会协调发展，制定并督促落实安全生产责任实施办法，压实政府领导责任、部门监管责任、企业主体责任。二是组织

开展常态化建筑施工安全专项整治行动，大力排查建筑、市政、交通等建设工程的安全隐患，及时督促存在问题的生产单位实施整改。三是开展城市安全风险评估，建设供电、供水、排水、供气、道路桥梁、地下工程等城市重要基础设施安全管理平台。建立大型工程安全技术风险防控机制，开展城市管网、道路隐患综合治理。

（五）创新交通管理措施，确保道路交通运行通畅

深入推进"智慧新交管"建设应用，提升交通管理精细化水平。一是结合"智慧新交管"建设，推进交通拥堵节点治理，优化调整公交线路和改造交通配套设施，完善电子警察、信号控制等方面的交通安全基础设施。二是建设智能交通指挥管理平台，促进各种交通方式高效衔接。三是健全和完善突发事件快速反应机制，探索新技术成果（无人机等），实现交通事故现场快速勘查处置，加强重点路段的自动巡逻与实时监控，提高事故处置效率，提高道路畅通水平。

深入推进示范路口、路段建设引领拥堵治理工作。一是优化中心城区和主要拥堵点的公共交通线路接驳，对交通信号控制系统进行升级改造。二是针对市民反响强烈、交通拥堵严重的拥堵点采取"市区协同、标图建库、逐个突破"的工作方式，让全市交通出行更畅通，例如白云大道北、猎德大道、环市东路、东濠涌高架路、东风西路、金沙洲路等。三是通过道路设计的升级改造，促使行人、非机动车自觉守法意识的不断提高。

提高停车管理精细化水平，增存结合缓解停车难题。一是加大停车位供给增量，用好现有停车位存量，提高停车场运营管理效率。二是提档升级现有车位，全面规范、整改现有停车泊位，有必要的地方新增停车泊位，特别是在重点商贸区规范设置货运临时停车泊位。三是加大车位建设力度，重点加大对闲置地块的摸排，完善配套设施。四是资源共享，探索推出潮汐式"共享停车位"，实施机关单位停车场对外错时开放的惠民举措。五是构建"智慧停车城市"，打通停车"信息孤岛"，结合"互联网＋"新模式，以政府投入为引导，撬动社会、企业多元化投入，充分提高中

城区停车场所周转率，打通停车场所与公众之间的信息桥梁，提高停车场运营管理效率。

（六）完善"多主体供给、多渠道保障、租购并举"的住房体系

完善住房发展规划编制。编制全市住房发展长期规划，并与国土空间规划、国民经济和社会发展规划、产业发展规划等内容相衔接，坚持住房供应与需求总量相适应、产业发展与住房布局相适应、公共服务设施配套与住房建设供应相适应，并根据住房需求变化进行定期评估、滚动调整、及时优化。

保持房地产市场平稳健康发展。一是增加住宅用地供应，逐步增大公共租赁住房、共有产权住房、人才公寓等非商品住房用地在新增住房用地供应中的比例；二是优化商品住房供应结构，加大中小户型普通商品房住宅供应，控制大户型高档商品住房供应，正确引导居民住房消费观念，保障合理自住需求，抑制投资投机性行为；三是保持房地产调控政策的连续性、稳定性。做好土地供应短、中、远期规划，继续密切关注房地产市场形势，加强对市场整体形势的监测分析，及时、分类做好调控政策的优化储备。

大力发展住房租赁市场。一是全面实施《广州市房屋租赁管理规定》，建立承租人公共服务权益清单住房租赁信息服务与监管平台，逐步实现租赁交易全过程线上办理，实现多部门信息共享和业务协同，逐步实现租赁房源全覆盖、租赁环节全打通、公共服务全纳入；二是支持房地产开发企业、金融保险机构、房地产经纪机构、物业服务企业等拓展住房租赁业务，鼓励商品住房开发和租赁经营一体化运作，培育专业化、机构化租赁企业；三是加大只租不售商品住房和轨道交通沿线租赁住房用地供应，鼓励企事业单位利用自有存量土地建设租赁住房，推进集体建设用地建设租赁住房，推进产业园区配建员工宿舍，鼓励城市更新项目配建小面积租赁住房；四是推进第三方代管模式提升"城中村"租赁住房品质，推进"商改住"、"工改住"改造为租赁住房，鼓励金融机构、国有租赁企业集中收纳社会分散房源，委托专业化住房租赁企业经营。

Abstract

Analysis and Forecast on Social Situation of Guangzhou in China (2021) is co-edited by Guangzhou University, the Guangdong Provincial Regional Development Blue Book Research Association, the Propaganda Department of Guangzhou Municipal Party Committee, Guangzhou Human Resources and Social Security Bureau, Guangzhou Civil Affairs Bureau, and Guangzhou Social Organization Administration . This book is composed of seven parts: General Report, Social Governance, People's Livelihood Guarantee, Medical and Health, Education Development, Legal System Construction and Special Research.

In 2020, facing the sudden COVID-19 epidemic and the complicated domestic and foreign situation, Guangzhou has adhered to the people-centered bottom line thinking and the fundamental purpose of serving the people, coordinated epidemic prevention and control work and economic and social development to ensure stable growth, promote reform, adjust the structure, benefit the people's livelihood, and prevent risks. In addition, Guangzhou, showing the characteristics of "significant increase in people's livelihood and well-being, and the simultaneous improvement of the people's sense of happiness and security", has been investing large resources, seeking innovations in systems and exploring policies in the fields of transportation, education, government services and other people's livelihoods, while completing ten livelihood facts in the fields of housing, employment, and elderly care in a comprehensive and high-quality manner as scheduled, and making every effort to promote the construction and institutional innovation of a high-level, diversified, inclusive, and comprehensive social security system. The city's economic development is moving towards the new vitality of the old city and the "four new and brilliant" steps to a new level, helping to build a well-off society in an all-round way and to construct socialist modernization in an all-round way.

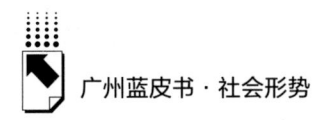

In 2020, the overall situation of Guangzhou's economic and social development was progressing. As a national central city, Guangzhou has always maintained strong economic vitality and strong population attractiveness, reflecting high diversity, inclusiveness, and internationalization. However, under the current trend of normalization of epidemic prevention and control, there are still many problems and challenges in terms of external development environment and internal structure and quality, especially in the areas related to residents' lives, including education, medical care, housing, and elderly care. The social security system still has a lot of room for integration, and the development of public services needs to stimulate more vitality, bringing more challenges to social governance.

2021 is the first year of the "14th Five-Year Plan" and the first year of marching towards the second centenary goal. The overall requirements of the Guangzhou Municipal Government's work are still to adhere to the general keynote of the work of seeking progress while maintaining stability, based on a new stage of social development, and meeting the people's growing needs for a better life as the fundamental goal, and to perform inclusive, basic, and comprehensive People's livelihood construction. Guangzhou will ensure the basic livelihood of the people, implement the employment priority policy, increase the efforts to solve the housing problem, run a satisfactory education for the people, and promote the construction of healthy Guangzhou, for the citizens to get a better sense of satisfaction, a more sustainable sense of happiness, and a more secure sense of security, while coordinating development and security, consolidating and expanding the results of epidemic control and social development, and continuously improving people's living standards.

Keywords: Guangzhou; Social Development; Public Service; People's Livelihood Security

Contents

I General Report

B.1 Analysis of Guangzhou's Social Development Situation in 2020
and Outlook for 2021
Research Group of Guangzhou Development Research Institute,
Guangzhou University / 001

    1. An Analysis of the Overall Situation of Social Development
in Guangzhou in 2020. / 002

    2. Challenges and Difficulties Faced by Guangzhou's Social
Development in 2020. / 016

    3. Trends and Suggestions of Social Development in Guangzhou
in 2021. / 020

Abstract: In 2020, Guangzhou focused on protecting and improving people's livelihood, coordinating the promotion of epidemic control and economic development, continuously improving the social security system and medical and health service system, and taking steps in the fields of education, medical care, housing, employment, and the construction of safe Guangzhou. The overall social development meets the expectations of the public. Looking forward to 2020, the social construction and development trends of Guangzhou are: Vigorously develop family elderly care bed services and promote the coordinated development of urban and rural elderly care; improve the level of semester education development and balance the distribution of educational resources; strengthen the emergency response capacity of public health medical incidents, and improve the development system of primary medical services.

Keywords: People's Livelihood Construction; Social Governance; Social Organization; Economic Development; Guangzhou

II Social Governance

B.2 A Study on the Construction Path of Guangzhou Youth Affairs Social Worker Talent Team *Xie Sujun, Qiao Ning / 026*

Abstract: Youth affairs social workers are important forces in optimizing urban social governance system. In recent years, Guangzhou has vigorously promoted the work of youth social affairs, and achieved good results, but there are still a series of development bottlenecks. This article carries out an empirical research on the youth affairs social workers in Guangzhou and finds that this group presents the ecological characteristics of youth, professionalism, and polarization. The industry environment and professional environment urgently need to be optimized, and there are still issues including the imbalance between the talent team of youth affairs social workers and social needs, the lack of ability of the talent team to meet the needs of the society, and the lack of training for the team. It is suggested that the Party and government departments should give preference to the workers of the Youth Affairs Society in terms of resources investment, training and qualification certification.

Keywords: Youth Affairs Social Worker; Talent Team; The Communist Youth League; Guangzhou

B.3 Research on the Countermeasures of Social Governance and Services for the Floating Population in Guangzhou's "Big Town, Big Village, Big Market" *Zhang Qian* / 040

Abstract: This article focuses on the status of the floating population in Guangzhou, taking the social governance and services of the floating population in "big towns, large villages, and large markets" as the entry point, identifying existing problems, proposing corresponding solutions and policy recommendations, and providing reference for Guangzhou to further develop Urban governance capabilities, to improve social governance system, and to promote epidemic prevention and control in an accurate and orderly manner.

Keywords: Floating Population; Social Governance; Guangzhou City

Ⅲ People's Livelihood Guarantee

B.4 The Survey Report on the Consumption Status of Fresh Food E-Commerce in Guangzhou
Research Group of the Guangzhou Consumers Commission / 052

Abstract: In recent years, the shopping model of "order online, fresh to home" effectively meets the consumers' demand for fresh produce consumption and home delivery services; at the same time, the consumption disputes of fresh produce e-commerce and the imperfect platform functions make it difficult for consumers' legitimate rights and interests to be fully protected. The survey found that consumers have a good overall appraisal of the fresh food e-commerce products and services in Guangzhou. Consumers use fresh food e-commerce more frequently, and the COVID-19 epidemic plays a significant role in promoting, but the quality control and operation still need to be improved. Based on research, the Guangzhou Consumers Commission put forward the following suggestions: First, fresh food e-commerce platforms and merchants should further improve quality control and operation capabilities; second, relevant departments should strengthen policy research to guide and standardize industry development; third, consumers should increase their awareness of rights protection, push forward the improvement of the quality of goods and services, etc.

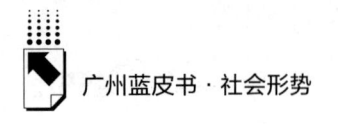

Keywords: Fresh Food E-commerce; Quality Control; Policy Research; Guangzhou

B.5 Present Condition, Development Dilemma and Countermeasures of Intelligent Aged-care in Guangzhou *Pan Xu* / 073

Abstract: As a new pension model with deep integration of modern technology and traditional Aged-care, Intelligent aged-care is an effective way to promote the supply side reform of aged service in China. This paper investigates the current situation of Intelligent aged-care in Guangzhou, uses questionnaire survey to understand the public's feelings and views on Intelligent aged-care service, analyzes the problems and difficulties in the development of Intelligent aged-care in Guangzhou, and puts forward policy suggestions to promote the development of Intelligent aged-care in Guangzhou.

Keywords: Intelligent Elderly Care; Information Platform; Guangzhou

B.6 Survey and Analysis on Environmental Satisfaction of Enterprise in Guangzhou *Xu Jianrong, Wang Jin and Li Mingguang* / 080

Abstract: In order to understand the environmental satisfaction of enterprises in Guangzhou and to promote the quality of ecological environment public services for enterprises, this paper uses questionnaires to investigate and analyze the environmental satisfaction of enterprises. The results show that (1) The overall environmental satisfaction of enterprises is relatively high, and the satisfaction of

Huadu District and Yuexiu District is relatively low; (2) The satisfaction of enterprises with environmental image and green development is relatively high, and the satisfaction with environmental facilities is relatively low; (3) The enterprises in Guangzhou have a strong willingness to continue investing, but they are facing greater environmental protection pressure and expect the government to introduce environmental governance policies; (4) Guangzhou needs to speed up the improvement of environmental protection infrastructure, strengthen environmental management of foreign-funded enterprises, small and micro enterprises, etc., and improve the quality of environmental public services.

Keywords: Guangzhou Enterprises; Environmental Satisfaction Survey; Environmental Public Service

B.7 Investigation and Research on the Current Situation and Problems of Guangzhou Delivery Boy's Social Adaptation

Sun Hui / 096

Abstract: The social adaptation problem of "delivery boys" resonates with the vigorous development of new business forms. The study found that in terms of career adaptation, although the income of delivery boys is relatively high, it is based on the high intensity of working hours, and their labor rights and interests are not adequately protected; in terms of life adaptation, the living conditions are poor and the leisure life is monotonous; in terms of interpersonal communication adaptation, delivery boys has narrow social circles, subjectively want to make friends with local people, but feel rejected by locals; in terms of social participation and adaptation, delivery boys have low participation in community activities and lack of attention to community management; in terms of psychological adaptation, delivery boys have a low degree of self-recognition and a weak sense of belonging. Based on the research findings, this paper analyzes the reasons for the problems of delivery boys' social adaptation, and puts forward countermeasures and suggestions to promote their social adaptation.

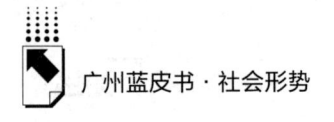

Keywords: Delivery Boys; Social Adaptation; Human Capital; Social Capital; Rational Choice

Ⅳ Medical and Health

B.8 Analysis of Guangzhou Residents' Health Emergency Literacy under the COVID-19 Epidemic　　*Pan Xu, Li Jitai* / 110

Abstract: This report investigates the cognition of Guangzhou residents on the COVID-19 epidemic and the level of health emergency literacy. Through the analysis of the influencing factors of the residents' protection behavior and health emergency literacy level of the epidemic, this article provide suggestions on how to improve the residents' health emergency literacy.

Keywords: COVID-19 Epidemic; Health Emergency Literacy; Guangzhou

B.9 Research on the Countermeasures to Quickly Make up for the Shortcomings in the Construction of the Rural Public Health System in Guangzhou

Topic Group of the 94th Division-level Advanced Training Class of the Party School of Guangzhou Municipal Party Committee / 126

Abstract: Speeding up the covering of the shortcomings of public health system construction in suburban and rural areas is not only the top priority to improve the major epidemic prevention and control system and the public health emergency management system in Guangzhou, but also the objective need of development, in order to achieve the goal of building a well-off society in an all-round way and promote rural revitalization to a higher level. In response to the imperfect public health emergency system in rural areas of Guangzhou suburbs, weak grassroots network, and insufficient disease control capabilities, the research team proposed to implement responsibilities, take multiple measures, and strive to improve the public health management system and mechanism. By complementing the shortcomings of basic medical and disease prevention and control infrastructure, and optimizing the process of the public health emergency response system, the overall response capacity of the city's major epidemic prevention and control would be improved.

Keywords: Suburban Countryside; Public Health; Guangzhou

B.10 Countermeasures and Suggestions for Strengthening the Construction of Guangzhou's Disease Prevention and Control System and for Improving the Level of Grass-roots Public Health Services　　　　*Liu Fangfang* / 134

Abstract: The grass-roots disease prevention and control system in Guangzhou is facing many problems. First, the multi-sectoral joint prevention and control, and efficient and coordinated public health emergency response mechanism is relatively weak; second, the district-level CDCs generally have problems such as poor operation, insufficient staff, poor inspection capabilities, and imperfect incentive mechanisms; third, grass-roots medical and health institutions generally have problems such as staff shortages, imperfect incentive mechanisms, and limited functional expansion; fourth, coordinated and efficient working mechanisms and crisscrossing grassroots disease prevention and control information management systems need to be improved; fifth, institutions has insufficient capacity in response to major public health incidents; sixth, community governance system is not yet perfect. Therefore, this article recommends accelerating the reform and innovation of public health work systems and mechanisms, accelerating the improvement of the capacity building of district-level disease control institutions, strengthening and improving the standardization of primary health services, improving the rapid response capacity of public health emergency, establishing a complete public health emergency Guarantee system and promoting the supervision and management mechanism of public health emergency response.

Keywords: Disease Prevention and Control System; Public Health ; Grass-roots

V Education Development

B.11 Research on Development of International Young Talents in Guangzhou

Research Group of Guangzhou Service Centre for Scholarly and Elite Exchange / 146

Abstract: The strategy of reinvigorating China through human resource development is regarded as one of the most important strategies to drive national and local economic and social development. In order to accelerate the construction of a talent system with global competitiveness, young talents with overseas study experience are receiving more and more attention. With the continuous development and growth of the international young talent group, and the improvement of their competency, how to effectively attract and distribute this group of talents has become an important issue facing all regions and cities. This survey uses questionnaire, interview, desk research and other forms to gain insights of the development status and main problems of international young talents in scientific research, employment, entrepreneurship in Guangzhou city. Based on research conducted we provide suggestions for Guangzhou to further optimize policies and establish a sound talent system.

Keywords: International Young Talents Group; Talent Policy; Guangzhou

B.12　Countermeasures to Construct Guangzhou's Private Basic Education Risk Prevention and Control Mechanism in the Post-epidemic Period

Joint Project Group of Guangzhou Federation of Industry and Commerce and Private Education Association of Panyu District / 172

Abstract: the number of Private basic education institutions and of students in schools have accounted for half of Guangzhou's education. They have become an important part of Guangzhou's education and a vital force in the private economy and people's livelihood work. The occurrence and spread of the COVID-19 epidemic has highlighted the risks faced by private basic education. In the post-epidemic period, taking an objective view of the risk status of private basic education in Guangzhou, effectively improving the level of risk prevention and control in private basic education, improving mechanisms, identifying paths, and forming joint forces should become an important issue for coordinating epidemic prevention and control and coordinated economic and social development.

Keywords: The Post-epidemic Period; Private Basic Education; Risk Prevention and Control Mechanism

B.13　An Investigation Report on Law-based Governance of the Fundamental Education in Guangzhou

Research Group of Office of Committee of Building the City with Rule of Law of CPC Guangzhou Committee / 185

Abstract: Managing education in accordance with laws is an effective means to promote the construction of the rule of law as well as the modernization of the governance system and capacity for education in Guangzhou. This paper discusses the problems existing in the law-based governance of the fundamental education in Guangzhou, analyzes the causes of them and puts forward targeted and operable policy suggestions in the following six aspects, including improving the political status, emphasizing education legislation, strengthening law-based administration, deepening legal education, adhering to the law-based governance of schools, and reinforcing the guarantee from organizations.

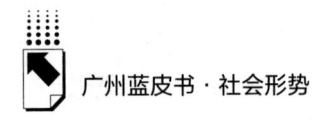

Keywords: Fundamental Education; Law-based Governance of Education; Guangzhou

B.14 Research Report on Vocational Transfer Training for Adults with Intellectual Disabilities in Guangzhou

Wang Xuanli, Zhang Donghang, Ding Hongjuan,
Luo Tingxian and Li Qing / 202

Abstract: In 2020, Guangzhou Disabled Persons' Federation designed and carried out a group training intervention project for life planning and transfer for the adult intellectually disabled group. This research uses a qualitative research method and a semi-structured interview method to analyze the effect of group training on the career planning and career transfer of people with intellectual disabilities. The results show that career planning and transfer training help to improve the students' social adaptability and foster awareness of future career planning. It is suggested that the transfer service training project should pay attention to the participation of parents, increase practical training, extend the training period, reduce the class size, and classify the mentally disabled to carry out individualized group training.

Keywords: Intellectual Disabilities; Career Transfer; Job Training; Career Planning

VI Legal System Construction

B.15 Guangzhou's Investigation Report on Activities that Carries out Upright Discipline and Anti-corruption to Build a Good Political Ecology

Special Investigation Group of Guangzhou Discipline Inspection Commission Supervision Committee / 215

Abstract: In 2020, Guangzhou's discipline inspection and supervision organs has been unswervingly fighting against corruption that the city's party style and clean government construction and anti-corruption work has achieved new results. However, the problem of unbalanced and inadequate development of high-quality discipline inspection and supervision work became more prominent with specific manifestations such as the coexistence of corruption and integrity, the increase in the "four winds" invisible mutation, the problems of formalism and bureaucracy, the unbroken chain of power-for-money transactions and the inequality between the deeply rooted "strictness" and the lack of cadres' responsibility as well. Entering a new stage of development, Guangzhou's discipline inspection and supervision agencies will focus on the overall situation of modernization to play a role in monitoring and ensuring implementation, promoting the righteousness, anti-corruption, discipline, and modernization.

Keywords: Guangzhou; Anti-corruption; Strictly Govern the Party in an All-round Way; Political Ecology

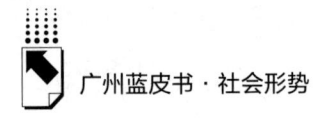

B.16 Research Report on the Construction of Ecological Civilization and Rule of Law in Guangzhou in 2020 *Xie Wei / 225*

Abstract: In order to meet the needs of COVID-19 epidemic prevention and control, Guangzhou has made new ecological civilization legislation in 2020; To promote the construction of ecological civilization, Guangzhou has adopted a series of reform measures in the aspect of ecological environment administrative law enforcement, and achieved obvious effects. The legislative supervision, judicial supervision and public participation in the construction of ecological civilization have made landmark achievements, which shows that Guangzhou is becoming more and more mature and prefect in the construction of ecological civilization by law.

Keywords: Guangzhou; Ecological Civilization Construction; Legislation; Administrative Law Enforcement; The Rule of Law Supervision

B.17 Research Report of Rule of Law Village Construction in Guangzhou
Research Group of Office of Committee of Building the City with Rule of Law of CPC Guangzhou Committee / 239

Abstract: The construction of rule of law in rural China has a long history, which has been incorporated into national development strategy for the new era with the theme of modernizing China's governance system and capacity since the fourth plenary session of the 19th CPC Central Committee in 2019. The Research Team investigated justice bureau, civil administration bureau and other government departments as well as several representative villages of Guangzhou by field interviews and classification sampling questionnaire. The survey reveals current situation in aspects of the citywide formulation, revision and implementation of rural rules and community conventions, the sinking of administrative law-enforcement in the rural grass roots, the construction in diverse settlement mechanism about law dispute concerning resolve the rural dissension, the application of a variety of public legal services involving the popularization, consultation and the aid of law, community correction and judicial remedies in rural areas. According to the survey results, the research team proposed to improve the grassroots governance system led by the party organization to integrate autonomy, the rule of law and the rule of morality, to improve the community public service mechanism, to implement grid-based social governance, to give play to the self-discipline function of group organizations, industry associations and chambers of commerce, and to realize the government Suggestions on improving the rule of law village housing construction, such as the benign interaction between governance and social adjustment, and residents' autonomy.

Keywords: Three Governances in One; Public Legal Services; Grassroots Governance System; Rule of Law Village Construction

Ⅶ Special Research

B.18 A Survey Report on the Way of Migrant Workers Spend the New Year Holiday in 2020　　*Chu Shanshan / 254*

Abstract: In order to understand the situation of migrant workers in Guangzhou, National Bureau of Statistics of the People's Republic of China recently organized a special investigation. The results show that: on the one hand, the government has a high degree of support for the local Chinese New Year Initiative, and the policy content has been approved. More than 60% of respondents are willing to spend the New Year on the spot. Epidemic Prevention and safety considerations are the biggest reasons for spending the new year on the spot. On-the-spot Chinese New Year is faced with emotional concerns, and the main expectation is to provide subsidies for the lunar new year and ensure stable supply and prices. On the other hand, nearly 40 percent of the interviewees returned home for the Lunar New Year, and their willingness to return to their hometown is still strong, and their willingness to return to their posts after the year is strong but there are still uncertain factors, resulting in some enterprises Spring Festival and after a shortage of workers. It is proposed that the local Chinese New Year initiative be implemented as a preferential policy, and that the attraction of "local Chinese New Year" be really increased by enriching residents' holiday lives, increasing the intensity of stable employment and strengthening various services and guarantees, etc., in addition, through improving policies, improving employment service level, widening recruitment channels to enhance the migrant workers to return to work after years "pull."

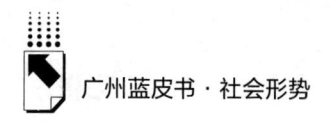

Keywords: Migrant workers; on-the-spot Chinese New Year; Epidemic Prevention and Control

B.19 2020 Guangzhou Women's Development Status Public Evaluation Survey Report *Guangzhou Women's Federation* / 269

Abstract: In August 2020, in order to fully understand the development of local women in Guangzhou, the Guangzhou Women's Federation commissioned the Guangzhou Social Situation and Public Opinion Research Center to organize a public opinion survey on the "Public Evaluation of Women's Development in Guangzhou". The evaluation of the services provided by the Guangzhou Women's Federation and relevant government departments and women's development needs and expectations were launched in three aspects. The survey results show that most interviewees affirm the status of women and their roles, believe that men and women are equal in social status, and have more than 60% satisfaction with various women's jobs in Guangzhou. They look forward to strengthening public services in the family to help promote development of themselves' and their careers'.

Keywords: Guangzhou; Woman's Development; Public Evaluation

B.20 Study on the Significance of School Connection and Sense of Life Meaning to School Crisis Intervention

Liang Yan, Huang Xishan / 303

Abstract: This study was conducted in 2020 with 1330 middle school students in Guangzhou City, using the School Connection Scale, the Meaning of Life Questionnaire, the Adolescent Suicide Intention Scale, and the Basic Psychological Needs Scale to investigate and describe the data Statistical analysis, independent sample t-test, analysis of variance, regression analysis, correlation analysis and mediating effect test. The results show that: (1) school connection, sense of life and basic psychological needs can reduce young people's suicidal will; (2) school connection improves adolescents' sense of meaning in life, which in turn reduces suicidal will; (3) the more demanding they are for individuals with psychological needs, the improvement of their sense of meaning in life can reduce their suicidal will. The research has put forward a number of constructive suggestions on specific educational measures related to reducing suicidal will among young people.

Keywords: School Connection; Sense of Meaning in Life; Basic Psychological Needs; Crisis Intervention; Adolescents

B.21 Guangzhou's Exploration and Practice of City Examination to Promote "Urban Disease" Treatment

Guangzhou Housing and Urban-Rural Development Bureau Research Group / 315

Abstract: This report summarizes the experience and practice of carrying out city examination in Guangzhou under the guidance of the Ministry of Housing and Urban-Rural Development of the People's Republic of China from eight aspects: ecological livability, health and comfort, safety and flexibility, convenient transportation, style and features, clean and order, diversity and tolerance, and innovative vitality. This report systematically analyzes the major "urban diseases" in the current development of Guangzhou's city, and puts forward countermeasures and suggestions on governance improvement work, and promotes the urban physical examination work to become an important starting point for the government to coordinate urban planning, construction, and management, to realize the new vitality of the city, and to provide the "four new and brilliant" plans with strong support.

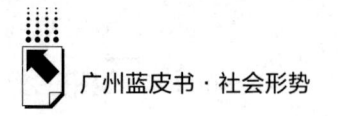

Keywords: City Examination; Urban Treatment; High Quality Development

权威报告·一手数据·特色资源

皮书数据库
ANNUAL REPORT(YEARBOOK) DATABASE

分析解读当下中国发展变迁的高端智库平台

所获荣誉

- 2019年，入围国家新闻出版署数字出版精品遴选推荐计划项目
- 2016年，入选"'十三五'国家重点电子出版物出版规划骨干工程"
- 2015年，荣获"搜索中国正能量 点赞2015""创新中国科技创新奖"
- 2013年，荣获"中国出版政府奖·网络出版物奖"提名奖
- 连续多年荣获中国数字出版博览会"数字出版·优秀品牌"奖

成为会员

通过网址www.pishu.com.cn访问皮书数据库网站或下载皮书数据库APP，进行手机号码验证或邮箱验证即可成为皮书数据库会员。

会员福利

- 已注册用户购书后可免费获赠100元皮书数据库充值卡。刮开充值卡涂层获取充值密码，登录并进入"会员中心"—"在线充值"—"充值卡充值"，充值成功即可购买和查看数据库内容。
- 会员福利最终解释权归社会科学文献出版社所有。

数据库服务热线：400-008-6695
数据库服务QQ：2475522410
数据库服务邮箱：database@ssap.cn
图书销售热线：010-59367070/7028
图书服务QQ：1265056568
图书服务邮箱：duzhe@ssap.cn

社会科学文献出版社 皮书系列
SOCIAL SCIENCES ACADEMIC PRESS (CHINA)
卡号：563392173717
密码：

S 基本子库
SUB DATABASE

中国社会发展数据库（下设 12 个子库）

整合国内外中国社会发展研究成果，汇聚独家统计数据、深度分析报告，涉及社会、人口、政治、教育、法律等 12 个领域，为了解中国社会发展动态、跟踪社会核心热点、分析社会发展趋势提供一站式资源搜索和数据服务。

中国经济发展数据库（下设 12 个子库）

围绕国内外中国经济发展主题研究报告、学术资讯、基础数据等资料构建，内容涵盖宏观经济、农业经济、工业经济、产业经济等 12 个重点经济领域，为实时掌控经济运行态势、把握经济发展规律、洞察经济形势、进行经济决策提供参考和依据。

中国行业发展数据库（下设 17 个子库）

以中国国民经济行业分类为依据，覆盖金融业、旅游、医疗卫生、交通运输、能源矿产等 100 多个行业，跟踪分析国民经济相关行业市场运行状况和政策导向，汇集行业发展前沿资讯，为投资、从业及各种经济决策提供理论基础和实践指导。

中国区域发展数据库（下设 6 个子库）

对中国特定区域内的经济、社会、文化等领域现状与发展情况进行深度分析和预测，研究层级至县及县以下行政区，涉及省份、区域经济体、城市、农村等不同维度，为地方经济社会宏观态势研究、发展经验研究、案例分析提供数据服务。

中国文化传媒数据库（下设 18 个子库）

汇聚文化传媒领域专家观点、热点资讯，梳理国内外中国文化发展相关学术研究成果、一手统计数据，涵盖文化产业、新闻传播、电影娱乐、文学艺术、群众文化等 18 个重点研究领域。为文化传媒研究提供相关数据、研究报告和综合分析服务。

世界经济与国际关系数据库（下设 6 个子库）

立足"皮书系列"世界经济、国际关系相关学术资源，整合世界经济、国际政治、世界文化与科技、全球性问题、国际组织与国际法、区域研究 6 大领域研究成果，为世界经济与国际关系研究提供全方位数据分析，为决策和形势研判提供参考。

法律声明

"皮书系列"（含蓝皮书、绿皮书、黄皮书）之品牌由社会科学文献出版社最早使用并持续至今，现已被中国图书市场所熟知。"皮书系列"的相关商标已在中华人民共和国国家工商行政管理总局商标局注册，如LOGO（ ）、皮书、Pishu、经济蓝皮书、社会蓝皮书等。"皮书系列"图书的注册商标专用权及封面设计、版式设计的著作权均为社会科学文献出版社所有。未经社会科学文献出版社书面授权许可，任何使用与"皮书系列"图书注册商标、封面设计、版式设计相同或者近似的文字、图形或其组合的行为均系侵权行为。

经作者授权，本书的专有出版权及信息网络传播权等为社会科学文献出版社享有。未经社会科学文献出版社书面授权许可，任何就本书内容的复制、发行或以数字形式进行网络传播的行为均系侵权行为。

社会科学文献出版社将通过法律途径追究上述侵权行为的法律责任，维护自身合法权益。

欢迎社会各界人士对侵犯社会科学文献出版社上述权利的侵权行为进行举报。电话：010-59367121，电子邮箱：fawubu@ssap.cn。

社会科学文献出版社